사회문제론

서혜석 · 이미영 · 김경휘 · 김정은
공저

청목출판사

머리말

현대사회를 살면서 큰 문제든 작은 문제든 우리는 여러 가지 사회문제들로 인해 스트레스를 받으면서 살고 있고 또한 사회의 변화에 따른 문제들로 어느 사회를 막론하고 인류가 가지고 있는 큰 과제로 삼고 있는 실정이다. 이러한 사회문제에 대한 연구는 사회학에서부터 시작되었고 체계화시켜 왔지만 사회문제의 해결을 위하여 국가사회가 발전시킨 주된 제도적 장치가 사회복지제도이고 사회복지제도에 관한 연구가 사회복지학이므로 사회문제를 이해하고 그 원인을 규명하고 이에 대한 해결책을 찾는 연구는 사회복지학의 핵심적이고 기초적인 연구분야가 되고 있다.

최근의 다양한 사회문제를 생각해볼 때 사회문제를 어떤 관점에서 바라볼 것인가? 어떻게 사회문제를 규정지을 것인가? 사회문제는 누구에게 불이익을 주고, 그것을 해결하기 위해서는 어떻게 해야 하는가? 또는 국가가 해야 할 일들은 어떤 것이 있는가? 등에 대한 질문을 우리는 어떻게 답변할 수 있을까? 또 사회복지와 사회문제는 어떤 관련이 있는가? 어떻게 사회문제의 현상을 사회복지와 관계지어 이해할 수 있는가?가 중요하다. 이러한 내용을 중심으로 사회문제에 대한 이해의 증진을 돕고, 사회문제에 대한 분석 능력을 함양할 수 있도록 사회문제를 분석하고 설명하는 이론적인 관점을 소개하였고, 한국사회의 주요 사회문제를 분석해 봄으로써 사회복지정책과 프로그램 개발을 위한 이론적, 실천적 함의를 얻고자 다음과 같이 구성하였다.

본 교재의 내용은 제1부와 제2부로 총 15장으로 구성되어 정리하였다.

제1부는 제1장부터 제3장으로 사회문제 총론을 다루었다.

제1장에는 사회문제의 개념과 접근방법, 제2장에는 사회문제의 원인을 설명하는 주요이론들, 사회문제 분석틀, 제3장에는 사회문제와 사회복지에 관련된 내용을 다루었다.

제2부는 제4장부터 15장으로 한국사회의 주요 사회문제분석을 다루었다.

제4장에는 빈곤문제를 다루었고, 제5장에는 차별문제를 다루었다. 성차별, 장애인차별, 학력차별, 지역차별 등의 문제를 살펴보았고, 제6장에는 가족문제를 다루

었다. 가족해체에 관련 문제, 가정폭력 등 가족문제를 살펴보았고, 제7장에는 노인문제에 대해 다루었다. 인구의 노령화와 노인인구의 증가, 노인문제의 양상 등에 대해 분석하였고, 제8장에는 청소년 비행문제를 다루었다. 청소년 비행 및 청소년범죄에 대해 분석하였다. 제9장에는 범죄문제를 다루었다. 범죄문제를 포괄적으로 취급하고 문제분석을 살펴보았다. 제10장에 약물남용문제를 다루었다. 약물남용의 실태와 문제 등을 분석하였다. 제11장에는 성폭력문제를 다루었다. 성폭력의 실태와 원인을 분석하였고, 또한 예방 등에 관해 살펴보았다. 제12장에서는 정신건강문제를 다루었다. 정신건강문제와 정신보건법에 관련된 내용 등을 살펴보았다. 제13장에는 노동문제를 다루었다. 노동문제의 양상(실업문제, 최저임금문제, 비정규직, 직업훈련, 퇴직연금, 육아휴직 등)을 분석하였다. 제14장은 환경문제를 다루었다. 환경오염문제의 실태와 새로운 양상을 살펴보았다. 제15장은 농어촌문제를 다루었다. 농업 및 어업의 문제 또는 농어촌의 복합적인 제반 문제를 살펴보았다.

이 교재의 집필과정에 우리의 연약함을 잘 아시는 하나님께서 미약하고 연약할 때 온전한 능력을 이루시는 주님의 능력에 매순간 감사드리며, 사회복지현장에서 사회문제를 위해 불철주야로 클라이언트와 함께 하고 있는 실천가들과 사회복지실천 과목을 배우는 학생들, 관련 연구자들, 사회문제에 관심 있는 모든 분들과 이 기쁨을 함께 나누고자 합니다.

그동안 사회문제에 관심과 소양을 갖게 한 여러 은사님들, 학문적 지도와 격려로 돌봐 주신 교수님들 그리고 임상실천현장에서의 자료를 제공해 준 사회복지실천가들에게 깊은 감사를 드립니다.

또한 사회복지 관련 선험자의 책들이 있었음에 부족한 가운데서도 책을 펴낼 수 있었던 것에 감사하고, 이 책을 통하여 사회문제론의 학문적 발전과 더욱 완성도 높은 책들이 발간되는 계기가 되었으면 하는 기대를 해 봅니다.

끝으로 원고를 출판할 수 있도록 배려해 주신 청목출판사 사장님과 직원 여러분들의 친절하고 세심한 관심과 수고에 감사하며, 기쁜 마음으로 편집과 교정을 맡아 준 예수대학교 정신건강상담연구소 정예슬 인턴조교와 정다운 인턴조교에게 감사한 마음을 전합니다.

2010년 10월

저자 일동

차 례

제2부 한국사회의 주요 사회문제 분석

제 1 부

사회문제 총론

제 1 장 사회문제의 개념과 접근방법
제 2 장 사회문제를 설명하는 이론들 및 사회문제 분석의 틀
제 3 장 사회문제와 사회복지

제 1 장

사회문제의 개념과 접근방법

1) 사회문제의 개념

복잡하고 다양한 사회문제를 정의하는 것이 현실적으로 어려운 실정이다. 어떤 기준으로 정의할 것인가? 사회문제를 어떻게 해결할 것인가?라는 질문에 고민해 볼 수 있게 된다. 자본주의 발달과 더불어 사회의 구조적 변화 기능에 부적응하거나 여러 가지 문제들이 발생하고 있고, 현재 살고 있는 현대문화에 또 다른 사회문제의 양상들이 야기되고 있다. 광범위하게 영향을 미치는 사회문제가 사람마다 다를 수 있고, 상황에 따라 특정한 사회문제가 존재함으로써 어떤 사람들은 이익을 볼 수도 있는 것이다. 즉 사회문제로 인식하고 사회문제의 원인이나 해결방안을 파악하는 것이 사람마다 다를 수 있다는 것이며, 이는 사회문제를 보는 관점이 매우 다양할 수 있음을 의미한다(박정호 등, 2010).

사회문제의 정의에 대해 여러 학자들이 다음과 같이 설명하였다(최일섭 등, 1997).

머튼과 니스벳(Melton & Nisbet, 1971)은 "사회질서의 상당부분이 일반적으로 받아들여지고 있는 하나 또는 그 이상의 규범을 위배하고 있다고 간주되는 행동양식"이라고 정의하였다. 페리와 페리(Perry & Perry, 1976)는 사회문제를 "사회의 상당수의 사람들이 그들의 가치와 윤리기준에 의하여 사회질서를 위협한다고 판단하고 사회적 행동으로 그 개선이 가능하다고 생각하는 현상"으로 정의하였다. 에찌오니(Etzioni, 1976)는 사회문제를 명확하게 한마디로 정의하지는 않았지만 그의 설명을 정리하면, 사회문제는 "사회적으로 형성되며 사람들이 문제로 인식하고 사회가 그 상태의 개선을 바라는 사회적 상태"로 정의한 것을 볼 수 있다.

쉐파드와 보스(Shepard & Voss, 1978)는 사회문제란 "한 사회의 다수의 사람 또는 일부의 영향력 있는 사람들에 의하여 바람직하지 못한 것이라고 생각되어 주의를 요하게 되는 사회적 상황"이라고 정의하였다. 설리반 등(Sullivan et al., 1980)은 "사회의 한 영향력 있는 집단이 어떤 사회적 상태에 대하여 사회의 가치를 위협하고 있고 집단적 행동으로 개선이 가능하다고 인식하는 것"이라고 정의하였다. 루빙톤과 와인버그(Rubington & Weinberg, 1981)는 "사회의 다수의 사람들이 가치를 양립할 수 없는 상태로서 그 다수의 사람들이 그러한 상태를 변화시키는 것에 동의하는 상태"라고 정의하였다.

콘블럼과 줄리안(Kornblum & Julian, 1992)은 사회문제를 "삶의 질과 사회의 가치를 위협하는 상태로서 그것을 개선하기 위하여 무엇인가를 해야 한다고 사회의 대부분의 사람들이 동의하는 것"으로 정의하였다. 헨슬린(Henslin, 1990)은 "사람들이 관심을 가지고 있고 변화되기를 원하는 사회의 한 측면"이라고 정의하였다. 호튼과 레슬리와 라슨(Horton, Leslie, & Larson, 1991)은 사회문제는 "많은 사람들에게 바람직하지 못한 방법으로 영향을 미치며 집단적인 사회행동에 의하여 어떤 조치를 취할 수 있다고 느껴지는 조건"이라고 정의하였다. 아이쩬과 진(Eitzen & Zinn, 1992)은 사회문제를 "다수의 관찰자들이 부적합하고 개선이 필요하다고 느끼는 사회적 상황"이라고 정의하였다.

그리고 로어(Lauer, 1992)는 사회문제는 "어떤 조건이나 행동유형이 다른 조건이나 행동유형과 모순되고 바람직한 삶의 질과 양립될 수 없으며, 사회생활의 여러 다른 수준에서 작용하는 요소들에 의하여 야기되거나 촉진되거나 계속되고, 집단 간의 갈등에 관계되며, 그 해결을 위해 사회행동이 필요한 것"이라고 정의하고 있다.

최일섭 등(1997)은 사회문제의 정의를 구성하는 여섯 가지를 설명하였다. 첫째, 사회적 가치(또는 규범)에서 벗어남, 둘째, 상당수의 사람들이 그 현상으로 부정적인 영향을 받을 것, 셋째, 그 원인이 사회적인 것일 것, 넷째, 다수의 사람들 또는 영향력 있는 일부의 사람들이 문제로 판단하는 것, 다섯째, 사회가 그 개선을 원하고 있을 것, 여섯째, 개선을 위하여 집단적 사회적 행동이 요청되는 것으로 위의 여섯 가지 특성을 갖추면 사회문제로 정의될 수 있지만 같은 현상이라도 시대와 사회가 달라짐에 따라 사회문제로 정의될 수 있고 그렇지 않을 수도 있다. 즉, 사회문제의 정의에는 상대성이 있다는 것이다.

2) 사회문제에 대한 접근방법

사회문제에 대한 접근방법은 다양한 각도로 살펴볼 수 있다. 사회문제를 이해하고 이에 대한 해결책을 찾는 데는 여러 가지 제도나 학문적 접근방법으로 살펴볼 수 있다. 여기서는 사회과학적 접근방법과 비사회과학적 접근방법(최일섭 등, 1997)을 정리하였고, 개인적 원인접근과 제도적 원인접근(김영화 등, 2003)을 정리하여 제시하였다.

(1) 사회과학적 접근방법

① 사회학적 접근방법

사회문제에 대한 사회학적 접근방법은 사회문제라는 사회적 현상을 이론적으로 설명하거나 관련된 원인적 요인들을 발견하려는 과학적 연구 활동으로 사회문제의 현상에 대한 순수한 이론적 연구에 보다 많은 초점을 두고 있는 접근방법이라 할 수 있다. 사회학을 보다 실용적인 영역으로 확대하여 본다면 사회문제에 대한 이론적 설명과 더불어 그 해결책을 연구하는 활동까지 포함한다고 하겠다.

사회학의 발전은 사회문제를 규명하려는 활동에서 시작되었고, 발전 과정에서 실용적인 차원의 사회문제에 대한 관심과 순수한 이론인 사회학적 문제에 대한 관심 사이에 긴장이 계속되고 있지만 사회학은 여전히 사회문제의 해결에 관한 관심에서는 벗어나지 않고 있다. 사회문제에 대한 해결을 다루는 사회정책은 사회문제에 대한 연구를 중심으로 발전된 사회학의 한 연구 분야가 되고 있다는 점에서 사회학적 접근은 이론적 접근뿐만 아니라 응용적 차원의 문제해결까지 포함한다고 볼 수도 있다.

② 사회복지학적 접근방법

사회복지학이 학문으로 성립된 배경은 사회복지제도의 발전과 맥을 같이하고 있다. 인간의 복지문제에 관심을 가진 사람들이 개인, 가족, 소집단, 지역사회의 사회적 부적응 문제들을 다루게 됨으로써 사회복지활동이 시작되었고 사회적 부적응 문제들은 대부분의 경우 사회문제에 관련된 것이었다. 사회문제를 포함한 제반 사회적 부적응 문제를 다루는 사회사업 또는 사회복지분야의 사람들이 문제 해결에 필요한 실용적 지식을 얻기 위하여 연구를 시작함으로써 사회사업학 또는 사회복지학이라는 학문이 성립되었다.

그러나 사회복지학의 발전은 국가가 사회문제 해결을 위한 주된 사회제도로서 사회복지제도를 수립함으로써 촉진되고 발전되었다고 할 수 있다. 이러한 발전배경으로 보면 사회복지학은 이론과 실천을 구비한 응용사회과학이라 할 수 있다. 즉 사회복지학은 사회문제의 해결을 과제로 하는 실용적(응용적) 측면을 동전의 한 면으로 하고 있고 또한 사회과학의 여러 이론들을 문제의 이해와 해결의 기반이 되는 이론적 측면을 동전의 다른 한 면으로 하고 있는 응용사회과학이라 할 수 있다. 따라서 사회복지학에서 사회문제에 접근하는 방법은 일차적으로는 사회학적 연구에서 밝혀진 사회문제의 원인적 요인들의 발견에 근거하여 적절한 해결책을 찾는 데 초점을 두고 있지만 문제해결의 논리적 근거는 사회과학적인 연구의 결과를 근거로 하고 있고 사회학적인 연구가 부족할 때는 이론적 접근까지 포함하여 접근할 수도 있다고 본다.

그러므로 사회문제에 대한 사회복지학적 접근은 사회문제에 대한 해결책의 탐구뿐만 아니라 해결책에 연관된 사회문제에 대한 이론적 연구도 포함하여 접근하는 것이 되어야 타당할 것이다. 이러한 의미에서 사회문제에 대한 연구는 사회복지학에서 핵심적인 연구대상이 되고 있고 사회문제에 대한 이론과 실천적 지식은 사회복지정책 또는 사회정책의 연구와 실천에서 필수적인 기초지식이 되고 있다.

이론이란 과학적인 방법에 의하여 두 가지 또는 이상의 현상(개념) 간의 관계를 서술하는 것을 말한다. 이론적 접근의 중요성과 필요성은 이론의 유용성을 살펴보면 알 수 있다.

첫째, 이론은 어떤 현상이 왜 일어나는가를 설명해 준다. 이론은 인과관계를 설명해 주거나 적어도 인과적 관계를 시사하고 있기 때문이다. 예를 들면 결손가정이 청소년 비행의 원인이 되는가는 결손가정과 청소년 비행이라는 개념을 포함하고 있는 구체적인 이론이나 또는 보다 추상적인 이론에서 추론(도출)하여 낼 수 있고 이러한 추론은 기존의 경험적 조사연구에서 검증될 수도 있다.

둘째, 이론은 어떤 현상을 관찰하는 데 있어 관심의 초점을 어디에 두어야 할 것인가를 알려 준다. 우리가 청소년 비행에 대하여 연구할 때 이론적인 틀 안에서 생각하면 청소년 비행의 원인을 생물학적, 심리학적, 사회학적 요인 중에 어느 것을 보는 것이 중요한가를 알 수 있다.

셋째, 이론을 앞으로 어떤 면으로 지식을 발전시켜야 할 것인가를 알려준다. 정도의 차이는 있지만 이론과 실제는 일치하지 않는 경우가 많다. 그러므로 이론과 실제와의 간격을 더욱 좁힐 수 있도록 하기 위하여 이론은 이론의 어떤 부분을 더욱 발전시켜야 할지를 알 수 있게 해

준다는 것이다. 예를 들면 결손가정은 청소년 비행의 원인이 된다는 이론이 지지되고 있다고 하자. 그런데 결손가정의 청소년이 온전한 가정의 청소년보다 비행률이 높기는 하지만 결손가정의 청소년으로서 비행을 저지르지 않는 경우도 많고 또한 결손가정의 청소년이 아니더라도 비행을 저지르는 경우가 많다면 이 이론은 설명력이 높은 이론이라 할 수 없다. 그렇다면 주요 가족원의 부재라는 사실보다는 오히려 가족이 기능적 결손이 더 문제일 수도 있다는 것을 생각할 수 있고 결손가정과 청소년 비행에 관한 이론을 가족의 기능적인 면에 초점을 맞추어 보다 정교하게 발전시켜 나갈 수 있을 것이다. 이와 같이 이론은 이론과 실제와의 간격을 관찰하여 이론을 어떤 면으로 새롭게 발전시켜 나갈 수 있는가를 알게 해준다는 것이다.

넷째, 이론은 장래의 상황을 예측할 수 있게 해준다. 이론은 속성상 시공(時空)을 초월하는 것이므로(Reynolds, 1971) 과거와 현재까지의 사실로서 입증된 이론은 장래에도 적용될 수 있는 확신을 상당한 정도 가질 수 있으므로 이론에 의하여 장래의 현상을 예측할 수 있다. 그러한 예측은 물론 하나의 확률적 예측일 뿐이다. 예를 들어 청소년 비행의 원인이 결손가정이라면 결손가정은 청소년 비행을 유발시키는 요인이 되므로 결손가정에서 가족원의 역할 재조정이나 결손 가족원의 역할을 보충 또는 대리할 수 있는 조치를 취하면 청소년 비행의 가능성은 줄어들 것이라고 예측할 수 있다.

(2) 비사회과학적 접근방법

① 종교적 접근방법

인류사회에서 종교는 사회적 경험의 자료를 분류해서 재구성하는 주요한 장치의 하나이다(Merton & Nisbet, 1971). 이리하여 종교적 규범은 사회문제를 정의하고 그에 대한 조치를 취하는 주요한 시각(視角, perspective)이 되고 있다.

종교적 관점에서 사회문제는 신이 내린 도덕적 및 윤리적 계명의 위배자이자 죄로 간주되며 그 문제는 신에 대한 개인적 또는 집단적 기도와 참회 또는 고행을 통해 용서를 받아 해결할 수 있다고 보는 것이다.

② 법률적 접근방법

사회문제에 대한 법률적 접근은 논리적·역사적으로 종교적 접근과 밀접한 관계를 갖고 있다. 법률적 규정은 사회가 정당하게 제정하고 인정한 규범인데 이러한 규범의 인정은 종교적 계명에 근거한 경우가 많기 때문이고, 또한 법규 위반자에 대한 처벌은 고통이나 고행으로 용서를 받는다는 종교적인 사고방식을 반영한 것이기도 하기 때문이다.

법률적 접근에서는 사회문제를 법규의 위반으로 보고 법규 위반자를 체포, 고발, 처벌함으로써 문제를 해결하려는 시도를 하고 있다. 법률적 접근의 경향에서 법규 위반자에 대한 전통적 해결방법은 처벌이 위주였고 점차 처벌보다는 치료 또는 재발의 방지를 위해 노력을 하는 방향으로 나아가고 있나 기본적으로는 법규위반의 처벌을 강조하는 데서 크게 벗어나지 못하고 있다.

③ 저널리즘적 접근방법

18세기 이후 신문과 잡지는 착취, 부정, 지위저하 등을 등록하고 이에 대항하는 기구가 되어 왔고, 20세기에 들어와서는 라디오 및 텔레비전이 발명되어 더욱 더 중요하고 위력적 매체로 등장하여 사회문제를 대중에게 인식시키고 이에 대한 해결방법을 유도해 내는데 지대한 영향을 미치고 있다.

저널리즘적 접근방법은 일차적으로 대중들에게 법규범이나 도덕규범의 위반을 알려서 대중들에게 충격을 주거나 대중들을 수치스럽게 하는 것이다. 즉 저널리즘적 접근방법의 가장 중요한 목적은 사회문제의 폭로이고 사회문제의 이해, 예방, 해결, 관련자 처벌 등은 이차적인 목적이라 할 수 있다(Merton & Nisbet, 1971).

④ 문학·예술적 접근

문학과 예술은 현실세계의 실상을 창조적 세계 속에 상징적으로 반영하는 경우가 많다. 역사적으로 많은 문학작품들이 빈곤과 부정의와 불평등의 사회문제들을 주제로 삼아 작가의 창조적 세계 속에서 현실사회의 문제들을 상징적으로 폭로나 반영의 도구로 많은 영향을 미치고 있다. 다양한 대중음악의 양식이 발전하고 이러한 음악은 가사내용과 음악양식을 통하여 사회문제를 반영하거나 폭로하여 때로는 그 해결책을 시사하는 데 많은 영향을 미치고 있다. 문학·예술적 접근은 사회적 현실을 작가의 판단으로 비유적으로 서술하거나 신랄하게 비판함으로써 대중으로 하여금 사회문제를 간접적으로 경험하고 이해하도록 하고 경우에 따라서는 해결책을 제시하기도 한다.

이상의 네 가지 접근방법들은 공통적으로 접근자의 도덕적·윤리적 헌신감 및 사명감에 바탕을 두고 있으며 목표는 사회로부터 윤리적 동정을 구하는 것이라 할 수 있다. 이와 같은 접근방법들은 사회문제의 현상을 규명하고 원인적 요인을 규명하는 데 있어 객관적인 조사연구와 논리적 확인에 의존하기보다는 주관성과 어떤 윤리적·도덕적 당위성에 의존하는 경우가 대부분이다.

(3) 이론적 시각에 의한 사회문제 접근방법

사회과학적 접근방법은 근본적으로 이론적인 시각에 의한 접근방법이다. 사회문제에 대한 접근방법은 사회문제를 보는 이론적 기본시각을 어떻게 설정하느냐에 따라 각각 다른 이론들을 조직한 접근틀이 있을 수 있다〈표 1-1〉.

〈표 1-1〉 이론적 시각에 의한 사회문제 접근방법

학 자	접 근 방 법
루빙톤과 와인버그 (Rubington & Weinberg, 1981)	① 사회병리론적 접근 ② 사회해체론적 접근 ③ 가치갈등론적 접근 ④ 일탈행위론적 접근 ⑤ 낙인론적 접근
호튼, 레슬리 및 라슨 (Horton, Leslie & Larson, 1991)	① 사회해체론적 접근 ② 개인일탈론적 접근 ③ 가치갈등론적 접근
로어 (Lauer, 1992)	① 사회해체론적 접근 ② 사회변화론적 접근 ③ 가치갈등론적 접근 ④ 일탈이론적 접근 ⑤ 사회구조론적 접근
헨슬리(Henslin, 1990) & 콘블럼과 줄리안 (Kornblum & Julian, 1992)	① 기능주의적 시각 ② 갈등주의적 시각 ③ 상호작용주의적 시각
에찌오니 (Etzioni, 1976)	① 합의적 및 구조기능주의적 접근 ② 갈등주의적 또는 소외론적 접근 ③ 상징적 상호작용주의 및 민속학적 접근 ④ 신보수주의적 접근
최일섭과 최성재 (1997)	① 기능주의적 접근 ② 갈등주의적 접근 ③ 상호작용주의적 접근 ④ 교환론적 접근

* 출처 : 최일섭 등(1997) 재구성.

(4) 개인적 원인접근방법

근본적 쟁점은 사회문제가 개인의 병리적 측면(개인적 원인)에서부터 나오는가?에 대한 이유를 밝히는 것이 중요하다. 사회제도보다는 개인들에게서 원인을 찾으려는 경향은, 사람들이 어떻게 사회문제를 보는가 하는 시각에 달려 있다. 대부분의 사람들은 사회의 규범과 기준으로부터 일탈된 행동을 사회문제라고 보고 있다. 사람들은 사회적 현상들을 비판적으로 보지 않으므로 의문을 제기하지 않는 경향이 있다. 사람들에게 사회제도는 당연한 것으로 받아들여진 뿐만 아니라, 그것과 관련되어 있는 전통과 관습 때문에 신성불가침한 것으로 생각되기 쉽다. 따라서 이러한 논리로 보자면, 일탈자 자신들이 사회문제의 근원이 되며, 왜 이 사람들은 규범으로부터 이탈하는 것인가를 묻게 된다. 대부분의 사람들은 자신들이 법을 준수하는 사람으로 생각하므로, 법을 어기는 사람들은 비일상적 환경, 즉 사고, 질병, 개인적 성격결함 또는 부적응 등으로 인하여 그렇게 된다고 본다. 그러므로 개인적 결함이 일탈의 원인이 되는 것이지, 사회적 장치의 잘못은 아니라는 것이다.

개인적 원인접근 방법에서만 사회문제를 해석하는 것은 심각한 오류를 낳을 수 있다. 우선 이것은 모든 비난으로부터 정부, 경제, 계층구조, 사법제도, 교육제도 등의 사회제도적 측면들을 면죄시킨다. 비판으로부터 기존 질서를 보호하는 것은 현존의 지배적인 정치, 경제, 사회적 제도를 변화시키려는 시도를 어렵게 만든다. 나아가 개인 비난적 접근은 사회적 비판으로부터 기존 질서를 보호하면서 권력자들을 정당화 시킬 뿐만 아니라, 그들에 대하여 저항하는 사람들에게 도움을 줌으로써 오히려 은인의 형태로 저항자들을 통제할 수 있게 만든다. 예를 들어, 노숙자들이 쉼터를 지어달라고 정부에 건의를 하면 잘 성취되지 않아도, 정부가 먼저 쉼터를 지어주고 그곳에 살게 하는 형태로 그들의 사회적 불만을 해소시킬 수는 있다. 노숙자들의 쉼터에 대한 요구는 그들의 개인적 문제가 되지만, 권력을 가진 정부가 개인적 문제를 지닌 노숙자들을 도와주는 형태로 쉼터를 마련한다면, 그들을 통제할 수 있을 뿐만 아니라 기존의 질서를 보호하면서도 권력자를 정당화시킬 수 있게 된다.

일탈자들이 범죄자이건 사회발란자이건 간에 감옥이나 정신병원, 약물과 여러 형태의 처방으로 그들은 감금되고 훈육된다. 이 접근은 제도적 결함과는 관계없이 개인을 직접적으로 비난할 뿐만 아니라 문제를 가진 개인들을 사회에서 격리시킬 수 있는 근거를 제공한다.

여기서 주요한 것은 어떻게 이런 문제들을 해결해야만 하는가이다. 개인에게 원인을 찾는 방법은 개인적 성향을 변화시키는 프로그램을 요구한다. 예를 들면, 만약 불법행위의 원인이 개인적 병리의 결과라고 진단된 해결책은 분명히 상담, 행동교정 심리치료, 처방, 약, 또는 개인적 일탈을 교정하는 등의 기술에 있을 것이다. 사회문제에서 개인에게 초점을 두는 접근방법은 사회제도를 변화시키는 프로그램보다는 개인의 성향을 변화시키는 방법을 제공하고 합법화한다.

개인적 접근에 있어 지적할 수 있는 다른 한 가지는, 사회가 지나치게 개인행동을 통제하는 것은 각자 타고난 개개인의 운명에 역행하는 것이라는 사회적 신화를 강화하는 점이다. 이 사회적 신화는 사회진화론을 정당화한다. 사회진화론에서 사회계층은 사회구서원은 능력과 노력에 따라 형성된 것으로 본다. 이 논리에 의하면 빈민들은 그들이 능력과 노력이 없기 때문에 가난하다는 것이다. 그들은 그들의 운명을 태어날 때부터 그렇게 태어났으며, 성공한 사람들도 마찬가지로 그렇게 태어났다. 따라서 이러한 사회다원주의자들은 빈민들의 복지향상을 위한 정부프로그램에는 관심이 없다.

(5) 제도적 원인접근방법

개인적 일탈이 연관된 상황(제도적 원인)으로부터 나오는가?에 대한 이유를 밝히는 것이 중요하다.

첫째, 일반적으로 사람들은 사회문제를 개인적 시각으로부터 찾고 해석하려는 경향이 있으므로 이에 대한 균형적 시각이 필요하다. 앞에서 지적한 대로 사회문제를 개인적 원인에서 찾으려는 접근방법은 많은 한계가 있으므로 이를 극복하려는 분명한 인식이 요구된다.

둘째, 사회과학의 주된 관심은 각 개인이라기보다는, 개인이 모인 집단적 현상이며 사회적 현상이다. 학자들은 인간행동에 대한 사회적 결정요인들에 초점을 맞추기 때문에 사회구조에 대한 비판적 분석이 중요하며, 사회적 장치에 대한 분석적 작업을 수행하게 된다. 따라서 사회과학자들은 사회의 주도적 장체에 긍정적·부정적 결과를 결정하는 요인들의 배후를 관찰한다. 학자들의 문제제기는 이러한 사회적장치하에서 누구 이익을 보고 누가 그렇지 못한가에 있다. 따라서 제도적 결함을 찾는 것이 사회문제를 파악하는 데 더욱 근본이 된다.

셋째, 잘못된 사회구조와 제도가 많은 사회문제의 근원이 된다는 것이다. 예를 들면, 학력, 지역, 인종차별주의, 사회보장의 불평등한 분배구조, 빈곤, 불균형적 경제구조 등을 들 수 있다. 개인에게만 집중적으로 초점을 맞춘다면, 구조의 불평등성에 의해 야기되는 긴장과 변화를 위한 근본적 시도를 간과하게 되는 오류를 범한다.

제도는 항상 사람들에게 기능적으로 수행하기 위해 존재하는 것이지 사람이 제도를 위해 존재하는 것이 아니다. 어떤 제도가 사회적으로 가장 잘 만들어진 것이라 하더라도 사람들의 욕구충족의 역할에 갈등이 일어나면, 그 제도는 언제라도 바뀌든지 폐지되어야만 한다.

제도적 원인접근 방법은 사회문제의 분석을 위해서 중요한 방법이다. 따라서 사회과학자들은 이론과 실제를 바탕으로 하여 우리가 불평등하게 느끼고 있는 사회구조의 변화를 모색해야 한다. 이러한 과제를 수행하기 위하여 학자들은 지금까지 다루어 왔던 기존의 방법이 아닌 또 다른 새로운 시각으로 문제의 근원을 탐색해야 하며, 사회의 주변부에 있는 힘없는 사람들에 애한 연구만이 아니라 사회의 기득권층도 함께 연구하여서, 그들이 누리고 있는 편중된 사회의 이권들도 동시에 재조명해야 할 것이다.

3) 사회문제 연구의 목적 및 분류

(1) 사회문제 연구의 목적

사회문제를 연구하는 목적은 개인에 따라 다양할 수 있지만, 최일섭 등(1997)이 5가지로 제시한 내용을 살펴보았다. 첫째, 사회문제에 대한 지속적인 관심의 유발을 가질 수 있게 되고 그 문제에 대한 판단을 올바르게 할 수 있게 된다. 사회문제는 단순히 학문적인 관심의 대상이 될 뿐만 아니라 그것이 사회의 많은 사람들에게 부정적인 영향을 미치기 때문에 그것을 해결해야 하는 생활의 문제이다. 따라서 사회문제에 대한 계속적인 관심을 가지기 위해서는 사회문제를 체계적으로 연구할 필요가 있다. 둘째, 사회문제에 대한 일반적 이해의 증진을 통해 체계적으로 연구할 필요가 있다. 사회문제가 어떻게 전개되고 그 문제에 의하여 사람들이 어떻게 영향을 받으며 그 문제의 해결에 관련된 요인은 무엇이며 문제해결을 위해 무엇을 해야 하는가를 알기 위해서 필요하다. 셋째, 이론과 실제의 관계 확인 및 이해가 필요하다. 사회문제에 대한 이론은 적어도 그 문제의 원인적 요인을 한 가지 이상 제시하고 있고 문제의 해결은 그 원인에 대한 대처를 하는 것이다. 따라서 사회문제를 연구하는 것은 사회문제를 설명하는 이론이 실제에 적용될 수 있는지 또는 실제의 경험적 사실이 이론을 지지하는지를 검증하여 확인할 수 있게 된다. 넷째, 사회문제를 연구하는 목적의 하나는 문제해결을 위한 실제적인 아이디어나 지식을 얻기 위한 것이다. 사회문제 해결에 보다 치중하고 있는 사회복지학적 입장에서는 이러한 목적이 가장 실용적인 목적이 될 수 있을 것이다. 다섯째, 개인적인 호기심이나 관심을 충족시키기 위하여 사회문제를 연구하게 한다.

(2) 사회문제의 분류

사회문제의 분류를 〈표 1-2〉에 제시하였다.

〈표 1-2〉 사회문제의 분류

학 자	분 류	세 부 분 류
Henslin (1990)	사회적 상황에서의 일탈행동	성적 일탈행위, 알코올 및 약물중독, 강간, 살인, 범죄 등
	사회적 불평등	부와 빈곤, 인종차별, 성차별, 신체 및 정신건강 등
	사회변화 및 거대문제	가족변화, 도시문제, 인구 및 식량문제, 환경문제, 전쟁, 테러리즘 등
Eitzen & Zinn(1992)	행동과 조건	범죄, 정신질병, 약물중독 등
	정신적 및 물질적 고통을 야기시키는 사회적으로 형성된 조건	빈곤, 인종차별, 성차별, 노인문제, 가족문제, 건강보호 문제 등
Melton & Nisbet(1971)	사회해체문제	인구문제, 인종문제, 가족해체, 노동과 자동화문화, 빈곤문제, 지역사회해체 및 갈등, 폭력 등
	일탈행위문제	정신장애, 범죄 및 청소년비행, 약물중독, 알코올중독, 자살, 성문제 등

학 자	분 류	세 부 분 류
Schneider et al.(1981)	비극으로서의 사회문제	정신질환, 자살, 알코올중독
	부정으로서의 사회문제	인종차별, 빈곤, 성차별
	위협으로서의 사회문제	범죄, 인구문제, 흡연, 약물중독
	추행으로서의 사회문제	대량살인과 대량자살, 아동학대, 강간, 전쟁
	고압적이고 주제넘는 간섭으로서의 사회문제	낙태, 안락사
	문명의 예측된 결함으로서의 사회문제	관료주의, 공모된 부도덕
김영모(1982)	구조적 문제	빈곤, 소득배분, 교육 평등
	해체적 문제	가족해체, 빈민지역, 인구문제, 환경문제
	탈선적 문제	범죄, 소년비행, 매춘, 자살, 알코올중독, 정신질환

* 출처 : 최일섭 등(1997) 재구성.

제 2 장

사회문제를 설명하는 이론들 및 사회문제 분석의 틀

1) 사회문제의 원인을 설명하는 주요이론들

(1) 기능주의 이론

사회, 즉 사회체계가 존재하고 있다는 것은 사회가 균형 상태를 이루며 체계의 각 부분이 통합되어 있다는 것이다. 사회체계는 균형을 유지하려 하고 균형이 파괴되는 경우는 균형 상태로 회복하려 한다. 그리고 사회체계가 생존하고 유지되려면 일정한 최소한의 기능적 요건을 충족하여야 한다. 기능주의 이론을 통합적으로 체계화한 파슨즈의 기능적 요건은 각 체계 및 수준이 다른 모든 체계(상위체계든 하위체계든)에서 다 충족되어야 하는 것이다. 기능주의 이론을 통합적으로 체계화한 파슨즈는 기능적 요건을 적응(adaptation), 목표달성(goal attainment), 통합(integration), 잠재성(latency)의 네 가지로 제안하고 있다(Turner, 1991). 적응이란 환경으로부터 충분한 편의설비를 확보하여 이를 각 체계에 배분하는 활동을 하고, 목표달성이란 각 체계 목표의 우선순위를 정하고 목표달성을 위해 체계내의 자원을 동원하는 활동을 말하며, 통합이란 체계 단위간의 상호관계를 조정하고 유지하는 활동을 말한다.

그리고 잠재성이란 사회체계의 행위자가 적절한 특성을 발휘하도록 하는 활동(유형유지, pattern maintenance)과 체계의 행위자의 내적 긴장을 다루는 활동(긴장관리, tension management)을 말한다.

기능주의 이론에서는 인간의 본성을 선하지도 악하지도 않은 중립적인 것으로 본다(Inkeles, 1964, 재인용). 그러므로 인간은 환경에 의하여 크게 변화를 받을 수 있다. 인간행위의 상호작용의 과정에서 생겨나는 합의적인 규범이 사회적 가치판단의 기준이 되며 이러한 기준이 인간 행위의 '선' '악' '적합' '부적합'을 판단하는 기준이 된다.

사회문제는 "어떤 사회체계가 상위체계에 대하여 기능적 요건을 충족하지 못하고 있는 상태", "한 사회체계가 사회적으로 합의된 규범을 준수하지 못하고 있는 상태", 또는 "어떤 사회체계가 사회화 과정과 결과에서 실패한 상태"(파슨즈)라고 할 수 있다(예를 들면, 빈곤). "사회문제는 사회적 또는 문화적으로 설정된 목표를 달성하기 위한 수단이 사회적으로 합의되고 인정된 것에서 벗어난 것"(머튼)이라 할 수 있다(예를 들면 범죄, 청소년 비행 등).

기능주의적 시각에 의하면 사회문제의 원인은 개인, 가족, 일탈적 하위문화, 사회제도, 기회구조의 일부에 있다고 보고 사회전체에 근본적인 원인이 있다고 보지는 않고 있다.

사회문제의 해결방법 기능주의적 시각에 의하면 사회문제의 원인은 개인과 사회제도의 일부에 있기 때문에 개입의 대상은 결국 개인과 사회제도가 되어야 한다. 문제의 원인이 개인에게 있다는 것은 반드시 개인적인 노력으로 문제를 해결할 수 있다는 것을 의미하는 것은 아니다. 문제의 원인이 개인에 있든 사회제도에 있든 개입하는 주체 또는 조치를 취하는 주체는 사회측이어야 한다. 기능주의 시각에서는 사회적 현실을 상당히 유동적이고 변화가능하며 또한 자기수정적인 성향을 갖고 있는 것으로 보고, 또한 개인도 성격을 사회 환경에 적응시킬 수 있는 융통성을 갖고 있는 것으로 보기 때문에 사회문제의 해결은 사회가 개인과 사회제도의 일부에 변화를 가하여 해결 가능한 것으로 보고 있다.

따라서 사회문제의 해결방안은 사회의 사회화기능과 통제기능을 강화하거나 수정하고 재사회화 또는 재활기능을 강화하거나 또는 사회의 물질적 및 기회의 분배기능을 강화 또는 수정하는 것이 될 수도 있다. 다시 말해서 개인과 가족적 차원에 대해서는 교육기회 및 여건을 보장하거나 개인이나 가족에 대한 병리적 현상을 치료하는 서비스(예를 들면 사회사업서비스 또는 사회서비스)를 강화하는 것이 될 것이고, 사회제도적 차원에 대해서는 공적 교육제도의 개선, 재사회화 제도(교정제도)의 개선 및 강화, 조세제도 및 사회복지 제도의 개선, 기회균등의 보장 등이 될 것이다.

① 사회병리론(social pathology)

사회병리론에서는 사회의 조직과 기능을 유기체의 그것과 유사하게 부분들이 상호의존적이며 성장 발전함에 따라 구조와 기능이 복잡해지고 어느 특정부분의 삶을 능가하는 사회전체의 삶이 있다고 보는 것이다(Rub-ington & Weinberg, 1981). 사회문제의 원인은 사회화의 실패에 있으며 이러한 실패는 결함을 갖고 출생한 개인이 있거나 불건전한 사회환경이 존재할 때 생긴다는 것이다.

② 사회해체론(social disorganization)

사회병리론은 기능주의 이론의 초기이론이라 할 수 있다(Kornblum &Julian, 1992). 이 이론에서는 사회를 하나의 체계로 보고 체계의 부분들이 통합되어 역동적이고 전체적인 복합체를 이루고 있다고 본다(Rub-ington & Weinberg, 1981). 사회체계 부분들간의 적응이 결여되어 있거나 적응이 잘못된 상태를 사회해체라고 부르며 이것을 사회문제로 본다. 사회해체, 즉 사회문제의 근본적인 원인은 사회변화이다. 사회변화가 일어남에 따라 사회체계의 부분들간에 부조정 현상 또는 부적응 현상이 나타나게 된다는 것이다.

③ 사회변화론 또는 사회변동론(social change theory)

사회변화(사회변동)란 상호작용의 양태나 규범, 가치, 태도 및 기술과 같은 문화적 요인의 변화를 말하며, 어떤 사항에 대한 태도의 변화와 같은 미시적인 것에서부터 도시화와 같은 거시적인 과정까지 포함하는 것으로 본다(Lauer, 1992). 사회변화론에서 사회문제는 사회 부분간에 변화의 속도가 다르거나 변화가 상호갈등을 일으켜 부분들간에 부적응이 일어나게 되면 이러한 현상을 사회문제로 보는 것이다. 오그번(Ogburn, 1938)의 문화지체론(cultural lag theory)은 문화의 부분들간의 변화속도가 다르기 때문에 사회문제가 발생한다는 것이고, 코길과 홈스(Cowgill & Holmes, 1972)가 현대화의 정도가 높을수록 노인의 지위는 낮아진다고 한 현대화 이론도 사회변화론과 같은 맥락의 이론이라 할 수 있다.

④ 일탈행위론(deviant behavior)

일탈행위론도 기본적으로는 기능주의적 시각에서 사회를 보고 있다. 사회는 하나의 체계이며 체계의 각 부분으로 구성되어 있고 생존과 기능의 유지를 위하여 필요한 기능을 수행하고 있다. 적절한 기능수행을 위하여 사회에서 기대되는 행동규범이 있는데 이러한 규범으로부터 벗어나는 행위가 일탈행위이다. 일탈행위의 원인은 부적절한 사회화이다. 이러한 일탈행위론의 대표적 이론은 머튼의 아노미 이론(anomie theory)인데, 아노미는 문화적으로 규정된 지향목표와 그것을 달성할 수 있는 합법적인 수단이 불일치를 이루는 상태를 말하며 이러한 아노미를 일탈상태로 본다(Merton, 1938, 재인용).

⑤ 하위문화론(subculture theory)

하위문화론에는 빈곤문화론(culture of poverty), 비행 하위문화론(theory delinquent subculture) 등이 있는데, 이러한 류의 이론들은 좁게는 일탈행위론에 속한다고 할 수 있으며, 넓게는 기능주의적 시각에 입각해 있으며 사회의 주류적인 가치, 규범, 행위양태와는 다른 일부의 가치, 규범 또는 행위양태에 사회화하는 현상을 말한다.

⑥ 접촉차이론(differential association theory)

이 이론은 일탈론적 시각을 서덜랜드(Sutherland)가 발전시킨 이론이다. 기본적으로는 기능주의적 시각에 입각해 있으면서 다른 한편으로는 상호작용주의적 시각도 공유하고 있다. 복잡한 사회에서는 사회적으로 기대되는 것과 바람직한 것에 대한 상반되는 정의가 있는데, 어떤 집단에서는 사회적 규범에 위배되는 행동을 지지하게 되고 다른 어떤 집단은 사회적 규범에 일치되는 행동을 지지하게 된다. 사회화 과정 속에서 개인은 양 집단과 접촉하게 되고 이러한 접촉과정에서 개인이 사회적 규범에 위배되는 집단의 정의와 행위에 의한 영향을 더 크게 받음으로써 그들의 규범과 상황규정을 배우게 된다는 것이 접촉차이론이다. 접촉의 차이에 영향을 미치는 요인은 빈도, 지속기간, 강도 등이다.

(2) 갈등주의 이론

현대갈등주의 이론은 사회현실은 질서와 안정과 합의보다는 무질서, 변화, 갈등과 투쟁이 상존하는 현상으로 보는 시각인데, 현대 갈등주의 이론의 형성에는 맑스(Marx), 짐멜(Simmel), 베버(Weber)와 같은 독일학자들의 사회에 대한 개념들이 크게 영향을 미쳤다고 할 수 있다. 모든 사회현상은 대립적 모순을 내포하고 있고 모순은 새로운 사회체계를 발생시킨다는 맑스의 개념은 현대의 변증법적 갈등주의(dialectial conflict theory)의 바탕이 되었고, 사회현상에서는 갈등이 불가피하게 편재하고 있지만 갈등은 기능적으로 작용한다는 짐멜의 개념은 현대 기능적 갈등주의(conflict functionalism)의 바탕이 되었으며, 사회는 합리적이고 합법적인 권위에 바탕을 둔 관료주의에 의해서 지배되며 분배의 단절과 사회적 이동의 낮은 것이 갈등의 원인이 되고, 갈등은 합리주의 적용으로 해소될 수 있다는 베버의 생각은 현대의 교환적 갈등주의(exchange conflict theory)와 비판이론(critical theory)의 바탕이 되었다(Turner, 1991).

변증법적 갈등주의 시각에서 사회는 계급투쟁의 역학에서 창출된 것으로 보고 사회는 권력을 가진 사람들을 위한 도구로서의 의미에 지나지 않는다고 할 수 있다. 그리고 '계급'이 '사회'보다는 더 중요한 의미를 가지며 계급은 실제로 사회를 초월하여 존재하는 것으로 본다(Etzioni, 1976).

변증법적 갈등주의에서는 인간의 본성은 선천적으로 조화와 화평으로 공존을 지향하려는 본성을 지니고 있으나 생후 경제적 역사적 사회적 조건에 의해서 후천적으로 정·반·합의 변증법적 갈등의 본성을 형성하게 된다는 것이다.

사회문제에 대한 정의도 변증법적 갈등주의와 기능적 갈등주의 시각에 따라 다르다. 변증법적 갈등주의 시각에 의하면 사회문제는 "희소자원의 불균등한 소유로 인하여 발생하는 갈등현상" 또는 "희소자원을 통제하는데 있어 권위와 권력이 유형화되어 있는 것에 대한 불만적인 반응"이라 할 수 있다. 특히 맑스의 갈등주의 전통을 따르고 있는 입장에서는 "희소자원을 많이 소유한 사람이 희소자원을 적게 소유한 사람을 착취하고 특권을 행사하고 시장경제를 수립한 결과 생겨난 현상"이라고 할 수 있다. 기능적 갈등주의 시각에 의하면 사회문제는 "자원의 불평등한 분배에 대한 갈등의 결과로서 사회체계의 통합과 발전에 역기능적인 현상을 나타내고 있는 것"이라고 할 수 있다.

갈등주의 시각에서 사회문제의 원인은 "비합법적인 사회통제와 착취", "희소자원의 불균등한 분배" 또는 "불균등한 분배를 가져오는 사회의 권위와 권력의 구조"라고 할 수 있다. 변증법적 갈등주의적 시각에서 사회문제의 원인은 개인에게 있는 것이 아니라 사회제도에 있다고 본다. 기능적 갈등주의에서는 사회문제의 원인이 주로 사회제도에 있다고 보지만 갈등이 어느 정도 적대적 본능 때문에 유발된다는 의미에서 사회문제의 원인을 개인에게도 있다고 본다.

변증법적 갈등주의 입장에서 갈등의 근본적 원인은 희소자원의 불평등한 소유 또는 지배이며, 이와 같은 소유와 지배의 양태가 제도화되어 있으며 이 제도화는 자원을 많이 소유하거나 통제하고 있는 집단 또는 계급에게 유리하도록 되어 있다는 것이다. 그러므로 자원의 불평등한 지배를 영속화시키고 있는 기본적인 사회체제 자체를 재조직하지 않는 한 사회문제의 근본적인 해결은 불가능하다고 본다.

기능적 갈등주의에서는 갈등이 사회체계 내에 존재하는 것은 피할 수 없는 현상이지만 이것은 결국 체제의 전면적인 붕괴와 변화로 이끄는 원동력이 되는 것이 아니라 오히려 현체제의 개선과 발전에 기여하는 방향으로 작용한다고 보고 있기 때문에, 사회문제의 해결은 제도의 전면적 재조직이 아니라 단편적인 개혁, 개선, 보완으로 가능하다는 것이다.

① 가치갈등주의

가치갈등주의(value conflict theory)는 현대갈등주의와 같은 지적인 배경을 가지고 있으면서 특히 사회문제를 설명하는 이론으로 발전된 것이다. 사회의 모든 갈등은 계급갈등이라든가 희소자원의 불평등한 분배로 인하여 발생하는 것이 아니라 많은 경우 사회의 다양한 가치를 지닌 집단들의 가치차이로부터 발생한다는 것이다. 사회에는 이해관계와 가치가 서로 다른 다양한 집단들이 존재하는데, 어떤 행위에 대한 가치관이 서로 다른 집단들이 자기들의 가치관이 사회에서 선호되는 가치관이 되도록 하는 권력투쟁을 벌여 우위를 점하게 되면 그 문제는 사회문제로 정의되고 사회문제가 발생하게 된다. 이 시각에 의한 사회문제는 사회의 권력적 우위를 점하는 집단이 공유하는 가치관에 의하여 바람직하지 못하다고 판단된 현상일 뿐이다. 즉 가치갈등주의에서는 사회문제의 원인을 어떤 행위를 하는 사회 한 집단의 가치가 다른 집단(지배적인 집단)의 가치와 차이가 나는 것으로 보고 사회의 지배적인 집단의 가치와 양립할 수 없는 조건을 사회문제로 정의하고 있다. 예를 들면 낙태를 사회문제로 보는 것은 태아도 분명히 생명체이기 때문에 낙태는 살인이라고 생각하는 가치관을 가진 집단이 있고, 태아는 생명체가 아니고 따라서 낙태는 원하지 않는 임신으로 인한 건강상의 문제, 사회적 및 경제적 문제를 해결하는 방법이라고 생각하는 가치관을 가진 집단이 있다고 하자. 전자의 집단(대부분의 경우 낙태를 반대하는 가치관에 지배적인 집단임)이 후자의 집단과 자기들의 가치관이 사회에서 더 바람직한 것으로 인정받도록 투쟁을 벌여 우위를 점하게 되면 후자집단의 낙태행위를 사회문제로 판단하게 된다는 것이다.

② 사회긴장론

사회긴장론(social tension theory)에서는 사회적 관계에는 개인 간, 개인과 집단 간, 그리고 집단 간에 불화, 대립, 압력, 투쟁 등이 계속되는 긴장상태가 발생하는 것으로 보고 이러한 긴장상태를 사회문제로 본다. 사회적 긴장에는 여러 가지 형태가 있고 그 원인도 다양하다. 대표적인 것으로 문화적 갈등에 의한 사회긴장론을 살펴보면 다음과 같다. 즉 이질적인 문화와 접촉이 있을 때 그러한 문화에 인간행동의 핵심적인 가치규범이 포함되어 있는 경우 상반하는 가치규범으로 인한 갈등이 생기고 갈등이 계속되면 긴장상태가 발생하게 된다는 것이다(나수쇼이치 외 편, 송정부 역, 1990).

(3) 상호작용주의

① 상호작용주의 이론

상호작용주의 이론(interactionism)은 기능주의 이론과 갈등주의 이론이 사회현상을 거시적 차원에서 접근하고 분석하려는 입장인 것과는 대조적으로 관심의 초점을 개인 간의 상호작용과 상호작용이 개인과 사회에 미치는 결과에 두는 이론적 시각이다.

상징적 상호작용주의 이론은 허버트 미드(Hurbert Mead)가 이론적 발판을 놓은 위에 그의 제자인 시카고 대상의 불루머(Blumer)와 아이오와 대학의 쿤(Kuhn)이 발전시킨 이론인데 두 사람은 각각 상당한 차이를 가진 이론으로 발전시켰다. 불루머의 입장을 따르는 상징적 상호작용 이론을 시카고학파 이론이라 하고, 쿤의 입장을 따르는 상징적 상호작용이론을 아이오와학파 이론이라 부르고 있다.

사회적 현실은 한 판의 포커판이 진행되고 있는 것과 같고 포커판의 규칙을 만들고 이에 동의하는 것은 사회의 성원 또는 한 집단의 성원들이 의미를 부여하여 사회의 규정을 만들거나 동의하는 것과 같다. 여기서 그 한 판의 포커판에 참여하는 사람들끼리는 공통적인 이해와 의미를 부여하여 규칙을 만들고 동의하게 된다는 것은 간주관적인 의미부여하고 할 수 있다.

인간의 본성은 루소가 말한 타불라 라사(tabula rasa : 백지 상태)와 같은 것이며 타인과의 상호작용을 통하여 형성된다고 본다. 따라서 인간의 본성은 매우 가변적인 것이며 이러한 성격에 의하여 사회세계와 개인세계는 끊임없이 재형성(재창조)되는 것이다. 또한 인간은 타인과의 상호작용을 위하여 상징을 사용하고 사회적 상황에서 자신을 대상으로 파악하며 인간의 행위는 자발적이고 비결정적인 잠재력에 의해서 지배된다.

사회문제는 사회의 한 집단이 다른 집단의 의미에 동의할 수 없는 것으로 규정하고 그 집단의 의미대로 행동하지 않는 것이라 할 수 있다. 예를 들면 알코올 중독은 스스로의 건강을 해치고 타인에게 피해를 끼치거나 또는 사회생활을 원만히 수행할 수 없을 정도로 술을 마시는 것은 바람직하지 못하다는 의미에 동의하지 않고 술 마시는 행위를 계속함으로써 사회문제가 되는 것이다. 이 이론에 의하면 같은 현상이나 행동도 의미를 부여하는 데 따라 사회문제가 될 수도 있고 안 될 수도 있다. 따라서 누가(어느 집단이 간주관적으로 공유하는 의미에 동의하고 있는 성원들의 대표자 또는 전문적 진단이나 판단을 하는 사람) 그 상황과 행동을 정의하느냐에 따라 그것이 사회문제로 될 수도 있고 안 될 수도 있다.

사회문제의 원인은 상호작용에 어떤 현상이나 행동에 대한 의미에 동의할 수 없다고 판단을 하는 것, 어떤 현상을 바람직하지 않은 행동으로 (범죄자, 비행자, 알코올중독자 등으로) 낙인을 찍는 것, 어떤 행위에 대하여 다른 의미로 사회화된 것, 또는 상징의 차이라고 할 수 있다.

사회문제 해결방안으로는 (1) 적절하게(올바르게) 상징에 의미를 부여하였고 동의할 수 있도록 사회화하거나 재사회화하는 것 (2) 적절한 사회화제도나 재사회화제도를 확립하는 것 (3) 낙인행위를 유발할 수 있는 상황을 조성하지 않는 것 (4) 부정적인 낙인사용에 신중을 기할 것 (5) 낙인행위로 간주될 수 있는 것의 범위를 좁힐 것(보다 다양한 행동과 상황을 정상적인 것으로 규정할 것) (6) 낙인행위에서 얻어지는 이득을 제거할 것 등이 될 수 있다.

② 낙인이론

낙인이론(labeling theory)은 상징적 상호작용 이론을 사회적 일탈행위를 설명하는 데 적용한 것이다. 낙인이론에 의하면 어떤 현상이나 행위가 일반대중이나 사회통제기관의 관심의 대상이 되기 시작하여 바람직하지 못한 것으로 판단됨으로써 문제가 된다는 것이다. 즉 어떤 현상이나 행위가 관심의 대상이 되기 전에는 사회문제가 되지 않는데 일단 사회의 직업적 입장에서 바람직스럽지 못한 것으로 판단을 내리게 되거나 또는 간주관적으로 형성된 기준이나 규칙에 의하여 판단을 내리게 되면 사회문제가 된다는 것이다. 이러한 낙인현상에 대하여 베커는 "국외자"(Outsider)라는 그의 논문에서 사회집단이 일탈을 구성하는 규칙을 만들어 그 규칙을 특정한 사람들에게 적용하여 그들을 국외자로 낙인찍음으로써 일탈을 창출한다고 설명하고 있다(Becker, 1963). 이러한 관점에서 볼 때 일탈은 사람들이 범하는 행위의 속성이 아니고 오히려 타자에 의한 규칙의 적용 및 위배자에 대한 제재의 결과라 할 수 있다. 일탈자는 그러한 낙인이 성공적으로 적용된 사람이며 일탈행위란 사람들이 그렇게 낙인찍는 대상이 되는 행위이다.

낙인은 어떤 행위자의 최초행위를 바람직스럽지 못한 것으로 규정함으로써 사회의 일반인들도 그런 행위자를 부정적인 의미가 부여된 특정행위자로 낙인찍어(예를 들면 알코올중독자, 전과자, 깡패 등) 그 행위자는 그러한 낙인에 어울리는 행동을 하도록 기대되고, 또한 낙인찍힌 행위자도 그 낙인에 어울리는 행동을 하게 되는 현상으로 발전하게 된다. 최초의 낙인으로 인하여 유발된 일탈행동에 의하여 다시 유발된 일탈행위를 이차적 일탈행동(secondary deviance)이라고 한다.

(4) 교환주의 이론

교환주의 이론(exchange theory)은 앞에서 다룬 세 가지 이론들과 비교해서 아직도 그 이론적 구성의 명확성과 경험적 검증이 부족한 편이지만 사회적 현상을 이해하고 설명하는 사회과학의 가장 중요한 주류적 이론의 하나로 인정되고 있다. 교환주의 이론은 공리주의적 경제학, 기능주의적 인류학, 갈등주의 사회학, 행동적 심리학의 혼합되어 형성된 이론이라 할 수 있다(Turner, 1991).

교환주의 이론은 사회적 행동을 적어도 두 사람 간에 교환자원을 주고받는 반복적인 행위가 이루어지는 것으로 본다. 교환자원은 물질적인 것과 비물질적인 것이 포함되는데, 예를 들면 금점, 물품, 칭찬, 복종, 존경 등이 있다. 상대방에게 주는 교환자원은 비용이 되고 상대편으로부터 받는 교환자원은 보상이 되며, 교환관계에 있는 당사자는 가능하면 비용에 비하여 보상이 크도록 행동하려 하고 권력적으로 대등한 입장에서 교환관계를 유지하려고 한다는 것이다. 그런데 교환관계가 불균등(불균형)하게 이루어지고 있는 경우는 균등한 관계가 되게 하려고 노력한다는 것이다.

교환주의 시각에도 몇 개의 분파가 있는데, 호만스(Homans)를 중심으로 한 교환행동주의 이론(exchange behaviorism), 블라우(Blau)를 중심으로 한 구조적 교환주의 이론(structural exchange theory), 합리적 선택이론(rarional theory) 등이 있다(Turner, 1991). 여기서는 교환행동주의와 구조적 행동주의의 특성을 사회문제의 접근에 필요한 요소별로 살펴보기로 하겠다.

교환행동주의에서는 모든 대인관계의 행동 또는 사회적 관계를 관계

당사자들 사이에 비용과 보상을 반복적으로 주고받는 관계로 보고 있으며, 개인이 교환관계를 통하여 소집단을 형성하고 소집단간에도 개인간에서와 같은 교환관계가 성립되어 집단이 정교화되고 발전되고 일정한 형태로 유형화된 것을 사회적 현실로 생각한다. 다시 말해서 사회는 소집단간의 보상추구의 행동이 정교화 되고 분화되고 유형화된 것이라고 할 수 있다. 이러한 교환관계의 과정에서 개인과 집단은 합리적인 요인이 주로 작용하여 교환관계가 이루어진 것으로 본다.

교환행동주의에서 인간의 본성은 이기적이고 합리적인 존재이며 환경의 변화에 적응하는 존재로 보고 있는 데 비하여 구조적 갈등주의에서는 인간은 이기적이고 갈등적인 존재이며 자유와 독립을 추구하려는 속성을 지니고 있다고 본다.

교환주의 이론에서 사회문제는 기본적으로 교환관계가 단절되거나 불균형을 이루고 있는 상태로 정의할 수 있고, 사회문제의 원인은 교환자원의 부족, 고갈 또는 가치 저하라 할 수 있다.

사회문제의 해결방안은 교환관계에 균형화가 이루어지도록 변화를 가하는 것으로 균형화 전략은 다음과 같은 것들이 있을 수 있다. (1) 동등한 가치의 다른 자원으로 보상 (2) 다른 보상의 원천 개발 (3) 새로운 자격이나 지위의 획득 (4) 강제력 사용 (5) 취약한 교환당사자들의 연합활동 (6) 원하는 욕구나 보상을 포기하는 것 (7) 소유한 교환자원의 질을 높이는 것.

2) 사회문제 분석의 틀

사회문제를 사회복지학적 응용사회학적 입장에서 접근하고 분석하는 일련의 과정의 틀을 최성재 등(1997)의 내용을 요약하여 제시해 보고자 한다.

첫째, 문제의 정의 및 현황이다. 분석하고자 하는 구체적인 문제, 예를 들면 '빈곤문제', '노인문제', '성폭력문제'를 먼저 정의하여야 한다. 문제의 정의는 문제를 분석하는 일련의 과정에서 개념의 명확성을 유지하게 하고 논의의 일관성을 기할 수 있게 해주며 나아가서는 그 문제를 보다 명확히 관찰하고 판단할 수 있는 경험적 근거를 마련해 주기 때문에 필요하다. 정의된 문제에 얼마나 많은 사람들이 관계되어 있고, 어떻게 발전되고 있고, 어떤 유형이나 양상을 보이고 있는가를 구체적인 자료를 제시하면서 서술하여야 한다. 즉 그 문제에 관련된 가해자 및 피해자의 수와 비율, 문제의 발생빈도 등을 시차적(월별, 연도별), 지역적, 연령별, 성별 등으로 파악한 통계자료를 제시하는 것이 바람직하다.

현재와 같은 문제가 계속적으로 발생하고 이에 대한 적절한 대책이 없다면 그 결과는 어떻게 될 것인가를 이론적인 또는 경험적인 근거에 의하여 서술하여야 한다.

어떤 사회현상이 사회문제로 정의될 수 있는 요건 또는 핵심적 특성의 요건에 비추어 이 문제가 사회문제가 된다고 정의하여야 한다. 일반적인 정의에 의해서뿐만 아니라 사회현상을 설명하는 사회과학적 이론에 의해 정의하여도 사회문제가 된다는 주장도 바람직하다.

둘째, 문제의 원인을 여러 가지 측면에서 규명할 수 있지만 바람직한 것은 사회과학의 주류적인 이론(앞에서 설명한 기능주의, 갈등주의, 상호작용주의 및 교환주의 이론)에 의하여 규명하는 것이다.

현재까지 개발된 사회과학의 일반이론은 적용의 범위가 넓어 많은 경우 한 현상을 네 가지 이론적 시각으로 설명할 수도 있지만 한 현상에 모두를 다 적용할 수 없는 경우도 있다. 한 이론적 시각에서든 여러 이론적 시각에서든 문제의 원인이 거시적인(국가사회적 및 지역사회적 차원) 데 있는지 아니면 미시적인(개인이나 가족적 차원) 데 있는지, 또는 양쪽에 다 있는지를 규명하는 것이 바람직하다.

셋째, 문제에 대한 현행 사회정책 및 프로그램이다. 사회문제의 해결은 기본적으로는 국가사회나 지역사회의 정책으로 대응하여야 하기 때문에 사회문제에 대한 현재의 사회정책과 프로그램을 검토해 보고 그 효과성을 평가해 보아야 한다. 아울러 사적 차원(민간차원)의 프로그램이 있는지도 살펴보고 현행정책이나 프로그램이 문제를 증가(악화)시키고 있는지도 살펴보아야 한다.

넷째, 문제에 대한 해결책 및 대안이다. 현행정책과 프로그램의 평가에 근거하여 문제를 개선하거나 해결하기 위한 효과적인 정책의 개선안 또는 대안은 무엇인가를 제시하여야 한다. 현행정책이 없다면 어떤 정책과 프로그램이 효과적인가를 제시해야 할 것이다.

다섯째, 문제해결을 위한 사회복지적 차원에서의 전략이다. 사회문제의 대부분은 사회정책으로 해결되어야 하고 사회정책의 핵심적 부분의 하나는 사회복지정책이므로 제시된 해결책을 정책으로 반영하기 위하여 사회복지적 차원에서는 어떠한 전략이 필요한가를 생각해야 할 것이다.

* 사회문제를 설명하는 이론들 및 사회문제 분석의 틀의 내용은 최일섭 등(1997)의 연구에서 발췌하여 요약 정리하였음.

제 3 장

사회문제와 사회복지

1) 사회문제와 사회복지정책

사회문제는 그 사회를 구성하는 대부분의 구성원 모두가 해결되어야 한다고 생각하는 문제이다. 일반적으로 우리가 잘 알고 있는 사회문제 몇 가지를 살펴보면, 빈곤, 노동, 아동, 청소년, 장애인, 여성, 노숙 등의 문제가 있다. 이와 같은 문제는 인류가 사회를 구성하면서부터 지속적으로 나타났던 사회문제이기도 하다. 인류는 이러한 사회문제에 대해 각 시대별로 나름의 방식과 원칙을 갖고 해결하고자 하였다. 여기서 나름의 방식은 각 시대별로, 국가별로, 정부별로 다양한 문제 해결방식을 선택했다는 것을 의미한다.

사회문제를 바라보는 관점에서는 다양한 관점과 방식이 있겠지만, 최근 들어 다양한 사회문제를 바라보는 관점을 몇 가지로 묶을 수 있다. 그것은 바로 이데올로기이다. 사회문제를 바라보고 그러한 사회문제를 해결하는 방식에는 여러 가지 방법이 있지만, 최근 우리 주위에는 이데올로기에 따라 사회문제를 해결하는 몇 가지로 묶을 수 있는 방식이 나타나고 있다.

사회문제를 이데올로기에 따라 바라보는 것은 앞서 살펴본 이론, 즉 사회문제를 설명하는 다양한 이론들과도 일부 맥을 같이하기도 한다. 본 장에서는 사회문제와 사회복지정책과의 관계를 설명하고자 함에 따라 사회문제를 바라보는 시각과 사회복지정책을 통해 대안을 마련하고자 하는 시각을 모두 고려하기 위해 이데올로기에 대해 설명하고자 한다.

이데올로기에 대해 다양한 정의가 있겠지만, 필자는 독자의 이해를 돕기 위해 "세상을 바라보는 시각"이라고 정의하고자 한다. 필자의 이러한 정의가 이해되지 않는 또 다른 독자를 다음과 같은 예를 들어 설명하고자 한다.

누구나 한 번쯤은 미술시간에 정물화를 그린 적이 있을 것이다. 이제 눈을 감고 과거의 정물화 시간으로 돌아가 보자. 미술시간에 정물화를 그리는 시간에 대부분의 공통적인 배경은 교실 중앙에 위치한 교탁 위에 예쁜 꽃이 담겨진 화병이 놓여 있는 장면일 것이다. 그리고 40여명의 학생들은 각자의 위치에서 자신의 눈에 들어오는 화병과 꽃을 그릴 것이다. 또 그림을 그릴 때, 단순히 꽃과 화병에 집중하기보다는 창가를 통해 또는 전등을 통해 비춰지는 빛과 그림자로 인한 음영을 고려하면서 그림을 그리게 된다. 어느덧 정해진 시간이 지나 모두가 그린 그림을 비교해 본다고 하자. 비교된 그림은 어떻게 될 것인가? 아마도 40명 모두의 그림이 서로 다를 것이다. 그 이유는 무엇인가? 40명의 학생이 본 장면, 즉 꽃과 화병은 같은 것이지만, 각자의 위치에서 보여지는 꽃과 화병은 전혀 다르기 때문이다.

이 예가 무엇을 의미하는가? 지금까지 우리는 다양한 사회문제를 설명하는 이론을 살펴보았다. 이러한 동일한 사회문제에 대해서 각기 상이한 시각을 갖고 다양한 방법으로 문제의 원인을 찾고 있다. 그럼 무엇 때문에 이러한 차이가 발생하는가? 그것은 위의 예처럼 각 사람이 자신이 갖고 있는 위치, 상황, 지식 등이 복합적으로 작용하여 나타내는 현상이라고 할 수 있다.

그렇다면, 이데올로기와 사회문제, 그리고 사회복지정책과는 어떤 관계가 있는가? 이 셋의 관계는 매우 복잡하면서도 필수적인 관계라고 할 수 있다. 그 이유는 어느 하나도 따로 떼어 놓고 볼 수 없기 때문이다. A라는 사람과 B라는 사람이 있다고 하자. A라는 사회복지정책학자는 매우 보수적인 이데올로기를 갖고 있는 사람이고, B라는 사회복지정책학자는 매우 진보적인 이데올로기를 갖고 있는 사람이라고 하자. 이 두 사람에게 빈곤이라는 문제를 제시할 경우 이들은 어떻게 문제를 바라보고 사회복지정책을 만들 것인가?

그대는 예측할 수 있는가? 아마도 당신이 보수와 진보의 개념을 어느 정도 이해하고 있다면 충분히 예측할 수 있을 것이다. A사회복지정책학자는 빈곤 문제를 100% 개인의 책임으로 단정하고, 구조기능주의 입장에서 개인의 무능력함, 게으름, 복지의존성 등의 원인을 규명하며 그에 맞는 사회복지정책을 제시하고자 할 것이다. B사회복지정책학자는 매우 진보적인 입장에서 빈곤의 문제를 사회 전체의 자원과 불평등의 문제로 보고 그에 맞는 사회복지정책을 제시할 것이다.

이처럼 각 개인이 사회문제를 어떤 방식으로 바라보는가가 사회문제의 원인을 규명하고 대안을 찾는데 중요한 영향을 미친다고, 그러한 시각에는 무엇이 있는가?

본 저에서 지금까지 사회문제를 바라보는 관점은 구조기능주의, 갈등주의, 상호작용주의와 같은 이론으로 설명하였다. 본 절에서는 더 나아가 사회문제와 사회복지정책의 방향을 결정짓는데 중요한 영향을 미치는 다소 거시적인 이데올로기를 차용하여 설명하고자 한다.

지금까지 사회의 다양한 문제를 바라보고 그에 맞는 대안을 찾는 이데올로기로 많이 활용되는 개념은 에스핑 앤더슨이 제시한 복지국가 유형화 이론에서 사용된 자유주의, 보수주의, 사민주의 개념이다. 사실 이 개념을 사회문제론에 그대로 인용한다는 것은 다소 무리가 있을 수 있으나, 사회문제와 사회복지정책을 설명하는 데는 어느 정도 도움이 될 것이다.

다음에 제시된 표를 살펴보면 에스핑 앤더슨의 복지국가 유형이 있다. 이 유형은 사실 복지국가론에서 많이 인용되는 내용이기는 하나 본

절에서처럼 사회복지정책을 설명할 때는 유용하다. 세 가지 유형이 있는데, 세 유형이 갖는 차이는 극명하다. 즉, 사회문제를 바라보는 관점이 매우 상이하고 그에 따라 다양한 수준의 국가개입을 요구한다. 이러한 개입은 결국 하나의 사회문제에 대해 국가에 따라 어떤 수준의 사회복지정책을 펼지를 결정짓는다.

제시된 〈표 3-1〉에 대해 살펴보면, 먼저 제시된 자유주의 복지국가에서는 사회문제에 대해 매우 자유주의적인 접근과 대안이 제시된다. 표에 제시된 내용 중 본 과목과 연관지어 주요하게 봐야 할 것은 복지에 대한 가족책임을 강조하는 부분과 복지의 재분배 기능이다. 이 두 요소가 의미하는 것은 결국 국가가 사회문제에 대해 어느 정도 개입하고 있는지를 직간접적으로 의미하고 있다. 먼저 자유주의 복지국가에서는 사회문제에 대해 1차적으로 가족의 책임을 매우 강조하고 있으며, 동시에 사회적 재분배에 대해 매우 미약한 모습을 보이고 있다. 이는 국가가 사회문제에 대해 직접적인 해결자로서 세밀한 사회복지정책을 펴기보다는 소극적 입장에서 가족 스스로 가족구성원의 문제를 해결하도록 하는 방임자적인 역할을 하겠다는 것을 의미한다. 두 번째인 보수주의 입장에서는 자유주의와 마찬가지로 복지에 대한 가족의 책임을 매우 강조하고 있고 재분배 기능 역시 매우 미약하다고 하겠다. 반면에 사회민주주의 복지국가에서는 앞서 살펴본 자유주의 및 보수주의 복지국가와는 달리 복지에 대한 가족책임 및 재분배 기능이 상반된다는 것을 알 수 있다. 사회민주주의 복지국가에서는 사회문제 대해 가족에 대한 책임보다는 국가의 책임을 강조하고 복지의 재분배기능 역시 매우 강력하다는 것을 알 수 있다.

이와 같은 다양한 이데올로기는 사회문제와 사회복지정책의 관계를 설명함에 있어서 매우 유용하다. 그것은 본 장의 정물화 예에서도 확인할 수 있었듯이, 사회복지정책을 입안하는 입안자 및 사회를 구성하는 구성원의 갖는 대부분의 가치 및 이데올로기가 무엇인가에 따라 그 사회가 다양한 사회문제에 대처하는 방식이 다르다. 이러한 다양한 대처방식은 결국 실체적인 사회복지정책 마련에 중요한 요소가 된다고 하겠다.

〈표 3-1〉 에스핑-앤더슨의 복지국가 모형

비교기준 \ 유형	자유주의 복지국가	보수주의 혹은 조합주의 복지국가	사민주의적 복지국가
해당국가	미국, 캐나다, 호주 영국, 뉴질랜드	독일, 오스트리아, 프랑스, 이탈리아	스웨덴, 노르웨이, 덴마크
급여 대상	빈곤자, 요구호자 중심	피용자 중심	모든 시민
급여 종류	극소화	필요시 확대 가능	극대화
급여 수준	최저생계비수준	계급과 지위에 따라 차이	중간계급의 생활수준
가족복지서비스	미약	미약	강력
사회보험운영체계	분립형	분립형	통합형
본인부담 (사회보험)	많음	많음	적음
직업복지/ 자원복지 역할	강함	미약	미약
복지에 대한 가족 책임의 강조	강력	강력	미약
복지의 재분배 기능	미약	미약	강력

* 출처 : 원석조(2009).

2) 사회문제와 사회복지 프로그램

지금까지 사회문제, 이데올로기, 사회복지정책 간의 관계를 개념적으로 살펴보았다. 그렇다면 우리나라에서는 어떤 사회복지정책이 제정되고 적용되고 있는지를 살펴보도록 하자. 이는 현재 우리 사회의 다양한 사회문제를 해결하기 위한 문제가 무엇이 있는지를 살펴보는 것이 중요할 것이다.

다음에 제시된 그림은 현재 우리나라에서 현재 실시되고 있는 사회복지 프로그램이다. 현재 우리나라에서 실시되고 있는 주요 복지 프로그램이 제시되었다고 보면 될 것이다. 현재 우리나라에서 실시되고 있는 주요 복지 프로그램은 그림에 제시된 것처럼 사회보험, 공공부조, 사회복지서비스이다. 먼저 사회보험에 대해 설명하면 사회보험은 소득보장과 의료보장으로 구분할 수 있다. 소득보장 프로그램에는 대부분 사회보험 내용인데, 하위 프로그램에는 연금보험, 실업보험(고용보험), 산재보험, 상병수당이 있다. 우리나리에는 아직까지 상병수당은 도입되지 않고 있지만, 최근 들어 상병수당에 대한 논의가 조금씩 나타나기 시작하였다. 사회보험의 의료보장에서는 건강보험과 산재보험이 있다.

둘째, 공공부조제도 역시 소득보장과 의료보장으로 구분할 수 있다. 공공부조 프로그램에서 소득보장 프로그램에는 국민기초생활보장제도가 있다. 그리고 국민기초생활보장제도에서는 자활사업이 포함되어 있어 근로능력이 있는 수급자는 조건부과를 이행할 경우에만 국민기초생활보장제도의 수급자격을 얻을 수 있다. 의료보장에는 의료급여가 있다. 의료급여 제도는 의료급여 1종과 2종으로 나누어 실시되고 있다.

〈그림 3-1〉 사회복지 프로그램

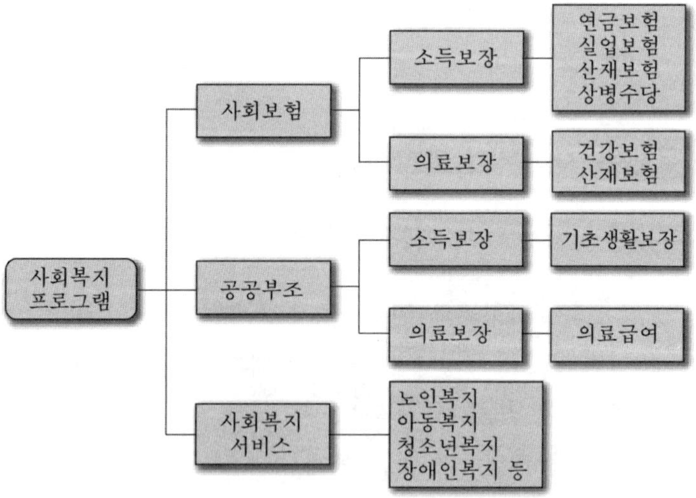

셋째, 사회복지서비스 프로그램에는 다양한 복지대상자 및 클라이언

트의 욕구를 반영한 복지 프로그램이 실시되고 있다. 사회복지서비스 프로그램에는 대상에 따라 노인복지서비스, 아동복지서비스, 청소년복지서비스, 장애인복지서비스, 여성복지서비스 등 클라이언트의 다양성을 반영한 복지서비스가 마련되어 있다. 이외에도 광의의 개념에서 사회복지와 관련이 있는 정책에서는 교육정책, 조세정책, 노동시장정책 등도 포함할 수 있다.

이처럼 다양한 대상의 욕구를 반영하기 위해 각 대상 및 사회문제 영역에 따라 다음과 같은 복지법이 마련되어 있다. 〈표 3-2〉를 보면 현재 사회복지사업법에 명시되어 있는 다양한 복지법을 확인할 수 있다. 현재 사회복지사업법에 명시된 법은 ① 국민기초생활보장법 ② 아동복지법 ③ 노인복지법 ④ 장애인복지법 ⑤ 한부모가족지원법 ⑥ 영유아보육법 ⑦ 성매매방지및피해자보호등에관한법률 ⑧ 정신보건법 ⑨ 성폭력범죄의처벌및피해자보호등에관한법률 ⑩ 입양촉진및절차에관한특례법률 ⑪ 일제하일본군위안부피해자에대한생활안정지원및기념사업등에관한법률 ⑫ 사회복지공동모금회법 ⑬ 장애인노인임산부등의편의증진보장에관한법률 ⑭ 가정폭력방지및피해자보호등에관한법률 ⑮ 농어촌주민의보건복지증진을위한특별법 ⑯ 식품기부활성화에관한법률 의료급여법의 법률에 의한 "보호·선도 또는 복지에 관한 사업"과 "사회복지상담·부랑인 및 노숙인보호·직업보도·무료숙박·지역사회복지·의료복지·재가복지·사회복지관 운영·정신질환자 및 한센병력자 사회복귀에 관한 사업" 등 각종 복지사업과 이와 관련된 "자원봉사활동 및 복지시설의 운영 또는 지원을 목적으로 하는 사업"이 있다.

다음은 주요 사회복지사업법과 각 법에 근거한 사회복지시설과 주무부서에 대해 구체적으로 제시하고 있다.

〈표 3-2〉 사회복지사업과 시설, 부서

<table>
<tr><th rowspan="2">관련법</th><th rowspan="2">시설종류</th><th colspan="2">세부종류</th><th rowspan="2">소관부서</th></tr>
<tr><th>생활시설</th><th>이용시설</th></tr>
<tr><td>사회복지사업법</td><td>종합사회복지관
부랑인 · 노숙인시설
결핵 · 한센시설</td><td>○부랑인시설
○결핵 · 한센시설</td><td>○종합사회복지관
○노숙인쉼터
○상담보호센터</td><td rowspan="9">보건복지부</td></tr>
<tr><td>노인복지법</td><td>노인복지시설</td><td>○노인주거복지시설
○노인의료복지시설</td><td>○재가노인복지시설
○노인여가복지시설
○노인보호전문기관</td></tr>
<tr><td>아동복지법</td><td>아동복지시설</td><td>○아동양육시설
○아동일시보호시설
○아동보호치료시설
○아동직업훈련시설
○자립지원시설
○아동단기보호시설
○공동생활가정</td><td>○아동상담소
○아동전용시설
○아동복지관
○지역아동센터
※ 2개 이상 아동시설이 혼합되어 있는 종합시설 설치가능</td></tr>
<tr><td>장애인복지법</td><td>장애인복지시설</td><td>○장애인생활시설
○장애인유료복지시설</td><td>○장애인지역사회재활시설
○장애인직업재활시설</td></tr>
<tr><td>정신보건법</td><td>정신보건시설</td><td>○정신요양시설
○사회복귀시설 중 생활(주거)시설</td><td>○사회복귀시설 중 이용시설</td></tr>
<tr><td>국민기초생활보장법</td><td>지역자활센터</td><td></td><td>○지역자활센터</td></tr>
<tr><td>농어촌주민의보건복지증진을위한특별법</td><td>복합노인복지시설</td><td colspan="2">○ 농어촌지역에 한해 노인복지시설 중 "노인보호전문기관"을 제외한 2종류이상의 노인복지시설을 동일 또는 인접 건물에 설치가능</td></tr>
<tr><td>한부모가족지원법</td><td>한부모자복지시설</td><td>○모(부)자보호시설
○모(부)자자립시설
○미혼모(자)시설
○공동생활가정
○일시보호시설</td><td>○여성복지관
○한부모가족복지상담소</td></tr>
<tr><td>영유아보육법</td><td>보육시설</td><td></td><td>○보육시설</td></tr>
<tr><td>성매매방지및피해자보호등에관한법률</td><td>성매매피해지원시설</td><td>○일반지원시설
○청소년지원시설
○외국인여성지원시설</td><td>○자활지원센터</td><td>여성가족부</td></tr>
</table>

관련법	시설종류	세부종류		소관부서
		생활시설	이용시설	
성폭력범죄의처벌및피해자보호등에관한법률	성폭력피해보호시설	○성폭력피해자보호시설	○성폭력피해상담소	여성가족부
가정폭력방지및피해자보호등에관한법률	가정폭력보호시설	○가정폭력피해자보호시설	○가정폭력상담소	

제 2 부

한국사회의 주요 사회문제 분석

제 4 장

빈곤문제

1) 빈곤의 정의와 현황

빈곤문제는 인류가 존재한 이후로 지속적으로 제기되었던 문제 중 가장 심각한 문제 중에 하나이다. 이러한 빈곤의 문제는 국가, 정부, 개인마다 상이하게 정의되어 왔고, 이러한 다양한 정의에 따라 많은 사회문제를 일으키는 핵심 요인이 되기도 하였다.

본 절에서는 그 동안 우리 사회에 지배적으로 영향을 미쳤던 빈곤에 대해 다차원적인 개념을 살펴보고자 한다. 현재까지 인류에 존재하는 빈곤에 대해 대부분의 정의를 정리하면 절대적 빈곤, 상대적 빈곤, 주관적 빈곤으로 정의할 수 있다.

(1) 절대적 빈곤

절대적 빈곤은 한 개인 및 한 가구가 최저한의 삶을 영위하는데 필요한 최소한의 자원이 충족되지 않은 상태를 의미한다. 절대적 빈곤에서 가장 중요한 개념은 최저한의 삶을 영위하는데 필요한 자원이 어느 정도인가이다. 과연 한 인간 또는 가구가 최저한의 삶을 살아가는데 필요한 최소한의 자원을 어떻게 측정할 것인가?

이와 같은 질문에 많은 학자들이 의문을 갖고 가능한 정확한 개념을 측정하고자 다양한 노력들이 있어 왔다.

이러한 노력의 출발점을 거슬러 올라가면 1899년 영국의 찰스 부스(C. Booth)가 동 런던에서 조사한 빈곤조사와 1965년에 라운트리에 의해 조사된 빈곤조사에서 그 기원을 찾을 수 있다. 찰스 부스의 경우 당대 처음으로 영국사회의 빈곤문제를 과학적 조사방법을 활용하여 조사를 실시하였다. 이때 라운트리는 빈곤에 대해 새로운 접근을 시도하였다. 그것은 빈곤의 개념, 즉 자원의 부족을 두 가지 개념으로 세분화하여 측정하였는데, 하나는 1차적 욕구인 기본적 욕구이고, 다른 하나는 2차적 욕구로 구분하였다. 부스가 정의한 1차적 욕구인 기본적 욕구는 인간이 삶을 살아가는데 필요한 기본적인 생활유지가 가능한 항목들로 구성되도록 하고 있다. 물론 이러한 정의에는 분명 문제가 따른다. 그것은 과연 기본적인 욕구를 어떻게 정의할 것인가 하는 문제이다. 부스가 정의한 2차적 욕구 또는 '다른 욕구'에는 기본적인 생활유지에 필요한 생필품이 아닌 문화 여가 등의 개념까지 포괄하고 있다. 오샨스크기가 제안한 개념에 대해 간략하게 설명하면 가구의 최저생활에 필요한 욕구를 가구의 음식비로 계산하는 방식이다. 이는 인간이 기본적인 육체적 능력을 유지하는데 필요한 영양 칼로리를 계산하여 측정하는 방식이다.

① 전물량 방식(Market Basket)

전물량 방식은 다른 말로 시장바구니 방식이라고 한다. 이 방식은 가구를 단위로 한 가구가 한 달 동안 최저한의 삶을 유지하는데 필요한 생필품을 선정하여 그것을 가상의 시장바구니에 담고, 바구니에 들어간 각각의 생필품의 단가와 각 상품의 내구 년을 계산하는 방식이다. 이와 같은 전물량 방식은 빈곤의 개념 또는 욕구 충족 및 불충족의 문제를 절대적 기준으로 제한함으로써 측정자의 입장에서는 그 편리성이 높으나 욕구가 상대적으로 불충족한 사람들에게는 욕구가 저평가될 가능성이 높은 방식이라고 하겠다. 특히, 이 방식이 갖는 가장 큰 단점은 과연 최저한의 삶을 유지할 수 있는 수준이 어느 정도인가에 대한 사회적 합의이다. 지금까지는 대부분 일부 연구자 및 사람들이 전물량 방식을 활용하여 최저 욕구를 절대적으로 평가했다. 그러다 보니 사회를 구성하는 대부분의 사람들의 개별적 욕구가 충분히 반영되지 못하는 문제가 발생하고 있다.

다음은 현재 우리 사회에서 전물량 방식의 욕구 측정이 이루어지는 최저생계비를 제시하였다. 〈표 4-1〉에 제시된 표는 2011년 최저생계비이다. 표준가구이자 기준이 되는 가구인 4인가구의 최저생계비는 약 143만원인 것으로 나타났고, 현금급여기준으로 볼 경우 약 117만원인 것으로 나타났다. 여기서 현금급여기준이라 함은 최저생계비 중 해당 가구가 정부의 다른 복지급여를 받거나 현물급여를 받을 경우, 해당 금액만큼을 제외하고 실제 현금으로 지급하는 금액을 의미한다. 예를 들면, 최저생계비에서 현물로 지급되는 의료비・교육비 및 타법령에 의한 지원액을 제외한 금액으로 소득 인정액이 전혀 없는 수급자가구가 지급 받을 수 있는 최고금액이라는 것을 의미한다. 그리고 수급자에게는 가구규모별 현금급여 기준에서 수급자 가구의 소득 인정액을 제외한 금액을 생계급여・주거급여로 지급하고 있고, 교육급여, 해산급여, 장제급여, 의료급여는 해당 가구원이 있는 경우 별도 지급하고 있다.

〈표 4-1〉 2011년 최저생계비

구 분	1인가구	2인가구	3인가구	4인가구	5인가구	6인가구	7인가구
금액(원/월)	532,583	906,830	1,173,121	1,439,413	1,705,704	1,971,995	2,238,287

※ 8인 이상 가구의 최저생계비 : 1인 증가시마다 266,291원씩 증가(8인 가구 :2,504,578원)

* 출처 : 보건복지부, 「2011년 최저생계비 고시」, 2010.

〈표 4-2〉 2011년 현금급여지준

구 분	1인가구	2인가구	3인가구	4인가구	5인가구	6인가구	7인가구
금액(원/월)	436,044	742,453	960,475	1,178,496	1,396,518	1,614,540	1,832,562

※ 8인 이상 가구의 현금급여기준 : 1인 증가시마다 218,022원 증가(8인가구: 2,050,584원)

* 출처 : 보건복지부, 「2011년 최저생계비 고시」, 2010.

② 전물량 방식

전물량 방식으로 미국에서 주로 사용되는 방법으로서 오샨스키에 의해 개발되었다고 해서 오샨스키방식이라고도 한다. 이 방식은 엥겔계수(Engel)를 사용한다. 엥겔계수란 가구의 소비에서 음식비 지출이 차지하는 비율을 의미한다. 일반적으로 소득이 증가할 때는 음식비의 지출이 감소하지만, 그 반대의 경우에는 음식비의 지출이 더 증가하게 된다. 이를 기초로 하여 엥겔계수를 구하고 그 역(逆)을 구하게 된다. 따라서 한 가구 및 개인이 영양을 유지하는데 필요한 최소한의 음식비를 곱하여 빈곤선을 정하는 방식이다. 오샨스키가 이를 기초로 하여 빈곤선을 계측하였다.

다음은 현재 우리나라에서 앞서 살펴본 전물량 방식으로 측정된 빈곤율 추이를 제시한 것이다. 먼저 전국자료를 살펴보면, 우리나라의 빈곤율이 1996년 3.08%였던 것이 2000년도를 기전으로 급격하게 상승하여 7.97%로 나타났다. 이러한 비율은 우리나라가 1998년 전후로 경제위기를 겪으면서 대량실업 및 빈곤이 발생했기 때문이다. 이러한 비율이 2003년도 10%로 상승했다가 이후 10~11% 수준을 유지하고 있음을 알 수 있다. 도시의 경우는 전국 평균 비율보다는 전체적으로 낮다는 것을 알 수 있다.

〈표 4-3〉 절대적 빈곤 개념을 정한 빈곤율 추이

	전국	도시(경상소득기준)
1996	3.08	4.5
1997		3.9
1998		7.6
1999		8.2
2000	7.97	6.4
2001		5.2
2002		4.2
2003	10.4	5.3
2004		5.1
2005		5.7
2006	11.1	4.9
2007	10.8	4.4
2008	11.1	4.3

* 출처 : 김태완 외, 「2009 빈곤통계 연보」, 한국보건사회연구원, 2009.

(2) 상대적 빈곤

앞서 살펴본 절대적 빈곤이 전체 구성원을 대상으로 표준적인 욕구를 반영하여 최소한의 삶을 유지할 수 있는 수준의 삶을 보장하는 것이 목적이라면 상대적 빈곤은 보다 광범위하면서도 개별 가구의 세분화된 욕구를 반영하는데 그 목적이 있다(박용순 외, 2008). 상대적 빈곤은 한 개인 및 가구가 속한 전체 사회의 전반적인 생활수준 및 욕구를 함께 고려한다는 특징이 있다. 여기서 전반적인 생활수준 및 욕구란 사람이 시대에 따라 또는 속해 있는 지역 및 국가에 따라 요구되는 생활의 수준이 매우 다름을 함께 빈곤의 개념에 반영한다는 것을 의미한다.

보다 구체적으로 설명하면, 사회를 구성하는 대부분의 사람들이 인간다운 삶을 영위하는데 필요한 재화 및 서비스가 있는데 자신만이 그것이 없다면 이는 상대적으로 빈곤한 지위에 놓이게 된다고 말할 수 있다. 예를 들면, 최근에 보고된 자료에 따르면 우리 나라 대부분의 가정에서 핸드폰을 보유하고 있다는 것을 알 수 있다. 그런데 일부 가정에서만 핸드폰을 보유하고 있지 않다고 하면 어떻게 될 것인가? 또 다른 예로 우리나라 대부분의 가구에서 자동차를 보유하고 있는 현실에서 자동차를 보유하고 있지 않는 가구가 있다면 어떤가? 아마도 위의 두 사례에 포함되는 가구의 구성원들은 상대적인 박탈감을 느끼게 될 것이다. 이처럼 상대적 빈곤은 그 사회의 전반적인 생활수준을 반영하여 빈곤을 정의하는 방식을 취하고 있다.

이와 같은 상대적 빈곤을 측정하는 개념에는 보통 평균소득, 중위소득, 소득분위 개념들이 많이 활용되고 있다.

첫째, 평균소득에 대해 살펴보면, 평균소득은 쉽게 말하자면, 각 가구의 소득을 모두 합산한 후, 평균소득 이하의 소득을 갖는 가구에 대해서는 빈곤한 상태에 놓인다고 정의하는 방식이다. 일반적으로 평균을 통해 빈곤여부를 결정할 때는 평균소득의 40%, 50%, 60% 중에서 선택되는 것이 일반적이다. 이와 같은 평균소득을 통해 빈곤을 측정하는 것이 유용한 측면은 그 사회의 전반적인 생활수준을 잘 반영할 수 있다는 점이다. 따라서 각 가구가 사회 전체의 평균 생활수준에 어느 정도 미치지 못하고 있음을 잘 알 수 있다. 그 이유는 사회전체 구성원의 소득수준이 향상되면 자연스럽게 전체 평균소득도 상승되기 때문이다.

그러나 이와 같이 평균을 통해 빈곤을 측정할 경우 발생할 수 있는 문제는 평균이 갖고 있는 특성으로 인해 큰 왜곡을 가져오기도 한다. 그것은 평균값 자체가 최소값 및 최대값의 영향에 매우 민감하다는 점이다. 다음의 예를 살펴보자.

A지역과 B지역의 소득실태를 조사하였다. 조사결과, A지역과 B지역의 평균소득은 100만원으로 유사한 소득수준을 갖고 있는 것으로 나타났다. 그러나 연구자는 이 결과를 100% 신뢰하지 못했다. 그 이유는 A지역은 누가 봐도 경제적으로 어렵게 사는 빈곤층이 집중적으로 거주하고 있는 달동네고, B지역은 중산층 이상 소득을 갖는 가구가 집중적으로 거주하는 지역임을 사전에 알고 있었기 때문이다. 이에 연구자는 이에 대해 정확한 실태를 파악하고자 두 지역에서 조사된

각 가구의 소득자료를 소득 순으로 나열하여 살펴보았다. 이와 같은 작업을 통해 연구자는 이러한 결과에 대한 원인을 쉽게 찾을 수 있었다. 그것은 A지역은 지역 거주민 대부분이 50만원 수준의 소득을 벌고 있지만, 일부 거주민의 경우 소득수준이 200만원이 넘게 되어 전체 평균소득을 끌어올리는 역할을 한 것으로 파악되었고, B지역은 거주지역 전체가 100만원 소득에서 큰 편차를 보이지 않고 집중되어 있음을 알 수 있었다.

위의 예에서도 알 수 있듯이, 평균은 그 사회의 전체적인 실태를 함축시켜 제시해 준다는 장점이 있지만, 동시에 사실을 왜곡하는 기능 역시 한다는 것을 유의해야 할 것이다.

둘째, 이와 같은 평균소득이 갖는 여러 문제를 해결하고자 보다 정확하게 상대적 빈곤을 측정하기 위해 연구자는 중위소득을 사용한다. 중위소득 중에서도 중위소득의 40%, 50%, 60% 기준을 사용하고 있다. 실제로 대부분의 OECD 국가들은 이 기준을 사용하고 있다. 중위소득 기준은 그 사회를 구성하는 가구의 소득을 최저소득에서부터 최고소득까지를 순서대로 나열한 후 정확히 1/2이 되는 지점에 있는 소득을 의미한다. 이처럼 중위소득을 사용할 경우 평균소득과 달리 최소값 및 최대값의 영향을 최대한 적게 받으면서 그 사회의 전체 소득에 대한 자신의 상대적 위치를 파악할 수 있게 된다.

셋째, 중위소득과 함께 자주 사용되는 방법은 소득분위를 사용하는 것이다. 소득분위라 함은 중위소득처럼 각 가구의 소득을 최저소득에서 최고소득까지 나열한 후 각 소득을 4분위(각 25%), 5분위(각 20%), 10분위(각 10%)로 구간을 정해 나누는 방식이다.

다음은 상대적 빈곤개념을 적용한 우리나라의 최근 빈곤율 추세이다. 표 내용을 살펴보면, 전국 상대적 빈곤율이 1996년 8.57%였던 것이 경제위기가 있었던 2000년을 기점으로 해서는 12.87%로 급격하게 상승하다가 최근 2008년도에는 16.6%로 나타나 그 수준이 점차적으로 높아지고 있음을 알 수 있다. 도시의 상대 빈곤율 역시 9.1%에서 시작해서 2008년까지 10.1%로 상승하였다.

〈표 4-4〉 상대적 빈곤 개념을 적용한 빈곤율 추이

	전국	도시
	상대빈곤	상대빈곤(가처분소득)
1996	8.57	9.1
1997		8.7
1998		10.6
1999		10.5
2000	12.87	9.6
2001		9.7
2002		9.3
2003	15.5	10.6
2004		11.1
2005		11.2
2006	16.4	10.8
2007	16.5	10.7
2008	16.6	10.1

* 출처 : 김태완 등, 「2009 빈곤통계 연보」, 한국보건사회연구원, 2009.

(3) 주관적 빈곤

주관적 빈곤은 절대적 빈곤 및 상대적 빈곤과는 다르게 보다 개별가구의 욕구를 반영한다는 특징이 있다. 주관적 빈곤을 처음 제시한 학자는 라이덴(Lyden)인데, 이 사람의 이름을 따서 라이덴 방식이라고도 한다. 이 방식은 빈곤의 개념을 보다 정확히 이해하고 측정하기 위해서는 각 가구의 정확한 필요 욕구 및 소득을 측정해야 한다고 보고 있다. 이를 위해서 라이덴은 "귀하의 가정이 한 달을 빠듯하게 살아가는데 필요한 생활비가 얼마입니까?"라는 표준 문구를 만들어 제시하고 있다. 이렇게 만들어진 표준 문구를 활용하여 한 가구의 실제 필요 생활비 및 욕구를 파악하는 방식을 취해야만 보다 정확히 빈곤을 측정할 수 있다고 보고 있다. 그러나 이러한 방식을 취할 경우 예상되는 문제는 각 가구에 따라 너무 상이한 욕구가 측정되고, 그러다보면 너무 많은 욕구가 측정되어 정부 입장에서 효율적으로 빈곤을 측정 관리할 수 없다는 문제점이 나타난다.

2) 빈곤의 원인에 대한 사회과학 이론들의 설명

빈곤의 원인은 무엇일까? 이러한 질문에 대해 지금까지 많은 학자들이 이론적인 논쟁을 해왔다. 이러한 논쟁에도 불구하고 아직까지도 빈곤의 원인에 대한 논의는 끊이지 않고 있다. 그 이유는 무엇일까? 그것은 아마도 빈곤을 바라보는 시각의 차이에서 출발할 것이다. 다양한 시각만큼이나 빈곤의 원인을 설명하는 이론 역시 매우 많다. 본저에서 그러한 모든 담론과 이론을 담기보다는 최근의 상황을 비추어볼 때 그 설명력이 가장 높은 몇 가지의 이론을 설명하고자 한다.

(1) 인적자본론

인적자본론은 빈곤의 원인을 설명하는 여러 이론 중 가장 기본이 되는 이론이다. 인적자본론에서는 사람들이 빈곤해지는 원인은 근본적으로 각 개인이 갖고 있는 인적자본의 양의 차이에서 비롯된다고 보고 있다(김대원 외, 2005).

인적자본이 처음 제시된 시점은 1960년 이후 미국이다. 이 당시 미국은 소득 및 부의 불평등에 대해 사회적으로 큰 관심을 갖지 않고 있었다. 경제대공황 이후 대량실업 및 빈곤문제를 해결하고자 하는 방법으로 경기부양책인 뉴딜정책을 폈고, 이후 다양한 사회문제를 해결하고자 하는 1935년 사회보장법을 제정하면서 본격적으로 사회문제 중에서 빈곤과 실업에 국가가 직접적으로 개입하기 시작하였다. 그러던 것이

1960년대 M. Harrington의 '*The Other America*'라는 책을 발간하면서 미국 사회의 심각한 빈곤문제가 사회문제화되었다. 이러한 사회문제를 국가 차원에서 개입하는데 있어 인적자본론은 중요한 제도적 틀을 제시하였다.

인적자본론에서의 빈곤원인은 임금의 차이에서 비롯된다고 보고 있다. 이러한 임금차이가 종국에서는 빈곤과 비빈곤을 나누는 기준이 된다고 보는 것이다. 한 개인이 자신의 인적자본인 기술, 자격증, 근로경력 등을 향상시키는 것이 자신의 생산능력을 향상시키고, 이러한 생산능력은 결국 자신의 임금과 직결된다고 보는 것이다. 따라서 한 개인이 현재 자신의 인적자본능력을 향상시키기 위해 당장의 이익을 포기하더라도 생애주기관점에서 보면 결국 자신의 임금을 향상시키게 한다고 보고 있다.

따라서 개인은 공식적으로 학교교육을 통해 자신의 인적자본을 향상시키고, 비공식적으로는 직업훈련, 학원, 자격증 취득 등의 방법을 통해서 자신의 인적자본을 향상시켜야 된다. 이와 같은 인작자본 향상을 위한 투자의 차이가 결국 생산성의 차이를 가져오고, 종국에서는 임금의 차이를 가져온다고 보는 것이다. 임금의 차이는 결국 빈곤과 비빈곤에 중요한 원인이 된다고 보고 있다.

이와 같은 인적자본의 대표적인 예가 1960년대 이후 미국에서 실시된 Head Start 프로그램이다. 일반적으로 빈곤 가구 아버지와 어머니의 학력수준을 보면 대부분 낮다는 것이 일반적이다. 이처럼 빈곤가구의 부모는 빈곤하지 않은 부모에 비해 학력수준이 절대적으로 낮다. 미국의 자유주의 학자인 프리드만은 이러한 문제를 해결하고자 취학전 교육 프로그램인 Head Start 프로그램을 제안하였다. 이 프로그램에서는 빈곤가구 아이들이 부모의 낮은 학력수준을 물려받지 않고 빈곤에서 벗어나도록 하기 위해 빈곤가구 아이들이 취학하기 전에 미리 교육을 시키는 프로그램을 제안하였다.

이처럼 공식 및 비공식 경로를 통한 개인의 인적자본 향상은 탈빈곤에 중요한 영향을 미친다고 보는 것이 이 이론의 핵심이다. 그러나 인적자본이론이 현실적인 문제를 잘 지적하고 일부 빈곤원인에 대한 설명력이 높다는 긍정적 평가에도 불구하고 몇 가지 중요한 문제점을 갖고 있다. 그 중에 하나는 인적자본이론을 바탕으로 제안된 여러 빈곤해결책들이 큰 실효를 얻지 못하고 있을 뿐만 아니라 빈곤문제를 너무 단선적으로 접근하고 있다는 지적이다. 즉, 빈곤의 원인을 설명하고 해결하는 방법에는 개인의 인적자본만을 향상해서는 해결될 수 없다는 현실적인 한계이다. 그 이유는 빈곤의 원인에는 개인의 개인적인 인적자본 수준뿐만 아니라 가구의 특성, 노동시장 구조 및 사회구조적인 문제 역시 간과할 수 없기 때문이다.

(2) 선발이론

앞서 살펴본 인적자본이론은 개인 및 근로자의 인적자본 수준이 타인에 비해 높을 경우 노동시장 및 기업 내에서 높은 임금을 받는 다는 것을 당위론적으로 설명하고 있다. 이는 고용주의 입장에서 피고용자의 인적자본 수준이 높다면 자연스럽게 생산성이 높고 그에 따라 높은 임금을 보상한다는 것을 의미한다. 그러나 선발이론은 이에 대해 정면으로 비판하고 있다. 즉, 선발이론은 기업의 생산성을 향상시킴에 있어서 노동자의 기능과 역할이 학력과 같은 인적자본으로 모두 설명하는 것이 불가능하다고 보고 있다.

기업 및 고용자는 노동자 및 피고용자가 노동자가 취업 후 기업의 생산성 향상에 도움이 될 것이라는 확신을 갖기 위한 충분한 정보를 갖고 있지 않다. 그럼에도 기업은 가능한 한 제한된 정보 내에서 기업에 도움이 되는 노동자를 선발해야 하고, 가능한 선발 기준으로 학력과 같은 인적자본이 활용한다고 보고 있다.

선발이론에서는 개인이 취업 전에 갖고 있는 인적자본이 자동적으로 취업 후에 기업의 생산성 향상에 도움이 된다고 판단하지는 않는다. 이 이론에서는 개인이 보유하고 있는 인적자본이 기업 및 노동시장에 진입하는 자격요건 및 선발요건으로의 기능만을 수행할 뿐 인적자본론에서처럼 생산성까지 직결된다고 보지는 않는다. 오히려 노동시장에 진입한 개인들은 기업의 생산성 향상에 필요한 기술 및 능력은 근로하는 과정에서 습득하게 된다고 보고 있다.

이와 같은 선발이론이 인적자본론과 달리 인적자본과 임금과의 관계를 보다 세밀하게 분석하고 있다는 측면에서 의미가 있을 뿐만 아니라 빈곤정책 측면에서도 의미가 크다고 하겠다. 다시 말해서, 개인의 인적자본 향상이 기업의 진입과정에서 중요한 도구로 사용되고, 그것이 임금까지 영향을 미친다면, 이는 소득계층에 따라 매우 이분화된 취업분포를 나타낼 가능성이 크다. 즉 능력이 있어도 상대적으로 학력 및 학교의 수준이 낮을 경우 노동시장에 진입하는 것 자체가 어렵게 된다는 것을 의미한다. 또한 이를 해결하기 위해 빈곤층에게 집중적인 인적자본 향상을 위한 투자가 이루어진다고 하더라도 다른 중상위 소득계층의 인적자본 수준이 고정되지 않으면 결국 소득계층간의 인적자본 차이는 여전히 존재할 것이다.

(3) 직무경쟁이론

직무경쟁이론 역시 인적자본론을 비판하면서 나타났다. 직무경쟁이론에서는 인적자본에서 주장하는 것, 즉 근로자들이 일자리를 찾을 때 상당히 구체적으로 개발된 기술들을 가지고 서로들 간에 임금경쟁을 하고, 그 가운데 특정 직무가 결정된다고 보는 점을 지적하고 있다. 직무경쟁이론은 첫째, 어떤 사회 일자리의 숫자와 형태는 그 사회의 발전정도에 의해 결정되고, 둘째, 이러한 발전에 따라서 근로자의 기술과 임금은 임금 협상에 영향을 주지 않고, 셋째, 임금은 직무별로 엄격히 고정되어 있어 상대적 임금의 개념이 중요하며, 마지막으로 누가 어떤 직무를 차지하느냐는 근로자들의 훈련성과 적응성에 의해서 결정된다고 보고 있다.

일반적으로 피고용자 중 근로능력이 뛰어난 집단에 대해서는 적은 훈련비를 지출하면서 좋은 직무를 부여하는 반면 근로능력이 낮은 집단에 대해서는 높은 훈련비를 제공하게 된다. 따라서 기업주 입장에서는 피고용자를 선발함에 있어서 더 많은 훈련비가 지출되는 저능력자를 선발하기보다는 처음부터 훈련비를 줄이기 위해 교육의 수준, 연령, 자격증 등을 활용하여 각 직무에 맞는 사람들을 선발하는 것이 일반적이다. 따라서 이 과정에서 타인에 비해 상대적으로 높은 능력을 가진 사람이 좋은 직무에 배정되고, 좋은 직무에 배정되면 자연스럽게 높은 임금을 받게 된다고 보는 것이 직무경쟁이론이다.

예를 들어 설명해 보자. 최근에 우리 사회의 고등학생 중 약 80%가 대학교에 진입하고 있다. 쉽게 말하면 앞으로는 평균 교육수준이 과거에는 중졸 및 고졸이었다면, 이제 대졸이 평균 교육수준이 된다. 그렇다면 기업의 입장에서 직원을 고용할 때, 학력의 차이를 두고 적합한 직무를 선택할 수 있는가? 아마도 과거에는 대졸자의 비율이 고졸 및 중졸보다 적었기 때문에 그 상대적 차이를 인정받아 비교적 좋은 직무에 높은 임금을 받았을 것이다. 그러나 앞으로는 대졸이 더 이상 지금처럼 좋은 직무와 임금을 받는 시대는 아닐 것이다. 어쩌면 대학원 석사 및 박사 졸업자가 단순 대졸자에 비해 상대적으로 높은 경쟁력을 갖게 될 것이다.

이 이론은 빈곤정책에서 중요한 시사점을 갖는다. 그것은 저소득에게 직무경쟁이론에 따라 학력수준을 높여준다고 하더라도 다른 계층의 학력수준이 고정된다는 것이 전제되지 않을 경우 결국 학력에 있어서의 상대적 차이는 여전히 존재할 가능성이 크다는 점이다. 그렇다면 정부는 어떻게 해야 하는가? 다른 소득계층이 인적자본을 향상시키지 못하도록 고정해 놓고 저소득층만의 인적자본 향상을 해야 하는가? 그것은 불가능한 일이다. 그렇다면, 좋은 일자리를 많이 만드는 것은 어떤가? 그것 역시 불가능해 보인다. 그것은 이미 우리 사회에서 좋은 일자리에 대한 수요는 포화 상태에 이르렀을 뿐만 아니라 좋은 일자리에 대한 공급 역시 점차적으로 줄고 있기 때문이다.

(4) 노동시장분절이론

인적자본론이 노동시장을 하나의 동질적인 성격을 갖는 집단으로 보고 모든 사람들이 동등한 자격을 갖고 노동시장에 진입할 수 있으며, 노동시장의 일시적인 분절들은 없어진다고 보고 있다. 하지만 노동시장분절이론에서는 이에 대해 매우 강력히 비판하는 입장을 갖고 있다.

노동시장분절이론에서는 인적자본론과 달리 노동시장은 분절되어 있다고 본다. 노동시장이 분절되어 있다는 의미는 노동시장이 상이한 성격과 내용, 특성을 갖는 집단으로 세분화되어 있고, 이러한 분절은 고착화되어 있다는 입장을 갖고 있다. 여기서 의미하는 고착화의 의미는 매우 중요하다. 노동시장분절이론에서 의미하는 고착화란 분절된 노동시장에 진입한 노동자들은 서로의 이동이 불가능하다는 것을 의미한다. 이러한 개념적 정의는 앞서 언급한 인적자본과는 그 출발이 확연히 다르다는 것을 알 수 있다.

그렇다면 노동시장은 어떻게 분절되어 있는가? 일반적으로 노동시장은 두 개로 분절되어 있는데, 하나는 내부노동시장과 외부노동시장이다. 이 두 시장은 각기 기업과 노동자가 존재하지만 이 두 노동시장 간에는 상호 이동이 불가능함에 따라 한번 내부노동시장이든 외부노동시장이든 진입하면 해당 노동시장에 지속적으로 유지해야 한다는 특성을 갖는다.

두 노동시장의 차이는 무엇인가? 내부노동시장은 임금결정과정이 수요와 공급, 한계생산성 등과 같이 고전적인 경제학적 논리가 적용되지 않는 시장으로서 스스로 독특한 특성을 갖는 성격을 갖는다. 내부 노동시장이 갖는 주요 특성 중에 하나는 내부노동시장만의 고유한 직무관련 기술 및 정보가 존재한다는 점이다. 다시 말해서 내부노동시장에 속한 기업 및 직무들은 자신들만의 고유한 직무기술과 정보를 갖고 내부노동시장에 속한 사람들끼리만 공유한다. 또한 이러한 고유한 직무기술과 정보는 일반기업에서 사용하는 정보와 그 차원이 다르다. 따라서 내부노동시장에 속한 기업 및 개인들은 외부노동시장에 전혀 영향을 받지 않고 있다. 그리고 내부노동시장에 진입하여 고용이 되었을 경우, 이러한 고용은 안정적으로 장기간 유지되며, 근로자들간에는 비공식적인 작업규칙들이 마련되어, 사용자가 외부의 경제적 요소 변화에 대응하기 힘들게 만들고 있다.

이와 같은 내부노동시장이론과 유사하게 노동시장분절을 설명하고 있는 이론이 이중경제이론이다. 이중경제이론 역시 내부노동시장이론과 유사하게 노동시장 내에서는 두 개의 경제가 존재한다고 보고 있다. 두 개의 경제란 핵심부문과 경쟁부문으로 나누어진다. 핵심부문이란 자본이 다른 자본과 비교적 경쟁하지 않고 독립적으로 자신만의 잉여를 생산하는 구조를 갖는 경제를 의미하며, 경쟁부문은 독립부문과 달리 소자본끼리 자신의 잉여창출을 위해 지속적으로 경쟁하는 경제를 의미한다. 일반적으로 핵심부문은 대기업이 속한 경제로서 규모의 경제 효과를 최대한 살려 저비용으로 대량생산하여 높은 잉여를 창출하고 있다. 따라서 기업은 높은 생산성을 만들어냄에 따라 해당 기업에 속한 노동자들은 높은 임금을 받게 된다. 또한 독점부문에 속한 기업들은 대량생산에 의한 낮은 가격으로 인해 높은 가격경쟁률을 갖게 되어 생산성의 향상이 높게 나타났다. 그리고 생산성 향상을 통해 얻은 잉여를 또 다른 기술투자로 이용하면서 결국 더 높은 잉여를 갖게 된다. 반면, 경쟁부문에 속한 기업들은 자본이 열악하여 기업의 규모도 적고, 생산단가는 높아 결국 잉여는 상대적으로 감소하게 된다.

지금까지의 설명이 기업의 입장에서 노동시장분절을 설명했다면, 이제 노동자의 입장에서 설명해 보자. 앞서 간략하게 설명했듯이, 내부노동시장 및 독립부문에 속한 기업들은 외부 경제에 영향을 거의 받지 않고 지속적으로 부를 축적하고 있다. 일반적으로 이러한 기업들은 대부분 대기업이면서 특화된 기술을 보유하고 있어, 노동자 역시 대부분 정규직의 고임금 전문직이 많다. 반면에 외부노동시장 및 경쟁부문에 속한 노동자들은 비정규직의 저임금 비전문직이 많다. 이러한 차이가 개인적으로는 임금의 차이 및 고용불안정으로 끝나겠지만, 좀더 확대하여 살펴보면, 개인 및 가구의 빈곤문제까지 확대될 수 있다.

노동시장분절이론이 오늘날의 노동시장과 빈곤을 절묘하게 설명하고 있다는 측면에서는 궁극적인 평가를 받고 있지만 여전히 이러한 분절이 정확히 어느 지점에서 이루어지고 있는지 분절된 노동시장과 임금과의 관계를 정확히 설명하고 있는지에 대해 보다 세밀한 설명이 필요하다는 비판을 받고 있다.

(5) 빈곤문화론

빈곤을 설명하는 이론 중 인적자본이론 다음으로 최근 들어 주목받고 있는 이론이 바로 빈곤문화론이다. 빈곤문화론을 제안한 사람은 다름 아닌 오스카 루이스(Oscar Lewis)이다. 빈곤문화론의 근원을 찾아보면 문화인류학에서 기인한다. 빈곤문화론은 말 그대로 빈곤한 가구 및 개인에게는 그들만의 독특한 문화가 존재한다는 것을 의미한다(김근홍 외, 2005).

오스카 루이스는 빈곤한 사람들은 사회의 주류문화와 다른 독특한 하위문화를 갖고 있어 삶의 가치, 행동, 자녀양육 등의 측면에서 차이를 갖는다고 주장하였다. 빈곤문화가 갖는 특징을 몇 가지로 세분화하여 살펴보자. 첫째, 빈곤문화는 사회의 주류가치를 담지 못하고 있다. 일반적으로 빈곤문화는 주류 사회의 대표적인 활동인 학교, 정당, 노동조합 등과 같은 활동들을 제한하고 있다. 이러한 특성은 빈곤자들이 자신들의 가치가 사회에 수용되지 않을 것이라는 단절로부터 출발한다. 즉 사회가 이들과 함께 하는 것을 제한하기도 하지만, 언젠가 부터는 이들 스스로 이러한 사회적 통합에 필요한 가치들을 거부하게 된다. 둘째, 빈곤가구는 가족관계에서 있어서 주류 사회와 다르다. 일반적으로 빈곤가구는 부모가 함께 하는 거주형태보다는 부모의 이혼, 별거 등의 해체가정의 비율이 높을 뿐만 아니라 결혼하지 않고 함께 하는 사실혼 관계인 동거 비율이 높게 나타났다. 또한 부모가 일찍 사망함에 따라 조손가정 및 소년소녀가정 비율 역시 주류사회보다 매우 높게 나타났다. 셋째, 빈곤문화는 빈곤하게 살고 있는 구성원들에게 삶의 목적이 없게 살거나, 열등감, 의존감 등이 높게 나타나고 있다. 또한 이들 가구에 속한 사람들은 폭력, 약물중독, 비행 등의 문제에 쉽게 노출되고 있다.

빈곤문화론에서는 이와 같은 빈곤문화의 특징들이 한 세대에서만 그치는 것이 아니라고 주장하고 있다. 즉, 빈곤문화에 노출된 가구를 구성하는 세대 중에서 빈곤 1세대부터 3세대가 함께 거주하고 있다면, 2세대는 1세대로부터, 3세대는 2세대로부터 빈곤문화를 답습하고 있다고 지적하고 있다. 일반적으로 빈곤가구를 구성하는 부모들은 학력이 낮고, 질병이 많고, 장애비율이 높고, 거주지도 열악하고, 주류사회에 통합되지 않는 것이 일반적이다. 이러한 부모의 특징은 가구를 구성하고 있는 2세대 및 3세대로까지 그대로 전수된다. 그 이유는 한번 빈곤에 빠지면 독특한 빈곤문화를 갖게 되고, 이러한 빈곤문화에 노출되면 생애를 걸쳐 답습되어 마치 당연한 삶으로 받아들이게 되기 때문이다. 즉 변화에 대한 필요성조차 느끼지 못하거나, 설사 변화의 노력을 갖고자 했으나 사회 구조적으로 통합자체를 어렵게 만들기 때문이다.

이처럼 빈곤문화가 세대를 걸쳐 답습되는 주요한 원인 중에 하나는 바로 부모의 올바르지 못한 자녀양육방법에서 출발한다. 이와 같은 세대 간의 빈곤문화 답습을 끊기 위해서는 어느 세대에서는 다음 세대에서 대해 탈빈곤할 수 있는 교육 및 개입이 이루어져야 한다. 그러나 답습을 끊어야 할 주체인 부모 스스로가 어떻게 이러한 빈곤문화 답습을 끊어야 할지를 모르는 상태에서 어떻게 탈 빈곤문화가 가능하겠는가? 이를 위해 미국에서 Head Start 프로그램을 실시한 적도 있다.

그렇다면 우리나라는 어떤가? 우리나라에서 대표적인 빈곤문화로 존재하는 지역으로는 영구임대아파트, 쪽방 등이 있다. 영구임대아파트의 경우 국민기초생활보장제도 수급자 중 일부가 입주하여 살고 있다. 따라서 저소득층이 밀집되어 거주하게 된다. 이 경우 주변의 일반 아파트와 확연히 구분된 삶을 살게 된다. 즉 일반아파트와 영구임대아파트간의 담은 철조망이 세워지거나, 주변 땅값이 하락하거나, 청소년들의 비행, 폭력 등의 문제가 그 동안 문제제기 되어 왔다. 또한 쪽방 역시 최근 들어 우리 사회에서 주목받는 빈곤문화 지역이라 할 수 있다.

3) 빈곤문제에 대한 현행 사회복지정책

우리나라의 빈곤문제를 해결하는 사회복지정책에는 매우 다양하다. 그 중에서도 대표적인 우리나라의 공공부조제도는 국민기초생활보장제도이다. 이에 본 서에서는 국민기초생활보장제도를 중심으로 설명하였다.

(1) 소득보장

소득보장제도 중 국민기초생활보장제도는 우리나라 공공부조제도의 근간이 된다. 국민기초생활보장제도는 앞서 설명했던 최저생계비 기준과 부양의무자 기준을 충족한 대상만이 해당된다.

국민기초생활보장제도의 수급대상이 되려면 소득과 부양의무자 조건을 모두 충족해야만 한다. 먼저 소득조건을 살펴보면, 소득조건을 충족하려면 소득인정액이 기준 소득을 초과해서는 안 되는데 2003년 이후 소득인정액은 소득평가액과 재산의 소득환산을 합산하여 계산이 된다. 그리고 이러한 소득인정액이 가구별 최저생계비 이하인 경우에만 해당이 된다.

〈표 4-5〉 2010년 최저생계비

1인가구	2인가구	3인가구	4인가구	5인가구	6인가구
504,344	858,747	1,110,919	1,363,091	1,615,263	1,867,435

* 7인 이상 가구: 1인 증가시마다 252,172원씩 증가(7인가구:2,119,607원)
* 출처 : 보건복지부, 「2010년 최저생계비 고시」, 2009.

구체적으로 소득인정액은 다음과 같은 방식으로 측정되고 있다.

소득인정액 = 소득평가액 + 재산의 소득환산액	※ 소득평가액 = (실제소득 - 가구특성별 지출비용 - 근로소득공제) ※ 재산의 소득환산액 - ((재산 - 기본재산액-부채) × 소득환산율)

국민기초생활보장제도의 수급자가 되기 위한 두 번째 조건은 부양의무자 조건이다. 부양의무자 조건은 부양의무자가 없거나 부양의무자가 있어도 부양능력이 없거나 또는 부양을 받을 수 없는 경우가 해당된다. 부양의무자 조건은 부양능력에 따라 다르게 정의되고 있다. 그리고 부양의무자 조건은 수급권자의 1촌의 직계혈족(부모, 아들·딸 등) 및 그 배우자(며느리, 사위 등)에게만 적용된다.

〈표 4-6〉 부양의무자 조건

부양의무자	부양능력	부양의무자기준
부양의무자 없음	-	부양의무자 기준 O
부양의무자 있음	부양능력 없음	부양의무자 기준 O
	부양능력 미약	부양의무자 기준 △ (부양비 지원을 전제로 선정)
	부양능력 있음(부양불능, 기피 등)	부양의무자 기준 O
	부양능력 있음(부양이행)	부양의무자 기준 X

그리고 국민기초생활보장제도의 수급자가 되면 생계급여, 주거급여, 자활급여, 교육급여, 해산급여, 장제급여, 의료급여를 받게 된다.

① 생계급여

일반생계급여는 의료·교육·자활급여의 특례자, 에이즈쉼터거주자, 노숙자 쉼터 또는 한국갱생보호공단시설 거주자 등 정부로부터 생계를 제공받는 자를 제외한 모든 수급자를 대상으로 한다. 급여액은 주거급여 제외 대상자를 제외한 모든 수급자에 대하여 최저생계비 중 최저주거비를 분리하여 주거급여로 지급, 주거급여는 가구별 0원~최저주거비까지 정률급여로 지급하며, "자가가구 등"에 해당하는 수급자에게 가구별 현금급여액에 해당하는 금액을 차감한 나머지를 주거 현금급여로 지급하고 있다.

〈그림 4-1〉 가구별 생계급여액 산정 방식

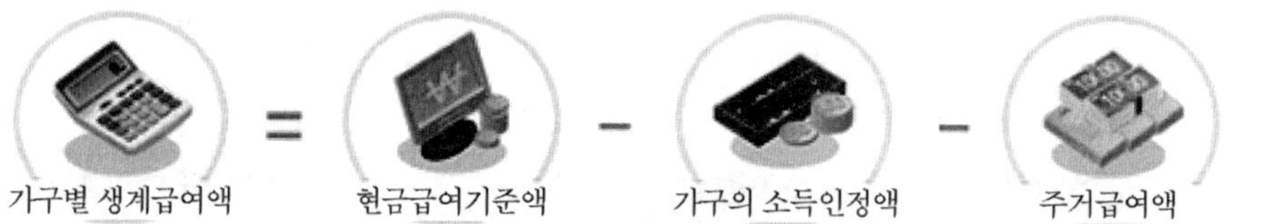

※ 현금급여기준은 최저생계비에서 현물로 지급되는 의료비·교육비 및 타법지원액(주민세, TV 수신료 등)을 차감한 금액을 의미함.

〈표 4-7〉 수급자가 받을 수 있는 최고액의 현금급여수준

구분	1인가구	2인가구	3인가구	4인가구	5인가구	6인가구
최저생계비	504,344	858,747	1,110,919	1,363,091	1,615,263	1,867,435
현금급여기준	422,180	718,846	929,936	1,141,026	1,352,116	1,563,206

* 출처 : 보건복지부, 「2010년 최저생계비 고시」, 2009.

② 주거급여

주거급여는 주거급여 제외 대상자를 제외한 모든 수급자를 대상으로 하고 있다. 다만, 주거급여가 불필요하거나, 타법령 등에 의하여 주거를 제공받고 있는 수급자로서, 의료·교육·자활급여 특례 수급자 및 보장시설에 거주하는 수급자 등에게는 주거급여가 제공되지 않고 있다. 주

거급여액은 주거급여 제외 대상자를 제외한 모든 수급자에 대하여 다음의 기준에 의한 현금급여를 제공하고 있다.

〈표 4-8〉 주거급여

가구수	1인	2인	3인	4인	5인	6인	7인
주거급여 한도액	86,982	148,104	191,595	235,085	278,567	322,067	365,558
현물급여	9,000	14,000	19,000	23,000	27,000	31,000	36,000

* 출처 : 보건복지부, 「2010년 최저생계비 고시」, 2009.

③ 기타급여

그 이외의 급여로는 교육급여가 있다. 교육급여는 고등학생에게는 입학금 · 수업료 · 교과서대(112.3천원/인), 학용품비(46.6천원/인)가 지급되고, 중학생에게 교재비(34천원/인), 학용품비(46.6천원/1인)가 지급된다. 해산급여는 출산시 500천원이 지급되고, 장제급여는 사망자 1구당 500천원, 의료급여는 의료급여법이 정하는 바에 따라 지급되고 있다.

(2) 의료보장

의료급여제도란 생활유지 능력이 없거나 생활이 어려운 저소득 국민의 의료문제를 국가가 보장하는 공공부조제도로서 건강보험과 함께 국민 의료보장의 중요한 수단이 되는 사회보장제도이다. 그리고 생활유지 능력이 없거나 생활이 어려운 국민들에게 발생하는 의료문제, 즉 개인의 질병, 부상, 출산 등에 대해 의료급여 서비스(진찰, 검사, 치료 등)를 제공하는 것이다.

수급대상으로는 현재 국민기초생활보장제도 수급자이거나 행려환자 및 재해구호법의한 이재민, 의상자 및 의사자의 유족, 18세 미만 입양아동, 국가유공자 등이다. 주요 의료급여로는

① 진찰 · 검사

② 약제 및 치료재료의 지급

③ 처치 · 수술과 그 밖의 치료
④ 예방 · 재활
⑤ 입원
⑥ 간호
⑦ 이송과 그 밖의 의료목적의 달성을 위한 조치 등이 있다.

그리고 보장수준은 다음과 같다. 현행 의료급여 체계는 1종과 2종으로 구분되어 본인부담금이 있다. 1종의 경우는 국민기초생활보장제도 중 근로무능력세대, 타법에 의한 지원자, 행려환자가 해당되고, 2종 수급권자는 국민기초생활보장대상자 중 근로무능력세대가 해당된다. 다음에 제시된 표는 의료급여 1종과 2종 수급권자에 따라 차등적으로 부과되는 본임부담금을 보여주고 있다. 1종의 경우 입원의 경우 병원치료는 전부 본인부담이 없으며, 외래의 경우는 1차에서 3차까지 1,000원~2,000원으로 정액부담으로 이루어져 있다. 반면 2종의 경우, 입원의 경우는 10%, 외래는 15%의 비용부담이 있어 1종 수급권자보다 많은 부담을 앉고 있음을 알 수 있다.

〈표 4-9〉 의료급여 대상자의 본인부담금 비율

구분		1차 (의원)	2차 (병원, 종합병원)	3차 (지정병원)	약국	PET병
1종	입원	없음	없음	없음	500원	없음
	외래	1,000원	1,500원	2,000원	500원	5%
2종	입원	10%	10%	10%	500원	10%
	외래	1,000원	15%	15%	500원	15%

* 출처: 보건복지부, 「2010년 의료급여법 안내서」, 2010.

(3) 기타 보장제도

앞서 설명한 소득보장 및 의료보장제도 외에 기타 감면제도에 대해 설명하면 다음과 같다. 1989년을 시작으로 최근 2005년까지 기초보장제도 수급자가 될 경우 여타의 다양한 복지제도의 혜택을 받도록 하고 있다. 본 표에 제시된 것 외에도 다른 정부 부처에서 제공되고 있는 여러 복지혜택까지 포함하면 대략 50여 가지가 넘는 것으로 파악된다.

〈표 4-10〉 각종감면제도

시행년도	감면제도	법적근거	감면내용
1989.01.01	주민세 비과세	지방세법 제174조 제1항	주민세 (개인균등할) 비과세
1978.06.02	• TV수신료 면제 -(사회복지시설포함)	방송법시행령 제44조	월 수신료면제
	• 주민등록표 열람 발급 수수료 면제 주민등록증 재발급 수수료 면제	주민등록법시행규칙 제16조	해당수수료 면제
1984.01.01	상수도 및 하수도 요금 감면 (서울시의 경우)	지방자치단체 급수 조례 및 하수도 사용조례	상수도 구경별 기본요금 하수도 기본양 면제
1995.01.01	종량제폐기물 수수료감면	자치단체폐기물관리조례	해당수수료 감면 쓰레기봉투 지급
2001.04.23	복지전화서비스	전기통신사업법 제2조 및 동법시행령 제2의 2 동법 시행규칙 제2조의 2	[유선전화] • 가입비 및 이전비 면제 • 월기본료 및 114안내료 전액면제 • 시내, 시외 통화료 중월 150도수공제 • 이동전화에 건 통화료 30% 감면(월 1만원 범위) [이동전화] • 가입비 면제 • 기본료 면제 (최대 13,000원까지 감면) 통화(음성+데이터)료(3만원에서 기본료를 제외한 금액의 50% 범위 내에서 감면) [인터넷접속서비스] • 월접속료 30% 감면
	전화기본요금 감면 (복지전화서비스대상자 및 시설수급자는 제외)	한국통신 내부약관	월 기본요금 중 1,000원~1,200원 (지역별로 상이) 감면
2005.12.28	전기요금 할인	한국전력 전기공급약관	전기요금의 20% 할인

제 5 장

차별문제

1) 차별의 정의와 현황

차별(差別)이란, 어떤 사람이나 동식물들을 "다르다"는 이유로 질투하거나 싫어해서 불공평하게 대우하는 것이라 볼 수 있다. 즉, 차별은 종교, 장애, 나이, 신분, 학력, 이미 형(形)의 효력이 없어진 전과, 성별, 성적 지향, 인종, 신체조건, 국적, 나이, 출신 지역, 이념 및 정견 등의 이유로 고용, 교육 시설 및 직업 훈련 기관 이용 시 특정인을 우대하거나, 불리하게 대우하여 평등권을 침해하는 행위이다(위키백과, www.daum.net).

그리고 차별에 대한 법적 제재가 가해지기 시작한 초기 단계에서 차별은 직접적이고 의도적으로 특정 개인이나 집단을 불리하게 대우한 경우를 의미했다. 그러나 현재 유엔을 비롯하여 미국, 호주, 캐나다, 영국, 네덜란드, 불란서, 덴마크, 스웨덴 등 서구 각국에서의 금지하는 차별은 이러한 직접차별과 간접차별, 그리고 괴롭힘(harassment)을 포함한다.

직접차별은 합리적 이유 없이, 개인의 태생적 또는 후천적 속성을 기준으로 그 개인에 대해 불리한 대우를 하는 것을 의미한다. 예를 들어 장애인에 대한 편견으로, 주택 임대 시 장애인이라는 것을 이유로 임대를 거부하였다면 이는 신체조건을 이유로 한 직접차별이 된다. 간접차별은 중립적인 기준을 적용하였으나, 그러한 중립적 기준이 특정 소수자 집단에게 불리한 결과를 야기하는 경우를 차별로 보는 개념이다. 예를 들어, A기업이 해당 직무의 업무수행에서 신장이 아무런 관련이 없음에도 채용 시 키 165cm 이상의 사람에게만 지원 자격을 주는 방식으로 채용기준을 정한 경우, 명시적으로 성을 기준으로 하지는 않았지만 결과적으로는 여성에게 매우 불리한 결과를 야기하게 되므로 간접차별에 해당된다. 그리고 대부분의 유럽연합 국가들과 미국, 캐나다, 호주, 뉴질랜드 등의 국가에서는 위법한 차별의 범주에 성, 장애, 신체조건, 연령, 성적 지향, 인종, 혼인상태, 가족 관계 등 개인의 속성들을 이유로, 그 개인의 의사에 반하여 그에게 정신적·신체적 괴롭힘을 가하는 것을 포함시키고 있다(조순경, 2002).

구체적으로 차별에는 성별에 의한 차별, 혼인여부에 의한 차별, 임신 또는 출산에 의한 차별, 가족상황에 의한 차별, 용모 등 신체조건에 의한 차별, 성적 지향에 의한 차별, 종교에 의한 차별, 사상 또는 정치적 의견에 의한 차별, 장애에 의한 차별, 병력(病歷)에 의한 차별, 나이에 의한 차별, 사회적 신분에 의한 차별, 형의 효력이 실효된 전과에 의한 차별, 출신지역에 의한 차별, 출신국가, 출신민족에 의한 차별, 인종, 피부색에 의한 차별 등이 있다(국가인권위원회 http://edu.humanrights.go.kr).

성별에 의한 차별은 여성 혹은 남성 등 생물학적인 차이를 이유로 고용관계나 각종 서비스 시설, 교육시설 등을 이용할 때 불이익을 당한 경우를 말한다. 혼인여부에 의한 차별은 기혼이나 미혼 등 법률적인 혼인여부, 결혼 후 별거, 이혼, 사별, 사실혼 관계(동거), 동성애 커플관계, 미래의 혼인 가능성 등 혼인과 관련된 모든 상태를 이유로 고용관계나 각종 서비스 시설, 교육시설 등을 이용할 때 불이익을 당한 경우를 말한다. 임신 또는 출산에 의한 차별은 임신에서부터 출산 후 회복기간,

자녀 양육과 모유 수유, 아이를 가질 수 있는 가능성 등 임신, 출산과 관련한 전반적인 상태를 이유로 고용관계나 각종 서비스 시설, 교육시설 등을 이용할 때 불이익을 당한 경우를 말한다.

가족상황에 의한 차별은 대가족, 핵가족, 한부모가족, 이성애가족, 동성애가족, 재혼가족, 입양가족 등 가족의 형태나 가족의 구성원, 가족에 대한 돌봄의 책임 등 가족과 관련된 전반적인 조건을 이유로 고용관계나 각종 서비스 시설, 교육시설 등을 이용할 때 불이익을 당한 경우를 말한다. 용모 등 신체조건에 의한 차별은 키, 몸무게, 외모, 체형, 인상, 모발이나 흉터 등의 신체적 특징을 이유로 고용관계나 각종 서비스 시설, 교육시설 등을 이용할 때 불이익을 당한 경우를 말한다. 성적 지향에 의한 차별은 이성애, 동성애, 양성애 등 성적인 관계를 원하는 대상이 남성, 여성 또는 양성을 이유로 고용관계나 각종 서비스 시설, 교육시설 등을 이용할 때 불이익을 당한 경우를 말한다.

종교에 의한 차별은 종교가 있거나 없음 또는 기독교, 천주교, 불교, 이슬람교 등 종교의 종류가 다른 것을 이유로 고용관계나 각종 서비스 시설, 교육시설 등을 이용할 때 불이익을 당한 경우를 말한다. 사상 또는 정치적 의견에 의한 차별은 주의, 주장, 진보, 보수, 지지 정당 등에 대한 개인의 생각이나 의사, 견해 등을 이유로 고용관계나 각종 서비스 시설, 교육시설 등을 이용할 때 불이익을 당한 경우를 말한다.

장애에 의한 차별은 신체적, 정신적 기능의 일부 혹은 전부를 상실하여 상당기간 동안 일상생활 또는 사회생활에 많은 불편함을 이유로 고용관계나 각종 서비스 시설, 교육시설 등을 이용할 때 불이익을 당한 경우를 말한다. 병력(病歷)에 의한 차별은 지금까지 앓은 병의 종류, 그 원인 및 병의 진행 결과와 치료 과정 등을 이유로 고용관계나 각종 서비스 시설, 교육시설 등을 이용할 때 불이익을 당한 경우를 말한다.

나이에 의한 차별은 나이가 많거나 적은 것을 이유로 고용관계나 각종 서비스 시설, 교육시설 등을 이용할 때 불이익을 당한 경우를 말한다. 사회적 신분에 의한 차별은 전과자, 귀화인, 공무원 등 사회적으로 상당기간 동안 일정한 평가를 받는 지위를 이유로 고용관계나 각종 서비스 시설, 교육시설 등을 이용할 때 불이익을 당한 경우를 말한다. 형의 효력이 실효된 전과에 의한 차별은 형의 집행이 종료되거나 면제받은 후 일정기간이 경과하여 형의 효력이 없어졌음에도 불구하고 전과를 이유로 고용관계나 각종 서비스 시설, 교육시설 등을 이용할 때 불이익을 당한 경우를 말한다.

출신지역에 의한 차별은 태어난 곳을 이유로 고용관계나 각종 서비스 시설, 교육시설 등을 이용할 때 불이익을 당한 경우를 말한다. 출신국가, 출신민족에 의한 차별은 태어나거나 성장한 나라 또는 겨레를 이유로 고용관계나 각종 서비스 시설, 교육시설 등을 이용할 때 불이익을 당한 경우를 말한다. 인종, 피부색에 의한 차별은 살갗의 색깔이 다름을 이유로 고용관계나 각종 서비스 시설, 교육시설 등을 이용할 때 불이익을 당한 경우를 말한다. 이러한 차별은 인간의 기본적 권리를 침해하고 일상을 지배하고 있다. 다음 작품은 Keith Haring이 흑백차별을 주장하며 만든 것이다.

현재 법원을 제외한 차별권리구제 업무는 국가인권위원회, 노동관계법, 장애인차별금지법, 연령차별금지법에 따라 국가인권위원회, 법무부, 노동부 등에 나누어져 시행되고 있다. 차별진정사건의 차별여부에 대한 판단과 일반적인 구제장치로서 조정 및 지정권고는 국가인권위원회가 전담하고 있으며, 국가인권위원회에서는 성별, 종교, 장애, 나이, 사회적 신분 등 20개 사유로 합리적 이유 없이 특정한 사람을 우대·배제·구별하거나 불리하게 대우하는 행위에 대해 조사한다.

우리 사회의 차별 현실에 대해 국가인권위원회가 출범한 2001년 11월 26일 이후부터 2008년 12월 말까지 접수된 차별사유별 진정통계를 살펴보면 총 5,380건의 차별사건이 접수되었다. 전체 차별 진정사건을 사유별로 보면 장애에 의한 차별이 19.4%로 가장 많았으며, 사회적 신분에 의한 차별은 18.3%, 성희롱 8.7%, 나이에 의한 차별은 8.1%, 성별에 의한 차별은 5.9% 순으로 나타났다. 이러한 결과는 박수미(2004)의 연구에서 직접 경험한 차별 사유로 장애인차별, 성차별, 비정규직 차별, 연령차별 순으로 나타난 것과 유사하다(정강자, 2010).

2) 차별의 원인에 대한 사회과학 이론들의 설명

당하는 사람은 차별이라고 생각하는데, 상대방은 정당한 구별에 불과하다고 생각하는 차별은 왜 생길까? 본 장에서는 여러 차별 중 성차별과 장애인차별을 중심으로 다루고자 한다.

(1) 성차별에 관한 이론

성차별이란 어떤 합리적인 이유 없이 여성과 남성에게 다른 기회나 대우를 제공하거나 문화적으로 한 성만을 특별히 금지 혹은 배타시하는 것으로, 성차별 문제는 거의 모든 시대와 사회에 존재한다. 이러한 성차별에 대해 사회화 이론인 구조기능주의 이론, 갈등 이론, 그리고 상징적 상호작용 이론과 여성주의 이론인 자유주의 페미니즘, 마르크스주의 페미니즘, 급진적 페미니즘, 사회주의 페미니즘, 포스트모던 페미니즘을 관련지어 설명할 수 있다. 그러나 본 장에서는 사회화 이론을 중심으로 성차별의 원인을 살펴보고 극복할 수 있는 방안을 알아보고자 한다(손이전, 2002).

① 구조기능주의 이론

구조기능주의 이론에서 사회화란 새로운 성원이 합리적으로 특정 사회에 적응함으로써 그 사회를 지속시키는 수단으로 보았다. 즉, 구조기능주의 이론에서의 초점은 사회화를 통하여 한 개인이 사회적 기대에 부합된 역할을 수행하는 것에 있다. 또한 구조기능주의 이론에서는 불평등의 원인을 사회의 생존과 발전에 필요한 욕구를 효율적으로 충족해야 할 필요성으로 보았으며, 성차별 현상도 사회적 욕구 충족과 관련해서 설명함으로써 사회구조라는 거시적 차원에서 성차별의 근본 원인을 규명하였다.

구조기능주의 이론적 관점에서 성차별이란 사회를 지속시키기 위한 성원들이 그 사회의 역할기대, 사회적 규범 및 가치에 대한 동조의 결과에서 파생하는 것이다. 그러므로 여성이 남성보다 불평등한 지위를 갖는 한, 성차별은 지속될 것이며 이를 극복하기 위해서 여성들은 인간자본 즉, 교육정도, 숙련도, 취업 관련 능력 등을 향상시키고 이를 적극적으로 활용하려는 자세가 필요하다.

② 갈등 이론

갈등주의자들은 사회질서란 구성원들의 합의가 아니라 무산자 계급에 대한 유산자 계급의 억압이라고 보았다.

갈등 이론에서 본 성차별 원인은 우리 사회의 다양한 지위는 그에 상응하는 권위나 권력을 수반하게 되므로 그 차이가 차별을 만들어 낸다고 보았다. 즉, 남성들은 농경사회부터 차지해 온 지배적인 위치를 이용하여 여성들을 착취하기 위해 성차별을 만들고 이를 지속시켰으며,

남성들은 경제적인 우위를 이용하여 교육, 제도 등 상부조직을 정비 및 우위를 점유하였다. 그러므로 갈등 이론의 입장에서 볼 때 성차별이란 경제적 이해관계, 지배와 종속 그리고 상부구조의 제도화에서 필연적으로 발생하는 것으로 보았다. 이를 극복하기 위해서 여성들은 경제적인 영합 게임에 적극적으로 참여하여 열등한 위치를 탈피해야 하며, 조직적으로 단체를 구성하여 사회구조를 변화시키는 일을 도모해야 한다.

③ 상징적 상호작용 이론

상징적 상호작용 이론은 사회화 현상을 개인적 관점에서 보았다. 즉, 사회화란 사람들이 각종 상징을 통하여 상호작용을 하는 과정에서 자신이 속한 사회의 구조를 습득하고 자아 및 정체감을 형성하는 과정이다.

상징적 상호작용 이론에서 성차별은 자아 및 정체감을 형성하는 과정에서 만들어지므로, 성차별이란 성의 유형화된 사회화에서 나온다. 즉, 상징을 이용한 상호작용을 통하여 여아에게는 여성에게 부여된 사회적 기대를 학습시키고 남아에게는 남성에게 부여된 사회적 기대를 학습시킨다. 그러므로 여성차별 현상의 중요한 요인은 바로 남녀 간의 차별적인 사회화과정에서 이루어진다고 볼 수 있다. 그러나 사회적으로 유형화된 성역할은 언제나 변화 가능하다.

그러므로 상징적 상호작용의 관점에서 성차별을 극복하기 위한 방법은 유아기단계에서 사회화 과정에 변화를 시도하는 것이다. 즉, 유아들에게 기존의 방식과 다른 사회화 과정을 조성하여 기존의 차별적으로 유형화된 사회화방법이 변화하게 될 때 성차별은 사라질 것이다.

이상으로 성차별에 대해 사회화 이론인 구조기능주의 이론, 갈등 이론, 그리고 상징적 상호작용 이론을 중심으로 살펴보았다. 즉, 성차별이란 구조기능주의 이론에 의하면 경제적인 사회적 요구 충족의 가능성 때문에 발생하고, 갈등 이론에 의하면 경제적 이해관계 때문에 발생하고, 그리고 상징적 상호작용 이론에 의하면 성이 유형화된 사회화에 의해 발생된다고 보았다.

(2) 장애인차별에 대한 이론

장애인차별이란 '장애'가 있다는 이유만으로 정치, 경제, 사회, 문화 등 모든 생활 분야에 있어서 다른 사람들과 평등한 입장에서 사회생활에 참가할 기회를 빼앗기거나 제한 당하고, 자유롭지 못하며 공정한 상태가 아닌 것을 의미한다. 그러므로 장애인차별 문제는 장애 유무에 따라 역할이 고정되고, 인간이 사회생활을 시작하는 교육, 고용에서의 기회균등이 이루어지지 않음에 따라 모든 사회분야에서 실질적인 불평등을 초래하는 사회구조로부터 발생되어지는 것이다(임은애, 2004).

우리 사회에서 일어나고 있는 장애인에 대한 차별을 설명하는 다양한 이론들이 있다. 즉, 이익섭(1990)은 상품이론, 편견이론, 분리이론, 재활이론, 정책부재이론 등 5가지로 설명하고, 이경미(1994)는 편견, 통계적 차이 그리고 독점적 차별로 설명하고 있다. 또한 권명옥(2000)과 오혜경(1998)은 사회진화론, 우생학, 낙인, 편견, 경제적 측면의 형태로 이론을 설명하고, 임은애(2004)는 사회진화론 및 우생학이론, 낙인이론, 편견이론, 분리 및 재활이론, 자본·생산성·상품이론, 정책부재이론으로 설명하고 있다. 박나원(2010)은 장애인을 차별하는 원인으로 4가지 측면 즉, 잘못된 사회인식, 시장경제구조, 사회진화론적 측면, 국가정책의 부족측면에서 설명했다.

본 장에서는 사회진화론 및 우생학이론, 잘못된 사회인식, 분리 및 재활이론, 자본·생산성·상품이론, 국가정책의 부재이론을 중심으로 알아보고자 한다(임은애, 2004).

① 사회진화론 및 우생학이론

사회진화론은 인간사회의 평등을 부정하고 생존경쟁과 약육강식을 강조한다. 그러므로 생존경쟁에서 패배한 자는 스스로의 무능력 때문에 패배한 것이므로 동정할 여지가 없으며 자연의 법칙이라고 보았다. 따라서 장애인은 사회의 약자이며 제거의 대상으로 인식되었다.

또한 우생학이론도 종족을 더 훌륭하게 개량하기 위해 짝을 잘 지워야 할 뿐만 아니라 더 우수한 혈통이 약한 종자를 단시일에 도태시켜야 한다는 입장으로 병약한 자들에 대한 의학적 보호나 치료 그리고 사회보장제도는 자연도태를 방해하고 타락의 문제를 악화시킨다고 보았다. 그러므로 우생학이론은 장애인을 사회에서 격리시켜서 수용하는 것을 촉진시켰다.

② 잘못된 사회인식

낙인이론과 편견이론으로 잘못된 사회인식을 설명할 수 있다. 낙인이론은 사회가 어떤 사람을 부정적으로 규정하는 것으로, 가치절하 당하는 사람은 상징적 낙인이 부여되고, 일탈적으로 이미지화되어 사회로부터 분리 또는 단절되면서 스스로 포기하는 상태에 빠져들게 된다. 이러한 사회적 낙인에 의해 장애인들은 천시, 멸시, 차별의 대상이 되어져 체계적으로 주류사회에서 배제되어 왔다.

마찬가지로 장애인에 대한 편견은 우리 사회의 모든 분야애서 실제적으로 존재하는 현상이다. 즉, 편견이란 예전에 형성되었거나 사실에 대한 정확한 지식 없이 형성된 이치에 맞지 않는 판단이나 의견으로, 장애인들의 능력이나 일상생활 전반에 대한 잘못된 인식에 의해 차별된다. 특히 불구 등으로 장애인을 묘사하는 언어는 '불안정한' 사람으로 여기게 하며 사회생활을 하기에 '부적합한', '불가능한' 사람으로 인식하게 한다.

③ 분리 및 재활이론

분리이론에서는 장애인들이 사회에 대해 접촉이 적고 모를수록 고통이 적을 것이라고 보고 장애인이 사회와 분리되는 것은 필연적이라고 본다. 그러나 이러한 분리의 결정은 장애인을 위한 것 같으나 오히려 장애인을 배재하는 부정적 요소가 더 많이 내포되어 있다.

또한 재활이론은 장애의 문제가 개인내부에 있는 것으로 보고, 장애인을 치료하고 훈련을 해야만 사회에 복귀할 수 있다고 본다. 이것은 의료적 치료와 재활서비스를 제공받는다는 측면에서 긍정적이지만 장애인을 환자로 보고 치료해야 하는 대상으로 보며 완전치 못한 사람으로 인식됨을 알 수 있다.

④ 자본 · 생산성 · 상품이론

자본 · 생산성 · 상품이론에서 보면 자본주의 사회에서는 각 개인이 갖고 있는 노동력, 지식 등을 상품화함으로써 각자의 부와 지위를 높이게 된다. 그리고 현대 자본주의 사회는 이윤 추구가 기본원리이므로 능력과 업적이 중요하므로 차별을 필요로 하고 있다. 즉, 이윤추구를 극대화시키기 위해 상품 생산의 원동력인 노동자의 차별이 이루어진다. 이러한 자본주의 사회구조 속에서 장애인들은 점점 제외되고, 생존을 위해 타인에게 의존할 수밖에 없는 신분으로 전락하게 된다.

그러므로 장애인이 갖고 있는 노동력은 평가절하되고 결과적으로 장애인은 능력이 부족하여 자립생활이 불가능한 존재로 파악하여 비장애인이 지배적인 지위를 유지하는 것이 정당하다고 보는 것이다.

⑤ 국가정책의 부재이론

국가정책 부재이론은 장애인 문제를 파악하지 못하였기 때문이 아니라, 장애인 복지영역이 타 영역보다 정치적 비교 우위가 낮기 때문에 아무런 정책적 노력을 하지 않게 된다는 것이다. 그러므로 장애인에 대한 인식개선, 장애인과 비장애인 간의 차별 없는 환경조성 등을 위한 정책이 미흡하고, 장애인 관련 법률에서는 비장애인과의 차별금지나 기회균등을 보장하는 기준을 설정하고 있지 않아 장애인에게 시혜적 차원의 제한적인 혜택만을 제공하게 된다.

3) 차별문제에 대한 현행 사회정책 및 프로그램

그동안 우리 사회에 제기되고 있는 다양한 형태의 차별문제는 성차별금지법, 국가인권위원회법, 장애인차별금지법, 연령차별금지법 등이 제정되는 배경이 되었다.

1987년 제정된 남녀고용평등법은 고용에서의 성평등의 실현을 내용으로 하고, 1999년 제정된 남녀차별금지법은 사회 모든 영역에서 성평등의 실현을 내용으로 하는 차별금지법의 성격을 갖는다.

여성가족부는 여성정책의 기본방향 뿐만 아니라 남녀평등의 촉진, 여성의 사회참여확대, 여성의 복지 증진 등에 관한 정책 목표와 정책과제를 제시하는 범정부 차원의 여성정책에 관한 종합계획으로 여성발전기본법에 근거하여 매 5년마다 수립하여 추진하고 있다. 그에 따라 2008년부터 2012년까지는 제3차 여성정책기본계획을 시행한다(여성가족부, www.mogef.go.kr).

제3차 여성정책 기본계획은 제1, 2차 여성정책 기본계획의 성과와 새로운 정책 환경의 요구를 반영하여 지속가능한 성평등 사회를 위한 보다 적극적이고 다각적인 여성정책의 방향과 위상을 정립하고자 계획되었으며 여성의 역량 강화, 일과 생활의 조화, 다양성과 차이 존중 등을 전략목표로 설정하고 있다. 주요 정책과제로는 여성인력을 활용하는 것과 여성 권익 보호 그리고 성평등정책 추진 기반을 강화하는 것이다. 구체적인 정책 추진체계 〈그림 5-1〉과 정책과제 〈표 5-1〉을 살펴보면 다음과 같다.

〈그림 5-1〉 정책 추진 체계

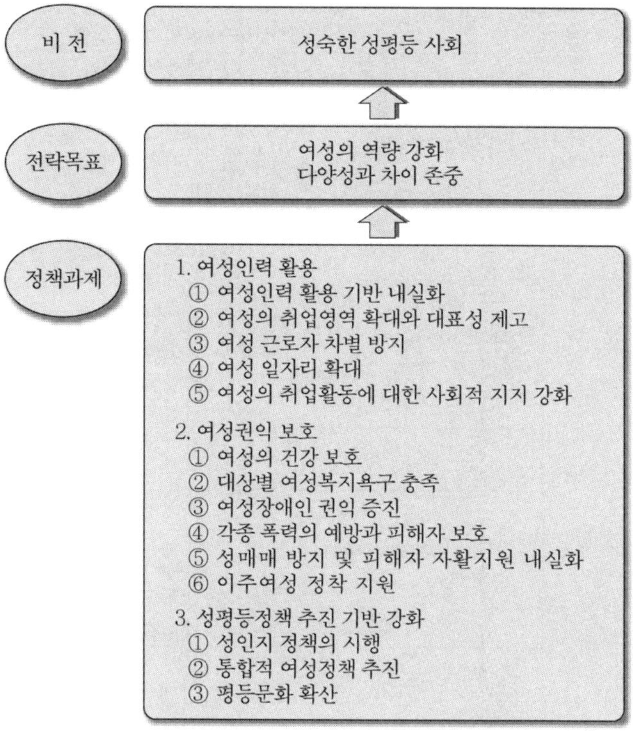

* 출처 : 여성가족부, www.mogef.go.kr(2010).

〈표 5-1〉 정책과제

Ⅰ. 여성인력 활용	1. 여성인력 활용기반 내실화	1. 청년여성층의 진로지도 지원 2. 청년여성의 경력개발 지원 3. 경력단절여성의 취업지원 인프라 구축
	2. 여성의 취업영역 확대와 대표성 제고	1. 비전통직종 여성 진출 확대 2. 문화 및 과학기술분야 여성전문인력 육성 3. 여성 경제인 육성 4. 공직분야 여성 대표성 제고 5. 기타 공공서비스분야 여성 대표성 제고
	3. 여성 근로자 차별방지	1. 고용상 차별 예방과 시정 2. 다양한 근로형태의 여성 근로자 고용 여건 개선 3. 특수조건 여성근로자의 법제도상 보호 강화
	4. 여성 일자리 확대	1. 성장동력 분야 여성 일자리 확대 및 제도 개선

		2. 기업 여성인력 수요 활성화 3. 여성창업지원을 통한 일자리 확대 4. 여성기업 경영인프라 확충
	5. 여성의 취업활동에 대한 사회적 지지 강화	1. 보육 및 교육 서비스 강화 2. 돌봄에 대한 사회서비스 확충 3. 일과 삶의 균형을 위한 제도와 환경 조성 4. 가족친화기업 지원을 위한 제도적 기반 마련
Ⅱ. 여성권익 보호	1. 여성의 건강 보호	1. 여성의 건강 보호
	2. 대상별 여성복지 욕구 충족	1. 빈곤여성의 기초생활 보장 2. 한부모가족 지원 3. 일본군 위안부 피해자 지원 4. 미혼모 지원 5. 여성노인 지원 6. 여성수용자 및 출소자를 위한 보호 지원
	3. 여성장애인 권익 증진	1. 여성장애인의 사회서비스 접근 강화 2. 여성장애인 폭력근절과 편익 향상
	4. 각종 폭력의 예방과 피해자 보호	1. 여성·아동 대상 폭력에 대한 사회적 의식 제고 2. 성폭력·가정폭력 방지 제도 개선 3. 성폭력·가정폭력 피해자 보호 및 지원의 내실화
	5. 성매매 방지 및 피해자 자활지원 내실화	1. 성매매 예방교육 및 방지정책 강화 2. 성매매피해 여성에 대한 종합지원대책 추진 3. 성매매피해 청소년 보호 및 지원 강화 4. 외국인 여성 성매매 피해자 보호대책 5. 성매매 지역 및 시설 단속 6. 성매매 피해자 인권보호를 위한 체계 구축
	6. 이주여성의 정착 지원	1. 다문화가족 사회통합 지원 2. 여성 이주노동자 등 지원
Ⅲ. 성평등 정책추진 기반 강화	1. 성인지 정책의 시행	1. 성별영향평가 실효성 확보 2. 성인지 예산제도 시행 3. 공무원 성인지 교육 체계화
	2. 통합적 여성정책 추진	1. 여성정책 협의조정 강화 2. 시민사회와의 협력
	3. 평등문화 확산	1. 남녀가 함께 하는 평등문화 조성 2. 양성평등 교육 확대 3. 다양성에 대한 수용성 제고 4. 여성 국제협력 확대

* 출처 : 여성가족부, www.mogef.go.kr(2010).

이러한 여성정책의 목표는 성평등의 실현에 있다. 성평등의 의미는 모든 인간이 고정된 성역할에 따른 제한 없이 자유롭게 자신의 능력을 개발하고 선택할 수 있는 권리가 보장되는 것을 의미한다. 특히 성인지적 관점으로 복지정책을 수립하고 시행하고 평가하는 것이 한 국가 안에서 여성과 남성 모두의 삶의 질을 향상시키고 사회적 지위를 보장한다는 것에 대한 중요성은 이미 유엔과 세계여성대회를 통하여 인식되었다. 그러나 이것은 각 국가의 실천과제로 남아 있고, 우리나라의 경우도 성인지적 관점을 가지고 복지정책을 마련하여 시행하고, 분석, 평가하는 것은 시도 단계에 머물러 있다고 볼 수 있겠다.

우리나라의 경우 일반적인 사유, 일반적인 영역에서의 차별을 그 규율대상으로 하는 법은 국가인권위원회법이다. 이 규정에 의해 국가인권위원회는 2005년 11월에 설치되어 인권침해 또는 차별행위에 대한 조사 및 권고를 그 주요한 임무로 하고 있다. 국가인권위원회가 2008년 6월 말까지 처리한 사건은 총 31,896건이다. 그 중 25,389(79.6%)건은 인권침해 사건이고, 4,738(14.9%)건은 평등권 위반의 차별사건으로 나타났다. 이러한 차별사건에 대해 국가인권위원회법에 의한 차별 진정제도는, ① 법률 성격자체가 국가인권위원회라는 기관의 조사 및 구제대상에 관하여 정하고 있을 뿐 해당 차별행위가 사법적으로 무효라거나 위법한 것이라는 점에 관한 실체적 확인이 없다는 점, ② 일반적인 차별 시정기구라는 점, ③ 차별판단의 결과가 시정 '권고'에 불과하여 그 효력이 미흡하고 권고이행여부에 대한 심사권이 없다는 점, ④ 무엇이 차별에 해당하는지에 대한 개념정의와 차별유형이 구체적으로 규정되어 있지 않고, ⑤ 조정과 권고를 통한 사건해결이 이루어지지 않을 경우 피해자에 대한 지원체계(소송대행이나 재판참여) 수립이 부족하다는 점 등이 한계로 지적되어 왔다.

4) 차별문제에 대한 해결책 및 대안

우리나라에 다양한 영역에서 차별이 일어나는 현실이다. 특히 대상별로 보면 여성, 장애인, 노인에 대한 차별이 현저하게 두드러진다. 만일 여성이고 노인이면서 장애를 가졌다면 우리 사회에서 받아야 하는 차별은 심각하다고 볼 수 있다.

이에 대해 대표적으로 장애인차별철폐대구투쟁연대에서 '420 장애인 차별철폐를 위해 제시한 정책 요구안'을 살펴본다(2010). 즉, 장애인 소득보장과 추가비용 보전을 위한 장애인 수당을 현실화하는 부분과 장애인자립생활·주거권 전면 보장, 장애인의 탈시설 권리 전면 보장, 장애인 사회서비스 공공성 확보, 발달장애인 권리보장 및 지원체계 마련, 장애인 이동권-접근권 전면 보장, 중증장애인에 대한 보장권 전면 지원, 장애인차별금지법의 실효적 집행력 확보를 위한 특단의 조치 마련, 그리고 실질적인 중증장애인자립생활지원조례를 제정하는 것을 제안했다. 구체적인 내용은 다음과 같다.

■ 장애인 소득보장과 추가비용 보전을 위한 장애인 수당 현실화
(1) 중증장애로 인한 사회적 추가비용의 보편적인 보장
(2) 장애아동수당 추가지원 전면 실시

■ 장애인 자립생활·주거권 전면 보장
(1) 장애인 무상전세주택제공사업 전면실시 및 연차별 공급계획 수립
(2) 중증장애인에게 자립생활 가정 제공 및 연차별 공급 계획 수립
(3) 자립생활 체험홈 확충 및 연차별 공급 계획 수립
(4) 장애인주택개조사업 전면 확대
(5) 공공임대주택 확대 및 주거비 지원정책 실시

■ 장애인의 탈시설 권리 전면 보장

(1) 장애인 생활시설 확충 계획 전면 폐기

(2) 탈시설 5개년 계획 수립

(3) 탈시설 장애인 초기정착금 제도화

■ 장애인 사회서비스 공공성 확보

(1) 1급 최중증장애인·만18세미만 장애인 등에 대한 활동보조서비스 추가지원 확대 및 2-3급 장애인에 대한 활동보조 지원 확대

(2) 실질적인 활동보조서비스 생활시간 보장 및 연차적 시비지원예산 증액

(3) 장애인사회서비스 본인부담금 전면 지원

(4) 활동보조인 노동권 보장 방안 마련

■ 발달장애인 권리보장 및 지원체계 마련

(1) 위기상황에 놓인 발달장애인을 위한 임시주거·인적지원 등 지원 체계 마련

(2) 발달장애인 평생교육 지원

(3) 발달장애인 이용가능한 문화(여가시설 설치 및 확대)

(4) 소득 제한 없는 문화 바우처 제공

(5) 발달장애인 직업재활시설 확대

(6) 장애아동 방과후 보육지원 확대

■ 장애인 이동권-접근권 전면 보장

(1) 2011년 세계육상선수권대회를 맞아 장애인 접근권 보장을 위한 베리어프리(Barrier Free) 환경 구축을 전면 선언 및 예산 대폭 확충

(2) 교통약자이동편의증진계획의 원칙적인 이행을 위한 특단의 조치 시행

■ 중증장애인에 대한 보장구 전면 지원
(1) 중증장애인에게 맞춤 보장구 지원
(2) 중증장애인 보장구 수리비 지원
(3) 중증장애인 보장구 지원을 위한 조례 제정

■ 장애인차별금지법의 실효적 집행력 확보를 위한 특단의 조치 마련
(1) 장애인 인권침해 시, 피해자에게 긴급 지원 가능한 공간·인적지원 체계 마련
(2) 장애인차별금지법의 실효적인 집행을 위한 조례 제정
(3) 장애인 차별과 인권침해 문제에 대응할 수 있는 장애인인권센터 설치 및 지원

■ 실질적인 중증장애인자립생활지원조례 제정

지역사회 장애인의 탈시설 지원방안, 주거권 보장방안, 자립생활실태조사 및 지원계획, 초기 자립생활지원 방안 등이 명시된 실질적인 「중증장애인자립생활지원조례」 제정

5) 차별문제 해결을 위한 사회복지적 차원에서의 전략

우리 사회에서 차별은 다양한 형태로 이루어지고 있으므로 일반적인 사회복지적 해결방안을 제시하기 어려운 점이 있으나 계략적으로 정리해보면 다음과 같다.

첫째, 우리나라는 차별금지 관련법과 차별규제 방식이 다양하여 일부 기능이 중첩되기도 하고 체계상 일관성이 없으므로 중·단기적으로는 실체적 차별금지법 제정이 필요하다.

둘째, 현재 우리나라 헌법에는 평등이 규정되어 있으나 많은 하위법과 공공부조 및 사회보험 등 사회보장제도와 관련된 정책에도 불평등

조항이 있으므로 개정이 필요하다.

셋째, 차별이 이루어지지 않기 위해 모든 사람들의 평등을 법적으로 보장하는 것과 아울러 실질적 평등보장이 이루어져야 한다. 그러기 위해 편견과 관습의 변화가 필요하며 의식변화 교육 및 홍보 등의 프로그램이 지속되어야 한다.

넷째, 차별이 이루어지는 대상들에게 평등권을 실현하기 위한 편의시설을 확충하는 것이 필요하다. 아울러 각 대상자나 영역별 전문 인력인 차별조사관 등을 배치하여 차별사건에 대해 신속하게 처리하고 해결할 수 있도록 하는 것이 필요하다.

다섯째, 차별받는 특정집단이나 영역에 대해 개별적이고 미시적 차원에서의 접근뿐만 아니라 총체적이고 거시적인 맥락에서 정책적 접근과 전문기술적 접근을 동시에 고려해야 한다. 즉, 전문서비스 프로그램의 개발 및 대상별 사업을 특성화하는 것이 필요하며 시전에 문제 발생을 예방하는 적극적인 프로그램을 활성화해야 한다.

여섯째, 성에 의한 차별을 줄이기 위해 성인지적 사회보장제도 및 사회정책이 수립되어야 하며 연령에 의한 차별을 줄이기 위해 생애주기별로 복지정책을 수립하는 것이 필요하다.

제 6 장

가족문제

1) 가족의 정의

가족은 개인에게 친밀하고 지속적이며, 상호작용을 통하여 개인의 발달과 성장에 필수적인 환경체계를 제공해 왔다. 그리고 가족은 사회를 구성하는 기초단위로서 사회의 구성원을 배출하는 역할을 수행해 왔다. 이러한 가족은 시대와 문화에 따라 변화해 왔으나 사회를 이루는 가장 기본적인 제도로서 인류역사상 가장 오랫동안 지속되어 온 제도이다.

이와 같이 사회변화에 따라 가족에도 핵가족의 증대, 가족형태의 다양화, 가족구조의 단순화, 가족기능의 축소 내지 변화, 부부권력구조의 평등화, 가족역할의 대체기능의 확대, 가족생활 주기의 변화, 가족가치체계의 다양화 등 여러 변화가 나타나고 있다. 한국가족의 복지에 대한 이해를 위해 가족의 구조적·기능적 변화, 가족의 보호기능, 한국의 변모되어 온 특성이 가족문제와는 어떠한 유기적 관계를 갖게 되는지 살펴볼 필요가 있다. 여기서는 전통적 가족정의와 현대적 가족정의를 구분하여 정리하였다.

(1) 전통적 가족정의

김두헌은 "친애의 정으로서 접근하기 쉽게 되어 있는 일정한 범위의 혈통 관계자의 집단으로서, 한집에 거주하며, 의식과 기타 일상생활을 공동으로 하고 재산을 공동으로 수용하는 집단"이라고 정의하였다.

머독(Murdock)은 "가족은 사회적으로 인정받는 성적 관계를 유지하는 최소한 두 명의 성인남녀와 한명 이상의 자녀를 포함한다"고 규정하였다.

레비스트라우스(Lvi-Strauss)는 "가족이란 결혼에 의해 형성되고, 부부와 그들의 결혼에 의해 출생한 자녀들로 구성되지만 다른 근친자가 포함될 수 있으며, 가족구성원 등 법적유대, 경제적·종교적 그리고 그 외 다른 권리와 의무, 성적권리와 금기, 애정, 존경 등 다양한 심리적 감정으로 결합된 것"으로 정의하였다.

최경석 등은 협의의 개념으로 "가족은 혼인, 혈연 및 입양을 통해서 이루어진 관계자들의 집단이며, 이들은 의식주의 해결을 공동으로 정서적·정신적 유대와 공동체적 생활방식을 갖는 집단이다"라고 설명하였다.

(2) 현대적 가족정의

이효재는 "일상적인 생활을 공동으로 영위하는 부부와 자녀들, 그들의 친척, 입양이나 기타 관계로 연대의식을 지닌 공동체집단"라고 정의하였다.

미국사회복지사협회에서는 "자신들 스스로가 가족으로 생각하면서 전형적인 가족 임무를 수행하는 2인 이상의 사람들"이라고 규정하였다.

이칠러(Eichler)는 "가족은 한명 혹은 그 이상의 자녀를 포함하거나 포함하지 않을 수 있으며(예, 무자녀 부부), 이 자녀가 혼인관계에서 태어날 수도 있고 그렇지 않을 수도 있는(예, 입양아동 혹은 배우자가 전혼에서 낳은 자녀) 사회집단이다. 이들은 같은 거주지에 살 수도 있고 그렇지 않을 수도(예, 주말부부) 있다. 이들 성인들은 성적으로 동거할 수 있고 그렇지 않을 수도 있으며 이 관계는 애정, 매력, 경건성, 경외감 같은 사회적으로 패턴화된 감정을 포함하고 있을 수도 있고 그렇지 않을 수도 있다"고 정의하였다.

2) 가족의 현황

다양한 가족형태를 수용하고 인식의 전환이 요구되는 이 시대에 끊임없이 변화하는 가족의 핵심적인 기능에 대해 사회가 규정할 수 없는 데에 여러 가지 혼란이 있다. 기능상의 어려움과 구조면에서의 어려움을 구분한다면 좀더 단절되었던 문제들에 대해 이해가 좀더 수월할 것이다.

가족의 기능과 구조가 변화하면서 현대가족의 성격과 당면한 문제들을 살펴보고자 한다. 먼저 가족의 기능에 있어서 부부결속의 구축, 생식과 성관계, 가족원에 대한 이름과 지위부여, 아동과 가족원에 대한 기본적 보호, 아동의 사회화와 교육, 가족원의 보호, 가족원에 대한 정서적지지 및 레크리에이션, 재화와 서비스의 교환을 설명할 수 있다. 또한 한국 가족기능의 변화를 아래와 같이 살펴보았다.

〈표 6-1〉 한국 가족기능의 변화

가족기능	기능의 변화
경제공동체기능	생산기능 상실/약화, 소비기능강화
성행위와 출산통제기능	성고 출산통제기능 약화
부부간의 성생활기능 강화	자녀양육과 사회화기능
자녀양육기능 강화, 국가와 공유	사회화기능 왜곡, 성차별적 사회화
정서적 유대 및 여가기능	정서적 유대 및 여가기능 강화
사회보장기능	기능왜곡(핵가족 책임론) 사회보장기능 국가와 공유
지위계승(계급 재생산 기능)	지위계승기능 강화
가사노동	가사노동의 사회화·상품화·기계화

* 출처 : 여성한국사회연구소(2002).

한편, 현대 가족의 성격의 특성을 살펴보면, 의식의 개선, 부부관계와 친자관계 대등화, 가족의 보호기능, 부양기능 감퇴, 부부가족의 일반화, 가족규모의 축소, 가족주기상의 변화, 기혼여성의 사회활동 참여 증가, 이혼율 증가, 다양한 가족유형의 증가(예, 동거부부, 실험 또는 계약결혼, 무자녀 가족, 재혼에 재결합가족, 독신가족, 동성애가족, 주말가족, 비동거가족, 공동체가족, 원격가족 등) 등이 있다. 또한 현대 한국가족의 당면문제에 있어서는 전통적 가족가치관의 퇴색, 가족의 보호 기능과 부양의 딜레마, 이혼의 증가와 그 의미, 가족의 해체인가? 가족의 다양성인가?, 정상 : 비정상가족의 이분법, 자녀관의 변화와 강요된 모성 등을 설명할 수 있다. 이러한 문제의 현황을 통계청(2009)의 자료를 근거로 혼인통계와 이혼통계를 나누어 살펴보고자 한다. 먼저 혼인통계는 총 혼인건수 및 조(粗)혼인율, 혼인종류별 혼인건수 및 구성비, 부부의 혼인형태별 혼인, 평균 초혼 및 재혼연령, 초혼부부의 혼인 연령차별 구성비, 외국인과의 혼인, 국적별 외국인과의 혼인, 농림어업에 종사하는 한국남자와 혼인한 외국 여자의 국적별 혼인 건수 등이고, 이혼통계는 총 이혼권수 및 조(粗)이혼율, 유배우 이혼율, 연령별 이혼건수, 연령별 유배우 이혼율, 평균 이혼연령, 동거기간별 이혼, 평균 동거기간, 이혼사유별 이혼, 한국인과 외국인 부부의 이혼건수, 동거기간별 이혼, 국적별 이혼에 대해 살펴보았다. 또한 요보호아동 발생 및 보호내용과 새싹가족 가구원과 인원수 추이, 가정폭력 행위자의 유형 및 유형별 경험 여부에 대해 아래와 같이 제시하고자 한다.

(1) 혼인통계

① 총 혼인건수 및 조(粗)혼인율

2008년 한 해 동안 혼인은 32만 7,715건(쌍)으로 2007년 34만 3,559건보다 1만 5,844건(4.6%) 감소하였으며, 1일평균 898쌍이 결혼하였다. 2003년 이후 증가하던 혼인이 5년 만에 감소로 반전되었고, 조혼인율(인구 1천명당 혼인건수)은 6.6건으로 2007년에 비해 0.4건 감소하였을 알 수 있다〈표 6-2〉.

〈표 6-2〉 혼인건수 및 조(粗)혼인율

(단위 : 천건, %)

	1998	1999	2000	2001	2002	2003	2004	2005	2006	2007	2008
혼인건수(천건)	373.5	360.4	332.1	318.4	304.9	302.5	308.6	314.3	330.6	343.6	327.7
증감(천건)	-15.5	-13.1	-28.3	-13.7	-13.5	-2.4	6.1	5.7	16.3	12.9	-15.8
증감률(%)	-4.0	-3.5	-7.9	-4.1	-4.2	-0.8	2.0	1.8	5.2	3.9	-4.6
조혼인율	8.0	7.6	7.0	6.7	6.3	6.3	6.4	6.5	6.8	7.0	6.6

* 출처 : 통계청(2009). 인구동태통계연보 : 혼인편, 2008.

② 혼인종류별 혼인

2008년 남자 초혼은 27만 236건, 여자 초혼은 26만 4,469건으로 전년에 비해 각각 1만 5,177건(5.3%), 1만 6,269건(5.8%) 감소하였고, 초혼 구성비는 남자 82.5%, 여자 80.7%로 전년에 비해 각각 0.6%p, 1.1%p 감소하였다. 그러나 2008년 남자 재혼은 5만 7,217건, 여자 재혼은 6만 2,758건으로 전년에 비해 각각 73건(0.1%), 875건(1.4%) 증가하였으며, 재혼 구성비는 남자 17.5%, 여자 19.2%로 전년에 비해 증가하였다〈표 6-3〉.

〈표 6-3〉 혼인종류별 혼인건수 및 구성비

(단위 : 천건, %)

		1998	1999	2000	2001	2002	2003	2004	2005	2006	2007	2008
계*		373.5	360.4	332.1	318.4	304.9	302.5	308.6	314.3	330.6	343.6	327.7
남자	초혼	330.3	313.6	288.2	270.9	257.2	251.4	250.6	252.5	273.7	285.4	270.2
	재혼	43.2	46.3	43.4	46.7	47.0	50.0	56.5	59.7	55.6	57.1	57.2
여자	초혼	326.9	309.4	283.4	265.2	251.7	245.7	243.4	245.2	269.3	280.7	264.5
	재혼	46.6	50.5	48.1	52.4	52.4	55.6	63.5	66.6	59.7	61.9	62.8

전년대비 증감률

계*		-4.0	-3.5	-7.9	-4.1	-4.2	-0.8	2.0	1.8	5.2	3.9	-4.6
남자	초혼	-4.5	-5.0	-8.1	-6.0	-5.1	-2.2	-0.4	0.8	8.4	4.3	-5.3
	재혼	4.3	7.1	6.3	78	0.6	6.3	13.1	5.5	-6.9	2.8	0.1
여자	초혼	-4.8	-5.3	-8.4	-6.4	-5.1	-2.4	-0.9	0.7	9.8	4.2	-5.8
	재혼	6.4	8.4	-4.7	8.8	0.1	6.1	14.2	4.9	-10.4	3.7	1.4

구 성 비

계*		100.0	100.0	100.0	100.0	100.0	100.0	100.0	100.0	100.0	100.0	100.0
남자	초혼	88.4	87.0	86.8	85.1	84.4	83.1	81.2	80.3	82.8	83.1	82.5
	재혼	11.6	12.8	13.1	14.7	15.4	16.5	18.3	19.0	16.8	16.6	17.5
여자	초혼	87.5	85.8	85.3	83.3	82.6	81.2	78.9	78.0	81.5	81.7	80.7
	재혼	12.5	14.0	14.5	16.4	17.2	18.4	20.6	21.2	18.0	18.0	19.2

* 출처 : 통계청(2009), 인구동태통계연보 : 혼인편, 2008.

③ 부부의 혼인형태별 혼인

남・여 모두 초혼인 부부의 혼인건수는 24만 9,425건으로 전년보다 1만 6,105건 감소하였다. 그러나 남자 재혼과 여자 재혼 부부의 혼인건수는 4만 2,077건으로 전년보다 159건 증가하였으며, 남자 재혼과 여자 초혼 부부의 혼인건수는 1만 4,951건으로 전년보다 43건, 남자 초혼과 여자 재혼 부부의 혼인건수는 2만 559건으로 전년보다 936건 증가하였다.

④ 남자의 연령별 혼인 및 혼인율

30대 초반(30~34세)의 혼인(11만 798건)이 전체 혼인 중 차지하는 비중이 33.8%로 가장 높으나, 초혼 중 차지하는 비중이 가장 높은 연령층은 20대 후반(25~29세)으로 초혼 중 39.1% 차지하고 있다. 30대 후반(35~39세) 및 40대 초반(40~44세)의 혼인율은 각각 19.7건, 9.4건으로 상승세가 지속되고 있고, 30대 초반까지 혼인건수, 초혼건수, 혼인율 모두 감소하였으나, 30대 후반(35~39세)과 40대 초반(40~44세)은 모두 증가하였다.

혼인연령이 늦어지면서 30대 후반(35~39세)과 40대 초반(40~44세)의 혼인 비중도 2008년 20.2%로 전년(18.7%)보다 증가하였다.

⑤ 여자의 연령별 혼인 및 혼인율

2008년 20대의 혼인건수는 전년보다 감소하였으나, 30대의 혼인건수는 전년보다 증가하였다. 20대 후반(25~29세)의 혼인은 15만 5,981건으로 혼인 중 47.6%를 차지하며 초혼은 15만 195건으로 초혼 중 56.8% 차지하고 있으며, 20대 후반의 혼인율은 79.0건으로 전년보다 6.6건 감소하였으나, 혼인율이 가장 높게 나타났다.

⑥ 평균 초혼 및 재혼연령

2008년 평균 초혼연령은 남자 31.38세, 여자 28.32세로 전년에 비해 남자는 0.27세, 여자는 0.23세 높아졌고, 평균 초혼연령은 90년 이후 계속 상승추세를 이어가고 있다.

2008년 평균 재혼연령은 남자 44.98세, 여자 40.31세로 전년에 비해 남자는 0.17세, 여자는 0.23세 높아짐을 알 수 있다〈표 6-4〉.

〈표 6-4〉 평균 초혼 및 재혼연령

(단위 : 세)

		1998	1999	2000	2001	2002	2003	2004	2005	2006	2007	2008
초혼연령	남자	28.83	29.07	29.28	29.55	29.77	30.14	30.53	30.87	30.96	31.11	31.38
	여자	26.02	26.29	26.49	26.78	27.01	27.27	27.52	27.72	27.79	28.09	28.32
재혼연령	남자	41.59	42.13	42.05	42.06	42.13	42.78	43.77	44.10	44.42	44.81	44.98
	여자	36.85	37.46	37.45	37.55	37.85	38.30	39.20	39.56	39.72	40.08	40.31

* 출처 : 통계청(2009), 인구동태통계연보 : 혼인편, 2008.

⑦ 초혼부부의 혼인 연령차

2008년 남녀 모두 초혼인 부부 중 남자연상 부부의 구성비는 70.4%로 전년보다 1.0%p 감소되었으며, 2008년 여자연상 및 동갑인 부부의 구성비는 각각 13.7%, 15.9%로 전년보다 각각 0.7, 0.3%p 증가하였다.

〈표 6-5〉 초혼부부의 혼인 연령차별 구성비

(단위:%)

		1998	1999	2000	2001	2002	2003	2004	2005	2006	2007	2008
계*		100.0	100.0	100.0	100.0	100.0	100.0	100.0	100.0	100.0	100.0	100.0
남자 연상	소계	78.2	77.5	76.5	75.0	74.1	73.6	73.4	72.8	71.8	71.4	70.4
	1~2세	27.9	27.7	27.5	27.4	27.4	26.8	26.5	26.3	25.9	26.2	26.0
	3~5세	35.2	34.8	33.6	32.6	31.7	31.3	31.0	29.9	28.9	28.8	27.9
	6~9세	12.8	12.7	12.7	12.3	12.1	12.0	11.9	11.7	11.1	11.0	10.6
	10세+	2.4	2.3	2.6	2.8	3.0	3.5	4.0	4.9	5.9	5.4	5.9
동 갑		12.1	12.4	12.8	13.7	14.3	14.7	14.7	15.1	15.4	15.6	15.9
여자 연상	소계	9.6	10.1	10.7	11.3	11.6	11.7	11.9	12.1	12.8	13.0	13.7
	1~2세	7.6	7.9	8.3	8.7	8.9	9.0	9.0	9.1	9.6	9.7	10.2
	3~5세	1.6	1.7	2.0	2.1	2.2	2.2	2.3	2.4	2.5	2.6	2.8
	6~9세	0.3	0.4	0.4	0.4	0.5	0.5	0.5	0.5	0.5	0.6	0.6
	10세+	0.1	0.1	0.1	0.1	0.1	0.1	0.1	0.1	0.1	0.1	0.1

* 출처 : 통계청(2009), 인구동태통계연보 : 혼인편, 2008. * 미상 제외

⑧ 외국인과의 총 혼인

2008년 외국인과의 혼인은 총 3만 6,204건으로 2000년의 1만 1,605건보다 3배이상 증가하였지만, 2005년 이후 3년째 감소하고 있다. 한국 남자와 외국 여자의 혼인은 2만 8,163건으로 전년보다 1.5% 감소하였고, 한국 여자와 외국 남자의 혼인은 8,041건으로 전년보다 10.5% 감소하였다〈표 6-6〉.

〈표 6-6〉 외국인과의 혼인

(단위 : %)

	2000	2001	2002	2003	2004	2005	2006	2007	2008
총 혼인건수	332,090	318,407	304,877	302,503	308,598	314,304	330,634	343,559	327,715
외국인과의 혼인	11,605	14,523	15,202	24,776	34,640	42,356	38,759	37,560	36,204
총 혼인 건수대비 구성비	3.5	4.6	5.0	8.2	11.2	13.5	11.7	10.9	11.0
증 감	1,782	2,918	679	9,574	9,864	7,716	-3,597	-1,199	-1,356
증 감 률	18.1	25.1	4.7	63.0	39.8	22.3	-8.5	-3.1	-3.6
■한국남자+외국여자	6,945	9,684	10,698	18,751	25,105	30,719	29,665	28,580	28,163
증 감 률	29.3	39.4	10.5	75.3	33.9	22.4	-3.4	-3.7	-1.5
■한국여자+외국남자	4,660	4,839	4,504	6,025	9,535	11,637	9,094	8,980	8,041
증 감 률	4.6	3.8	-6.9	33.8	58.3	22.0	-21.9	-1.3	-10.5

* 출처 : 통계청(2009), 인구동태통계연보 : 혼인편, 2008.

⑨ 국적별 외국인과의 혼인

한국 남자와 외국 여자와의 혼인은 총2만 8,163건으로, 중국 1만 3,203건(46.9%), 베트남 8,282건(29.4%), 필리핀 1,857건(6.6%) 순으로 나타났으며, 캄보디아 여자와의 혼인이 2008년 659건으로 전년보다 1,145건 감소하였는데 이는 캄보디아의 국제혼인규제강화로 인한 영향이다. 한국 여자와 외국 남자의 혼인은 총 8,041건으로 전년보다 10.5% 감소하였고, 외국 남자의 국적은 일본 2,743건(34.1%), 중국 2,101건(26.1%), 미국 1,347건(16.8%) 순이다.

⑩ 시도별 농림어업종사 남자와 외국 여자와의 혼인

2008년 시도별 한국 남자와 외국 여자와의 혼인은 특·광역시보다 도지역이 전체 혼인 중 차지하는 비중이 높으며, 한국 남자와 외국 여자와의 혼인이 차지하는 비중이 가장 높은 지역은 전남으로 전체 혼인 중 13.8%가 외국 여자와의 혼인이며, 이 중 농림어업종사자가 26.8%이다. 농림어업에 종사하는 한국 남자와 혼인한 외국 여자의 국적은 베트남, 중국, 필리핀 순이다〈표 6-7〉.

〈표 6-7〉 농림어업에 종사하는 한국 남자와 혼인한 외국 여자의 국적별 혼인 건수

	2007					2008				
국적	계	베트남	중국	캄보디아	기타	계	베트남	중국	필리핀	기타
건수	3,171	1,353	842	484	492	2,472	1,290	673	207	302

* 출처 : 통계청(2009), 인구동태통계연보 : 혼인편, 2008.

⑪ 외국인과의 혼인종류별 혼인

외국 여자와 혼인한 한국 남자의 초혼 구성비는 2008년 64.7%로 전년보다 1.9%p 증가하였다. 외국 남자와 혼인한 한국 여자의 초혼 구성비는 2008년 58.4%로 0.8%p 증가하였으나, 재혼에 대한 초혼비는 1.4로 전년과 같다.

⑫ 부부의 평균 혼인 연령차

2008년 한국 남자와 외국 여자 부부의 평균 혼인 연령차는 11.8세로 전년보다 0.3세 증가하여, 한국인 부부의 혼인 연령차(2.3세)보다 9.5세 많다. 2008년 한국 여자와 외국 남자 부부의 평균 혼인 연령차는 4.1세로 2000년 6.6세보다 2.5세 적었으며, 한국인 부부의 혼인 연령차(2.3세)보다 2.1세 많다.

(2) 이혼통계

① 총 이혼건수 및 조(粗)이혼율

2008년 한 해 동안 이혼은 11만 6천 5백건(쌍)으로 2007년의 124.1천건에 비해 7천5백건(-6.1%)감소하였다. 이는 이혼숙련제도 도입으로 인한 신고 공백 기간 때문으로 보인다. 조이혼율(인구 1천명당 이혼건수)은 2.4건으로 전년보다 0.1건 감소하였고, 이혼건수 및 조이혼율 모두 2004년 이후 계속 감소하고 있다〈표 6-8〉.

〈표 6-8〉 이혼건수 및 조(粗)이혼율

	1998	1999	2000	2001	2002	2003	2004	2005	2006	2007	2008
혼인건수(천건)	116.3	117.4	119.5	134.6	144.9	166.6	138.9	128.0	124.5	124.1	116.5
증감(천건)	25.1	1.2	2.0	15.2	10.3	21.7	-27.7	-10.9	-3.5	-0.5	-7.5
증감률(%)	27.6	1.0	1.7	12.7	7.7	15.0	-16.6	-7.8	-2.7	-0.4	-6.1
조혼인율	2.5	2.5	2.5	2.8	3.0	3.4	2.9	2.6	2.5	2.5	2.4

* 출처 : 통계청(2009), 인구동태통계연보 : 이혼편, 2008.

② 유배우 이혼율

2008년 유배우 이혼율(유배우자 1천 명당 이혼건수)은 4.8건(쌍)으로 전년보다 0.4건(쌍) 감소하였고, 유배우자 100명(부부 50쌍)당 0.48건(쌍), 유배우자 200명(부부 100쌍)당은 0.97건(쌍)이 이혼한 셈이다.

주요국의 유배우 이혼율은 프랑스(2006년) 5.7, 뉴질랜드(2007년) 5.7로 나타났다.

〈표 6-9〉 총 이혼건수 및 유배우 이혼율

(단위 : 건, 유배우자 1천명당 1건, 부부 100쌍당 쌍(건))

	2000	2001	2002	2003	2004	2005	2006	2007	2008
총 이혼건수	119,455	134,608	144,910	166,617	138,932	128,035	124,524	124,072	116,535
유배우 이혼율	5.3	5.9	6.3	7.2	6.0	5.5	5.3p	5.2*p*	4.8*p*
부부 100쌍당	1.05	1.18	1.26	1.44	1.20	1.09	1.06*p*	1.04*p*	0.97*p*

* 출처 : 통계청(2009), 인구동태통계연보 : 이혼편, 2008.

③ 연령별 이혼건수

남자의 연령별 이혼건수는 40대 초반(40~44세) 22.2천건, 30대 후반(35~39세) 21.6천건, 40대 후반(45~49세) 21.6천건, 30대 초반(30~34세) 14.1천건 순이다. 30~40대 연령층의 이혼건수는 79.6천건으로 전체의 68.3%를 차지하였다.

여자의 연령별 이혼건수는 30대 후반(35~39세) 연령층이 23.5천건, 40대 초반(40~44세) 20.9천건, 30대 초반(30~34세) 19.4천건 순이다. 50대 이상 연령에서의 이혼은 2005년 이후 증가추세를 유지하였으며, 남자는 55세 이상에서 13.7%, 여자는 50대 초반(50~54세)에서 17.7%로 가장 높은 증가율을 보였다.

④ 연령별 유배우 이혼율

남자 15~24세의 유배우 이혼율(해당연령 남자 유배우인구 1천명당 건)은 44.1%로 가장 높으며, 고 연령층으로 갈수록 점차 낮아지고 있다. 여자 15~24세의 유배우 이혼율(해당연령 여자 유배우인구 1천명당 건)은 50.0%로 전년보다 0.6건 감소하였으며, 45세 이상 연령층에서는 전년보다 상승하였다.

⑤ 평균 이혼연령

평균 이혼연령은 남자가 44.3세, 여자가 40.5세로 전년에 비해 각각 1.1세, 1.0세 상승하였으며, 10년 전(98년)보다는 남자 4.6세, 여자 4.4세 높아졌다. 이는 초혼연령의 상승과 20년 이상 동거한 부부의 이혼 비중이 증가한데 기인한다.

⑥ 이혼 당시 미성년 자녀 유무

2008년에 이혼한 부부 중 54.0%인 6만 3천쌍이 20세 미만 미성년 자녀를 두고 있는 것으로 나타났으나, 2004년 이후 매년 감소하였다.

미성년 자녀 "2명 있음"은 전체 이혼의 25.5%로 "1명 있음"의 24.5%보다 1.0%p(1.2천 건) 높다.

⑦ 이혼사유별 이혼

이혼부부의 주된 이혼사유는 성격차이 47.8%, 경제문제 14.2% 순으로 나타났다. 가족 간 불화, 성격차이, 경제문제 등이 차지하는 구성비는 전년보다 다소 감소하였으나, 배우자 부정, 정신・육체적 학대 등은 전년보다 증가하였다〈표 6-10〉.

〈표 6-10〉 이혼사유별 이혼건수 및 구성비

(단위 : 천건, %)

	2000	2001	2002	2003	2004	2005	2006	2007	2008
계	119.5	134.6	144.9	166.6	138.9	128.0	124.5	124.1	116.5
배우자 부정	9.7	11.8	12.5	12.3	9.7	9.7	9.4	9.7	9.4
정신・육체적 학대	5.2	6.3	6.9	7.1	5.9	5.7	5.6	6.0	5.9
가족 간 불화	26.2	23.7	20.8	21.7	14.0	12.2	11.1	10.0	9.0
경제문제	12.8	15.6	19.7	27.3	20.5	19.1	18.3	16.9	16.6
성격차이	48.1	58.0	64.9	75.6	68.7	63.0	62.0	58.2	55.6
건강문제	1.1	1.0	0.9	1.0	0.9	0.8	1.0	0.9	0.8
기타*	16.4	18.2	19.1	21.5	19.4	17.5	17.1	22.4	19.3

구 성 비

계	100.0	100.0	100.0	100.0	100.0	100.0	100.0	100.0	100.0
배우자 부정	8.1	8.7	8.7	7.4	7.0	7.6	7.6	7.8	8.1
정신・육체적 학대	4.4	4.7	4.8	4.3	4.2	4.5	4.5	4.8	5.0
가족 간 불화	21.9	17.6	14.4	13.0	10.0	9.5	8.9	8.0	7.7
경제문제	10.7	11.6	13.6	16.4	14.7	14.9	14.7	13.7	14.2
성격차이	40.2	43.1	44.8	45.4	49.5	49.2	49.8	46.9	47.8
건강문제	0.9	0.7	0.6	0.6	0.6	0.6	0.8	0.7	0.6
기타*	13.7	13.5	13.2	12.9	13.9	13.7	13.8	18.0	16.5

* 출처 : 통계청(2009), 인구동태통계연보 : 이혼편, 2008.

⑧ 이혼종류별 이혼

이혼종류를 보면 협의이혼 90.8천건(77.9%), 재판이혼 25.7천건(22.1%)으로 협의이혼이 대부분을 차지하였다.

⑨ 한국인과 외국인 부부의 총 이혼

가. 한국인과 외국인 부부의 이혼건수

2008년 한국인과 외국인 부부의 이혼은 11,255건으로 전년의 8,671건보다 2,584건(29.8%) 증가하였다. 여기에서 한국인 남편과 외국인 처와의 이혼은 7,962건으로 전년보다 39.5% 증가하였고, 한국인 처와 외국인 남편의 이혼은 3,293건으로 전년보다 11.1% 증가하였다.

나. 동거기간별 이혼

2008년에 이혼한 한국인과 외국인 부부의 평균 동거기간은 한국인 남편과 외국인 처 부부가 2.7년, 외국인 남편과 한국인 처 부부가 5.6년이다. 2008년 한국인과 외국인의 이혼 11,255건 중 동거기간이 5년 미만인 비율은 82.7%이다. 이는 2002년 66.9%보다 15.9%p 증가한 것으로 매년 높아지는 추세이다.

다. 국적별 이혼

한국인 남편과 외국인 처와의 이혼은 7,962건으로 중국 5,398건, 베트남 1,078건, 필리핀 268건, 일본 205건 순으로 나타났다. 중국인 처와 혼인누적건수가 타 외국인 처보다 많아 이혼비중이 높다. 캄보디아 처가 가장 높은 증가율을 보였다. 한국인 처와 이국인 남편과의 이혼은 3,293건으로 일본 1,556건(47.3%), 중국 1,041건(31.6%), 미국 238건(7.2%)순이다. 일본인 남편과의 이혼비중이 높은 것은 혼인누적건수가 타 외국인 남편에 비해 많기 때문이다. 전년에 이어 기타의 비중이 높은 것은 북한에서 귀화한 사람의 북한에 있는 배우자와의 이혼처리 때문이다.

'2010 사법연감' 통계

· 혼인은 줄고 이혼 증가세… 국민 8명 중 1명꼴 소송

2009년 국내에서 하루 평균 855쌍이 결혼하고 341쌍이 이혼한 것으로 조사됐다. 10쌍이 결혼할 때 4쌍은 이혼한 셈이다.

2010년 9월 19일 대법원이 펴낸 '2010 사법연감'에 따르면 지난해 전국 시·구·읍·면에 접수된 혼인 건수는 31만2,093건으로 2008년보다 5.5% 줄었다. 이는 최근 10년간 혼인신고 건수 가운데 가장 적은 수치다.

혼인신고 건수는 2000년 36만8,175건을 정점으로 줄어들다 2007년 반짝 증가한 뒤 2008년부터 2년 내리 감소세를 보였다.

반면 지난해 전국 시·구·읍·면에 접수된 전체 이혼 건수는 12만 4,483건으로 전년보다 6.0% 늘었다. 혼인은 줄어들고 이혼은 늘어나면서 전체 혼인 건수 대비 이혼 건수의 비율은 2008년 35.4%에서 지난해 39.8%로 증가했다.

이혼한 부부는 자녀가 없는 경우가 44.6%로 가장 많았다. 이혼 부부의 결혼생활 기간은 4년 이하 27.2%, 5~9년 19.1%, 10~14년 16.1% 등이었다. 20년 이상 함께 산 경우도 2만8,261건(22.8%)이나 됐다.

이혼 사유는 성격차이가 47.1%로 가장 많았고, 경제문제(14.6%), 배우자 부정(8.4%), 가족간 불화(7.5%), 정신적·육체적 학대(5.1%) 등이 뒤를 이었다. 배우자 부정 행위는 2005년 9700건에서 2009년 1만300건으로, 육체적 학대는 같은 기간 5,700건에서 6,200건으로 늘었다. 반면 성격차이는 6만3,000건에서 5만8,000건으로 줄었다.

지난해 전국 법원에 접수된 민사·형사·가사·행정 등 소송사건은 모두 634만5,439건으로 집계됐다. 국민 8명 중 1명꼴로 소송을 한 셈이다. 민사소송·조정·집행 등 민사사건이 65.2%, 형사사건이 31.1%였다.

* 출처 : 2010년 9월 19일 경향신문 & 경향닷컴

(3) 한부모가구 비율 및 혼인상태

한부모가족은 부(父)나 모(母) 중의 한 사람이 단독으로 부모의 역할을 수행하는 가족으로 인식되고 있다. 한편, 한국여성개발원이 한부

모가족에 대해 조사한 연구에서는 미국의 사회사업백과사전에서 규정하고 있는 정의의 골격을 받아들여 '부모 중 한쪽의 사망, 이혼, 유기, 별거로 인하여 편부 혹은 편모와 그 자녀로 이루어진 가족으로 보아 원인의 범위를 한정하여 한부모가족을 정의하고 있다(조흥식 외, 2008).

〈표 6-9〉에서 살펴본 바와 같이 최근 들어 점점 증가하고 있음을 알 수 있고, 한부모가족 중에서도 모자가족의 비율이 압도적으로 많은 수를 차지하고 있는 실정이다. 모자가족이 증가하고 있다는 것은 〈표 6-11〉에서와 같이 이혼건수도 함께 증가하고 있음을 알 수 있다.

한부모가구의 수는 '85년 594천 가구에서 '05년 1,042천 가구로 증가하고 있으나 전체가구에서 차지하는 비중은 감소하고 있다('85년 : 594천가구 → '90년 : 662천가구 → '95년 : 744천가구 → '00년 : 871천가구 → '05년 : 1,042천가구). 이유는 한부모 가구의 증가율에 비해 단독가구 등의 증가율이 상회하는데 원인이 있다.

또한 한부모가구 비율은 '85년 6.2%에서 '95년 5.7%로 감소하였으나, '05년에는 6.7%로 증가하고 있고, 한부모가구 중 이혼한 가구주 가구비율은 '95년 124천가구에서 '05년 399천가구로 증가하고 있다.

한편, 한부모가구의 전망 및 향후 정책방향은 한부모가구가 된 주된 요인이 과거에는 대부분 사별이었으나 요즈음은 이혼이나 미혼으로 인한 비율이 증가 추세임에 비추어 한부모가구의 증가가 지속될 것으로 전망된다. 사별로 인한 한부모가구 비율은 '90년 75.2%에서 '05년 48.1%로 감소하고 있으며, 이혼·미혼 한부모가구 비율은 '90년 24.8%에서 '05년 51.9%로 증가하고 있다.

이혼이나 미혼가구 증가 추세에 따라 가족정책의 방향도 이들에 대한 지원정책에 초점을 맞출 필요가 있다. 이혼 및 미혼가구의 경제적 자립이나 자녀양육 및 교육지원 등에 대한 대책 마련이 시급하다.

〈표 6-11〉 한부모가구 비율 및 혼인상태

(단위: 천가구)

연도	한부모와자녀가구	가구주와 혼인 상태			한부모가구 비율
		사별	이혼	미혼	
1985	594	443	50	101	6.2
1990	662	498	79	85	5.8
1995	744	526	124	94	5.7
2000	871	502	246	123	6.1
2005	1042	501	399	142	6.7

* 출처 : 통계청, 「인구주택총조사」, 각 년도. 한부모 가구는 통계청 자료의 편부모 가구와 동일한 개념임.

주) 2010년 한부모가구 비율은 2011년 7월중 등록 예정

※ 한부모가족지원법상 한부모가족과는 상이한 개념임.

(4) 요보호아동 발생 및 보호내용

〈표 6-12〉에서 살펴본 바와 같이 계속 큰 변화를 보이지 않다가 2007년에 빈곤, 실직, 학대 등 기타로 보호를 필요로 하는 아동의 수는 꾸준히 증가하였다. 경제난의 심화와 부모의 자녀부양의식 약화로 요보호아동 발생이 있을 것으로 사료된다.

〈표 6-12〉 요보호아동 발생 및 보호내용

(단위 : 명)

구분	계	발생유형					보호내용					
							시설보호			가정보호		
		기아	미혼모아동	미아	비행가출부랑아	빈곤, 실직, 학대등 기타	아동	장애아	미혼모	위탁보호	입양	소년소녀가장책정
2001	10586	717	4879	98	728	4146	4671	41	62	3090	1848	874
2002	10057	634	4337	74	749	4263	4547	57	59	2544	2544	673
2003	10222	628	4457	79	595	4463	4747	42	35	2506	2506	500
2004	9393	481	4004	62	581	4265	4680	38	64	2100	2100	299
2005	9420	429	2638	63	1413	4877	4769	48	1	1873	1873	407
2006	9034	230	3022	55	802	4925	4313	53	-	1259	1259	308
2007	8861	305	2417	37	748	5354	3189	39	17	1991	1991	247
2008	9284	202	2349	151	706	5876	1416	23	83	242	356	20

* 출처 : 보건복지부, 「2009 보건복지가족통계연보」, 아동청소년복지정책과.

(5) 새싹가족 가구원과 인원수 추이

〈표 6-13〉에서 보는 바와 같이 2001년부터 2008년까지 계속 작은 폭의 감소를 보였다. 특히, 고교 재학생에 비해 미취학아동이 현저히 감소됨을 알 수 있다.

〈표 6-13〉 새싹가족 가구원과 인원수 추이

(단위 : 가구, 명)

구 분	계	세대주	세대원	재학별				
				미취학	초등	중학	고교	기타
2001	8,060	5,248	2,812	133	1,640	2,611	3,414	262
2002	6,947	4,531	2,416	115	1,478	2,232	2,936	186
2003	6,184	3,994	2,190	99	1,309	1,966	2,668	142
2004	5,444	3,504	1,940	87	1,244	1,681	2,331	101
2005	4,332	2,755	1,577	85	901	1,343	1,923	80
2006	3,271	2,086	1,185	39	572	1,031	1,570	59
2007	2,501	1,630	871	25	401	789	1,226	60
2008	2,058	1,337	721	12	292	621	1,080	53

* 출처 : 보건복지부, 「2009 보건복지가족통계연보」, 가족지원과.

(6) 가정폭력 행위자의 유형 및 유형별 경험 여부

〈표 6-14〉에서 살펴본 바와 같이 남녀별로는 남성의 3.7%(11명), 여성의 2.2%(14명)가 기타친족으로부터 구타를 경험했다고 응답하였다. 남녀 모두 배우자로부터 폭력을 당했다는 응답 비율이 가장 높았다. 특히 여성의 경우 응답자의 35.3% 즉, 10명중 3명 이상이 배우자로부터 폭력을 당했다고 응답해 가정 내 남편의 아내 폭력이 자주 일어나고 있음을 확인할 수 있었다. 다음은 부모, 형제자매, 기타 친족 순으로 나타났다.

〈표 6-14〉 가정폭력 행위자 유형

구 분	남성		여성		합계	
	명	남 전체	명	여 전체	명	합
배우자	40(13.5)	296(100)	226(35.3)	640(100)	266(28.4)	936(100)
부모	32(10.8)	296(100)	49(7.7)	640(100)	81(8.7)	936(100)
형제자매	17(5.7)	296(100)	17(2.7)	640(100)	34(3.6)	936(100)
기타친족	11(3.7)	296(100)	14(2.2)	640(100)	25(2.7)	936(100)

* 출처 : 한국가정법률상담소(2006).

〈표 6-15〉에서 살펴본 바와 같이 남녀 모두 행위자로부터 정신적 학대를 당했다는 응답 비율이 가장 높았다. 특히 여성의 경우 응답자의 32.3% 즉 10명 중 3명 이상이 행위자로부터 정신적 폭력을 당했다고 응답하였다. 일반적으로 신체적 폭력만을 가정폭력이라 인식하는 경향이 있으나 정신적 폭력의 경우 물리적 폭력 못지않게 피해자에게 오래도록 큰 상처를 남겨 결과적으로 정신을 황폐화시킨다는 점을 고려할 때 이와 같은 폭력 역시 반드시 근절되어야 할 것이다.

〈표 6-15〉 가정폭력 유형별 경험 여부

구 분	남성		여성		합계	
	명	남 전체	명	여 전체	명	합
정신적 학대 (폭언, 무시, 모욕 등)	59(19.9)	296(100)	207(32.3)	640(100)	266(28.4)	936(100)
물건을 던짐	33(11.1)	296(100)	149(23.3)	640(100)	182(19.4)	936(100)
구타	33(11.1)	296(100)	141(22.0)	640(100)	174(18.6)	936(100)
흉기 사용(칼 등)	5(1.7)	296(100)	64(10.0)	640(100)	69(7.4)	936(100)
목을 조름	4(1.4)	296(100)	76(11.9)	640(100)	80(8.5)	936(100)
성적 학대	4(1.4)	296(100)	59(9.2)	640(100)	63(6.7)	936(100)
기타	6(2.0)	296(100)	15(2.3)	640(100)	21(2.2)	936(100)

* 출처 : 한국가정법률상담소(2006).

3) 가족문제의 원인에 대한 사회과학 이론들의 설명

사회현상을 보는 이론적 시각에 따라 가족문제의 원인에 대한 설명은 다르나 최일섭 등(1997)은 다음과 같이 설명하였다.

첫째, 기능주의자들은 가족의 전통적인 기능이 약화됨에 따라 가족성원들의 결속이 약화되고 가족의 원활한 기능이 위협되었기 때문에 가족 성원들은 대안적으로 일탈 행동 혹은 비행을 보이거나 가족해체로 일어나는 가족문제가 일어난다고 주장한다. 기능주의적 시각에서 가족 내의 갈등이나 해체는 역기능적이며 이러한 가족문제를 해결하기 위해서는 가족의 원활한 기능을 강화시키는 사회정책과 프로그램을 제공할 것을 강조한다.

둘째, 갈등주의자들에 의하면, 사회적으로 남성이 지배하고 여성은 이에 종속되어온 것처럼 결혼과 가족제도 역시 이러한 불평등한 관계를 반영하는 수단이다. 지배 집단인 남성들은 사회나 가정에서 자신들의 유리한 지위를 유지하려 하지만 성역할에 대한 기대는 점차로 변화하고 불평등한 관계는 도전을 받고 있다. 여성들은 현재의 가족구조가 자신들의 이해를 만족시키지 못하므로 이를 변화하려 하는데, 그러한 과정에서 가족문제가 일어난다.

갈등주의적 시각에서 가족 내의 갈등은 가족관계에서 생겨나는 자연스러운 부산물이며, 가족문제는 가족 내의 갈등이 표출된 것으로 이해한다. 따라서 가족내의 갈등을 비상적으로 보거나 회피하기보다 갈등을 해결하는 방법으로 가족문제에 접근하여야 한다고 주장한다. 이혼은 부부간의 갈등을 해결하는 하나의 방법이며, 갈등을 해결하는 다른 방법으로는 설득과 협상에 의하여 상호 수용에 도달하는 것이다. 하지만 가정 내의 폭력은 갈등을 공격적으로 해결하는 건설적이지 못한 방법으로 지적한다.

셋째, 상호작용주의자들은 변화하는 가족에 대한 해석 혹은 가치 판단에 가족문제의 원인이 있다고 설명한다. 모든 사회에는 적절한 가족 형태에 대한 사회적인 합의가 존재하는데, 현재 우리는 다양한 가족 형태에 대해 점점 긍정적이기는 하지만 아직까지는 정상 가족에 의미와 중요성을 부여하고 이에 벗어나는 가족은 비정상 가족으로 낙인찍는다. 또한 가정 내에서 부모 혹은 자녀에 대한 역할 수행이 가족의 기대에서 벗어날 때 이러한 행동을 일탈행동으로 간주한다. 따라서 가족문제를 해결하기 위해서는 비정상 가족 혹은 일탈행동에 대한 정의를 변화하여야 한다고 설명한다.

4) 가족문제에 대한 현행 사회정책 및 발전방안

(1) 우리나라 가족정책의 현황과 문제

① 가족정책의 현황

우리나라의 가족정책은 사회보장관련법이나 정책들을 통해 이루어져 왔다(장혜경 등, 2002). 가족의 변화가 다양하게 변화함에도 불구하고 정책이 단편적이어서 개별 가족정책의 일관성이 결여되었고 법과 제도에 지체 현상을 보인다는 점, 가족의 다양성을 고려하지 못하고 있다는 점, 통합적 시행방안을 시행할 수 있도록 행정전담 부서가 없다는 점들이 실제적인 심각한 문제이다.

② 우리나라 가족정책의 문제

우리나라 가족정책의 문제를 조흥식 등(2008)는 네 가지로 설명한다. 첫째, 예방보다는 사후대책에 치중한다는 점이다. 둘째, 가족 정책의 방향의 일관성 결여와 지체현상이다. 셋째, 가족과 개인 간의 안정성 혹은 갈등의 초래 가능성이 있다는 점이다. 넷째, 가족의 다양성이 인정되고 있지 못하다는 것이다.

〈표 6-16〉 우리나라 주요 가족복지정책과 특징

분야	주요 가족복지정책	주요특징
가족관련법	-민법의 친족과 상속편(가족법) -건강가정지원법 -사회보장관련법	-가부장제에 의한 남성위주의 성차별적 요소 존재 -특정가족지향적 -조정, 통제적 성격
소득지원	-전쟁고아 수용・보호지원(전쟁고아의 대책 수립, 입양지원) -의료보호, 교육보호지원 -생활보호법을 통한 생계지원 -간접적 세제지원(소득공제) -수당지원(가족수당, 육아휴직수당) -사회보험(노령퇴직연금, 장해연금, 유족연금, 국민연금, 국민건강보험, 고용보험) -국민기초생활보호법에 의한 저소득층 최저생활보장	-빈곤가족에 대한 개별적인 형태로 수행 -임시조치 성격 -경제부담 완화를 위한 실질적 지원 부족 -가족보호적 성격 -사회보장적 성격
출산과 노인부양지원	-1960년부터 사회적 산아제한 가족계획사업(49종)실시 -출산장려금 지급 -노인요양보험제도(계획)	-국가의 정책적 강압으로 추진 -가족의 통제적 수단화 -노인부양가족에 대한 직접적 혜택 미흡
고용과 양육지원	-아동복지법에 의한 요보호아동 시설 보호조치 -모부자복지법에 의한 저소득 한부모가족 지원 -남녀고용평등법에 의한 육아휴직제 -여성발전기본법에 의한 모성보호 비용의 사회적 분담(임신중 건강검진휴가, 육아시간 지원, 산전후 휴가 90일 지원)	-역할지원 -모성보호기능의 사회분담화 시도 -보육의 사회화에 대한 요구증대에 따라 가정과 직장의 양립지원이 본격화되나 '보호'차원의 접근에서 탈피하지 못함

* 출처 : 이진숙(2005), 재구성.

③ 가족복지 서비스에 대한 고민과 한계점에 대한 비판

대부분은 개별가족의 기능의 회복 또는 강화를 통해 가족의 행복을 유지하는 것으로 결국에는 개별 가족적인 차원의 개입이 제시되고 있는 실정이라는 것과 가족복지서비스의 전달체계가 파편화되고 공・사적 서비스 간 연계성이 미약하며 서비스수준이 부적절하다는 점이다(양심영, 2000 ; 남기철, 2003 ; 송다영, 2003). 가족전체를 대상으로 한 포괄적이고 보편적인 가족복지서비스 대신 요보호대상자 개인을 중심으로 한 서비스를 제공할 수밖에 없었던 것이 사실이다. 그리고 이와 같은 사회복지 전반의 요보호, 잔여주의적 접근방식은 지역사회차원의 종합적인 복지서비스 제공기관인 사회복지관의 가족복지사업에 직접적 영향을 미쳐 가족복지사업 예산의 절대적 부족, 가족상담 및 가족치료 전문 인력의 부족, 가족복지사업의 행정적 지원체계 부족으로 나타났으며, 가족문제가 소득계층, 가족형태, 가족주기 등을 망라하여 발생하고 있음에도 불구하고, 지역사회복지관을 통한 가족복지사업은 주로 저소득층이거나 이미 가족구조가 해체된 가정에 대한 현물지원에 더 많은 노력을 투여할 수밖에 없는 구조를 초래하였다(조흥식 등, 2008).

④ 전달체계의 문제점

가족복지정책에 대한 업무는 보건복지부에서 한부모가족을 위한 프로그램의 일부를 맡고 있고, 아동보육정책은 여성부가 전달하고 있다. 가족정책의 통합적 시행이 필요한 행정전담부서가 없는 실정이다. 현재 보건복지부, 여성가족부, 노동부, 법무부, 재정경제부 등으로 흩어져 개별적으로 이루어지고 있는 가족관련 정책을 총괄하면서 기본적인 가족정책의 방향성을 제시할 수 있기 때문에 장기적으로 우리나라 가족구성원 전체의 삶의 질과 행복을 증진시킬 수 있다.

현 정부에서 아동·청소년 통합정책으로 보건복지부에서 맡아서 했던 업무들로 인해 각 영역에 실무를 맡고 있는 담당자들도 혼란 속에 있는 실정이다. 이에 가족에 관련 전반적인 업무에 대해 여성가족부에서는 통합적 가족정책을 위한 업무를 수행하고 있다.

5) 가족문제에 대한 해결책 및 대안

(1) 이혼가족 문제의 해결책 및 대안

"이혼상담" 성급한 이혼예방과 이혼 후 성공적인 생활에 도움

(#사례1) 회사원(39세) k씨는 요즘 직장일이 끝나는 대로 바로 집으로 귀가한다. 퇴근 후면 동료들과 술자리를 만들어 자정이 넘은 후에야 집으로 향하던 습관을 바꾸게 된 이후 아이들은 물론 자신까지 즐겁다.

k씨는 아들역할만이 우선이었고, 이해를 못해주는 아내만 나쁜 사람인줄 알았다. 계속된 불화로 부부간 골이 깊어져 이혼을 선택하기로 했을 때, 건강가정지원센터의 이혼 상담이 있다는 걸 알게 되었다. 5회에 걸쳐 상담받는 동안 자신의 모습을 이해하고 아내와의 차이를 인식하게 되었다.

k씨는 자신이 원가족으로부터 미분화되어 있어 남편으로서 미숙했다는 것을 느끼게 되었고, 새로운 가정에 한 남편으로서의 역할을 찾으려 노력하였다. 아내 또한 상담을 함께 다니며, 자신과 다른 남편을 이해하기 시작하면서 이혼을 철회하게 되었다.

(#사례2) H할머니에게는 오랜 소원이 하나 있다. 40년 가까이 늘 술을 마시고 들어와 가족들에게 주사를 부리고 폭력을 행사하는 남편과 이혼만 할 수 있다면 더 이상 바랄게 없을 것 같았다. 아버지의 행패를 말리던 아들마저 구타를 당하고 법원에서 보호처분을 받자, 할머니는 이혼을 결심했다. 할아버지는 펄펄 뛰면서, 죽어도 이혼만은 못해 준다고 저항하며, 재판이혼이 1년을 끌었다. 할아버지의 폭력성향과 할머니의 간절함을 느낀 판사는 건강가정지원센터에 이혼상담을 촉탁했다.

건강가정지원센터에서는 신속하게 상담을 시작해서 한달 동안 6회기에 걸쳐 할아버지를 상대로 집중상담을 진행했다. 처음에는 이혼의사가 전혀 없고 이혼하게 되면 자살까지 불사하겠다고 하던 할아버지가 상담을 거듭하면서 태도가 달라지기 시작했다. 자신이 그동안 가족들을 힘들게 한 것들을 후회하고, 가족들과 친밀감을 만들어오지 못한 것을 깨닫게 되면서, 할아버지는 할머니에게 그동안의 잘못을 진심으로 사과하고, 할

머니의 행복을 빌어주며 이혼에 합의를 하게 되었다.

상담의 결과 할아버지는 이혼을 스스로 수용하고 준비된 상태에서 받아들이게 되었으며, 할머니도 할아버지의 진심어린 사과를 받아 마음의 상처를 달래며 이혼을 할 수 있게 되었다.

* 출처 : 중앙건강가정지원센터, 이혼상담 성과 조사 발표

여성가족부 위탁 중앙건강가정지원센터에서 전국 건강가정지원센터 79개 센터를 대상으로 조사한 2009년 이혼상담현황 및 성과 분석에 의하면, 2009년 이혼전후 상담을 이용한 사례는 5,910명으로, 이혼전 상담이 4,779명(80.8%), 이혼후 상담이 1,131명(19.2%)으로 나타나 이혼전 상담이 4배 정도 많은 것으로 나타났다.

상담형태는 면접상담이 4,147명(59.6%)으로 가장 많았으며, 전화상담 1,943명(28.0%), 방문상담 702명(10.1%), 사이버상담 155명(2.2%) 순으로 나타났다. 특히 건강가정지원센터는 법원과 연계하여 협의이혼전 이혼상담을 지원하고 있는데 면접상담 중 법원연계 이혼 상담수는 1,489명(25.2%)을 차지했다.

이혼전 상담 결과를 보면 총 4,779명 중 이혼의 철회가 545명(12.1%), 이혼의 보류가 816명(18.1%)으로 나타나, 건강가정지원센터 이혼전 상담이 성급한 이혼을 막는 데도 도움이 된 것으로 밝혀졌다. 또한 비록 이혼을 결정하였지만 자신과 배우자에 대한 이해를 높여 상담이 도움이 되었다는 경우가 752명(16.2%)으로 나타나, 전체 이혼 상담의 46.9%가 상담을 받은 후 도움이 되었다고 응답하였다.

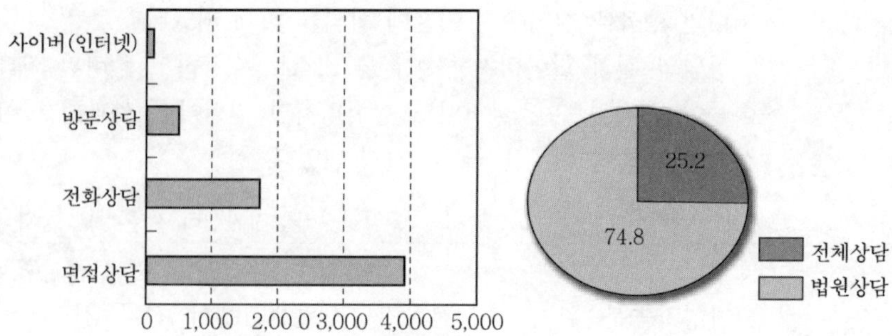

또한, 이혼 후 나타날 수 있는 자녀 양육문제를 사전예방하고 부모역할을 준비하는 기회를 제공하여 2차적으로 나타날 수 있는 가족문제를 예방하는 데에도 도움이 되는 등 이혼전후 상담이 매우 긍정적인 영향을 미치고 있는 것으로 파악되었다.

결국 건강가정지원센터의 이혼전후상담은 이혼 중 또는 이혼 후에 겪을 수 있는 여러 가지 어려움을 미리 준비할 수 있도록 현실적인 대안을 제공하였으며, 이혼에 대해 충분히 고려하고 어려움을 극복하는데 도움이 되었음을 이번 조사를 통해 알 수 있었다.

건강가정지원센터는 여성가족부에서 가족을 지원하기 위해 설치한 기관으로 현재 전국에 139개소가 설치되어 있으며, 이혼전후 상담을 무료로 진행하고 있다. 부부문제 외에도 가족문제로 상담이 필요할 경우 누구나 이용할 수 있다. 자세한 사항은 가까운 지역센터로 문의하면 알 수 있다(문의 : 1577-9337).

(2) 한부모가족의 문제의 해결책 및 대안

한부모가족 문제에 있어서 정책적 대안과 실천적 대안을 나누어 조흥식 등(2008)의 내용을 정리하면 다음과 같다.

먼저 정책적 대안은 첫째, 한부모가족 단위를 고려한 정책적 측면에서, 특히 가족정책적인 개념의 범주 안에서 이루어져야 한다. 그래서 '한부모가족을 위한 가족정책'이 독립적인 영역으로 정립되어야 한다. 우리나라에서는 모·부자복지법(2003)과 건강가정기본법(2003)이 한부모가족에 대한 복지 대책의 근거가 되고 있으나 지원의 범위나 수준이 한부모가족이 자립하기에는 대단히 미흡한 실정이다. 둘째, 공공부조제도 내에 한부모가족을 위한 수당 제도를 마련할 필요가 있다. 한부모가족에 있어 가장 관심의 대상은 역시 자녀문제이다. 따라서 한부모가족의 자녀양육을 위한 아동 수당 제도를 마련하고, 특별히 자녀가 학교 다니기 전인 경우 편부나 편모가 아들자녀를 맡기고 직업에 종사할 수 있도록 탁아수당제도를 마련해야 한다. 셋째, 기존의 국민연금제도 내에 유족연금 외에 자녀를 위한 유족자녀연금이나 편모와 편부를 위한 편모연금, 편부연금 등이 제도화되어야 한다. 특히, 사별로 인한 한부모가족 뿐만 아니라 이혼이나 별거 그리고 실질적 의미의 한부모가족까지를 포함하는 경우도 사회적 위험으로 보고 이에 대한 대책을 세워야 한다. 넷째, 우리나라의 경제적 실정을 고려하여 한부모가족의 경제문제의 큰 부분을 차지하는 주택문제의 해결을 위해 공영주택의 임대나 우선분양 그리고 주택구입을 위한 융자금을 저리로 제공하는 등의 특별 배려와 함께 주택수당 지금을 위한 대책이 마련되어야 한다. 다섯째, 한부모 가족의 자활수급권을 확대해야 한다. 최저 생계비 수준이 안 되는 근로능력이 있는 한부모가족이 본인들이 원하는 경우 자활사업에 참여할 수 있도록 자활지원의 폭을 확대해야 한다.

실천적 대안을 살펴보면, 첫째, 부모교육 및 훈련으로 한쪽 부모의 부재로 인해 부모역할의 문제를 가진다. 부모역할은 한부모가족의 가장 큰 관심사인 자녀양육과 교육에 있어 가장 중요한 영향을 미치는 부분이기도 하다. 따라서 이들에게 바람직한 부모역할이 무엇이며, 또 한부모 상태에서 부모역할을 하기 위해서는 어떻게 하는 것이 바람직한지에 대한 교육과 함께 그러한 역할을 할 수 있도록 역할연습을 비롯한 다양한 기술을 통해 훈련시킴으로써 부모역할의 능력을 길러주어야 한다. 둘째, 가족상담 및 치료이다. 한부모가족의 부모와 자녀간의 관계상의 문제에 대한 주요접근방법으로 사용될 수 있다. 특히, 이 과정에서 한부모가족의 강점을 강조하고 한부모와 자녀 간의 의사소통을 원활히 하도록 하여 가족 간 결속력을 강화할 필요가 있다. 셋째, 지지적 관계망의 형성이다. 한부모가족에게 잠재적으로 지지가 될 수 있는 공식적·비공식적 지지망을 확인하여 이들을 한부모가족에게 연결해 주는 것이다. 즉, 친척이나 친구, 이웃 혹은 사회기관 중에 한부모가족에 지지가 될 만한 자원을 찾아내어 한부모가족과 연계시키는 것이다. 이를 위해서는 사정(査定)단계에서 생태도나 사회적 관계망을 이용해 지지적 자원을 구체적으로 파악해야 한다. 넷째, 가족결속을 위한 사회교육프로그램이다. 한부모가족의 가족결속력강화를 위한 사회교육프로그램을 정기적으로 실시하고 편모 혹은 편부가족으로 구성된 자조집단을 형성하여 긴장과 압박감을 완화할 수 있도록 실천적 차원에서 지원이 이루어져야 한다.

"한쪽 부모만 있으니까 보통 가족 같아요"
여성문제연구회, 한부모가정연구소 등 '한부모 가정의 날' 행사
어린이날·어버이날 상처 보듬고 '커뮤니케이션 채널' 역할

▲ 5월 9일 여성문제연구회 주최로 열린 '한부모 가정 캠프'에 참여한 230여 명의 한부모와 아이들이 운동회를 즐기고 있다.

"우리 아이가 다음에 또 만날 수 있냐고 묻더라고요. 여기선 누구나 한쪽 부모밖에 없으니까 우리가 다 보통 가족 같다면서요."

싱글맘 전미주(39·가명)씨는 어버이날 다음날인 지난 9일 아이와 함께 충남 공주에서 열린 한부모 가정 캠프에 참여했다. 전씨는 "어린이날 놀이동산에 가면 아빠 손을 잡고 온 아이들을 물끄러미 바라보는 아이가 늘 안쓰러웠는데 오늘만은 아무 부담 없이 즐길 수 있었다"고 말했다.

싱글맘 김상희(35·가명)씨도 "아들이 요새 부쩍 자라서 힘에 부쳤는데, 함께 온 한부모 가정의 아빠들이 원 없이 놀아줘서 잠시라도 마음 편하게 보냈다"며 환하게 웃었다.

이번 캠프는 어린이날과 어버이날에 그 누구보다 상처를 받는 한부모와 그 자녀들을 위해 마련된 행사로, 여성문제연구회가 주최하고 네이버 한부모 가정 카페 '싱글맘&싱글대디 행복한 세상 만들기' 팀이 진행을 맡았다.

여성문제연구회는 5월 9일을 '한부모 가정의 날'로 정하고 올해로 4년째 한부모 가정 행사를 개최하고 있다. 특히 올해는 서울시에서 여성발전기금을 후원받아 한부모 가정 230여 명이 참여하는 등 규모가 더 커졌다. 어린이 캠프는 물론, 책 '독이 되는 부모'의 공동 번역자 김형섭 정신과 원장의 부모 강연, 운동회 등 즐기고 배우고 나눌 수 있는 다양한 프로그램으로 진행됐다.

이번 행사를 총괄한 박소원 여성문제연구회 이사(한부모 가정 카페 운영자)는 "이혼율이 50%를 넘어섰지만 한부모 가정에 대한 사회적 편견은 아직도 이들 가정을 그늘 속에 가두고 있다"며 "사회적 인식의 변화는 물론, 한부모 가정이 건강하게 설 수 있도록 근본적 대책이 필요하다"고 강조했다.

이번 캠프에 참여한 민유성(32 · 가명)씨는 "24시간 격일로 근무하는 소방관이다 보니 옆 동네 도우미 할머니에게 아이를 맡기고 있는데, 한부모 가정 부모들이 대리 가정이 되어 주 5일 아이들을 맡아주면 좋겠다"고 말했다.

정부가 약간의 재정 지원만 해준다면 대리 가정은 일자리가 생기고, 직장인 한부모는 마음 편하게 일할 수 있지 않겠느냐는 것이다.

박 이사는 "한부모 가정 캠프가 일회성 행사로 끝나는 것이 아니라 한부모 가정에 꼭 필요한 정부 차원의 정책은 무엇인지, 인식 변화를 위해 우리가 할 수 있는 일은 무엇인지 발견하는 커뮤니케이션 채널이 될 수 있도록 앞으로도 노력해 나갈 것"이라고 말했다.

앞서 한국한부모가정연구소도 어린이날을 '한부모 가정의 날'로 임의 제정하고, 한부모 가정 100여 명이 참여한 가운데 아동미술대회 등 행사를 개최했다. 한부모가정연구소는 전국 10여 곳에 한부모가정지원센터를 운영하고 있으며, 지난해 걷기대회에 이어 올해 두 번째로 한부모 가정 행사를 열었다.

행사를 준비한 오수정 '아름다운 가정'(연구소 발행 월간잡지) 편집장은 "5월은 가정의 달이지만 한부모 가정에는 가장 힘든 달"이라며 "어린이날에 아이를 혼자 데리고 다니는 것이 미안하고, 경제적으로도 어려워 놀러갈 여건이 안 되는 한부모 가정을 위해 부담 없이 즐길 수 있도록 행사를 열고 있다"고 말했다.

김혜선 보건복지가족부 가족지원과장은 "복지부 차원에서 한부모 가정의 날 제정을 추진할 계획은 없는 상태"라며 "대신 전국의 건강가정지원센터에서 한부모 가정을 위한 프로그램과 행사를 개최하도록 지원하고 있다"고 전했다.

* 출처 : 2009년 5월 15일. 여성신문

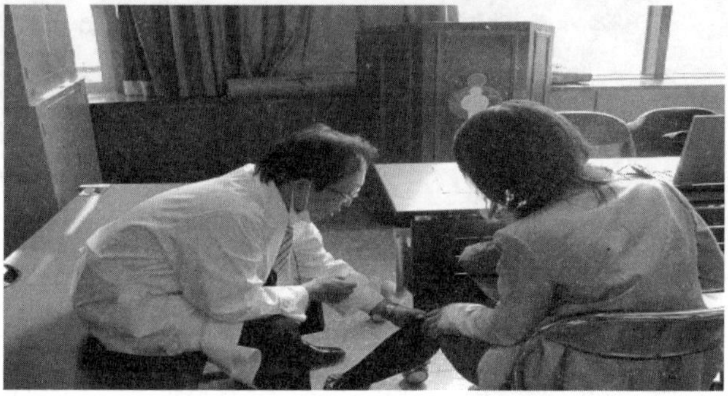

보라매병원, 한부모 · 다문화가정 여성가장 대상으로 사랑나눔 의료봉사 실시

민족대명절 한가위를 앞두고 서울대학교병원운영 서울특별시보라매병원(병원장 이철희 서울의대 교수)이 한부모, 다문화가정 여성가장 300명을 대상으로 사랑나눔 의료 봉사를 실시한다.

보라매병원은 2007년도부터 공공보건의료사업의 일환으로 각종 영상촬영이 가능한 첨단 이동차량을 이용해 의료취약계층에게 건강검진과 무료진료 등의 의료서비스를 제공하고 있다.

이번 의료봉사는 2010년 9월 17일 오전 10시부터 5시까지 금천구 가산종합사회복지관에서 열릴 예정으로 내과, 외과(유방센터), 산부인과 서울의대 의료진이 연합하여 자궁경부암, 유방 및 복부 초음파, X-ray, 심전도 등의 검사를 제공할 계획이다.

특히 여성들에게 흔하게 발생하는 질병을 선별·검진함에 따라 질병 예방 및 교육에 힘쓰고 유소견자의 경우 지역보건소 및 병원에서 추가 진료 및 의료비를 지원 받을 수 있도록 긴밀하게 협력하여 후속 관리할 계획이다.

보라매병원 공공의료사업단장은 "어려운 환경에서도 큰 사랑으로 아이들을 돌보는 한부모, 다문화가정 여성가장들이 이번 검진을 통해 더욱 건강하고 따뜻한 명절을 보내길 바란다"며 "앞으로도 더욱 체계적인 공공의료 네트워크 구축과 창의적인 보건의료사업에 앞장서 시민보건의료의 질을 향상시키도록 최선을 다하겠다"고 말했다.

* 출처 : 2010년 9월 13일, 스포츠월드

(3) 폭력가족의 문제에 대한 대처방안

가정폭력은 "가정구성원 사이의 신체적, 정신적 또는 재산상 피해를 수반하는 모든 행위"를 말한다. 가정구성원이란 배우자(사실상 혼인관계에 있는 자 포함), 배우자관계에 있었던 자, 자기 또는 배우자와 직계존비속 관계(사실상의 양친자관계 포함)에 있거나 있었던 자, 계부모와 자의 관계 또는 적모와 서자의 관계에 있거나 있었던 자, 동거하는 친족관계에 있는 자를 포함한다.

가정폭력의 유형은 첫째, 신체적 학대로 둘째, 언어와 정서적 학대 셋째, 성적학대 넷째, 경제적 학대 다섯째, 방임으로 구분한다.

이러한 다양한 가정폭력의 원인은 여러 가지 이론으로 설명하고 있으며, 일반적인 가정폭력의 요인들로 설명되고 있다.

사회문화적인 요인으로 가부장제도에서의 남편의 권위의식, 폭력이 미화된 사회적 분위기로 설명할 수 있다. 또한 폭력남편의 의식, 음주요인, 스트레스요인, 의사소통의 미숙, 상대에 대한 이해부족 및 신뢰감 부족, 아내구타에 대한 사회통념들이다. 예를 들면, 아내구타는 단순한 부부싸움이다, 우리나라에는 심한 아내구타가 극소수에 불과하다, 아내구타는 있을 수 있는 일이다, 폭행부부는 낮은 사회계층에 있다, 아내구타자는 의처증이 있다, 남편은 스트레스가 쌓여서 아내를 구타한다, 아내를 사랑하기 때문에 구타한다, 구타당하는 아내는 피학증이 있다, 맞을 짓을 했으니깐 맞는다, 구타당하는 아내는 무능력자다, 아내가 좀 더 잘 해주면 남편의 구타는 없어질 것이다, 남편의 구타는 교정 될 수 있다, 아이들 때문에 이혼하지 못하고 구타당하고 살 수 밖에 없다, 아내에 대한 폭력은 자녀에게 별다른 여향을 주지 않는다, 아내 구타자들은 모든 인간관계가 폭력적이다, 아내도 남편과 같이 폭력적일 것이다.

여성주의 심리학자인 Lenore Wlker(1979)는 종교, 인종, 교육수준이 다양한 여성을 상대로 한 연구에서 매맞는 여성이 갖는 피해양상들은 낮은 자존감, 가해자의 행동에 대한 책임을 본인이 느끼고, 죄책감을 느끼지만 본인이 느끼고 있는 공포나 분노의 감정은 숨기는 편이고, 수동적인 자세로 삶을 살고 있으나, 환경을 어느 정도는 조정하면서 살아남는 기술을 터득해서 살고 있고, 보통 이상의 심리적 신체적인 외상의 증상을 보이고, 자기 자신 외에는 아무도 자신의 문제를 도와 줄 수 없다고 믿고 있으며, 자신이 받는 고통은 자신이 초래한 것으로 믿고 있으며, 성을 하나의 남녀관계를 유지하기 위한 수단으로 이용하고 있었다고 보고하고 있다.

이러한 피해증상 신체적인 피해, 정서적 피해, 그 외에도 공격성, 우울증, 수치심, 슬픔, 좌절감, 분노 등을 들 수 있다.

파키스탄 남편들의 폭력에 의해 잃어버린 얼굴

정작 이런 상황에서도 독특한 법 때문에 이혼을 하지 못한 채 함께 살지만 강한 정신력으로 버티며 사는 여성들.

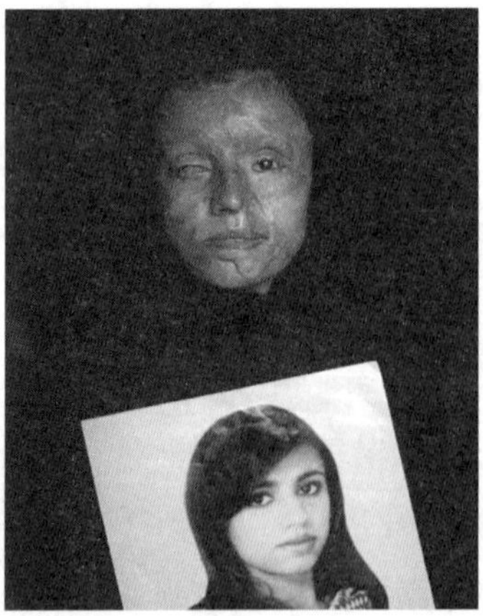

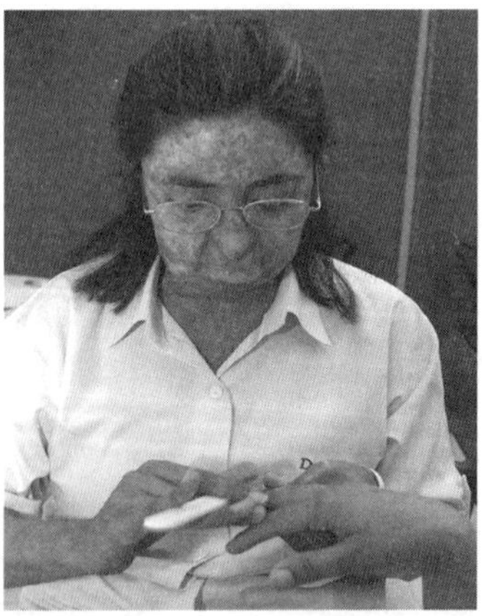

* 출처 : 2010년 8월 10일 http://blog.daum.net/skcoskc/16995640?srchid=IIMT0t0K000

한편, 가정폭력에 대한 대처방안에 대해서 개인적인 대처방안, 법적 대응 치침, 행위자와 헤어진 경우 피해자 대처요령, 가정폭력에 대한 사회적인 예방과 대처방안, 주변인의 지침으로 나누어 살펴보고자 한다.

먼저 개인적인 대처방안은 폭력행사이전과 폭력행사시, 폭력행사 이후로 나누어 살펴보고자 한다.

■ 폭력행사 이전

○ 가정폭력상담기관에 연락한다.

○ 다음의 것들을 준비한다.

-전화, 현금, 옷, 중요한 물품들, 아파트 임대계약서, 의료보험카드, 남편의 수입기록들, 피신처나 교통수단을 이용할 수 있는 전화번호 목록, 신용카드, 은행통장과 그 밖에 중요한 것.

■ 폭력 행사 시

○ 자신을 방어하고 보호한다.

○ 도움요청 전화를 한다.

○ 계속해서 크게 비명을 지른다. 창피할 것이 없다. 창피한 것은 남자 측이다.

○ 도망간다. 가능하면 피신한다.

○ 경찰을 부른다.

-경찰은 다시 발생할지 모르는 계속되는 폭력으로부터 당신을 보호해줍니다. 경찰은 당신을 위해 안전한 장소나 병원으로 갈 수 있는 교통편을 준비해주거나 제공하도록 되어 있습니다. 만일 범죄증거가 있으면 그들은 당신을 폭행하는 사람을 체포할 수 있습니다. 경찰을 부르는 것이 앞으로 행위자가 다시 폭력을 휘두르는 행위를 감소시켜줄 수 있다는 사실이 계속 입증되고 있습니다. 그리고 행위자에게 법적 체재를 가한다면 그가 당신에게 폭력적 행위를 반복할 가능성이 훨씬 줄어들며 이것은 당신을 한층 더 안전하게 해줍니다.

■ 폭력 행사 후

○ 즉시 치료를 받도록 한다.

-의사나 간호사에게 자초지종을 말하고 상처부분의 사진을 찍어보도록 요청한다. 이 진단서가 후에 법적 대응을 하는데 큰 도움이 된다.

○ 피해기록을 작성한다.

-당신을 폭행한 사람이 피해 후 법적 처벌을 받기 원하지 않더라도 자녀양육권 시비 등 나중에 당신에게 도움이 될 수 있는 과거 학대 증거가 된다.

○ 증거를 보존한다.

-경찰은 당신이 법적 대응을 하려할 때 증거를 요구할 수 있다. 그 물적 증거에는 병원기록, 진단서, 진술서, 상처부위의 사진, 찢어진 옷, 사용된 흉기, 목격자의 증언 등이 있다.

○ 누군가에게 당신의 피해사실을 말한다.

-위기 상황 시 누군가에게 당신의 피해사실을 말한다는 것은 당신에게 적절한 정보를 제공해 줄 수 있다.

두 번째로는 법적 대응에 대한 지침이다.

1994년 '세계 가정의 해'로부터 시작된 가정폭력특례법 제정운동은 3년여의 과정을 거치며 1997년 11월 18일 '가정폭력범죄 처벌에 관한 특례법'과 '가정폭력방지 및 피해자 보호 등에 관한 법'을 제정시키는 결실을 보게 되었다. 두 법의 제정으로 그 동안 개인적인 일, 사적인 일로 여겨지던 가정폭력은 이제 사회적인 범죄행위로, 사회적 문제로 받아들여지게 되었다.

○ 고소를 하려면 피해자 거주지 또는 피해발생지 경찰서에서 고소장을 접수한다.

○ 병원기록, 진단서, 상처부위의 사진, 목격자의 증거 기록 등을 첨부하여 제출한다.

당신은 이제 법적으로도 보호받을 수 있다. 따라서 더 이상 망설이지 말고 당신이 당하고 있는 고통을 주변에 알린다.

세 번째로 행위자와 헤어진 경우 피해자 대처요령에 대해 살펴보고자 한다.

○ 열쇠를 바꾼다. 현관문은 철이나 금속으로 된 재질로 바꾸고 보안장치나 화재예방감지 장치를 설치하며, 집밖에는 밝은 조명을 설치한다.

○ 특정인을 정하여 그 사람에게 행위자와의 관계가 끝났음을 알리고, 만약 행위자가 피해자나 아이들 주위에 나타나면 경찰에 신고해 줄 것을 부탁한다.

○ 아이들을 돌봐주는 사람들(탁아소, 유치원, 학원, 학교, 교습소)에게 아이들을 데리고 가는 일을 막도록 한다.

○ 직장 동료 중 적어도 한 사람에게는 자신이 처한 상태를 말하여 행위자가 전화를 걸어오면 바꾸어 주지 않도록 한다.

○ 행위자와 함께 갔던 은행, 가게 등을 미리 생각하여 그곳을 피하도록 한다.

○ 법적인 보호를 받을 수 있는 사람을 생각해 두고 법적 절차에 필요한 서류를 1부는 자신이, 1부는 복사하여 주위의 친구에게 맡겨놓는다.

○ 만약 외로워서 아무리 나쁜 관계라도 다시 돌아가고 싶다면 미리 도움을 구할 사람이나 상담소, 보호소를 생각해 두고 준비한다.

네 번째로 가정폭력에 대한 사회적인 예방과 대처방안이다.

가부장적 사회규범의 변화, 처벌을 강화하는 법 개정과 철저한 초동수사의 필요하며, 피해자에 대한 의료적 지원 방안이 필요하다. 의료적 지원방안에 있어서 가정폭력 피해자들을 의료보호 대상자로 지정, 가정폭력 피해자들에 대한 치료보호는 국가부담과 서비스 확대, 연계체계 마련 및 실질적 의료조치 마련이 중요하다.

다섯 번째로 주변인의 지침이다.

피해자 보호에 관한 적절한 정보, 피해자의 고통을 함께 나누어야 하며, 피해자에게 긍정적인지지를 해주어야 하며, 피해자가 실천할 수 있도록 도와주어야 한다.

가정폭력 예방을 위한 10가지 지침

① 어떤 상황에서도 폭력은 사용하지 맙시다.
② 자녀들에게 매를 들기 전에 다시 한 번 생각합시다.
③ 평소 폭력적인 말과 행동은 삼갑시다.
④ 타인이 폭력을 사용하는 것을 보면 제지합시다.
⑤ 가까운 경찰서와 가정폭력 상담기관의 전화번호를 메모합시다.
⑥ 심각한 폭력이 일어나는 위기상황인 경우 바로 112로 신고합시다.
　누구나 폭력상황을 신고할 수 있습니다.
⑦ 경찰은 가정폭력 신고가 들어오면 즉각 출동합시다.
⑧ 의사나 간호사는 가정폭력 피해자를 위한 적절한 조치를 취해 줍시다.
⑨ 가정 내 폭력을 호소하는 친구에게는 상담기관을 안내해 줍시다.
⑩ 가족 간의 대화를 통해 서로 존중하고 이해하도록 노력합시다.

＊ 출처 : 1366.busan.go.kr

가정폭력 전국 최상위 '불명예'

여성 1,000명당 0.76건으로 전국 2위… 도내 시군 중 속초 1위

지난 3년간 도내에서 발생한 가정폭력 발생률이 전국 최상위권으로 나타났다.

7일 강원도여성가족연구원에 따르면 지난 2007년부터 2009년까지 여성인구 1,000명당 가정폭력 발생건수를 분석한 결과 도는 평균 0.76건으로 제주(0.77건)에 이어 전국에서 두번째로 높았다.

반면 도세가 비슷한 충북은 0.40건으로 도의 절반에 그치는 등 타 시 · 도에 비해 여성인구 대비 가정폭력 건수가 많은 것으로 조사됐다.

또 시 · 군별 발생건수의 차이가 큰 것도 도의 특징으로 나타났다.
도내 시 · 군 중에는 속초가 1.73건으로 가장 높았고 강릉(1.16건)과 원주(1.05건)가 뒤를 이었다.

특히 강릉은 2008년 0.80건에서 2009년 1.66건으로 발생률이 급격히 증가했다.

반면 영월, 화천, 양구, 인제에는 발생건수가 거의 없어 지역별 격차가 큰 것으로 조사됐다. 지난해 도내에서 발생한 가정폭력의 유형별로는 아내학대가 78.7%로 압도적으로 높았으며 남편학대 12.15%, 기타 5.8%, 노인학대 2.29%, 아동학대 1.06% 등의 순으로 집계됐다.

사정이 이렇지만 도내 가정폭력 관련 시설이나 기관은 특정지역에 편중돼 있는 것으로 나타났다.

2009년 말 현재 도내 가정폭력 관련시설은 가정폭력 상담소 13곳, 가정폭력 · 성폭력 통합 상담소 5곳, 보호시설 5곳, 1366센터와 원스톱 지원센터 각각 1곳 등 25곳이지만 모두 춘천, 원주, 강릉, 동해, 속초 등에 집

중돼 있고 평창, 정선, 화천, 양구, 철원, 인제, 고성, 양양에는 한 곳도 없다.

도여성가족연구원 허소영 연구원은 "사후서비스가 제공되는 지역에서 가정폭력 발생률이 더 높게 나타났다"며 "가정폭력 사업이 사후대응뿐만 아니라 예방과 재발방지를 위한 방향으로 확충돼 나가야 한다"고 말했다.

* 출처 : 2010년 9월 8일, 강원도민일보

경기북부범피, 피해자 가정에 '추석 지원금'

강원도 철원 김모씨 등 10가구에 생계비, 치료비 전달

경기북부 범죄피해자지원센터(이사장 송한근, 이하 센터)에서는 지난 9월 20일 범죄피해자가정 10가구에 범죄피해자 지원금을 전달하고 위로했다.

송한근 센터 이사장은 민족고유의 추석절을 맞아 강원도 철원군 동송읍에 거주하는 김현자(가명)씨 등 10명의 범죄피해자 가정에 총 일천만원의 생계비와 치료비를 전달했다.

김씨는 지난 7월 10일 포천시 소흘읍에서 버스를 기다리고 있는 도중 성명불상자에게 흉기로 폭행을 당해 전치 8주 진단의 두개골절상을 입

고, 의정부 J병원에 입원 치료중이며 현재 의식불명 상태이다.

또한, 이날 치료비를 지원받은 4명중 3명이 피의자 불명의 묻지마 폭행 피해자로 범인이 검거되지 아니한 피해자들로 치료비 배상도 받지 못한 피해자이고, 살인강도 피해자 가족 2명 성폭력 및 가정폭력 피해자 4명 등도 포함돼 있다.

한편, 센터에서는 오는 10월 1일 의정부예술의 전당에서 범죄피해자돕기 '제2회 사랑나눔 자선음악회'도 개최키로 하고 준비가 한창이다.

송한근 이사장은 "2009년 5월에 제1회 사랑나눔 대음악회를 개최해 범죄피해자도 위로하고 피해자 성금도 모금한 바 있는데 금년에도 두 번째로 피해자지원 기금 마련음악회에 많은 분들의 참여와 성원을 당부한다"고 말했다.

* 출처 : 2010년 9월 21일, (주)포천신문사

(4) 자녀양육의 문제

6) 가족문제 해결을 위한 사회복지적 차원에서의 전략

가족문제 해결을 위한 사회복지적 차원에서의 전략은 우리나라 가족정책의 시급한 변화이다. 가족정책의 변화를 요구하는 정책 환경은 저출산과 인구고령화의 심화에 따른 가족의 재생산 및 부양단위로서의 기능약화, 가족 내 돌봄(노동)에 대한 사회적 지원욕구 증대, 여성의 경제활동 참여 증대와 함께 남성과 여성 모두에게 해당되는 가정과 직장의 양립지원욕구 증가 등이다. 또한 이러한 정책 환경 전망에서 주요 쟁점으로 부각될 수 있는 측면은 가족의 부양기능 강화와 서비스 지원, 노인 및 아동에 대한 돌봄 노동의 사회화 등의 문제, 변화하는 가족형태 및 가족문화에 따른 법 제도 정비 등이다(한국여성개발원, 2004).

여성가족부(2010)는 가족정책의 기본방향을 3가지로 제시하였다. 첫째, 가족기능강화이다. 경제위기로 약화되기 쉬운 가족기능의 역량강화

주력, 가족돌봄을 위한 다양한 서비스 확대, 다문화가족의 사회통합을 위한 사회적응서비스 제공, 가족에 대한 보편적·예방적 지원서비스 확대, 가족으로부터 이탈된 요보호 아동 등에게 건강한 가정 마련 서비스 지원제공이다. 둘째, 가족친화적 사회환경 조성이다. 지역사회중심의 통합적 가족지원 네트워크 강화, 기업의 가족친화 경영 활성화 유도, 가족친화 지역환경 조성 촉진, 가족에 대한 보편적·예방적 지원서비스 확대이다. 셋째, 관련 서비스 연계 및 효율화로 가족정책 체감도 향상이다. 다양한 민·관서비스 전달체계의 효율화, 대상별 기능별 관련 서비스와 연계 강화이다.

가족정책의 비전 및 핵심과제는 아래와 같다〈그림 6-1〉.

〈그림 6-1〉 가족정책의 비전 및 핵심과제

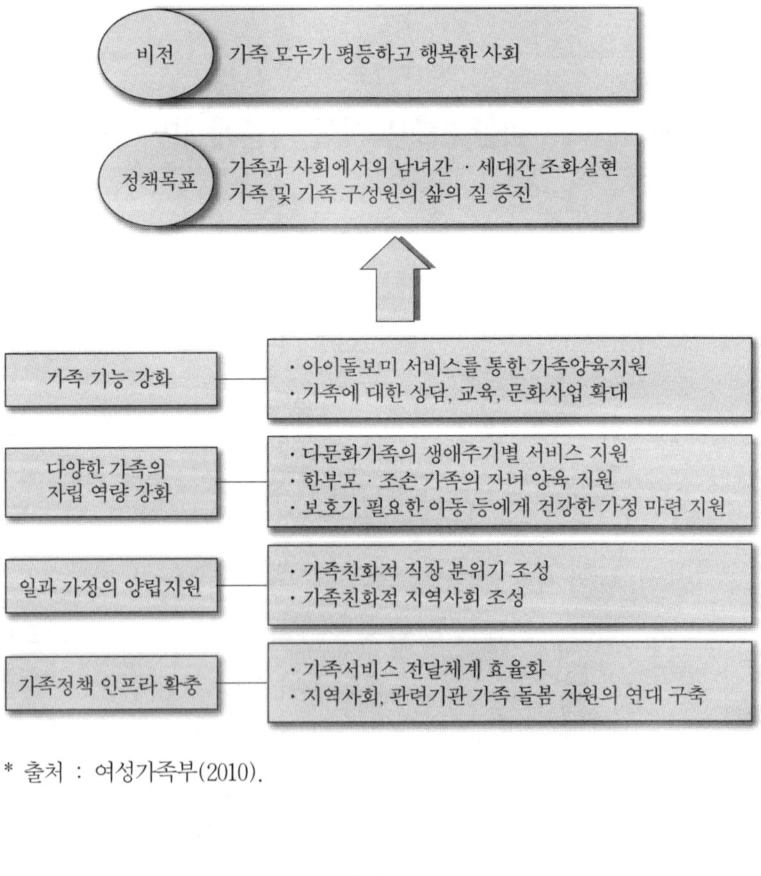

* 출처 : 여성가족부(2010).

지역사회복지관의 한부모 대상 서비스 및 프로그램을 경제적 지원, 심리·사회적 지원을 구분하여 〈표 6-17〉에서와 같이 제시하였다.

〈표 6-17〉 지역사회복지관의 한부모 대상 서비스 및 프로그램

<table>
<tr><th colspan="2">내용/대상</th><th>부모</th><th>자녀</th><th>기관사업</th></tr>
<tr><td colspan="2">경제적 지원</td><td>· 부업 및 취업상담, 알선
· 의료비, 보험료 지급
· 자립금 적립지
· 자조협동조합</td><td>· 학비(장학금)지급 · 학원비 보조
· 결식, 급식 지원</td><td rowspan="7">· 지역사회 네트워크 구축사업 (지지망 구축)
· 후원사업
· 자원봉사자 교육 및 관리</td></tr>
<tr><td rowspan="6">심리·사회적 지원</td><td>상담서비스</td><td>· 개별상담 · 집단상담
· 자조모임 · 가정방문</td><td>· 개별상담
· 집단상담 · 자녀자조모임</td></tr>
<tr><td>지역사회연계 서비스</td><td>· 공공기관, 의료기관, 기업 대상 옹호서비스
· 생활정보 제공
· 무료진료</td><td>· 문화, 여가 지도
· 학교, 교사 대상 옹호 서비스
· 자원봉사자와의 연결</td></tr>
<tr><td>교육프로그램</td><td>· 부모역할 교육
· 자녀교육 프로그램
· 법률정보 특강</td><td>· 방과 후 교실
· 특기 지도
· 야외학습 및 특별활동</td></tr>
<tr><td>보육서비스</td><td colspan="2">· 야간 보호서비스</td></tr>
<tr><td>사례관리서비스</td><td colspan="2">· 대상자의 사례분석을 통해 서비스 계획을 수립하고 제공</td></tr>
<tr><td>가족행사</td><td colspan="2">· 가족캠프 · 가족의 밤</td></tr>
</table>

* 출처 : 한국여성개발원(2001).

제 7 장
노인문제

1) 노인의 정의와 현황

국어사전에는 노인(老人)을 나이가 들어 늙어가는 사람이라고 정의를 하고 있다. 그러나 노인(老人)은 시대와 사회에 따라 다양한 용어로 표현되고 그 의미도 조금씩 다르다. 우리나라에서는 과거에 '늙은이'라고 표현하기도 했으나 요즘은 '나이 드신 분', '연세가 많으신 분'이라고 쓰이며 근래는 '어르신'이라는 호칭을 많이 쓴다. 그리고 우리나라에서는 노인의 기준을 다양하게 적용하고 있다. 예를 들면, 고령자고용촉진법에서 고령자는 55세 이상이고, 국민연금법상 노령연금 급여대상자는 60세부터이다. 그리고 노인복지법, 국민기초생활보장법 및 장기요양보험제도에서 규정하는 노인은 65세 이상이다. 이처럼 다양하게 노인을 정의하고 있으므로 노인에 대한 추상적 정의와 조작적 정의로 살펴보고, 노인의 현황에 대해 알아보고자 한다.

(1) 노인에 대한 추상적 개념

노인에 대해 생물학적, 심리적 그리고 사회적 측면을 고려하여 정의를 하면 생리적 및 생물학적인 면에서는 퇴화기에 있는 사람이고, 심리적인 면에서는 정신기능과 성격이 변화되고 있는 사람이며, 사회적인 면에서는 지위와 역할이 상실된 사람이라고 볼 수 있다(양옥남, 2006).

1951년 제 2회 국제노년학회에서는 노인을 '인간의 노령화 과정에서 나타나는 생리적 · 심리적 · 환경적 변화와 행동의 변화가 상호작용하는 복합 형태의 과정에 있는 사람'이라고 정의한 바 있다. 이 정의에 따르면 노인은

① 환경의 변화에 적절히 적응할 수 있는 조직적 기능이 감퇴하고 있는 사람

② 인체의 자체 통합 능력이 감퇴되고 있는 사람

③ 인체의 기관, 조직, 기능에 쇠퇴현상이 일어나는 시기에 있는 사람

④ 인체의 적응능력이 점차 결손 되고 있는 사람

⑤ 조직의 예비능력이 감퇴되어 적응이 제대로 되지 않는 사람

즉, 노인은 '생리적 및 신체적 기능의 퇴화와 더불어 심리적인 변화가 일어나서 개인의 자기유지 기능과 사회적 역할기능이 약화되고 있는 사람'이다(이호선, 2005).

(2) 노인에 대한 조작적 정의

노인에 대한 조작적 정의는 개인의 자각(self-awareness)에 의한 노인, 사회적 역할상실에 의한 노인(social age), 역연령에 의한 노인(chronological age) 그리고 기능적 연령에 의한 노인(functional age)으로 구분할 수 있다(이은희, 2009).

① 개인의 자각(self-awareness)에 따른 노인

이것은 노인 자신이 주관적으로 판단하여 스스로 노인이라고 인정하는 경우를 의미한다. 즉, 노화의 생물학적 · 사회적 및 심리적 측면을 어느 정도 내포하고는 있지만, 개인의 주관에 의한 부분이므로 객관성이 결여되기 때문에 보편적으로 사용하기 힘든 정의이다.

② 사회적 역할상실(social age)에 따른 노인

주요한 사회적 지위와 역할이 상실된 상태에 있는 사람을 노인으로 보는 정의이다. 즉, 사회적 직업 활동에서 퇴직한 상태이거나 가정에서 주부의 지위와 역할을 이양한 상태에 있는 사람이 여기에 해당된다. 그러나 직업에 따라 퇴직연령이 다르므로 일률적으로 적용하기는 어려운 부분이 있다.

③ 역연령(歷年齡, chronological age)에 따른 노인

달력상의 연령을 역연령이라 한다. 현재 대부분의 산업사회에서는 65세 이상을 노인으로 규정하고 있다. 우리나라의 경우는 노인복지법에 대상을 65세 이상으로 규정하고 있고, 국민연금법에는 연금수급 연령을 60세로 규정하고 있다. 하지만 남녀의 평균수명이 80세 가까이 이르고 있고 60세 환갑은 감소화되고 70세를 고희(古稀)로 축하하고 있는 점을 고려하여 60~69세를 연소 노인, 70~75세를 중고령 노인, 75~84세를 고령노인, 85세 이상을 초고령 노인으로 세분하는 것이 필요하다.

④ 기능적 연령(functional age)에 따른 노인

기능적 연령에 따른 노인은 개인의 특수한 신체적 및 심리적 영역에서의 기능의 정도에 따라서 노인을 규정하는 것이다. 즉, 외모, 신체기능, 이동성, 정신기능, 자아통제력, 생산성 등에서 나타나는 측면이 기능적 수준의 잣대가 된다. 이는 특히 산업노년학(industrial gerontology)에서 관심을 갖고 발전시키고 있는 노인의 정의이다.

(3) 노인의 현황

우리나라는 특히 1980년대 이후의 소득 수준의 향상에 따른 식생활 개선, 의학의 발달, 보건위생의 향상 등 생활여건의 개선에 힘입어 평균수명이 지속적으로 연장되고 있다〈표 7-1〉. 동시에 출산율이 감소하여 총 인구에서 65세 이상의 노인인구가 차지하는 비율은 2000년을 시점으로 전체인구의 7% 이상을 점유하여 UN에서 규정하는 고령화 사회(aging society)로 접어들었다〈표 7-2〉.

〈표 7-1〉 평균수명의 증가추이

(단위 : 세, 천명)

구분＼연도	1971	1981	1991	2000	2002	2005	2006
평균	62.3	66.2	71.7	75.9	77.0	77.9	79.1
남	59.0	62.3	67.7	72.1	73.4	74.8	75.7
여	66.1	70.5	75.9	79.5	80.4	81.5	82.3

* 출처 : 통계청(2006)에서 재정리.

〈표 7-2〉 노인인구의 증가추이

(단위 : %, 만명)

구분＼연도	1980	1990	2000	2006	2010	2018	2026
노인인구비율	3.8	5.1	7.2	9.5	11.0	14.3	20.8
노인인구수	145	219	339	459	536	707	1,022

* 출처 : 보건복지가족부(2008)에서 재정리.

특히 고령화의 속도를 다른 나라들과 비교해 본 결과, 월등히 빠른 시일 내 고령사회 및 초고령사회로 도달되는 것을 알 수 있다〈표 7-3〉.

〈표 7-3〉 인구고령화 속도의 국제적 비교

구 분	도달 연도			증가소요 연수	
	고령화사회 (7%)	고령사회 (14%)	초고령사회 (20%)	고령사회 도달	초고령사회 도달
프랑스	1864	1979	2019	115	40
영국	1929	1976	2020	47	44
독일	1932	1972	2010	40	38
미국	1942	2014	2030	72	16
일본	1970	1994	2006	24	12
한국	2000	2018	2026	18	8

* 출처 : 보건복지가족부(2008)에서 재정리.

이러한 인구구조의 고령화의 문제는 증가하는 노인의 부양과 보호문제, 의료에 소요되는 비용과 연금부담의 급증, 주택과 생활환경, 고용과 여가문제 등 사회전반에 커다란 영향을 주어 여러 가지 문제를 초래하는데, 특히 인구고령화가 사회·경제에 미치는 영향은 다음과 같다(박차상 등, 2009).

① 노년부양지수 및 노령화 지수의 급격한 상승

노인인구의 증가는 이들에 대한 부양 및 보호 부담을 사회적으로 증가시키게 된다〈표 7-4〉. 우리나라 농경사회의 전통적 노인부양은 가족과 자녀, 특히 장남에게 책임이 있는 것으로 간주되어 노인이 가족과 동거하면서 부양과 보호를 받아 왔으나, 산업화에 따른 핵가족화, 출생율의 감소, 여성의 사회참여 증가와 같은 사회변화에 따라 노인부양에 대한 가치관의 변화 등으로 노인부양은 사회문제로 대두되었다.

〈표 7-4〉 노인부양지수와 노령화 지수의 증가추이

구분 \ 연도	1980	1990	2000	2006	2010	2020	2030	2050
노인부양지수(%)	6.1	7.4	10.0	13.2	14.2	18.9	29.8	72.0
노령화지수	11.2	20.0	32.9	51.0	49.9	76.5	119.8	429.3

주 : 1) 노년부양비 = (65세 이상 인구 / 15~64세 인구) × 100
2) 노령화지수 = (65세 이상 인구 / 0~14세 인구) × 100
3) 노인1명당 생산가능인구 = (15~64세 인구 / 65세 이상 인구)
* 출처 : 통계청(2006) 재정리.

② 사회보장비용의 급격한 증가

우리나라는 1988년 10인 이상 사업자를 대상으로 국민연금을 도입했고, 1999년 4월에는 도시 자영업자까지 포함시킴으로써 전 국민연금제도를 실시하였다. 연금제도를 실시한 역사가 짧기 때문에 현재는 수급자 수와 연금지출이 크지 않다고 할 수 있지만 연금제도가 성숙되면 인구의 고령화에 따라 선진국과 같이 연금수급자 수와 연금 지급비용이 급증할 것으로 예측되고 있다.

③ 노인부양 및 보호의 문제

근래 의료과학기술의 발전과 식생활수준의 변화 등에 의해 평균수명이 급격하게 연장되어 사회적 퇴직 이후 약 40여년 간 노인부양과 장기성질환의 노인 케어 등의 욕구가 증가되고 있다. 하지만 현대의 생산층 인구의 감소 및 노인부양의식의 약화 등의 현상은 향후 노인부양 및 보호의 문제가 심각함을 알려준다. 현 고령화 속도에 근거하여 이러한 문제 발생 예방을 위해 사회적 차원의 노인부양 및 보호를 위한 제도적 장치가 마련되어야 할 것이다.

(4) 노인문제의 양상

노인문제의 양상은 빈곤, 질병, 역할상실 그리고 소외의 형태로 나타난다.

① 빈곤

퇴직으로 정기적인 수입원이 단절되고 연금, 퇴직금, 저축, 재산수익 등으로 수입이 대치된다. 노령연금제도가 시행되고 있는 선진산업사회에서도 퇴직 후의 수입은 퇴직 전에 비하여 절반이하로 절감되는 현상을 보이고 있는데, 노령연금제도가 시행되어 아직도 성숙되지 못한 우리나라의 경우는 퇴직 후의 수입상태가 더욱 악화된다.

② 질병

생물학적 또는 신체적 노화에 따른 건강의 약화는 어떤 의미에서는 막기 힘들지만, 많은 경우 노인은 수입의 부족으로 적절하게 건강보호를 받을 수 없기 때문에 문제가 된다.

③ 역할상실

현대화로 인해 건강기술의 발전되고 생산기술의 변화로 노인은 젊은이와의 경쟁에서 밀려나 강제퇴직하게 된다. 이러한 현상 때문에 직업적 역할을 통한 사회적 역할이 상실되며 여가의 문제를 초래한다.

④ 소외

교육이 대중화되면서 일반적으로 자녀세대는 부모세대보다 교육수준이 높아졌다. 자녀의 교육수준이 높아지면서 부모세대의 지식수준은 낮아지고 뒤떨어지게 된다. 이것은 부모의 지식수준이 낮고 뒤떨어짐과 더불어 세대 간의 갈등과 고립을 가져오는데 영향을 미친다. 이러한 세대 간의 고립과 갈등은 가정과 사회에서 세대 간의 고립과 소외를 낳으며, 이에 따라 부모와의 동거·별거문제 등 심각한 갈등을 야기시킨다.

2) 노인문제의 원인에 대한 사회과학 이론들의 설명

현대사회의 노인문제 원인 설명에 대표적인 기능주의 이론, 갈등주의 이론, 상호작용주의 이론, 교환주의 이론 그리고 현대화 이론을 중심으로 살펴보면 다음과 같다(박차상 등, 2009; 이은희, 2009).

(1) 기능주의 이론

노인문제의 원인을 개인에게 있다고 하기보다는 사회의 일부 기능, 구조 또는 제도에 있다고 보는 것이다. 기능주의 이론에 의하면 사회는 여러 부분의 체계로 구성되어 있고 이러한 체계들이 기능을 원만하게 수행하면서 상호 연계되고 통합되어 있다고 주장한다. 이와 같은 관점에서, 많은 수의 노인들이 사회에서 수행하는 기능이 그 사회체계의 유지와 발전에 공헌하지 못하게 되거나, 또는 그 사회가 노인들의 새로운 욕구에 적절하게 대응하지 못하게 되는 상태가 발생하게 된다. 즉, 사회가 노인들에게 물질적, 사회적 그리고 심리적 보상을 제공해야 하지만 사회의 이런 분배기능이 실패하게 되면 노인문제가 발생한다고 본다.

(2) 갈등주의 이론

갈등주의 이론관점에서 보면 사회는 희소자원이 부나 권력 등을 소유하려는 개인과 집단 간의 상호 경쟁과 투쟁의 결과로 형성된 조직이다.

우리사회가 점점 산업화됨에 따라 희소자원에 대한 노인의 통제력 즉, 재산의 통제력, 가족에 대한 지배 그리고 사회의 주요 지위 등이 상실되는데 이러한 상태가 지배집단에게 위협적 요소가 되어 조치가 필요할 때 노인문제가 발생하게 된다고 본다. 그러므로 노인문제를 비정상적으로 보거나 회피하기보다는 갈등을 해결하는 방법으로 접근해야 한다.

(3) 상호작용주의 이론

상호작용주의 이론에 의하면 사회문제란 사회의 주요 집단이 어떤 현상을 문제라고 정의하면 문제가 된다는 것이다. 그러므로 노인문제는 사회의 주요 집단이 노인을 늙고 병들고 가난하고 의존적이며 쓸모없는 사람으로 보게 될 때 발생한다. 즉, 전통사회에서는 노인이 지혜, 권력, 권위적 존재 그리고 존경의 대상으로 인식되었지만 현대사회에서 노인이란 경제적, 육체적으로 의존적이며, 쓸모없는 대상으로 치부되어 노인문제가 발생된다고 한다. 이것은 사회 구성원들이 노인, 노령의 상징에 대해 과거와는 다른 의미를 부여하고 있음을 알 수 있고, 이러한 타인에 의한 낙인이 노인들 스스로가 그렇게 받아들이도록 하여 노인들은 더욱 수동적이고 소극적인 역할을 수행하게 된다.

(4) 교환주의 이론

교환이론은 인간의 대인관계에서는 당사자 간에 이루어지는 자원교환이 균형을 이루고 자신과 상대방의 보상을 극대화시킬 수 있을 때 유지된다고 본다. 그러므로 노인의 지위 약화를 노인이 지닌 자원교환의 약화와 관련시켜 분석하려는 것이 교환이론가들의 입장이다. 즉, 노인이 지닌 자원교환의 부족(예 : 경제력 상실)이나 자원교환의 가치저하(예 : 노인의 경험·지식·기술의 낙후) 등은 노인이 개인 또는 집단으로 교환관계를 형성하는 데 열세를 몰아 결국 의존성을 증가시키고, 권력의 약화를 초래하여 개인 및 사회와의 관계에서 노인문제가 발생하게 된다는 것이다.

그러므로 교환주의 이론은 노인문제의 구체적인 현상, 예를 들면 퇴직제도와 같은 것에 적용하여 설명하기에 적합하다.

(5) 현대화 이론

현대화는 보건 및 의료기술의 발전, 생산기술의 발전, 대중교육의 확대, 도시화 등을 핵심요인으로 하는 사회의 전반적인 변화를 의미 한다.

이러한 현대화의 요인들이 인과적으로 다른 요인을 유발시켜 직·간접으로 산업사회에서의 노인의 지위를 하락시키고 그것이 노인문제를 유발시킨다고 본다. 즉, 노인문제의 원인을 현대화 현상을 현저하게 잘 나타내는 핵심적 요소로 건강기술의 발전, 생산기술의 변화, 도시화, 교육의 대중화 등을 들고 있다.

첫째, 건강기술의 발전은 사망 감소 및 출생률 감소를 초래하여 결국 노인인구를 증가시킨다.

둘째, 경제적 생산기술이 변화하여 도시지역에 새로운 직업이 많이 생겨나고 이 새로운 직업에는 젊은이가 먼저 참여하여 개척한다. 따라서 노인의 직업기술과 지식은 젊은이에 비해 뒤떨어지게 되고, 이러한 현상 때문에 압력을 받아 노인은 결국 퇴직하게 된다.

셋째, 도시화는 농촌에서 도시로 또는 도시에서 도시로 직업을 찾아 지리적 이동을 유발하고, 새로운 지역에서 직업을 얻은 젊은이는 거기에서 결혼하여 정착한다. 이렇게 거주 지역이 달라지므로 자녀와 노부모 간의 지리적 분리현상이 생기고, 이것이 사회적 상호작용을 약화시켜 사회적 관계의 분리를 초래하며 결국은 노인의 지위를 하락시키는

데 영향을 미친다.

넷째, 교육의 기회가 확산됨에 따라 교육은 점차 대중화되어 자녀세대는 부모세대보다 교육을 더 많이 받게 된다. 이는 사회적 분리와 지적 분리를 촉진하여 결국은 노인의 지위를 하락시킨다는 것이다.

3) 노인문제에 대한 현행 사회정책 및 프로그램

현대사회에서 노인이 가지고 있는 욕구를 충족시키고, 노인문제를 예방하거나 해결하며, 노인의 삶의 질을 높이고자 국가의 책임 하에 수행되는 사회적 복지기능을 하는 것은 노인복지정책이다. 노인인구의 증가와 노인문제의 심각성으로 인하여 각 사회는 보다 종합적이고 장기적인 노인복지정책 수립을 위해 노력하고 있다. 그러나 고령화 사회의 노인복지정책은 국가나 사회적 차원에서 정부의 일차적 책임으로 이루어지되, 개인과 가족, 지역사회 차원의 노력이 동시에 이루어져야 한다. 또한 노인들의 적극적인 참여와 활동을 통해 삶의 질을 높일 수 있도록 보장되어야 한다.

노인복지정책은 원칙적으로 노인이 가지고 있는 경제적, 사회적, 심리적 욕구에 대응하는 정부의 시책이다. 그리고 그러한 시책을 하나의 법으로 구체화하거나 일정한 원칙에 따라 수행하는 영역을 포함한다. 이러한 노인복지정책은 크게 사회복지부문과 노동부문으로 나눌 수 있다. 사회복지부문은 사회복지정책영역(보건복지부)과 관련이 있고, 노동부문은 노동정책(노동부)과 관련이 있다.

노인복지정책의 사회복지부문은 소득보장정책, 의료 및 장기요양보호정책, 주택 및 주거보장정책, 교육, 여가 및 문화정책, 그리고 인권보호정책이 포함되고, 노동부문에는 취업 및 고용보장정책과 사회참여 및 자원봉사활동정책이 포함된다.

우리나라 노인복지정책의 주요 법적 근거는 노인복지법과 저출산고령사회기본법이다. 노인복지법은 노인복지서비스와 관련된 제반사항을 규정하고 있다. 그리고 저출산고령사회기본법은 고령화와 노인관련법의 모범 역할을 하는 법으로 제정되었다. 즉, 저출산고령사회기본법은 노인복지법, 노인장기요양보험법, 고령친화산업지원법, 국민연금법 그리고 고령자고용촉진법과 직접 관련이 있다. 그리고 건강가정지원법, 국가재정법 등 관련법령, 국민기초생활보장법, 보건의료기본법 그리고 국민건강증진법과는 간접적으로 관련이 있다(김기태 등, 2009).

본 장에서는 노인문제에 대한 노인복지정책 중 소득보장정책과 의료보장정책 그리고 주거보장정책을 중심으로 살펴보고자 한다.

(1) 소득보장정책

경제생활에 따른 생활개선과 의료기술의 발달로 수명은 연장되어 노인인구는 증가하고 있다. 그러나 노년기에는 피할 수 없는 생물학적 노화와 사회적으로 가해진 제약 등으로 수입이 크게 줄어들거나 중단되어 최소한의 경제적 수입을 확보하지 못하는 사람이 많다. 게다가 사회적으로나 개인적으로 노후대책을 제대로 세우지 못했기 때문에 노년기를 가난하게 고생하며 보내고 있다. 노인의 이러한 문제에 대해서 현대국가는 사회의 연대책임 정신을 발휘하여 경제생활 실태를 분석하고, 이에 따라 최저한의 수입을 보장해 주는 소득보장 제도를 마련하고 있다. 이러한 소득보장은 다른 노인문제의 개선에도 직·간접적으로 영향을 미치므로 노인문제 해결의 가장 중심적인 해결책이라 할 수 있다.

노인을 위한 소득보장제도에는 현금급여여부에 따라 직접적 소득보장제도와 간접적 소득보장제도로 구분할 수 있다. 먼저, 직접적 소득보장제도에는 연금제도(국민연금과 특수직연금), 공공부조(국민기초생활보장법과 노인결연사업), 사회수당(공무원의 경우 노부모 봉양수당지급) 그리고 사적 보장(퇴직금, 개인연금신탁 그리고 주택담보노후연금)이 있다. 그리고 간접적으로 소득을 보장해 주는 제도에는 경로우대제도 등의 비용할인과 취업과 고용을 보장하기 위한 고령자고용촉진법, 노인인력은행, 공동작업장 그리고 고령자취업알선센터가 있으며 매점 설치 우선지원 등의 생업지원이 있다. 그 밖에 노인을 부양하고 있는 부양자가 받을 수 있는 혜택으로는 상속세 및 소득세 공제가 있다(양옥남 등, 2009). 본 장에서는 직접적 소득보장제도를 중심으로 알아본다.

① 공적연금제도(사회보험)

공적연금제도란 노령, 폐질, 퇴직, 사망 등과 같이 사회적 위험에 처해 소득의 중단 또는 상실의 위험에 있는 경우에 당사자나 유족에게 국가 또는 법률에 의한 특수법인이 운영 주체가 되어 경제적으로 안정된 생활을 보장할 수 있도록 연금형태로 급여를 제공하는 것을 말한다. 우리나라에서 시행되고 있는 공적연금제도에는 국민연금과 특수직 연금(공무원연금, 군인연금, 사립학교 교직원연금)이 있다.

국민연금의 급여수준은 급여의 종류, 가입기간, 연령 등에 따라 상이하다. 20년 이상 가입한 자에 한해서 60세부터 노령연금이 100% 지급된다. 가입기간 중 가입자의 장애발생 시에는 장애연금을 기본연금액의 60%에서 100%를 지급하고, 10년 이상의 가입자가 사망 시는 유족연금을 기본연금액의 40%에서 60%까지 지급하고, 또한 10년 미만의 가입자가 자격이 상실될 때에는 반환일시금을 지급한다. 국민연금의 급여조건 및 수준은 다음 〈표 7-5〉와 같다.

공무원연금은 사회보험 방법으로서 우리나라에서 제일 먼저 실시된 제도로 1960년에 제정된 공무원연금법에 따라서 실시되었다. 공무원연금제도는 40여 차례에 걸친 법령 개정을 통하여 보완하였으며, 적용을 받는 대상은 국가공무원법, 지방공무원법 및 교육공무원법에 따른 공무원 및 대통령이 정하는 국가 또는 지방자치단체의 기타 직원들이다. 그러나 군인과 선거를 통하여 취임하는 공무원은 제외된다. 그리고 공무원연금의 급여종류 및 급여자격은 공무원 연금관리공단 홈페이지에서 알 수 있다(http://www.geps.or.kr).

〈표 7-5〉 국민연금의 형태별 급여요건 및 수준

형태	급여요건	급여수준
노령연금	20년 이상 가입자로서 60세부터 지급	기본연금액의 100%+부양가족연금액
장애연금	가입 중에 발생한 질병 또는 부상으로 완치 후에도 장애가 있는 자	장애 정도에 따라 기본연금액의 60~100%+부양가족연금액
유족연금	가입기간 10년 미만인 가입자이었던 자로서 가입 중에 발생한 질병이나 부상 또는 그 부상으로 인한 질병으로 가입 중 초진일 또는 가입자 자격상실 후 1년 이내의 초진일로부터 2년 이내에 사망한 때	가입기간에 따라 기본연금액의 40~60%+부양가족연금액
반환일시금	10년 미만 가입자의 자격상실 시 (60세 도달, 사망, 국외 이주 등)	가입기간 중 본인이 납부한 연금보험료에 가입기간동안 이자와 지급사유 발생일까지의 이자를 더함 * 2007년 3년 만기 정기예금이자율 : 3.8% 2007년 1년 만기 정기예금이자율 : 3.6%

* 출처 : 국민연금관리공단 www.npc.or.kr 2009.

사립학교 교직원연금은 1973년에 제정된 사립학교 교직원연금법에 따라 1975년부터 교원에게 적용하였고, 1978년부터는 사무직원에게까지 확대 실시하였다. 기본적으로는 교직원연금 급여의 종류·사유·금액 및 제한사유 등은 공무원연금법을 준용한다. 교직원연금은 교직원이 재직 중에 직무로 질병·부상을 당하거나, 화재·홍수 등으로 주택에 재해를 입었을 때 또는 배우자나 직계존속이 사망했을 때에는 단기급여를 지급하며, 교직원이 퇴직·폐질 및 사망으로 급여의 사유가 퇴직 후에 발생한 때에는 장기급여를 지급한다. 그리고 사립학교 교직원연금 급여종류와 급여자격요건은 사립학교 교직원연금관리공단 홈페이지에서 알 수 있다(http://www.ktpf.or.kr).

군인연금은 1963년에 제정하여 실시된 군인연금법에 따라 설립되어 현재까지 8차에 걸친 법 개정을 통하여 보완·발전하였다. 군인연금제도는 중사 이상의 현역 또는 소집되어 실역에서 복무하는 군인에게 적용되는 제도이다. 그리고 군인연금 급여종류 및 급여 자격요건은 국방부 군인연금 홈페이지에서 알 수 있다(http://www.mps.go.kr).

② 공공부조제도

2000년 10월 1일부터 실행된 국민기초생활보장제도는 1961년 도입된 생활보호제도를 대체한 우리나라의 대표적 공공부조제도이다.

국민기초생활보장의 급여는 기본적으로 연령에 관계없이 개인이나 가족이 스스로 최저생계를 유지할 수 없는 국민에게 지급한다. 즉, 소득과 급여를 합한 소득수준을 최저생계비 수준으로 보장함으로써 헌법이 명시하고 있는 모든 국민의 인간다운 생활을 할 권리와 생존권적 기본권을 보장하고자 한다. 그러므로 부양의무자가 없거나 부양의무자가 있어도 부양능력이 없거나 부양을 받을 수 없는 자로서 소득인정액(소득평가액과 재산을 현금기준으로 합산한 금액)이 최저생계비 이하인 자가 수급대상이다. 수급신청을 전제, 읍·면·동 사무소에 하면 사회복지전담공무원이 신청자의 가정을 방문하여 자산조사를 실시한 후, 14일 이내에 수급여부를 통지한다. 국민기초생활보장법의 재정은 국비와 지방비에서 충당한다. 만일 보장서비스를 중앙정부 및 광역자치단체가 직접 행하는 경우는 당해 국가 및 지방자치단체가 전액 부담하고, 시·군·구가 행할 경우는 중앙정부가 50~80%, 자치단체가 20~50% 부담한다.

국민기초생활보장의 급여종류와 내용은 다음 〈표 7-6〉과 같다.

〈표 7-6〉 국민기초생활보장의 급여종류와 내용

급여종류	내 용
생계 급여	의복, 음식물, 주거에 필요한 금품을 지급하고 거택보호가 원칙이며 생계급여는 수급자의 소득평가액과 최저생계비의 차액을 지급
의료 급여	의료급여법에 의한 보호(진찰, 수술, 치료, 약제급여, 입원, 간호 및 이송 등)를 제공한다. 종류는 무료(의료급여 1종)와 일부부담(의료급여 2종)이 있음
자활 급여	자활에 필요한 금품 지급, 기능습득, 취업알선, 자활에 필요한 시설/장비 대여, 공공근로 등 자활을 위한 근로기회를 제공하며 근로전제로 생계급여 제공
교육 급여	입학금, 수업료, 학용품 등의 지급과 중·고등학교 입학금, 수업료, 교과서 대금지급 -고등학생 : 입학금 · 수업료 · 교과서대(103천원/인), 학용품비(42천원/인) -중학생 : 부교재비(31천원/인), 학용품비(42천원/인)
해산 급여	조산 및 분만 전후의 필요한 조치와 보호로, 출산 시 500천원(쌍둥이는 250천원추가지급)지급
주거 급여	수급자의 주거안정에 필요한 임차료, 유지수선비, 기타 수급품 지급
장제 급여	보호대상자 사망 시 사체의 검안, 운반, 화장/매장 조치를 지원하며, 사망자 1인당 400천원(근로능력이 있는 자가 포함된 가구)에서는 500천원(근로능력이 없는 자로 구성된 가구)지급

* 출처 : 보건복지가족부(2008).

③ 기초노령연금제도

2007년 4월 제정 공포된 기초노령연금법에 따라 2008년 1월부터 실시하는 기초노령연금제도는 국민연금개혁과 관련하여 노후소득보장 사각지대 해소 및 노인세대의 생활안정 지원을 도모하는 것을 목적으로 한다. 기초노령연금 지급대상은 65세 이상 노인으로서 선정기준액(지급대상이 되는 노인가구의 소득과 재산의 수준)이 배우자가 없는 노인은 월 70만원 이하, 배우자가 있는 노인부부는 월 112만원 이하인 경우가 된다(2010년 1월 적용기준). 기초노령연금 수급자로 선정되면 배우자가 없는 노인과 배우자가 있는 노인 중 1명만 지급대상인 경우는 매월 2만원에서 9만원까지 차등지급 받고, 배우자가 있는 노인의 경우 2명이 모두 수급대상일 경우는 4만원에서 144만원까지 차등지급 받을 수 있다.

기초노령연금의 경우, 기초생활보장 수급을 받는 노인들의 경우도 기존의 생계비에 기초노령연금을 추가로 수령할 수 있다(기초노령연금 홈페이지 http://bop.mw.go.kr).

④ 사적 보장제도

사적 보장제도에 대해서는 퇴직연금제도와 주택연금(주택담보노후연금)을 중심으로 알아본다. 퇴직연금제도는 2005년 12월부터 노사합의에 의해 자율적으로 가입하는 기업복지제도로, 기업이 근로자의 노후소득 보장과 생활안정을 위해 근로자 재직기간 중 퇴직금 지급 재원을 외부의 금융기관에 적립하고, 이를 기업 또는 근로자의 지시에 따라 운용하여 근로자 퇴직 시 연금 또는 일시금으로 지급하도록 하는 준법정연금제도이다.

주택연금은 소유하고 있는 주택을 담보로 맡긴 뒤 매달 일정액의 대출금을 연금식으로 지급받는 상품으로, 노인이 소유한 주택을 활용하여 담보로 맡긴 자신의 집에서 거주하면서 종신 지급을 받을 수 있다. 주택연금은 부부 모두 만65세 이상이고 6억원 이하 주택을 가진 1가구 1주택자에 한하며, 1년 이상 거주한 주택이면 가능하다.

(2) 의료정책과 장기요양보호정책

노인에 대한 의료보장이 필요한 이유는 첫째, 건강보호를 위한 의료서비스는 노인의 삶의 질과 수명에 가장 직접적으로 영향을 미치는 것으로, 국민의 생존권 보장과 직결되는 가장 중요한 국가의 의무이고, 개인의 권리로서 보장되어야 하는 것이다. 둘째, 노인에게는 특히 예측불허의 사고와 빈번한 질병이 발생하므로 이에 따른 고액의 의료비 부담은 개인적인 차원에서 해결이 어렵거나 거의 불가능하기 때문이다. 물론 경제적 능력이 있는 일부 노인인구의 경우는 고액인 의료비 부담을 사적으로 해결할 수도 있다. 셋째, 건강유지는 노인 개개인의 생활만족감을 향상시키고 자기가 속해 있는 사회적 조직망(social network)에러의 통합, 즉 가족집단, 친족 및 근친집단, 지역사회, 나아가서는 국가사회 전체에러의 통합을 촉진하기 때문이다(이은희, 2009).

우리나라의 의료보장프로그램은 국민건강보험, 의료급여, 노인건강검진 그리고 장기요양보험을 들 수 있다. 국민건강보험은 사회보험이고, 의료급여는 공공부조 프로그램이며 노인건강검진은 저소득층 노인대상 프로그램이다. 그리고 장기요양보험은 사회보험제도이며 보편적 제도이다(김기태 등, 2009).

① 국민건강보험제도

국민건강보험은 국내에 거주하는 전 국민의 질병, 부상에 대한 예방, 진단, 치료, 재활과 출산, 사망 및 건강증진에 대하여 보험급여를 실시함으로써 국민보건을 향상시키고 사회보장을 증진함을 목적으로 하는 사회보험제도이다.

국민건강보험 가입자가 의료서비스를 받는 경우, 의료서비스에 대한 요금을 본인이 지불하는 대신 제3자인 국민건강보험관리공단이 진료기관에 지불한다. 국민건강보험의 재정은 가입자의 보험료와 사용자(기업)의 부담금 그리고 국가의 보조금으로 충당한다.

노인의 경우도 다른 적용대상자와 마찬가지로 같은 보험급여를 받는다. 특히 노인층의 진료비 부담을 경감하기 위하여 65세 이상의 노인에 대해서 가벼운 질병으로 의원이나 치과를 방문하는 경우 본인부담금을 경감해 주고 있다.

② 의료급여제도

의료급여는 종래의 의료보호제도가 변화된 것으로, 건강보험을 적용받을 수 없는 저소득층을 위한 의료공공부조제도이다. 2001년에 의료보호법이 의료보험법으로 개정되어 수급자격은 1종, 2종으로 구분된다. 의료급여의 수급권자는 국민기초생활보장법에 의한 수급자, 재해보호법에 의한 이재민, 의사상자예우에 관한 법률에 의한 의상자 및 의사자의 유족, 독립유공자 등이다. 의료보호에서 수혜자에게 주어지는 것은 의료보험과 마찬가지로 의료서비스이다.

③ 노인건강진단제도

노인건강진단제도는 1981년 제정된 노인복지법에 의해 65세 이상의 노인에 대한 건강진단을 2년에 1회 이상씩 국·공립병원 또는 보건소에서 무료로 실시하고, 건강진단 결과에 따라 필요하다고 인정될 때는 후속조치를 하도록 되어 있는 제도이다. 노인건강진단은 1983년부터 저소득층 노인들을 대상으로 무료 건강검진을 실시하고 있으며, 매년 3만여 명의 노인들을 대상으로 하고 있다. 그러므로 건강진단 프로그램은 질병의 조기발견과 예방에 큰 의의가 있다.

④ 장기요양보험제도

노인장기요양보험제도는 고령이나 노인성 질병 등의 이유로 일상생활을 혼자서 수행하기 어려운 노인 등에게 제공하는 신체활동 및 가사활동 지원 등의 장기요양급여에 관한 사항을 규정하여 노후의 건강증진 및 생활안정을 도모하고 그 가족의 부담을 덜어줌으로써 국민의 삶의 질을 향상하도록 함을 목적으로 2008년 7월부터 시행되고 있다.

노인장기요양보험제도는 사회보험제도로서 65세 이상 노인과 노인성 질환을 가진 65세 이하 국민 중 서비스를 필요로 하는 사람 누구에게나 필요한 서비스를 제공하는 보편적 제도이다. 재원은 공적 재원 이외에도 이용자 본인 부담료가 부과되며, 급여는 가정에서는 재가서비스를, 시설에서는 시설서비스를 받을 수 있으며 특별현금급여도 포함된다.

본인 부담료는 시설급여의 경우, 이용액의 20%를 부담하고 재가급여는 15%를 부담한다. 단, 저소득층은 각각 1/2씩 부담하고 국민기초생활수급 노인은 모든 서비스를 무료로 제공받는다. 노인장기요양보험 서비스 급여를 이용하기 위한 절차는 건강보험공단에 의사소견서를 첨부하여 요양인정신청서를 제출하면 건강보험공단에서 조사를 실시하여 조사결과에 근거한 요양인정 및 요양등급판정이 이루어진다. 이러한 결과를 요양인정서에 작성하여 표준요양이용계획서와 함께 수급자에게 송부해 준다. 수급자는 요양인정서를 받은 후 급여이용계약을 체결한 후 장기요양급여 서비스를 받을 수 있다.

(3) 주거보장정책

노인을 대상으로 하는 주거보장정책이란 노인에게 적합한 주거조건의 제공 및 주택의 배분과 주거권을 보장함으로써 인간다운 삶의 질을 유지할 수 있도록 주거공간을 확보해 주고 주거권을 보장해 주는 사회보장 프로그램이다.

노인주거보장의 필요성은 첫째, 주택은 인간의 기본적 생존을 위한 물질적 필수품이므로 모든 노인에게 주거장소가 확보되고 적절한 기준으로 보장되기 위하여 국가의 정책적 개입이 필요하다. 둘째, 주택은 하나의 생활필수품인 동시에 재산으로서의 가치도 있어 주택 때문에 경제적 불평등이 야기되는 경우가 많으므로 국가적 개입이 필요하다. 셋째, 주택의 구입비용은 물론 임대비용은 그 액수가 크기 때문에 일시적으로 준비하기가 어렵다. 국민의 최소한의 주거를 확보할 수 있도록 하기 위해서는 국가의 적절한 개입이 요청된다. 넷째, 주택의 임대차가 완전히 자유시장적 원칙에 맡겨지면 임대료의 상승, 계약조건의 불이행 등으로 임차인이 불리해지는 경우가 많아 국가의 개입이 필요하다. 다섯째, 시장경제에 따른 주택의 공급탄력성은 낮고 수요탄력성은 높아 공급이 수요에 응할 수 없기 때문에 주택가격의 상승을 야기시킬 가능성이 커서 정부가 개입하는 것이 필요하다. 여섯째, 주택의 질과 환경은 생활의 제반 영역에 영향을 미치는데, 특히 노인에게 주택의 구조와 환경은 노인의 사회적 및 심리적 욕구를 만족시키고 일상생활에 필요한 활동을 하는 데도 지대한 영향을 미치기 때문이다. 일곱째, 자녀와의 별거를 원하는 노인인구의 비율이 크게 증가하고 있고 자녀와 동거하더라도 노인을 보호 수발할 수 없는 경우가 많아지고 있어, 노인이 가능하면 독립적으로 생활이 가능하도록 설계된 노인 전용주택의 보급과 관련 서비스의 제공에 국가가 주도적으로 개입이 수행되어야 하기 때문이다. 여덟째, 모든 국민에게 최소한의 주거공간을 확보해 주고 주택을 통해 삶의 질을 높이려는 국민의 일반적인 욕구를 충족시켜 주기 위해 주택의 건설과 보급에서 공적 부문과 민간 부문 간의 역할 분담이 필요하기 때문이다(이은희, 2009).

우리나라 노인주거보장정책의 현황을 살펴보면, 재가목적 주거보장정책과 수용목적 주거보장정책으로 나눌 수 있다.

재가목적 주거보장을 위해 시행하는 대표적인 정책은 국민기초생활보장 수급자에게 지급하는 주거급여와 그룹홈형태의 노인의 집 프로그램이 있으며, 노인과 동거하는 자녀에게 소득세 공제, 양도소득세 면제, 주택자금 할증지원, 무주택 노부모 부양자에 대한 주택분양우선권 부여 등이 있다.

① 주거급여

2000년 10월부터 실시된 국민기초생활보장법에 의거한 수급자에게 공공부조 성격의 주거급여를 실시하고 있다. 급여의 내용은 수급권자에게 주거 안정에 필요한 임차료와 유지수선비, 기타 대통령이 정하는 수급품을 지급하는 것이다. 그리고 2008년부터 주거급여는 기존 정액급여에서 가구별 '정률급여'로 지급하도록 바뀌었다.

② 그룹홈 형태의 주택보급

1995년부터 추진해 온 소규모 그룹홈 형태로 실시되고 있는 '노인의 집' 프로그램이 있다. 이는 국민기초생활보장 수급 노인 4~5명이 함께 생활하는 주거공간을 제공하는 것이다. 이 제도는 시설보호의 문제점을 해소하고 노인들의 지역사회 자립을 도모하는 효과적인 방안이라 할 수 있으나 활성화되지는 않고 있다.

③ 주택자금 할증융자제도와 세제혜택

주택자금 할증지원제도는 노인 동거가족을 대상으로 한 주택지원제도로서, 주택자금 할증융자는 노인본인 혹은 배우자의 직계존속과 1년 이상 동거하고 있는 세대주가 주택을 신축, 매입, 개조, 보수할 때 신축

시 1,000만원, 임차 시 500만원을 할증 융자해 준다.

노인 동거가족을 대상으로 하는 세제혜택에는 소득세 공제와 양도소득세 면제가 있다.

소득세 공제에는 부양가족공제와 경로우대공제가 있다. 부양가족공제는 직계존속을 자녀가 부양하는 경우 연간 100만원을 소득에서 공제하는 제도이고, 경로우대공제는 부양가족 중 65세 이상 노인과 생계를 같이 하는 자에 대해 연간 100만원(70세 이상은 150만원)의 소득세를 공제받을 수 있다.

양도소득세 면제는 부모와 자녀가 각각 주택을 소유하고 살다가 세대를 합친 경우 양도소득세를 면제해 주는 제도이다.

이러한 제도는 노인을 부양하는 자녀를 위한 서비스를 제공함으로써 노인봉양의식을 고양시키고자 하는 데 목적이 있다.

④ 무주택 노부모 부양자에 대한 주택분양우선권 부여

주택 분양 시 동일 차순일 때는 60세 이상 직계존속을 5년 이상 부영한 자를 우선적으로 성정하는 것이다.

수용목적 주거보장정책은 노인복지법 제31조에 의한 노인주거복지시설이 이에 속한다. 노인주거복지시설은 일상생활에 지장이 없는 노인들을 대상으로 급식과 그 밖의 일상생활에 필요한 편의를 제공하여 노후의 안정된 생활을 도모하는 것을 목적으로 하며, 양로시설과 노인공동생활가정 그리고 노인복지주택이 있다.

양로시설은 노인을 입소시켜 급식과 그 밖에 일상생활에 필요한 편의를 제공하는 것을 목적으로 하는 시설로 정원은 10명 이상이다. 노인공동생활가정은 노인들에게 가정과 같은 주거여건과 급식 및 그 밖에 일상생활에 필요한 편의를 제공하는 것을 목적으로 하는 시설로서 정원은 5명 이상 9명 이하이다. 그리고 노인복지주택은 입소노인에게 급식, 주거의 편의, 생활지도, 상담 및 안전관리 등 일상생활에 필요한 편의를 제공하는 것을 목적으로 하는 시설이다.

이러한 노인주거복지시설 입소대상은 무료입소 대상자와 실비입소

대상자 그리고 유료입소 대상자로 구분되어 있다.

특히 유로노인복지주택은 노인복지시설로서 사회복지시설에 해당되고, 건축법상 용도가 노유자시설에 해당되나, 타 사회복지시설과는 달리 설치 · 관리 · 공급 시 노인복지법에서 규정된 사항을 제외하고는 주택법 관련규정을 준용하여야 한다.

4) 노인문제에 대한 해결책 및 대안

노인문제 해결을 위한 전반적인 방향은 기본적으로 노인문제 원인에 대한 국가의 인식전환이 필요하며, 개인이나 가족의 부양을 규범화하는 것이 아닌 사회적 차원의 효의 가치관 정립이 필요하다. 노인의 경우 경제적 어려움을 가지므로 저소득층 중심에서 전국민으로 대상을 확대하는 것이 필요하며, 국가와 민간의 상호보완적 역할의 원칙 수립이 필요하다. 또한 무료와 유료서비스를 병행하여 운영하는 원칙이 필요하며 생활시설과 재가보호를 동시에 중시하는 방향으로 변화가 필요하다. 실질적인 도움이 되는 급여수준으로 현실화되는 것이 필요하며 농어촌 등의 지역적 특성을 고려한 차별적 서비스를 제공해야 한다. 아울러 노인문제를 예방하는 차원에서의 서비스를 제공하는 것이 필요하다.

각 정책분야별로 노인문제 해결 및 개선방안을 알아보자.

(1) 노인소득보장정책 방안

노인소득보장정책방향은 사회적 부양의식과 제도를 확립하는 것과 지속가능한 소득보장체계를 수립하는 것 그리고 위험분산과 고용을 통한 소득보장을 하는 것이 필요하다.

① 사회적 부양의 확립

우리나라의 사회복지제도에서 복지주체를 가족의 중요성을 강조하고 가족이 실질적인 복지부담을 떠안도록 하고 있는 실정이다. 이런 경우 저소득층의 자녀들에게 더 큰 부담을 주게 되고 그것으로 인해 노인부양의 계층화가 형성되어지므로 노인에 대한 사회적 부양제도를 확립하여 보편적 부양을 제공하는 것이 필요하다.

② 지속가능한 소득보장체계 수립

지속가능한 소득보장체계를 수립하기 위한 원칙으로 사회적 적절성, 재정적 지속가능성 그리고 소득보장의 현대화가 필요하다. 사회적 적절성 원칙은 모든 노령계층이 연금권을 획득할 수 있도록 하고 그것을 통해 최저수준의 소득을 보장하도록 하는 것이다. 또한 현재 대부분의 나라에서 연금재정의 불안정을 경험하고 있으므로 재정적 지속가능성 원칙을 위해 고용수준 증대와 근로기간 연장 그리고 국가재정에서 공적 연금 지출이 차지하는 비중을 적절하게 유지하는 것 등이 제시되고 있다. 그리고 소득보장제도의 현대화 원칙은 소득보장제도가 변화하는 사회·노동시장의 환경에 적절하게 대응하여야 한다는 것이다. 예를 들면 자영업자들의 연금수급권 획득의 수월성을 제고하는 방안 등이 필요하다.

③ 위험의 분산과 고용을 통한 소득보장

고령화의 진전과 노동력 감소, 실업이라는 새로운 사회적 위기에 대응하기 위해서는 이러한 위험들을 사회적으로 분산시키고, 위험부담 비용을 개인과 가족 그리고 사회가 적절히 분담하는 것이 필요하다. 개인은 노년기를 대비하여 개인연금 등 노후 생계수단을 준비하며 소득활동에 참여하여 경제적 안정을 도모해야 한다. 아울러 지역사회와 기업에서는 노인에게 기회를 부여하고 다양한 취업제도를 마련해야 하며, 국가는 다양한 방식의 연금제도를 도입하여 소득안정을 보장해야 한다.

(2) 노인의료보장정책 방안

노인의 의료보장을 위한 정책방향은 노인의료보장의 목표와 노인의료정책의 기본 설계의 변화가 필요하다. 노인의료보장을 통해 노인들이 가능한 오랫동안 건강을 유지하면서 정상적 생활 속에서 최대한 독립적으로 생활할 수 있는 능력을 증진시키도록 돕고자 한다. 그러므로 노인의료보장정책의 목표는 만성질환을 중심으로 만성질환의 예방과 진행의 지체를 통해 건강수명을 늘리고 건강수명을 결정하는 행동 패턴을 이해하는 것으로 전환되어야 한다. 이러한 목표 하에 노화와 건강수준 변화패턴에 따라 노인의료보장정책의 기본을 설계하면 질병을 신속하게 발견하여 잠재적인 질병으로 인한 건강 저하를 가능한 예방하고, 질병이 발견되었을 경우는 그 진행을 늦추면서 손상과 기능장애의 수준을 최소한으로 낮추는 방식이 된다.

앞으로 노인만을 위한 의료제도 도입도 고려해 보는 것이 필요하다. 노인의료제도는 노인에게 맞는 의료서비스를 제공하며 재활과 보호 관리에 집중함으로써 의료비를 절감할 수 있으므로 도입을 고려하는 것이 필요하다. 또한 현재 실시되고 있는 의료급여제도에서 급여수준을 향상시키고 급여의 종류를 확대하는 것도 방안이다.

또한 노인들을 위한 올바르고 효과적인 의료정책을 수립하기 위해서는 의료비지출이라는 측면보다는 사회적으로 취약한 노인들에게 초점을 맞춰 다양한 사회정책과 더불어 보건의료의 공공성을 강화하는 것이 필요하다. 특히 노인들의 접근성을 제고하기 위해서는 공공보건의료서비스의 확충이 요구된다.

마지막으로 노인성 질환의 조기발견과 의료서비스 이용자의 자기 관리를 촉진하는 것이 중요하므로 질병의 예방과 건강에 대한 의식 및 책임을 장려함으로써 스스로 주체적인 노력을 할 수 있도록 해야 한다.

(3) 주거보장정책 방안

노인의 주거정책보장에서도 최저주거기준이 중요하게 다루어져야 하며, 노년기의 특성에 맞추어 정부 주도하에서 보다 다양하고 적극적인 주거보장정책이 설정되어야 한다.

우리나라의 주거보장정책의 개선방안으로 먼저, 노인주택정책의 명료화가 필요하다. 즉, 주택정책이 주택절대부족시대의 공급자 중심으로부터 다양하고 차별화된 수요자 중심의 정책으로 전환되어야 하고, 선진복지사회를 지향하려면 노인가구에 대한 일반적 복지정책뿐만 아니라 이들 가구의 주택수요를 제도 내로 흡수하는 것이 매우 중요하다.

그리고 단계별 주거를 개발하는 것이 필요하다. 즉, 1단계는 건강한 시기로 자택에 거주하는 시기이다. 2단계는 자택 거주를 가능한 한 연장하기 위하여 주택의 개수(改修)를 지원하는 단계로서 다양한 재가복지서비스를 이용한다. 3단계는 노인전용주택으로 이주하는 단계이다. 노인전용집단주택은 소규모이며 자신이 거주해 온 지역에 위치하는 것을 원칙으로 한다. 4단계는 요양시설 입소 내지 노인병원에 입원하는 것으로, 그곳에서 임종을 맞는다.

노인가구의 특성을 고려한 다양한 노인전용주택을 공급한다. 노인의 다양한 집단 및 계층의 특징을 이해하고 소득별·가구별·세대별 특성을 감안하여 차별화된 주택정책을 실천하는 것이 필요하다.

그리고 국가가 노인주택을 최소한으로 공급하는 것은 중요하지만 최적 기준을 설정하고 적용하여 민간에서 주택을 공급하도록 하는 것이 노인주택의 질을 확보하면서, 다양한 재정적인 지원을 통하여 민간주택공급을 장려하는 것이 필요하다. 특히 여러 가지 사회여건과 제도의 변화로 인해 기존 양로시설의 개혁이 필요한 시점이므로 노인을 위한 주택화를 추진하는 것도 방법일 수 있다.

이러한 주택정책의 충실화는 장애인과 초고령자 등이 노후에 요양시설 입소에만 의존하지 않고 가능한 한 오랫동안 자신의 집에서 재가복지서비스를 받으면서 자립생활을 하게 됨으로써 많은 비용을 줄일 수 있다. 즉, 주택정책은 비용보다는 편익이 큰 측면을 활용하는 것이 필요하다.

5) 노인문제 해결을 위한 사회복지적 차원에서의 전략

노인문제의 예방과 해결을 위한 노인복지는 노인 자신의 노력만으로 해결할 수 있는 것이 아니다. 또한 노인의 가족이나 지역사회의 노력만으로도 해결이 어려우므로 정책적 차원에서의 노력이 절실하다. 즉, 정부와 지방자치단체 차원에서 노인을 위한 폭넓은 사회보장제도의 확립이 선행되어야 한다.

보건복지부에서는 저출산고령사회정책의 기본방향 및 추진체계를 규정한 「저출산고령사회기본법」을 제정(2005년)하고, 급속히 진행되는 저출산고령화 문제에 대응하여 범정부 차원의 「저출산고령사회 기본계획('06~'10)」을 수립하였다('06년 8월). 2020년까지 'OECD 국가 평균수준 출산율 회복과 고령사회 성공적 적응'을 목표로 5년마다 단계적 목표를 설정하고, 제1차 기본계획에서는 '출산율 하락추세 반전과 고령사회 적응기반 구축'을 목표로 한다. 이명박 정부의 주요 국정과제를 비롯한 핵심과제를 보완하여, 「제1차 저출산고령사회기본계획 보완판」마련하였다('08년 12월). 즉, '출산율 하락추세 반전과 고령사회 적응기반 구축'을 목표로 5년간 총 40.3조원 투자하여 3대 분야의 237개 세부사업을 추진하고 있다.

보건복지부는 저출산고령사회정책 2010년 중앙부처와 지방자치단계별로 시행계획을 발표하였다('10년 6월). 중앙부처 시행계획 중 노인과 관련된 주요사업 추진계획 등을 정리해 보면 다음과 같다.

① 노인의 노후소득보장 및 생활안정을 도모하기 위해 기초노령연금법에 따라 65세 이상 노인의 70% 수준에게 국민연금가입자 평균소득월액의 5%에 해당하는 금액('09년 88천원)을 매월 지급한다. 그래서 기초노령연금 지급 대상자를 '08년 288만명에서 2010년에는 375만명까

지 확대하고자 한다.

② 노인장기요양보험 대상자를 확대한다. 2012년까지 수혜 대상자를 기존 1~3등급에서 4등급까지 단계적으로 확대한다. 그러나 국가 전체의 재정상황을 고려하여, 4등급자 중 상대적으로 중증자를 대상으로 우선 확대할 예정이다.

③ 치매노인에 대한 종합적 관리 및 지원체계를 구축한다. 치매조기검진사업을 전국 보건소로 확대하여 선별검사 228천 건, 진단감별검사 32천 건을 실시한다. 그리고 저소득 치매노인 치료관리비를 지원한다. 약 56천명 대상으로 월 3만원(상한)을 지원한다. 또한 장기요양보험 대상자를 338천명('09년 대비 119% 증가)으로 확대하여 치매환자가족의 부양부담을 경감시킨다.

④ 퇴직연금제도의 당사자인 노사대상 교육(1,500명), 중소사업장 및 대기업·공기업 등 선도사업장 대상 퇴직연금 컨설팅을 100개소 지원한다.

⑤ 사업장 도산시 수급권 보장을 위한 DB형 외부적립비율의 단계적 상향을 실시한다.

⑥ 고령자용 임대주택 의무건설 등을 주요내용으로 하는 「고령자 주거안정법」제정을 추진한다.

⑦ 노인을 배려한 대중교통 이용환경을 조성한다. 즉, 저상버스 도입을 보조하고 도시철도 이동편의시설을 확충한다. 수도권 전철 이동편의시설을 확충하고, 국도변 보도를 설치한다.

⑧ 어르신생활체육지도자 배치 및 전국어르신생활체육대회를 개최한다.

⑨ 생활체육공원, 노인건강체육시설 등 다양한 운동 공간 설치를 지원한다.

⑩ 기초생활수급자 및 차상위계층에게 연간 5만원 한도 내 공연전시 관람비용을 지원한다.

⑪ 실버세대 게임정보화 교육 실시 및 게임문화 컨퍼런스 개최 등

고령친화형 문화콘텐츠를 개발한다.

⑫ 실버문화프로그램 운영(150개 지방문화원) 및 노인의 특성에 적합한 문화예술교육 프로그램을 개발한다.

⑬ 농림수산식품부·농진청에서는 고령취약농가에 가사도우미 지원을 통해 기초적인 가정생활·유지를 도모하고자 농촌에 거주하는 65세 이상 부부가구와 국민기초생활수급자, 다문화 가정 등 가사활동이 어려운 가구를 대상으로 취약농가에 가사서비스 제공을 위해 방문하는 가사도우미의 활동을 지원한다. 비용으로 1인당 10천원을 지급, 가구당 연간 12일 이내에서 지원(월 1회)한다.

⑭ 고령친화산업지원센터 기능 강화 및 확충을 하고 지역별 고령친화상품개발 종합지원 산학협력 클러스터 구축하며, 고령친화제품의 고부가가치화를 위한 연구개발을 확대한다. 또한 고령친화제품서비스 종합체험관을 통해 수요를 창출할 수 있는 인프라를 구축하고, 고령자제품 서비스 표준화 확대 및 국제표준화에 적극적으로 대응한다.

⑮ 고령층 정보화교육을 지원한다. 노인단체, 대학 등 민간 고령층정보화교육기관을 통해 고령층 집합교육을 실시하고('10년 3월~12월), 어르신이 어르신을 가르치는 '어르신 IT봉사단'을 운영한다('10년 3월~12월). 그리고 어르신정보화제전을 개최한다('10년 6월).

⑯ 주택연금제도의 활성화를 통해 고령층의 생활안정 및 주거안정을 지원한다. 수요자 중심의 연금제도 운영, 홍보 및 마케팅 강화 등을 실시한다.

⑰ 노인보호구역 지속 확대 추진 및 관련 교통안전시설을 개선한다. 노인복지시설 중 여가의료주거 복지시설 주변 도로 중 일부를 정해 30km/h 이하 속도제한 등 규제와 신호기 등 교통안전시설을 우선 설치한다. 그리고 고령자를 대상으로 찾아가는 교통안전교육을 지속적으로 실시하고 고령자 대상 교육프로그램 및 교육기자재, 교육 자료 등 지속적으로 개발·보급한다. 또한 시민단체등과 공동으로 고령자 교통사고 예방을 위한 캠페인을 실시하고, 고령자 교통안전체험교육장(가

칭) 도입 등을 추진한다.

위의 정책들은 고령사회 노인들의 삶의 질 향상을 위한 계획들로, 계획을 실행한 후 평가 및 분석을 통하여 특히, 노인의 소득과 건강, 사회참여(일) 그리고 고령친화적 생활환경 조성측면에 중점을 두고 보완된 정책들이 수립되어야 할 것이다. 즉, 노후소득보장체계를 강화하기 위해 공적 연금제도의 체계화와 사적 소득보장체계 확충을 하는 것이 필요하다. 그리고 건강하고 보호받는 노후생활을 보장하기 위해 노후건강관리 기반을 조성하고 공적 노인요양보장체계를 확립해야 하며 노인권익 증진을 위한 노력이 필요하다. 또한 노인의 사회참여와 노후준비 기반조성을 위해 노인일자리를 창출해야 하며 생산적인 여가문화프로그램 활성화 및 사회참여여건 조성이 필요하다. 마지막으로 고령친화 생활환경을 조성하기 위해 고령친화적 생활환경을 만들어야 하고 고령친화적인 지역사회를 개발해야 한다.

제 8 장

청소년 비행문제

1) 청소년 비행문제의 정의와 현황

산업화가 고도화되는 가운데 사회구조와 환경이 복잡하고 다양하게 변화됨에 따라 청소년들이 이에 적응하지 못해 부적응 현상을 나타낸다. 이러한 청소년 문제가 사회 문제로서 인식된 지는 꽤 오래된 것으로 볼 수 있으나, 영상매체의 영향으로 가상과 현실을 혼동한 오프라인 범죄가 평범한 청소년들에서 발생하기도 한다. 이처럼 청소년의 문제 특히 비행은 계속적으로 증가하고 있고, 난폭화, 집단화, 지능화, 저년층화 되는 추세를 나타내고 있고 있다. 청소년문제에 대한 사전적 정의는 청소년기의 젊은이들이 소속된 사회의 규범에 적응하지 못해 나타나는 사회병리 현상으로 보고 있다. 청소년기는 사춘기가 시작되는 12세부터 성인의 역할을 담당하는 20세 전후의 연령층으로 청소년기가 점차 늘어나고 있다. 즉, 과거 전통사회에서는 청소년기가 매우 짧았고 또 청소년들이 사회적 세력을 지닌 범주로 발전하지 못했던 데 반해 현대 산업사회에서는 사회구조와 직업구조가 장기간에 걸친 지식과 기술의 습득을 요구하기 때문이다. 청소년기에는 신체적 성장・변화가 급격하게 이루어지며 이에 따라 정서적으로도 상당히 불안정한 상태에 놓이게 된다. 현대 산업사회는 과거 전통사회처럼 일관된 가치체계를 청소년들에게 전달하지 못함으로써 그들은 상당한 가치의 혼란과 자아 정체감의 위기를 맞는다. 그 원인은 첫째, 전통적인 사회체제의 해체와 핵가족화로 청소년들이 소속감을 잃었으며, 둘째, 가부장적 권위의 약화로 사회의 가치규범을 제시받지 못했고, 셋째, 서양의 물질주의와 개인주의 그리고 저속한 대중문화가 여과 없이 대중매체를 타고 청소년들에게 전달되고 있기 때문이다. 어른도 아니고 어린이도 아닌 주변적인 인간으로서의 청소년은 그들의 좌절과 반항심과 욕구불만을 사회규범으로부터 일탈적인 행동으로 표현하는데 이를 청소년비행이라 한다. 또 청소년과 성인세대의 단절 및 대립, 사회적 연대감의 결여, 자아정체감의 위기, 가치관의 부재, 산업화의 부산물인 물질주의와 찰나주의의 비판 없는 수용 등도 대표적인 청소년문제이거나 그 원인이다. 청소년문제는 정치 · 경제 · 사회 · 문화 등 사회 전반에 걸친 구조적인 문제이므로 학교에만 그 해결을 기대할 수는 없다. 우리 사회의 구성원 모두의 노력에 의해 해결되어질 수 있는 문제들 중 하나이다. 그러나 청소년 비행문제라는 용어는 문제 당사자인 청소년과 문제상황인 비행의 복합적인 표현이다.

청소년비행이란 청소년이 법으로 금지하는 행동을 행하는 경우로서, 법률적인 분류이며 심리적이고 개인적 특성을 표현하는 용어는 아니다. 따라서 청소년의 문제행동의 범위에는 타인의 신체나 재산에 해를 가하고 불법적인 약물을 사용하거나 불을 지르는 등의 법을 위반하는 행위 즉 비행 뿐만 아니라 법을 위반하지는 않았지만 반사회적이고 공격적인 행위도 넓은 의미에서 포함된다. 예를 들어, 친구와 싸움을 한다든지, 친구를 괴롭히거나 따돌리는 행위, 학교에서의 파괴적 행위 심지어 동물학대 등도 청소년 문제행동으로 분류될 수 있다. 그러므로 청소년비행을 법률적인 분류에서는 범죄행위, 촉법행위, 우범행위로 구분한다. 범죄행위란 14세 이상 20세 미만인 소년의 형벌법령에 저촉되는 행위를 말하며, 촉법행위는 형벌법령을 위반하였으나 12세 이상 14세 미만인 미성년자의 행위로 형사책임을 묻지 않는 행위이다. 또 우범행위는 보호자의 정당한 감독에 복종하지 않는 성벽을 지녔거나, 정당한 이유 없이 가정에서 이탈하여 범죄성을 지닌 사람 또는 부도덕한 사람과 교제하거나 자기 또는 타인의 덕성을 해롭게 하는 성벽이 있어 그 자체는 범죄가 아니지만 범죄를 저지를 우려가 있다고 인정되는 행위이다(김익균 등, 2005).

청소년비행은 사회적 비행, 성격적 비행 그리고 신경증적 비행으로 나누어 볼 수 있다. 사회적 비행은 비행집단 내에서 인정되는 방식으로 욕구를 실현하는 적응적인 행동양식으로, 비행하위문화의 성원으로 저지르는 비행이다. 대개 단독으로 저지르기보다는 집단으로 저지르는 경우가 많고, 반사회적인 동료에 의해 많은 영향을 받아 비행문화를 접하게 된다. 이러한 사회적인 비행은 특수 계층의 산물이 아니라 개인이 가지는 열망과 그것을 성취할 수 있는 가능성의 부조화로 인하여 발생한다(weiner, 1982). 성격적 비행은 비행자의 비사회적(Unsociable) 성격구조에서 비롯된다고 본다. 타인의 권리나 감정을 무시하거나 자신의 행동을 통제하는 능력이 부족하여 자신의 공격적인, 쾌락추구적인 충동을 즉각적으로 행동으로 옮기는 경향이 있다. 기본적으로 양심의 발달이 부족하여 타인의 권리나 감정을 짓밟으면서도 죄의식을 경험하지 못한다고 한다. 어린 시절 부모 및 의미 있는 타자로부터 거절을 경험했거나 애정과 관심을 충분히 받지 못하여 타인의 감정을 공감하는 능력, 대인관계에서 온정과 동정에 대한 능력을 개발하지 못하였기 때문이다. 아동후기나 청소년기의 부적절하고 비일관적인 훈육과 감독에서 혼란을 야기시켜 비롯되기도 한다. 장기적인 계획이나 목표지향적인 행동에 제한된 능력을 보인다. 마지막으로 신경증적 비행은 자신의 욕구를 다른 방식으로 충족시킬 수 없는 경우에 자신의 욕구를 표현하는 방식으로 저지르는 비행이다. 단독으로 저지르는 경향이 있고 긴장, 분노, 낙담과 같은 상황에서 급작스럽게 일어난다. 이전의 생활에서는 동조적이고 잘 통제되는 청소년이었을 가능성이 높으나, 두렵고 당혹스런 문제를 경험하거나 도움 요청이 빈번히 무산될 때, 도움을 요청하기 위해 돌발적인 비행을 저지르기도 한다. 상당히 안정적인 분위기의 가족들로 구성되었지만 가족환경의 변화로 인하여 가족구성원의 애정과 관심이 변화될 때, 기존에 제공받던 관심과 애정을 받지 못하게 되면 이 시기에 신경증적 비행이 일어날 수 있다.

이러한 청소년비행의 유형은 약물남용, 가출, 학교폭력, 성문제, 집단따돌림 등으로 나타난다. 약물을 남용하는 경우는 담배, 카페인 필로폰 등 중추신경흥분제나, 술, 본드, 가스, 신경안정제 등 중추신경억제제, 대마초 등 환각제의 약물을 자주 사용을 한다. 이것은 법적 문제뿐만 아니라 대인관계문제 등을 야기한다. 그리고 청소년이 부모나 보호자의 동의 없이 적어도 하룻밤 이상을 집밖에서 지내는 것(NASW, 1996)을 청소년 가출로 본다. 이는 유흥업소 고용, 매매춘, 성폭력, 절도, 구걸 등 다른 종류의 범죄나 사회문제 연계로 문제시 된다. 또한 상당부분 학교 및 학교관련된 곳에서 폭력이 발생한다. 학교폭력은 갈수록 집단화, 흉폭화되므로 형사적 접근보다 교육적 접근이 필요하다.

가장 발생위험이 높은 청소년 문제는 성문제이다. 우리사회의 성에 대한 이중 잣대, 성문화 개방은 청소년의 성인식 왜곡의 위험이 있으며, 성행위, 성병, 성폭력, 음란물 접촉, 매매춘, 원조교제 등 성에 대한 접근이 용이하므로 발생위험이 높다. 또한 2명 이상의 집단을 이루어 특정인을 소외시켜 역할수행제약, 무시, 음해하는 언어적, 신체적 일체의 행위를 하는 집단따돌림 유형으로 나타나고 있다. 예를 들면, 대화거부, 약점 들추기, 모함, 공개적 비난, 시비걸기, 위협, 창피주기, 괴롭히기 등 교모하고 다양한 방법으로 따돌린다.

이와 같은 청소년의 비행을 어떻게 다룰 것이냐에 관하여는 국가에 따라 그 제도가 약간씩 상이하나, 공통적인 추세는 비행소년들이 인격형성 과정에 있기 때문에 정신적으로 성숙되지 못하였을 뿐만 아니라 순화가능성이 있다는 점을 감안하여 형벌보다 교육에 중점을 두고 있다는 점이다. 우리나라도 소년법 등에서 소년의 비행을 일반범죄와 달리 처리하는 절차를 규정하고 있다.

청소년 비행의 현황은 양적 증가뿐만 아니라 유형도 폭력화, 지능화, 집단화, 저연령화, 흉포화되어 가고 있다. 그러나 청소년비행이 실제 어느 정도 일어나고 있는지 정확히 파악하는 것은 어렵다. 실제 비행청소년 가운데 경찰서나 관계기관에 입건되는 경우는 일부에 불과하며 이들 가운에 재판까지 회부되는 숫자는 극히 일부에 지나지 않는다.

범죄백서(2008)에 의하면 2007년 전체 범죄인 중 소년범이 4.5%를 차지하고, 12세 이상 20세 미만에 해당하는 소년인구 100,000명당 범죄자수는 2007년에 1,141.7명으로 전년 대비 17.5% 증가한 것으로 나타났다. 인구비를 보면 2007년의 경우 14세 미만이 14.0명, 14~15세가 1,725.7명, 16~17세가 1,650.8명, 18~19세가 1,232.0명으로 나타나, 범죄의 저연령화 현상을 알 수 있다. 그리고 범죄유형으로는 재산범이 33,659명으로 전체의 55.7%를 차지하였고, 강력범폭력이 23,275명으로 전체의 38.5%를 차지하였으며 강도의 29.7%, 방화의 14.6%가 청소년범죄로서 소년범죄가 흉포화되어 가는 현실을 보여주고 있다. 또한 소년보호관찰대상자의 보호관찰경력별 현황을 보면 처음 보호관찰을 받는 소년의 비율은 2003년도 이후 70%대를 유지하고 있으나, 2007년도에는 전년 대비 초범인원은 28.4% 증가하였고 2회 이상 보호관찰을 받는 소년도 다소 증가하는 것으로 나타났다(법무연수원, 2008).

그러나 일반적으로 미 기록된 비행건수는 공식기록보다 약 10~15배 달하는 것으로 추정된다. 또한 광의의 개념에서 청소년비행은 청소년범죄를 비롯해 청소년의 지위비행까지 포함되나 공식통계는 청소년범죄에만 국한되어 발표되므로 청소년비행의 일반적 추이를 파악하는 데는 한계가 있다.

그러나 이러한 청소년비행 현황에서 알 수 있는 것은 청소년비행의 보편화 현상, 집단화 현상 그리고 청소년문제의 다양화 현상이 나타남을 알 수 있다. 청소년비행의 보편화 현상 즉, 청소년들의 사소한 비행들은 상당히 많이 발생하고 그 비율도 증가하고 있다. 그러므로 현재에 와서는 비행청소년과 일반청소년의 뚜렷한 구분을 하기가 어렵다. 즉, 대부분의 청소년들이 비행을 경험해 보았으며, 보편적으로 이루어지는 지위비행들이 상당히 나타난다.

청소년 비행의 집단성에 대해서 보면, 공식통계상의 공범률에서는 성인범죄에 비하여 소년범죄의 공범률이 현저히 높다. 성인의 공범률이 1% 내외인 반면, 소년의 공범률은 50% 내외이다. 공범의 성향은 고등학생보다 중학생이 각 비행의 영역에 걸쳐 공범률이 높다. 대부분의 비행청소년들은 집단을 형성해서 활동한다. 그들은 적게는 2~3명의 친구집단을 형성하기도 하고 많게는 수십 명이 조직적인 집단을 형성해서 등하굣길의 학생들로부터 금품을 갈취하고, 패싸움을 벌이며, 절도, 강도, 강간, 약물 남용 등의 문제를 일으키고 있다. 그리고 전반적인 생활수준의 향상, 편리해진 일상생활, 교통과 통신의 발달, 청소년의 생활공간이 가정을 넘어 학교, 친구집단, 사회 등으로 광범위하게 확대됨으로 청소년문제의 다양성이 심화되고 있다.

2) 청소년비행문제의 원인에 대한 사회과학 이론들의 설명

청소년비행의 원인을 가정환경적 요인과 학교환경적 요인 그리고 사회환경적 요인으로 구분하여 알아보고자 한다.

(1) 가정환경적 요인

현대사회는 고도로 산업화되고 도시화되면서 개인중심적 사고가 팽배해지면서 가정의 형태 및 역할, 가족간의 결속력 등에 많은 변화를 초래하였다. 이러한 결과로 가정이 고립화되고, 자녀 교육에 대한 가정의 상대적인 무관심, 그리고 결손 및 빈곤 가정의 증가 등을 들 수 있다. 그리고 비행청소년은 가족의 수용성, 관심, 결속성, 의사소통 등 4

개의 가족관계변수에서 학생이나 근로자보다 부정적이고 불안정한 것으로 나타나 가족간의 애정결핍이 범죄발생에 적지 않게 영향을 미치고 있음을 알 수 있다. 따라서 청소년 행을 가정적 차원에서 예방하기 위해서는 가정 내부적인 결속을 다지고 변화된 환경에 걸맞은 교육방법을 확산시키려는 노력이 필요하다.

(2) 학교환경적 요인

청소년기에 있어서의 학교생활은 청소년이 자신의 경제성 확립을 위한 다양한 지식과 소양을 갖추는 한편, 사회에서 하나의 주체로서 활동하기 위해 준비하는 곳이므로 결국 학교는 사회화의 중요한 매체인 것이다. 이와 같은 학교의 기능적 중요성은 현대 사회가 처해 있는 상황적 특성에 따라 점점 증대되고 있다. 즉 산업화된 현대사회는 보다 고도화되고 전문화된 기술적 능력을 요구하게 되었고, 청소년들은 이러한 필요성에 부응하기 위해 보다 오랜 기간 동안 학교에 머무르면서 성인이 되기 위한 유예기간을 보내게 된 것이다. 따라서 학교는 단순한 지식전달 뿐만이 아니라 청소년기에 함양하여야 하는 올바른 가치관과 덕성을 갖출 수 있도록 하는 역할이 더욱 강조된다. 그러나 우리 사회가 급격한 산업화와 도시화를 통하여 경제성장을 이룬 까닭에 배금주의가 사회 전반에 팽배해 있고, 학교교육은 이러한 성공을 위한 하나의 수단으로서 전락하게 되어 버렸다. 이러한 사회적 분위기 속에서 학교는 위의 역할을 수행하기보다는 오로지 입시를 위한 지식을 제공해 주는 학원과 유사한 역할만을 중점적으로 수행하게 되었고 이 같은 비교육적인 현실에 제대로 적응하지 못하는 다수의 학생들은 심한 자책감과 비애감을 느끼게 되고, 또한 학교라는 조직에서 소외된 청소년들은 불량한 교우관계를 맺게 됨으로써 비행과 범죄와 관련될 가능성이 높아졌다.

그러므로 청소년이 건강한 사회구성원으로서 올바른 품성을 기를 수 있도록 학교를 전인교육의 장으로 만들고자 하는 노력이 무엇보다 시급한 상황이라고 할 수 있다.

(3) 사회환경적 요인

청소년비행을 유발하는 환경적 요인으로 사회환경적 요인은 성인과 청소년들이 공동으로 이용하고 있는 생활환경에 존재하고 있고, 청소년 비행에 영향을 미치는 사회환경적 요인은 매우 다양하고 넓게 퍼져있다. 먼저 거시적인 관점에서 언급되고 있는 요인으로는 경제발전과 소비중심적이고 향락적인 문화, 그리고 이러한 특성을 모두 가지고 있는 도시화 등을 들 수 있다. 전통사회에서는 문화의 계속성, 사회구성원 간의 관계 및 공동체 의식으로 비공식적 사회통제의 기능이 비행과 범죄를 예방하는 역할을 하고 있었으나 오늘날의 도시화에서는 인간관계의 비인격화, 인구구성의 이질성 및 인구의 조밀화 등이 범죄의 증가를 촉진하는 요소가 되고 있다.

청소년의 인격적 육성과 발달에 좋지 않은 영향을 미칠 수 있는 물리적·사회적·심리적 요인, 청소년과 유해적인 환경의 상호작용과 반응, 영향관계 체계인 '유해환경'의 요인으로는 지나치게 상업화된 선정적 대중매체, 열악한 문화적 환경, 비행의 예방과 억제를 위한 지역사회의 역할부족 등을 들 수 있다. 이러한 요인들이 개선되어 상호보완적으로 지역사회 내에서 긍정적인 역할을 수행하는 체제가 갖추어진다면 청소년 비행을 예방하고 건전한 청소년기를 보낼 수 있는 토대를 마련할 수 있을 것이다.

이와 같은 경제적·정서적 결핍은 청소년 비행과 밀접한 관계를 가지고 있다. 이러한 점을 고려하여 크게 생물학적·심리학적·사회학적 관점으로 나누어 청소년 비행의 이론을 살펴보기로 한다(홍봉선 등, 2009).

① 생물학적 이론

생물학적 비행이론은 신체구조 또는 생리작용의 어떤 요인이 비행과 관계가 있다고 보는 것이다. '범죄형'이라는 말이 있는 것처럼 특정한 신체적 특성을 가진 사람이 비행을 저지른다는 것이다. 신체적 장애나 특정한 생리적 특성이나 이상, 유전적 요소 등을 가진 사람이 비행을 많이 저지른다고 하는 주장도 있다. 유전적 요소나 생리적 이상이 특정 유형의 비행과 연관되어 있다는 연구 결과도 있다. 그러나 대체로 과학적인 검증을 받지는 못한 상태에 있다.

② 심리학적 이론

심리학적인 요인이 비행과 관련이 있다는 이론이다. 예를 들면, 지능이 낮으면 규범을 이해할 수 없어서 비행을 저지른다는 것이나 특정한 성격 즉, 대담성, 충동성, 반항적인 경향, 불안한 성향 등이 비행과 관련이 있다는 주장도 있다. 그러나 지능이 높은 사람이 비행을 저지르고도 적발되지 않는 경향이 있고, 특정한 성격이 비행의 원인인가 결과인가에 대해 논란의 여지가 있다. 이밖에도 반사회적인 특성을 가진 정신질환, 어릴 때의 감정적 상처나 충격 등이 비행과 연관된다는 이론도 있다. 그러나 이 이론들 역시 특정한 비행과는 연관성이 있으나 보편적인 연관성을 입증하지는 못하고 있으며, 과학적 검증이 어려운 경향이 있다. 그러므로 심리학적인 토대 위에서 사회학적인 관점을 통합하여 환경적인 영향을 강조하는 이론도 제기되고 있다. 이중에는 개인이 자신에 대해 갖는 자아개념을 중심으로 비행을 설명하는 이론이 있다. 자아정체감, 자존감 등으로도 표현되는 자아개념은 주관적인 관념과 객관적인 평가를 통해 형성되며, 자아개념이 부정적이고 낮은 사람이 비행을 저지르는 가능성이 높다고 한다.

③ 사회학적 이론

오늘날에는 비행에 관한 사회학적 이론이 많은 지지를 받고 있다. 사회학적 이론은 비행의 원인을 사회구조적인 것에서 찾는 관점을 가지고 있다. 다양한 사회학적 비행 이론을 살펴보기로 한다. 즉, 아노미이론, 하위문화이론 그리고 사회통제이론(Social Control Theory)의 대표적 이론인 중화기술이론(Neutralization Theory)과 사회연대이론(Social

Bonding Theory)을 살펴보고, 차별접촉이론 그리고 낙인이론에 대해 알아본다.

가. 아노미이론(Anomie Theory)

아노미이론은 뒤르껨(Durkheim)에 의해 제시되었고 머튼(Merton)이 구조기능적 입장에서 계승한 것으로서 일탈과 비행을 설명하는 최초의 이론이다.

뒤르껨(Durkheim)은 산업화의 진행에 따라 분업이 보편화되고 분업의 발전은 사회 성원간의 친밀감과 연대를 약화시키고 규칙이 흔들리는 결과를 초래하여, 사회 해체 현상이 일어나게 한다고 보았다. 이렇게 규칙이 붕괴된 무규범 상태를 아노미라고 하며, 아노미 상태에서는 욕망을 규제하던 규범이 와해되어 사람들이 욕망에 따라 행동하므로 비행이 증가한다고 하였다.

한편 머튼(Merton)은 구조 기능주의의 이론을 토대로 하여 문화적으로 규정된 목표와 이를 달성하게 하는 제도화된 수단사이에 간극이 존재할 때 구조적 긴장이 형성되고 여기에서 아노미가 발생한다는 이론을 주장하였다. 즉 사회가 문화적인 가치에 너무나 큰 비중을 둔다면 이를 문화적 가치를 성취할 수 있는 적절한 방법으로 제도화가 이루어지지 않으면 상당한 인구층에 제한이 되어 일탈이나 비행이 발생한다는 것이다. 그러므로 주로 하류계층에서 일탈 및 비행 행위들이 많이 발생한다고 설명하지만 부유층의 범죄를 설명하지 못한다는 비판을 받고 있다. 이에 대해 그는 아노미의 피드백 효과라는 가설로써 반론을 펴는데 즉 문화적 목표는 만족할수록 그 정도가 높아져서 더욱 많은 것을 추구하게 된다는 것이다. 부유층의 범죄는 바로 이런 사람들에 의해 발생한다고 하며 또한 물질적 욕구에서 생긴 문화적 목표를 달성한 다음에도 개인의 욕망은 완전히 만족이 존재하지 않는 가변적인 것이기 때문에 점차 높아지는 목표에 의해 다시 불법적 수단을 사용하게 된다는 것이다.

나. 하위문화이론(Theory of Sub-culture)

사회의 일부 집단이 공유하고 있는 하위문화가 비행을 쉽게 일으키게 한다는 이론이다. 비행에 관한 하위문화 이론에는 여러 종류가 있는데 여기서는 비행하위문화 이론과 하층계급문화 이론을 살펴보고자 한다.

코헨(Cohen)이 주장한 비행하위문화 이론에 따르면 비행소년집단의 문화는 사회의 주도적인 중산층문화에 대항적인 성격을 가지고 있다고 한다. 비행소년들은 그 집단의 독특한 방식에 따라 행동하고 문제를 해결하려고 한다. 비행하위문화는 사회 전체의 이익에 대한 고려가 없고, 기성세대의 가치를 부정하고, 장기적 목적에 대한 관심보다는 단기적인 쾌락을 추구하는 경향이 있다고 본다. 이러한 가치관으로 인해 기존의 규범을 무시하고 비행을 저지르기가 쉽다는 것이다.

이와는 달리, 밀러(Miller)는 하층계급 사회에는 그들만의 특징적인 가치와 생활방식이 오랫동안 존재해 오고 있으며, 이 문화의 규범에 따르는 것은 사회 전체의 가치와 규범을 위반하게 된다는 것이다. 하층계급문화의 특성은 사고를 저지르는데 대한 관심과 관대함, 강인함과 힘, 남을 속여서라도 목적을 달성하는 것을 강조하고, 자극과 모험을 선호하고 간섭받기를 싫어하며, 운명주의적인 생각에 빠지는 경향이 있다고 한다. 따라서 하층계급 사회에서는 비행을 저지르는 것이 다른 사람의 관심을 끌고 인정을 받는 중요한 방법이 된다고 한다.

다. 중화기술이론(Techniques of Neutralization Theory)

마차(Matza)와 사익스(Sykes)의 중화기술이론에 따르면, 비행청소년도 비행이 나쁘다는 것은 알고 있지만 비행을 정당화하는 구실을 찾으므로 비행을 저지르게 된다는 것이다. 즉, 비행청소년 역시 법규를 준수하여 일반시민들처럼 사회의 규범을 준수하고 수용하지만, 일시적으로 도덕적 제약에서 벗어나기 위해 중화의 기법을 사용한다는 것이다. 비행청소년들이 비행을 정당화하는 유형에는 자신은 비행에 책임이 없고, 다른 것에 원인을 돌리는 책임의 부정(denial of responsibility), 피해자의 과실과 책임을 탓하는 피해자부정(denial of victim), 비행을 비난하는 사람들은 더 비난받을 행동을 한다고 주장하는 비난자부정(condemnation of the condemners), 자기 소속 집단에 대한 의리와 충성심의 강조 등이 있다. 중화기술이론은 연령이 증가할수록 비행이 감소하는 현상을 설명하는 데 유용하며, 간헐적으로 발생하거나 만성화되지 않은 비행행위를 잘 설명할 수 있다.

라. 사회연대이론(Theory of Social Bonding)

'사람들이 왜 일탈행위를 하지 않는가?'에 대한 답변으로 허쉬(Max Hirschi)는 '비행행위는 어느 개인이 사회에 대한 연대가 약해지거나 단절될 때 일어난다.'라고 말하고 있다. 이 이론은 모든 청소년은 비행을 저지를 성향을 가지고 있으나 비행을 억제하는 요인 때문에 비행을 저지르지 않는 반면에, 억제 요인이 작동하지 않는 경우에는 비행이 일어난다는 것이다. 허쉬(Hirschi)는 비행을 막는 요인으로서 4가지 사회유대를 들고 있다. 첫째, 애착(attachment)은 다른 사람이나 집단의 견해나 관심에 대해 관심을 기울이는 정도와 그에 대해 느끼는 심리적 · 정서적 관심을 말한다. 둘째, 위탁(commitment)은 규칙이나 관습적인 규범(돈, 지위, 성공 등)에 대한 투자를 말한다. 셋째, 참여(involvement)는 사회적인 성공에 필요한 활동에 참여하는 것을 말한다. 이러한 활동에 많이 참여하면 비행을 저지를 여유가 없다는 것이다. 넷째, 신념(belief)은 인습적인 가치관을 수용하는 것을 말한다. 이러한 사회적 결속 요소가 유지되면 비행을 저지르지 않으나, 유지되지 않으면 비행을 저지른다는 것이다.

마. 차별접촉이론(Theory of Differential Association)

서덜랜드((Edwin H. Sutherland)가 발전시킨 이론으로 사회에는 법을 준수하는 문화와 범법적인 문화가 공존하고 있으며, 이 두 가지 문화 가운데 어느 것과 더 많이 접촉하느냐에 따라 비행을 저지를 가능성이 달라진다는 것이다. 또한 준법적인 행동을 학습하는 것과 마찬가지로 범법적인 행동도 학습을 통해 배우고 행하게 된다고 한다. 그리고 습득되는 내용도 범죄행위 그 자체를 배우는 것뿐만 아니라 범죄자에 대한 동기, 태도, 합리화, 충동 등도 배운다는 것이다. 그 결과 이 모든 내용을 배운 사람은 범죄자가 되는 것이고, 이들이 행하는 행위가 범법행위가 된다는 것이다. 그러므로 서덜랜드는 범죄를 감소시키기 위해서는 비범죄적 정의에 대한 접촉을 증가시켜야 한다고 보았다.

이 이론은 다음과 같은 명제로 구성되어 있다. 첫째, 범죄행동은 학습된다. 둘째, 범죄행동은 다른 사람과의 상호작용을 통해 학습된다. 셋째, 범죄행동학습의 중요한 부분은 친밀한 개인적 집단에서 생긴다. 넷째, 학습되는 내용은 범행 기술과 함께, 동기, 합리화, 태도 등을 포함한다. 다섯째, 동기 및 충동은 법을 지키는 것이 바람직하다고 생각하는가 그렇지 않은가에 따라 좌우된다. 여섯째, 법을 위반하는 것이 바람직하다고 정의가 법위반이 바람직하지 않다고 하는 정의보다 강한 경우에 법을 위반하게 된다. 일곱째, 차등적 접촉은 빈도, 기간, 순위, 강도에 따라 다르다. 여덟째, 범법행위의 학습과정은 준법행위의 학습과정과 같다. 아홉째, 범죄행위도 다른 행위와 마찬가지로 욕구와 가치의 표현이다.

그러나 차별접촉이론은 인간의 학습측면을 지나치게 강조하는 단점이 있다. 즉 인간 본성의 차이를 무시하여 같은 원인에 의해서도 범죄자가 되고 범죄자가 되지 않는다는 점을 간과하고 있다.

바. 낙인이론(Labeling Theory)

낙인이론은 일탈 및 비행에 대한 실증주의적 개념에 반대하는 이론으로, 비행의 원인에 대한 관심보다 어떤 행동이 왜 비행으로 정의되고 일탈자로 취급되는가 하는 과정에 대해 관심을 기울인 이론이다. 그리고 일탈과 비행은 보는 사람의 관점에 의해 형성되는 것이라는 기본 시각을 갖는다.

레머트(Lemert)는 비행은 행위 자체보다 비행이라고 정의하는 과정에 따라 결정되는 것이다. 즉, 무엇이 비행이고 무엇이 비행이 아닌가에 대한 기준이 비행을 만들어낸다는 것이다. 비행을 정의하는 기준은 사회적, 문화적, 정신적인 요인들이며, 이 기준에 따라 비행과 비행자로 낙인찍히면, 그 후에는 그러한 행동은 비행이 되고, 그러한 행동을 하는 사람은 비행자로 취급된다는 것이다. 따라서 처음 비행(일차적 비행)을 저지른 사람은 비행자라는 낙인 때문에 계속 비행을 할 것으로 기대되고, 비행(이차적 비행)을 저지를 수밖에 없게 된다는 것이다. 그러므로 일차적 비행은 일시적이며 개인의 심리구조나 사회적 역할수행에 영향을 주지 않지만, 이것은 사람들로부터 일탈자로 낙인찍히게 만들어 결국 이차적 비행을 형성케 한다. 일단 전과자가 되면 계속해서 비행이나 범죄를 저지르게 되는 경우가 이에 속한다. 이것은 사회적 규범과 통제가 일탈과 비행을 만들어 내는 측면을 설명해 주는 것이다.

베커(Becker) 역시 일탈과 비행은 행위의 특성이 아니라 다른 사람들의 반응에 의해 규정된다는 반응이론을 전개하였다. 즉 비행 또는 일탈이란 다른 사람들이 행위자인 범인에게 법과 제재를 적용한 결과라는 것이다.

이러한 낙인이론은 원인론에서 간과된 사회통제의 중요성을 파악해 낸 장점이 있지만 낙인이 없으면 비행도 없다는 식의 지나친 상대주의에 빠질 우려가 있고, 비행 형성과정에 대한 분석이 지나치게 미시적이라는 한계를 가지고 있다.

지금까지 청소년 비행을 설명하는 중요한 이론들을 살펴보았다. 이러한 비행의 원인이나 과정을 어떻게 보느냐에 따라 비행에 대한 대책이 달라지므로 청소년비행문제를 통합적으로 이해하고 접근하는 것이 필요하다. 즉, 원인론에 의해 밝혀진 원인적 사실들을 단계적으로 통합해 나가야 한다. 먼저 사회구조적 원인이 어떻게 청소년의 사회화 요인으로 작용하는가를 검토한 후, 보다 미시적이고 구체적인 맥락에서 매스미디어, 동료집단 또는 또래집단, 이웃관계 등 청소년이 상호작용에 영향을 미치는 요인 검토한다. 그 후 청소년 비행에 대한 사회의 공식기관들의 입장과 반응을 분석한다.

3) 청소년 비행문제에 대한 현행 사회정책 및 프로그램

우리나라 청소년의 문제를 다루는 교정기관과 제도를 중심으로 살펴보면, 소년분류심사원, 소년원, 보호관찰제도, 갱생제도가 있다.

소년분류심사원은 소년원법에 의해 가정법원 또는 지방법원소년부에서 위탁한 소년을 평균 30일 정도 수용·보호하면서 이들의 자질과 비행행동을 과학적으로 진단하여 어떠한 조치가 적합한가를 분류하고 심사하는 법무부 소속시설이다. 소년원은 소년법에 의거 가정법원 또는 지방법원소년부의 보호처분결정에 의하여 14세 이상 20세 미만의 범죄소년, 형법에 저촉되는 행위를 한 12세 이상 14세 미만의 촉법소년, 성격 또는 환경에 비추어 장래 형법에 저촉되는 행위를 할 우려가 있는 12세 이상 20세 미만의 우범소년 등을 보호하여 교정교육을 하는 법무부소속 특수교육기관이다.

보호관찰제도는 유죄가 인정된 범죄자 또는 비행청소년에 대하여 교도소 등에 구금, 처벌하는 대신 보호관찰관의 지도·감독 하에 정상적인 사회생활을 허용하고 자립이 필요하다고 인정하는 경우에는 취업알선, 복학주선, 직업훈련 기회제공, 환경개선, 응급구호 등 적절한 원호를 함으로써 비행청소년의 건전한 사회복귀를 촉진하게 하는 제도이다. 그리고 갱생보호는 범죄자에 대한 비강제적인 사후보호로서 형사처분 또는 보호처분을 받고 소년교도소나 소년원 등에서 출소한 소년에 대하여 경제적·정신적 원조를 제공함으로써 재비행에 빠지는 것을 방지하고 사회적응을 도와주는 제도이다.

청소년 비행문제에 대한 구체적인 정책이나 프로그램을 알아보기 위해 여성가족부내 청소년복지를 위해 실시하고 있는 정책 및 프로그램을 중심으로 살펴보고자 한다(http://www.mogef.go.kr).

(1) 지역사회통합지원체계

지역사회 내 청소년 관련 자원을 연계하여 학업 중단, 가출, 인터넷 중독 등 위기청소년에 대한 상담·보호·교육·자립 등 활용 가능한 자원을 모두 연계해서 청소년에게 맞춤형 One-Stop서비스 제공하는 것이다. 일반청소년 및 위기청소년을 대상으로 전국 166개 청소년 상담지원센터(2010년 1월 기준)에서 서비스를 제공한다. 이곳의 사업내용은 지역연계협력사업, 청소년상담 및 활동지원, 청소년전화 1388운영, 위기청소년 긴급 구조 활동, 일시보호시설운영, 교육, 자립 등 맞춤형 서비스 제공한다. 구체적인 서비스 내용은 다음과 같다〈표 8-1〉.

〈표 8-1〉 청소년상담지원센터 서비스 내용

분야별	서비스 내용	사업수행기관
상담	· 개인상담, 집단상담, 심리검사, 동반자 파견 등	직접수행
보호	· 긴급구조, 일시보호, 귀가지원, 식사제공, 교통비지원 · 청소년쉼터, 그룹홈 연계	직접수행 청소년쉼터, 그룹홈
교육	· 검정고시 응시지원, 대안교육 연계 등	직접수행, 대안학교
자립	· 직업·취업정보 제공, 취업지원, 직업훈련 지원 등	직접수행, 고용지원센터
법률	· 조사동행, 변호지원, 법률자문	1388 법률 지원단
문화	· 동아리활동 지원, 수련관 프로그램 안내 등	청소년수련관
건강	· 약품지원, 건강진단, 치료지원	지역의료원, 보건소, 1388의료지원단(약사회, 의사협회 등)

* 출처 : 여성가족부, www.mogef.go.kr 2010.

그리고 서비스 지원 절차는 다음과 같다〈그림 8-1〉.

〈그림 8-1〉 청소년상담지원센터 서비스 지원 절차

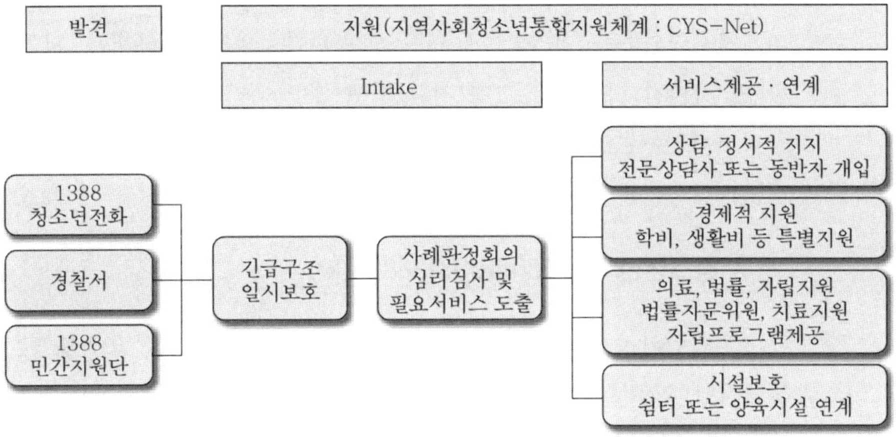

* 출처 : 여성가족부, www.mogef.go.kr 2010.

(2) 동반자 프로그램

이것은 청소년상담분야에 자격과 경험을 갖춘 전문가인 청소년동반자가 청소년이 있는 현장으로 직접 찾아가 일 대 일의 관계를 맺고, 정서적 지지 · 심리상담 · 지역자원 연계를 제공하는 프로그램이다. 청소년동반자는 청소년 관련 자격증(청소년상담사 · 청소년지도사 · 사회복지사 · 상담심리사 · 임상심리사 · 직업상담사 등)을 소지하고 상담 · 사회복지 현장 근무경력이 있는 전문가로써 위기청소년들에게 찾아가서 서비스를 제공하는 사람들이다. 주요대상은 위기(가능)청소년으로 성, 도벽, 약물, 가출 등의 비행 관련 문제를 가진 경우나 왕따, 집단폭력, 무단결석 등의 학교부적응을 경험하는 청소년 또는 부모방임, 가정폭력 등의 위기가정 청소년, 그리고 자살, 자해, 인터넷 중독 등의 어려움을 겪는 청소년을 대상으로 한다. 동반자 프로그램의 지원내용은 첫째, 위기청소년이 있는 현장으로 동반자가 직접 찾아가 청소년의 심리문제를 전문적으로 상담한다(찾아가는 상담지원). 둘째, 위기청소년과의 지속적인 만남을 통한 정서적 지지를 한다(정서적 지원). 셋째, 위기청소년의 생활환경에서 필요한 숙식, 교육, 의료, 보건, 법률, 여가, 직업훈련, 취업 등의 문제해결을 위한 지역자원을 연계한다(생활지원 연계). 넷째, 위기청소년의 욕구와 필요에 맞는 학습체험·체육·문화체험, 자기 계발 및 자존감 향상 프로그램 지원 및 연계를 한다(프로그램지원 연계).

동반자 프로그램 신청은 청소년전화 1388로 전화하거나, 가까운 청소년(상담)지원센터를 방문하여 신청하면 된다.

(3) 청소년전화 1388(http://1388.or.kr)

청소년전화는 전국에서 국번없이 1388번으로 청소년뿐만 아니라 부모님이나 선생님 등 누구나 이용할 수 있다. 이 전화는 청소년의 대인관계, 진로상담 등 고민과 애로사항이 있을 때나 청소년이 폭력, 가출, 학대 등 위험에 처했을 때, 유해환경 신고가 필요할 때, 청소년과 관련된 모든 문제에 있어 특별한 도움이 필요할 때 이용할 수 있는 전화이며, 자원봉사활동이나 참여활동 등에 대해서도 정보제공 및 안내를 도움을 받을 수 있다. 청소년전화 1388은 24시간 365일 운영하고 있으며, 전국 166개 지역의 청소년상담지원센터의 전문상담사가 전화를 받는다. 그리고 휴대전화 #1388을 통해 무료 문자 상담도 가능하다.

청소년전화 1388은 지역사회 청소년 사회안전망의 관문으로서 전국의 청소년상담지원센터 뿐만 아니라 각 지역의 정부기관, 경찰, 학교, 병원 등 다양한 기관과 연계되어 있다. 이를 통해 청소년이 처한 문제를 원인 진단부터 구체적인 해결책까지 원-스톱으로 지원한다.

(4) 가출예방/쉼터

청소년의 위기상황에 조기개입을 함으로써 청소년 가출을 예방하고, 가출한 청소년을 위한 쉼터를 운영으로 일시적인 생활지원 및 가정·사회로의 복귀를 지원하는 것이다. 대상은 위기청소년 및 가출청소년으로 청소년 가출예방을 위한 홍보, 민간협력사업 추진, 선도프로그램 개발 및 종사자 역량강화 교육 실시한다. 그리고 가출청소년에 대한 일시적인 생활지원, 상담 및 심리치료, 가정·사회복귀, 중장기적인 자립지원을 위한 청소년쉼터 운영지원한다. 전국에 청소년 쉼터 설치현황은 다음과 같다.

〈표 8-2〉 청소년 쉼터 설치 현황

지역	일시	단기	중장기
서울	2	6	5
부산	1	2	1
대구	-	2	1
인천	1	2	2
광주	1	2	1
대전	2	2	1
울산	-	2	1
경기	2	13	3
강원	-	2	2
충북	-	2	1
충남	-	2	1
전북	-	1	1
전남	-	2	1
경북	-	2	1
경남	-	2	1
제주	-	1	2
계	9	45	25

* 출처 : 여성가족부, www.mogef.go.kr 2010.

(5) 특별지원

위기상황에 노출되어 사회·경제적 지원이 필요한 청소년 중 다른 법 및 제도를 통해 지원을 받지 못한 청소년에 대하여 기초적인 생계비·의료비·자립비용 등을 지원해 주는 제도이다. 만 9세 이상 18세 이하의 위기청소년 중 가구 소득인정액을 고려하여 지원 대상을 선정한다(소득기준은 가구소득인정액이 최저생계비의 150%미만인 자, 단, 생계비, 의료비 지원은 최저생계비의 120%미만). 지원내용은 생활, 건강, 학업, 자립, 상담, 법률, 활동을 지원하고 서비스 지역은 서울·부산 · 대구 · 인천 · 대전 · 울산 · 경기(8개시도 시범사업 운영)이다. 서비스 신청은 청소년 본인 또는 보호자, 청소년상담사, 청소년지도사, 사회복지사, 교원, 그 밖의 관계인이 관할 시군구청에 신청하면, 시군구청의 가구 소득액 조사 및 특별지원심의위원회 심의 결정에 따라 지원대상자를 확정한다.

이외 청소년복지를 위해 청소년의 다문화 역량을 강화하고, 북한이탈청소년, 9-24세, 2,775명(통일부, 2009), 국제결혼가정청소년, 18세 이하, 97,882명(복지부, 2009), 외국인근로자가정 청소년, 6-20세, 27,844명(법무부, 2008) 등 사회 · 문화적 차이로 인하여 어려움을 겪는 청소년들에게 안정적인 정착을 지원하는 정책 수립·시행하는 북한이탈/다문화 청소년대책을 지원하고 있다.

그리고 청소년 성보호정책으로 성범죄예방/재범방지, 성보호제도운영 그리고 청소년성문화센터 SAY를 운영하고 있다. 또한 청소년보호법 제27-제32조에 근거하여 청소년보호위원회를 운영하고 있다.

4) 청소년 비행문제에 대한 해결책 및 대안

청소년 비행문제에 대해 법적으로 마련된 예방적 대책과 사후적 대책으로 구분하여 살펴보고자 한다.

예방적 대책으로는 청소년의 일탈과 예방을 직접적으로 예방하기 위한 목적과 관련되는 법으로는 청소년보호법, 풍속영업이 규제에 관한 법률, 음반 및 비디오 및 게임물에 관한 법류, 사행행위 규제 등 규제 및 처벌특례법, 담배사업법, 식품위생법 등이 있다. 이러한 관련법들은 모두 경찰력이라는 공권력을 통해 실효성을 유지하기 때문에 비행방지를 위한 환경조성이라는 폭넓은 대책으로 보기에는 미흡한 부분이 있다.

그와 달리 사후적 대책으로는 제2의 비행을 저지르지 않도록 교정 또는 교화를 위한 국가정책으로 소년법, 소년원법, 보호관찰법, 갱생보호법 등이 있다. 소년법은 20세미만의 반사회성이 있는 청소년에 대해 그 환경의 조성과 성행의 교정에 과한 보호처분을 행하고 행사처분에 관한 특별조치를 행하고 청소년의 건전육성을 위한 법이고, 소년원법은 소년원과 소년감별소의 조직과 기능, 기타 소년의 교정 교육 등에 관하여 필요한 사항을 규정한 법이다. 보호관찰법은 범죄인에게 자유를 박탈하지 않고 통상적인 사회생활을 영위하게 하면서 일정한 담당자의 지도, 감독 등을 통하여 그의 갱생 및 복귀를 기하고 다른 한편 범죄인의 개선교육을 통한 재범의 방지와 사회의 안전을 기하려는 제도로서 시행하고 있으며, 갱생보호법은 소년교도소에서 출소하거나 소년원에서 퇴원 또는 가퇴원환자, 소년법상의 보호처분을 받은 자 등에 대해 그들이 자립 갱생하여 건전한 사회인을 복귀할 수 있도록 지도하여 성행을 교정하고 물질적인 지원을 제공하여 자립기반을 마련하여 주기 위한 법이다. 사후대책과 관련된 법에서의 문제점은 먼저, 소년법은 단지 불량성이 있다는 우려만으로 범죄소년과 동일한 조사와 심판의 대상으로 간주하는 것은 형사법의 이념인 죄형법정주의의 원칙에 위배된다. 그리고 소년원은 청소년을 사회로부터 격리시킴으로써 건전한 성장을 방해하고 집단적인 강제 수용 및 통제로 인한 문제가 발생할 수 있다. 또한 대부분의 사람들은 소년원과 소년교도소를 동일시하므로 낙인을 부과하는 문제점이 있다.

이외 사후적 대책으로 비행청소년 처우에 있어서의 사회 내 보호의 지향이 필요하며 교정사회사업을 활성화하는 것이 필요하다. 교정사회사업은 사회적응에 실패한 범죄자 및 비행청소년들의 사회적 적응능력을 배양시켜 재비행과 재범을 방지하며 원만한 사회복귀를 도와 건전한 시민으로 살아갈 수 있도록 하는 복지적 처우와 조직적 서비스의 지원활동을 말한다. 즉, 교정사회사업은 범죄자의 우범자 및 그들의 문제 그리고 유해환경 등을 대상으로 사회복지실천방법의 지식과 기술, 사회복지정책의 법과 제도적 장치 등을 활용하여 대상자들의 재범방지와 사회복귀는 물론 관련 환경의 개선을 도모하는 사회적 노력과 활동이라고 할 수 있다. 이와 아울러 청소년 교정기관의 전문화가 필요하다. 청소년교정기관의 전문화를 위한 방안으로는 교정사회사업가의 대폭적인 참여가 필요하며, 야간수용제, 휴일수용제, 가족과의 만나는 날 등의 제도를 활성화하여야 한다. 그리고 집단가정이나 중간처우의 집 등을 설치로 수용시설과 지역사회의 가교역할을 할 관련 시설들을 지원해야 한다. 청소년 교정기관과 사회 내 보호 교정기관은 기관의 목적, 기관의 위치, 그리고 자원동원의 차원에서 전문적 프로그램을 할 수 있는 기본적 여건이 다른 일반기관에 비해 상대적으로 용이하므로 다양한 차원의 부모지원과 관련된 프로그램을 활성화할 수 있다.

5) 청소년 비행문제 해결을 위한 사회복지적 차원에서의 전략

청소년들의 비행문제를 해결하기 위한 사회복지적 차원에서 전략을 제도적 차원에서의 전략과 보완적 차원에서의 전략으로 구분할 수 있다.

모든 청소년을 위한 제도적 차원에서의 전략은 가정기능 강화, 학교교육에서의 인간성의 회복, 불평등완화와 절대빈곤 해소를 위한 정책들이 모색되고 도입되어 우리사회의 경제적 불평등의 완화되도록 하는 것이 필요하다. 그리고 비행청소년을 위한 보완적 차원에서의 전략은 사회사업적 전문적 지식과 기술을 가지고 개입하는 교정사회사업이 필요하다. 이를 위해 전문 인력과 전문적 기법 등 교정의 전문화가 되어야 하며, 청소년 개인의 다양한 성격과 상황, 비행 동기에 따른 적절한 처우가 실시되어야 하므로 교정의 개별화가 이루어져야 한다. 마지막으로 탈시설화를 통한 일반사회와 유사한 사회환경을 제공하는 등의 교정의 사회화가 이루어져야 한다.

구체적으로 가출 및 비행청소년들에게 문제를 유발할 수 있는 위험요인과 보호요인으로 구분하여 개인, 가족, 학교, 또래집단 그리고 지역사회에서 제공해야 하는 사회복지프로그램을 구성하였다(이상균, 2005)〈그림 8-2〉.

〈그림 8-2〉 가출 · 비행청소년을 위한 사회복지프로그램

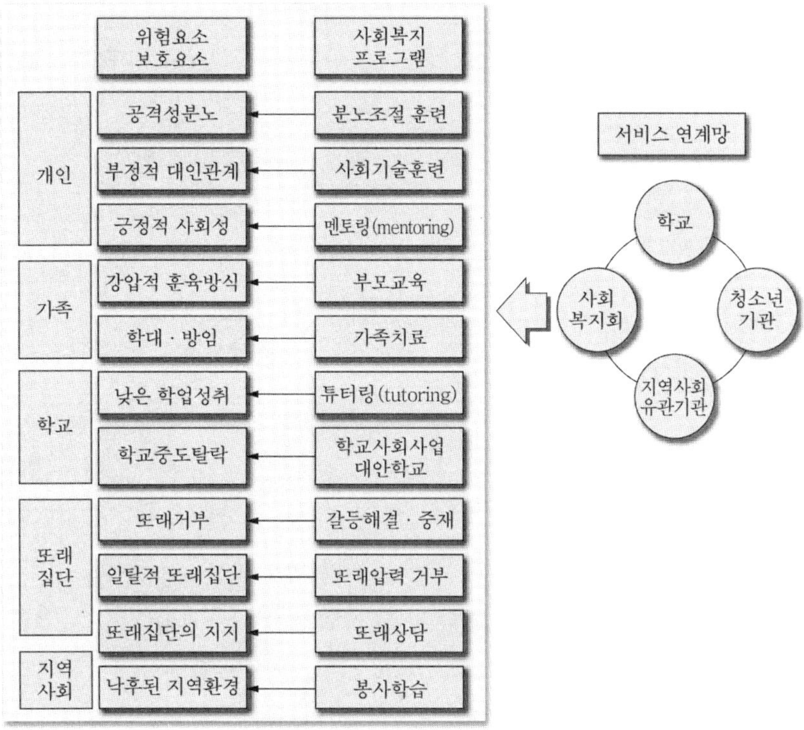

* 출처 : 이상균(2005), 가출, 비행청소년을 위한 효과적인 사회복지실천 전략의 모색.

이상에서 살펴본 청소년 비행문제는 청소년이라는 특수한 집단과 관련된 문제이다. 그리고 사회구조적인 요인과 개인의 주변적 환경, 개인의 성향 등이 상호작용을 일으켜 발생하는 문제이므로 해결의 주체, 대상 그리고 청소년의 특성을 파악하여 종합적이고 체계적이며 전문적으로 대처하는 것이 필요하다.

제 9 장 범죄문제

1) 범죄의 정의와 현황

범죄는 하루도 빠짐없이 뉴스를 장식할 만큼 우리가 알게 모르게 많이 일어나고, 날이 갈수록 흉포화, 지능화, 조직화, 저연령화의 양상을 띠고 있다. 그러므로 많은 사람이 범죄문제를 가장 중요하고 심각한 사회문제의 하나로 생각하고 있다.

범죄문제에 관한 연구는 한 학문 분야에서만 이루어지는 것은 아니다. 법학, 심리학, 사회학 등에서 범죄문제를 연구해 왔고, 지리학에서도 범죄문제를 연구하는 범죄지리학이 있다. 뿐만 아니라 범죄자체를 고유한 연구영역으로 다루는 범죄학이라는 학문도 있다. 범죄에 대한 연구가 여러 분야에서 다루어지고 있으나, 법학 또는 사회학 분야에서 범죄통계나 문헌에 기초하여 범죄현상을 분석하고 근본대책을 수립하려는 연구가 대부분이다.

사회를 살아가는 대부분의 사람들은 범죄의 피해를 입을 수도 있고 범죄자가 될 수도 있다. 범죄의 발생은 단지 범죄자 개인의 원인에서만 비롯되지 않는다. 그러나 범죄를 저지른 개인은 설사 범죄에 대한 대가를 다했다 해도 "전과자"라는 낙인으로 인해 사회로부터 경계와 기피의 대상이 된다. 이러한 점들이 범죄인의 진정한 사회복귀를 방해하고 또 다른 범죄의 원인이 된다. 그러므로 범죄인의 진정한 사회복귀를 위해서는 범죄인 자신에게만 그 책임을 부담시킬게 아니라 우리 사회 역시 그 책무를 감당해야 할 것이다.

우리는 나날이 접하게 되는 범죄를 어떻게 정의하고 있는가? 대부분의 사회문제가 정의하기 쉽지 않지만 범죄문제도 간단히 정의하기가 쉽지 않다.

(1) 형식적 범죄개념과 실질적 범죄개념

보통 범죄라고 하는 경우는 법률에서 범죄로 되어 있는 행위를 지칭하고, 이것을 형식적 의의에 있어서의 범죄라고 부른다. 또한 실질적 의미의 범죄는 사회질서 유지라는 목적으로부터 보아 어떤 강제조치를 필요로 하는 반사회적인 행위의 성격을 갖는 형사정책상의 범죄로서, 이 의미로부터는 책임무능력자의 법률상 범죄로 되지 않는 반사회적 행위도 범죄로서 인정되는 것이다.

범죄를 실질적 관점으로부터 파악하여 대처한다고 하는 것은 다음 두 가지 점에서 적극적 의의를 가진다. 첫째로 형식적 범죄로 되지 않는 반사회적 행위를 형사정책의 대상으로 포섭하며 필요한 시책을 강구하는 것이 가능하다. 둘째는 현재 범죄로서 처벌되고 있는 행위에 관하여 실질적 견지로부터 검토하여 고치고, 형사정책상 중요하지 않는 범죄는 범죄목록으로부터 제거하고, 또는 사회질서 유지의 관점에서 보면 처벌할 가치가 없는 것 같은 행위는 사회적 상당행위로서 범죄통제 대상으로부터 제외함으로써 형벌권의 부당한 행사를 회피하고 형사정책을 효율화할 수 있다.

즉 사회윤리규범에 위반하는 행위에 의해 발생하는 법익침해가 사회질서의 유지를 곤란하게 한다고 할 때를 범죄로 보아야 할 것이다.

(2) 범죄의 분류

① 형사범과 민사범

형사범과 민사범의 차이점은, 형법상의 범죄를 저질렀을 때는 정부가 범법자에 대한 응분의 법적 조치를 취한다. 즉, 국가가 제소자가 되고 범법자가 피소자가 된다. 반면 민사상의 범법행위는 국가가 아닌 특별한 개인에 대하여 행한 '악'이다. 이 경우 피해를 입은 개인이 원고로서 피고에 대한 적법 조취를 취하게 된다. 민사범은 일반적으로 개인 간이나 조직 간의 권리와 의무를 규정한 이혼법이나, 계약법 및 재산법 등의 위반에 관련된 행위이다.

② 행위 차체가 범죄인 것과 금지된 행위로서의 범죄행위 자체가 범죄인 것

행위 자체가 사악하여 인간 공동체의 존망에 지대한 영향을 미치는 범죄로서, 동서고금을 막론하고 강간, 살인, 강도, 방화, 폭행, 근친상간 등을 이 종류에 속하는 범죄로서 규정하고 있다. 금지된 행위로서의 범죄란 교통규칙위반처럼 법칙으로 금지되었기 때문에 범죄가 된 행위를 의미한다.

③ 범죄의 흉악한 정도에 따른 구분

죄의 경중에 따라 경중이 높은 흉악범과 죄의 경중이 낮은 경범이 있다. 경범은 경범죄 처벌법에 의거해 처리되며, 암표매매, 새치기 등이 여기에 속한다. 피해자가 없는 범죄는 부도덕한 행위나 풍속범죄가 여기에 속한다. 이것은 법으로 금지되어 있으나 많은 사람들이 범죄가 아니라고 생각하는 행위이다. 즉, 성매매, 약물남용, 도박 등이 여기에 속한다.

그리고 범죄인의 사법절차를 가장 단순하게 표시하면 파출소→경찰서→검찰→법원→교도소이다. 국가기관인 행정부 내의 행정자치부의 경찰청과 법무부 그리고 법원이 개입되어 있다. 예방단계에서는 파출소와 경찰서가 주로 개입되어 있고 수사단계에서는 경찰서와 검찰이 주로 관여하고 있으며 재판단계에서는 검찰과 법원이 개입되고 마지막 행형

교정단계는 교도소를 비롯한 교정기관이 주로 업무를 담당한다.

(3) 범죄의 실태

우리나라에서 발생하는 범죄의 경우, 2002년에는 총 2,297,030건으로 집계되었다. 그리고 2006년에는 1,932,729건으로 낮아졌다가 2008년에는 2,472,897건으로 증가하였다(한국통계연감, 2009). 그 중 형법범의 수는 〈표 9-1〉에서는 보는 것과 같이 1997년 544,470명에서 2008년에는 1,023,947명으로 증가한 것으로 나타났다(한국의 사회지표, 2009).

〈표 9-1〉 형법범 중 주요범죄별 범죄자수

(단위 : 명, %)

연 도	주 요 범 죄 (Major offenders)					
	형법범 범죄자수	절 도	살 인	강 도	강 간	폭행·상해
1997	544,470	55,227	886	6,268	5,612	40,888
1998	633,017	71,706	1,014	8,100	5,674	47,635
1999	685,993	66,386	1,080	6,610	6,277	63,595
2000	599,992	65,692	990	6,131	6,218	68,656
2001	593,666	57,361	1,109	5,147	5,692	68,292
2002	994,628	65,752	1,031	4,551	8,969	61,280
2003	1,025,140	61,303	1,021	5,312	9,815	66,220
2004	950,089	58,762	974	4,039	8,847	58,365
2005	865,325	58,458	980	3,055	8,664	55,819
2006	855,066	64,812	959	3,047	10,353	167,682
2007	833,807	71,575	968	3,129	9,632	215,840
2008	1,023,947	85,754	989	4,039	13,377	275,714

* 출처 : 한국의 사회지표, 2009.

특히 사이버범죄가 꾸준히 증가추세를 보인다. 2002년 41,900건에서 2007년에는 78,890건으로 나타났다(경찰청 사이버테러대응센터, 2008).

〈표 9-2〉 사이버범죄

구 분	총계	해킹 바이러스	인터넷 사기	사이버 폭력	불법사이트 운영	불법복제 판매	기타
2007	78,890	14,037	28,081	12,905	5,505	8,167	10,195
2006	70,545	15,979	26,711	9,436	7,322	2,284	8,813
2005	72,421	15,874	33,112	9,227	1,850	1,233	11,125
2004	63,384	10,993	30,283	5,816	2,410	1,244	12,633
2003	51,722	8,891	26,875	4,991	1,719	677	8,569
2002	41,900	9,707	19,395	4,726	862	1,778	5,432

* 출처 : 경찰청 사이버테러대응센터 http://www.netan.go.kr/, 2008.

2) 범죄의 원인에 대한 사회과학 이론들의 설명

지금까지 연구된 범죄의 원인에 관한 수많은 관점과 이론들을 대별하면 생물학적, 심리학적, 사회학적 관점으로 나누어 볼 수가 있다. 그러나 이중에서는 사회학적 관점의 이론들이 많은 학자들에 의해 지지받고 있다(최선화 등, 2006).

(1) 생물학적 관점

범죄의 원인을 생물학적 관점으로 본다는 것은 개체의 신체구조와 생리작용의 어떤 특징적 부분이 범죄성과 밀접한 관계가 있다고 믿는 것이다. 즉, 인간의 운명·성격특성과 지식상태 나아가서는 질병과 범죄성 등을 그 신체구조상의 특징 등과 관련시켜 생각하는 사고방식이다. 이것은 옛날부터 동서양에서 꾸준히 존재해 왔다. 예를 들면 '관상', '수상', '골상' 등이 있다.

그러나 현재 생물학적 관점의 범죄이론은 후속적으로 이루어진 실증적인 조사에 의하여 이론의 과학성을 조금도 인정받지 못하고 있다. 하지만 생물학적 관점이 과학적 범죄학의 발전에 결정적 기여를 하게 된 것은 사실이다.

(2) 심리학적 관점

범죄자의 심리에 초점을 맞추어 범죄행동을 해명하고 범죄의 원인을 파악하려는 시도는 18세기의 말엽에 행해졌다고 한다. 그러나 심리학적 원인론이 범죄학의 한 원류로 된 것은 프로이트(S. Freud)의 업적이 평가되면서 이다. 심리학적 관점의 범죄이론 중 대표적인 것을 알아보자.

① 정신박약

정신박약과 범죄에 대한 관계는 범죄를 범하게 되는 원인을 저지능으로 인하여 법 규정을 이해할 수 없어서 법에 저촉되는 행위를 한다는 것이다. 이 이론은 개인의 IQ를 가지고 지능을 측정하고 있으나 IQ는 문화적 차이에 영향을 받게 되므로 범죄와 저지능과 관계가 명백하게 규명되지 않는다. 또한 범죄행위를 하고 체포된 자의 수가 범법행위자 전원을 대표하지 않는다는 사실이다. 즉 똑같이 범죄를 범하고서도, 체포되느냐 안 되느냐는 범인의 지능에 많이 좌우된다는 것이다. 아울러 사회계층 역시 비행에 영향을 미치므로, 범죄의 발생의 관계된 독립변수가 지능인가 혹은 범인이 속한 사회계층인가는 미지수이다.

② 특수한 성격

특수한 인격적 요소가 범죄발생과 관계가 있다는 보는 이론이다. 예를 들면, 좌절감을 주는 상황에 대한 관용성의 결여가 범죄발생과 관련이 있다고 보는 것이다. 인간이 어떠한 목적을 달성하려고 하는 기로가 봉쇄되었을 때 좌절감을 갖게 되며, 이 때 좌절감을 준 당사자나 혹은 대치물에 대하여 공격적 반응을 취하는 경향이 있다.

그러나 범죄와 인격적 특성과를 연관시키는 이론의 문제점은 특수한 인격적 인자가 범행의 직접원인인지 파악하기가 용이하지 않다는 것이다.

③ 정신질환

반사회적이고 공격적이고 종속적인 특성을 가진 정신질환적 성격은 범죄와 관계가 있다고 보는 관점이다. 즉, 정신질환적 성격의 소유자는 자신의 본능적 충동과 욕구를 통제하는 것을 배우지 않았으며 결단력이 약하고 비협조적이며 쾌락을 추구한다. 이러한 충동적 성격 때문에 정신적 질환의 소유자에 의한 범죄는 구체적으로 미리 계획됨이 없이 순간적으로 행해지며 또한 목적이 없는 경우가 많다.

④ 정신분석학적 이론

이 이론은 범죄에 관한 심리학적 관점 중에서 상대적으로 가장 설득력 있는 이론이다. 정신분석학이론에서 인간은 그 본연의 성격이 비사회적이기 때문에 범죄인이 되지 않으려면 사회화되어야 한다고 본다. 즉, 정신분석학적 이론에서는 영유아가 처해진 환경에 적응하는 사회화 과정을 통해 준법하는 시민으로 성장한다고 본다. 그러나 영유아시기에 적절한 사회화과정을 밟지 못한 결과로 범법자가 된다고 보고 있다.

정신분석학자에 의하면 어떤 사람은 어렸을 때의 일에 대한 죄책감 때문에 죄를 범한다는 것이다. 이 특정 개인은 그 자신이 어려서 행한 확정된 욕구에 대한 속죄를 하는 방법으로서 죄를 받기 위하여 범행을 한다는 것이다. 예를 들면, 부주의하게 범행에 관여되어 곧 체포되는 경우가 여기에 해당된다.

정신분석학적 이론은 신경쇠약(neurosis)이나 정신착란증(psychoses)을 범죄와 관련시키고 있다. 신경쇠약(neurosis)과 소년비행은 똑같은 문제에 대한 상이한 해결방식으로 보기도 한다. 예를 들면, 신경쇠약증의 청소년은 자신이 당면한 문제를 자신이 해결하려고 한다면, 비행청소년은 자신의 문제를 타인에게 전가하는 경우이다.

(3) 사회학적 관점

사회학적 관점은 범죄를 사회구조적인 모순에 의한 사회문제로 보는 견해이다. 범죄에 관한 사회학적 연구는 19세기말부터 20세기 초에 걸쳐서 Durkheim 등에 의해 전개되었다. 그리고 맑스주의의 입장에서는 범죄의 원인을 자본주의체제에 있다고 생각했으며, W. A. Bonger는 빈곤에서 범죄의 원인을 구하고자 하였다.

① 아노미이론

현대사회에서는 많은 사람들에게 공통적인 목표가 강조되고 있으나, 대부분의 사람들은 그 목표를 달성하기 위한 합법적인 수단을 얻는 기회가 사회구조상 제한되거나 경우에 따라서는 완전히 배제되기도 한다. 이와 같은 제한을 받는 사람들은 규범에 대해 정서적 공감이나 지지를 하지 않고 합법적인가 비합법적인가도 고려하지 않으며 목표달성을 위한 기술적 수단을 확보할 것에만 마음을 쓰게 된다. 머튼(R. K Merton)은 이런 부분에서 일탈행위가 발생한다고 보고 아노미이론을 제창하였다.

머튼(Merton)은 문화적 목표의 '수용'과 제도적 수단의 '거부'로 인해 발생하는 기능장애상태에 대해 개개인이 적응하는 유형에 따라 5가지로 분류하고 있다. 구체적인 것은 다음 〈표 9-3〉과 같다.

〈표 9-3〉 아노미 상태에서의 개인의 적응양식

개인의 적응양식	문화적 목표	제도적 수단	사례 및 해당계급	특징
1. 동조형(conformity)	+	+	평범한 정상행위, 정직한 기업인(상층중간 계급)	비일탈적
2. 의례형(ritualism)	-	+	목적의식 없는 행위로 주로 관료형(하층중간 계급)	
3. 혁신형(innovvation)	+	-	절도, 강도, 횡령 등의 범죄 전문가와 화이트칼라 범죄인(하층계급)	일탈적-범죄와 가장 관계가 깊은 유형
4. 도피형(retreatism)	-	-	알콜 및 마약중독자, 자살자(하강계급)	
5. 박역형(rebellion)	±	±	사회운동가, 혁명집단, 히피족(상승계급)	일탈적

+는 수용, -는 거부, ±는 지배적 가치체계를 거부하고 새로운 가치의 대치를 의미.
* 출처 : 표갑수(1986), 『청소년비행원인이론』, 한국복지정책연구소 출판부. p. 15.

② 하위문화이론

하위문화이론(Theory of Lower Culture)은 코헨(A. K. Cohen)이 하류계급에서 비행집단이 많은 것에 초점을 두면서, 비행집단과 그 집단이 가지고 있는 특이한 하위문화를 계급적 긴장과 갈등이라는 사회구조적 측면과 관련시켜 파악하고 있다. 개개인의 사회경제적 지위와 역할이 비행에 직접적인 관련이 있다고 보는 머튼(Merton)에 비해, 코헨(Cohen)은 사회계급과 비행행위 사이의 가치관이라는 매개변수를 도입하여 사회계급은 가치관의 매개변수를 통하여 비행행위와 연결된다고 보고 있다. 따라서 사회계급과 관련된 사회적 가치관은 준법자와 비행자를 구분하는 요소가 된다.

특히, 코헨(Cohen)은 사회에는 각계각층의 성원들이 공유하고 있는 문화가 있다고 보았다. 즉, 중산층을 중심으로 형성된 중심문화와 하류계급자인 노동자의 자녀들이 가지고 있는 문화 간에는 중대한 갈등이 일어나고, 이러한 갈등이 비행과 연결된다고 보았다. 예를 들면, 하류계층 출신의 자녀들은 중산계급의 척도에 의해서 평가되는 상황에서 중산층 이상의 자녀들과의 경쟁에서 불리하다는 것을 알게 된다. 그러면 사회구조적으로 조성된 적응문제를 해결하기 위하여 하류계급의 소년 나름대로의 사회에 바탕을 둔 비행집단을 형성할 수밖에 없다. 즉, 비행집단과 이 집단 특유의 비행하위문화는 이러한 적응문제에 대한 하위계급 소년들의 집단적인 해결 내지는 반응이라는 것이 코헨(Cohen)의 핵심 이론이다.

이러한 비행집단의 비행하위문화는 비공리성(non-utlitarianism), 악의성(maliciousness), 부정성(negativistic), 다양성(versality), 그리고 단기적 쾌락주의(short-runhedonism)의 특징도 갖고 있다.

③ 중화기술이론

마차(Matza)와 사익스(Gresham M. Sykes)는 비행중화의 기술이란 비행행위를 정당화함으로써 중화된다는 것이다. 비행중화의 기술(techniques of neutralization)에는 5가지 유형 즉, 책임의 부정(denial of responsibility), 가해의 부정(denial of injury), 피해자의 부정(denial of the victim), 비난자에 대한 비난(condemnation of the condemners), 고도의 충성심의 호소(appeal to higher authorities)로 구분하고 있다. 이런 비행중화기술의 5가지 유형은 각각 그 나름대로 특징이 있지만, 전체로서 보면 비행행위는 바로 그것을 어쩔 수 없었던 행위라고 이해하고 그와 같은 행위가 정당하다고 할 수는 없어도 사회적으로 수용된 것이라고 생각하는 점에서 같다고 할 수 있다.

④ 사회통제이론

사회통제이론(Theory of Social Control)은 주로 청소년비행을 설명하는 이론으로 사회결속력이라고도 한다. 이 이론은 모든 청소년은 비행을 일으킬 인자를 다 가지고 있다는 전제 아래 왜 많은 청소년들이 그러한 인자를 가지고 있음에도 불구하고 비행을 저지르지 않느냐에 이론에 초점을 맞추고 있다.

허쉬(T. Hirschi)는 개인의 비행을 막는 4가지 주요 요소는 애착(attachment), 위탁(commitment), 참여(involvement), 신념(belief)이라

고 보았다. 이러한 4가지 사회결속 요소가 잘 유지되어야만 개인과 사회가 결속되어 비행을 저지르지 않게 된다고 보는 것이다.

⑤ 차별접촉이론

접촉차이이론(Theory of Differential Association)은 사회의 한 부분은 법의 준수와 관련된 가치를 중심으로 조직되어 있고, 다른 부분은 범죄적 가치로 둘러싸여 조직되어 있다는 것에서 출발한다.

서덜랜드(E. H. Sutherland)가 주장한 이 차등적 접촉이론은 범죄이론을 역사적·발생적으로 설명하고자 하는 것으로 다음과 같이 정리할 수 있다.

- 범죄행동은 학습된다.
- 범죄행동은 커뮤니케이션의 과정에서 다른 사람들과의 상호작용 가운데 학습된다.
- 범죄행동학습의 중요한 부분은 친밀한 사적 집단에서 생긴다.
- 범죄행동이 학습될 때 그 학습의 내용은 때로는 복잡하거나 또는 단순한 범죄수행기술이다. 이때 동기, 충동, 합리화, 태도 등의 특정한 방향지움도 포함된다.
- 동기 및 충동에 관한 특정한 방향 지움은 법규범을 바람직한 것이라고 생각하는가에 따라 다르게 학습된다.
- 사람은 법위반을 바람직하다고 하는 정의가 법위반을 바람직하지 않다고 하는 정의를 초과한 경우에 범죄자로 된다(차등적 접촉이론의 근본원리).
- 차등적 접촉은 빈도, 기간, 순위, 강도라는 점에서 각각 다르다.
- 범죄적 행동형 및 비범죄적 행동형의 접촉에 의한 범죄행동학습과정은 다른 모든 학습에 포함된 메커니즘을 포함하고 있다.
- 범죄행동은 일반적인 욕구나 가치의 표현이다. 그리고 비범죄행동 또한 같은 욕구나 가치의 표현이기 때문에 범죄행동은 그들의 일반적 욕구나 가치에 의해서는 설명할 수 없다.

⑥ 낙인이론

낙인이론(Labeling Theory)은 행위자가 왜 범죄자로 정의되고 일탈자로 취급되어 온 것인가에 관한 일련의 과정과 그 정의를 한 주체와의 관계를 문제로 하는 관점이다.

이 이론의 창시자인 레머트(Edwin Lemert)는 일탈적 행동은 사회통제를 필요로 하지 않고 사회통제 붕괴의 결과도 아니라고 주장한다. 또한 일탈행위에 책임이 있는 것은 사회통제 자체라는 것이다. 그리고 일탈행동을 일차적 일탈과 이차적 일탈, 두 가지 범주로 분류하였다. 일차적 일탈은 개인이 범죄를 저지를 것을 결정하는 기제(mechanisms)를 의미한다. 그는 일탈행위는 사회적 요인, 문화적 요인, 정신적 요인 또는 지속적이거나 일시적으로 형성된 생리적 요인과 같은 다양한 요인들이 원인이라고 하다. 일차적 일탈행위의 원인을 밝히는 것은 이차적으로 중요한 문제인데, 그것은 실제로 개인의 지위와 정신구조를 변화시키고'정상적'인 사람을 비행자로 만드는 요인은 절도, 알코올남용과 같은 사실이 아니고 낙인찍는 과정(labeling process)이기 때문이다.

이차적 일탈행위는 낙인이론 주창자들에 의해 정의된 것에 의하면 일탈행위에 대한 사회적 반응의 순간과 동시에 시작된다. 일탈행위에 대한 모든 사회적 반응의 연쇄는 특정 개인으로 하여금 부착된 낙인에 부합되는 행위를 하게 하는 원인이 된다.

이차적 일탈행위의 낙인이론 주창자들에 의해 정의된 것에 의하면 일탈행위에 대한 사회적 반응의 순간과 동시에 시작된다. 일탈행위에 대한 모든 사회적 반응의 연쇄는 특정 개인으로 하여금 부착된 낙인에 부합되는 행위를 하게 하는 원인이 된다.

⑦ 자아개념이론(Theory of Self-Concept)

자아개념이란 타인의 의해 형성된 나(ME)에 대한 나(I)의 생각이라고 정의할 수가 있다. 이것은 자아개념이라는 것이 주관적인 관념과 객관적인 관념의 결합으로 이루어지며, 인간의 행동이란 환경적 부분과 심리적인 부분의 결합으로 결정된다는 것을 의미한다. 그러므로 이것은 범죄를 설명하는 심리·사회적인 관점이면서, 범죄이론의 심리학적 관점과 사회학적 관점 그리고 많은 사회학적 이론들을 통합한 것으로 보인다.

자아개념이론에서 범죄의 원인은 부정적인 자아개념으로서 스스로를 비하하고 학대하거나 열등감을 느끼고 자기 자신에 대해서 별로 높은 기대를 하지 않는 것 등으로 보았다. 그런데 이러한 자아개념의 약화는 타인과의 아무런 상호작용 없이 저절로 형성되는 것이 아니고 타인과의 왕성한 상호작용 특히 중요한 타인(Significant Others)과의 상호작용의 결과를 본인이 수용하였을 때 생기는 것으로 보았다.

이상에서 지금까지 연구된 범죄의 원인에 관한 이론들을 살펴보았다. 이를 종합해 보면 오늘날 많은 범죄의 경우 개인적 특성보다는 오히려 사회와의 관계 속에서 그 원인을 찾아야 할 것이다. 그리고 범죄문제의 원인은 개인과 사회 중 어느 한 쪽에만 있지 않고, 미시적인 원인과 거시적인 원인이 복합적으로 작용하여 범죄문제가 발생하는 것임을 주지해야 할 것이다.

3) 범죄문제에 대한 현행 사회정책 및 프로그램

(1) 정부의 범죄 대책

우리 사회에서는 지금까지 범죄문제에 대한 대책으로 사회정책을 택하기보다 소극적인 통제정책을 택해 왔다. 지금까지 이루어지고 있는 것을 중심으로 살펴보면 다음과 같다.

① 교정시설

범죄자를 수용하여 교정·교화하는 시설로서는 교도소, 소년교도소,

구치소, 보호감호소, 소년원 등이 있다. 이밖에 치료감호소가 있으나 엄밀한 의미의 교정시설로 볼 수 없음.

② 수용자 처우

소년범에 대한 보호관찰, 교도소내의 직업훈련, 가석방, 전과기록 말소제도 등 다양한 교정 프로그램을 가지고 있으나 이는 질적, 양적으로 매우 모자라는 실정이다. 수용자 처우를 구체적으로 살펴보면, 분류처우제도, 누진처우제도, 개방처우제도 등 각종 처우제도와 생활지도교육, 재소자 정신교육, 학과교육 등의 교육활동과 교화위원 및 종교위원제도, 교도작업 및 직업훈련 등으로 나눌 수 있다.

③ 사회 내 처우

범죄자를 시설에 수용하지 않고 실시하는 사회 내 처우로는 가석방 및 가출소, 보호관찰, 갱생보호 등이 있다.

가석방은 형기만료 전에 석방하여 사회복귀의 기회를 부여하는 제도이다. 가석방자에 대하여서는 1989년 7월 1일부터 시행된 보호관찰법에 따라 가석방된 소년수형자, 가퇴원된 소년원 수용자 및 가출소된 피보호 감호자에 대해서만 보호관찰이 실시될 뿐이다.

보호관찰제도는 유죄가 인정된 범죄자에 대하여 교정시설에 수용하는 대신 일정한 기간을 정하여 사회 내에서 정상적인 자유활동을 허용한 상태에서 보호관찰관의 지도감독과 원호를 받게 하는 제도이다. 우리나라에서는 1983년부터 보호관찰의 시험실시를 한 후, 1988년 보호관찰법의 제정으로 하여 1989년 7월 1일부터 소년범죄자에 대하여 실시하고 있다.

갱생보호사업은 형의 선고유예, 집행유예, 가석방 또는 형기의 만료 등으로 출소한 자에 대하여 자립의지를 고취하고 경제적 자립기반을 조성시켜 건전한 사회복귀를 촉진함으로써 재범을 방지하기 위하여 실시하는 사업이다.

갱생보호의 방법에는 직접보호와 관찰보호가 있다. 직접보호의 내용은 숙식제공, 여비지급, 생활조성 금품지급, 직업훈련, 취업알선 등의 방법으로 실시된다. 간접보호는 지도, 조언, 상담 등의 방법이 위주가 되며 필요한 경우 경제적 자립의 기반을 조성할 수 있도록 도와주기도 한다.

④ 범죄 피해자의 구제

형법범죄 중의 일정한 범죄, 즉 상해, 중상해, 상해치사, 폭행치사상, 과실사상, 절도와 강도, 사기와 공갈, 횡령과 배임의 죄에 관하여 유죄판결을 선고할 경우에, 법원은 직권이나 피해자의 신청에 의하여 피고사건의 범죄행위로 인하여 발생한 직접적인 물적 피해 및 치료비 배상을 명할 수 있고, 위에서 말한 특정한 죄 및 그 밖의 죄에 대한 피고사건에 있어서 피고인과 피해자 사이의 합의된 손해배상액에 대하여서도 그 지급을 명할 수 있다. 가해자의 소재나 신원이 불명하거나 변제능력이 충분하지 못하여 가해자에 의한 보상이 현실적으로 불가능하거나 현저히 곤란한 경우, 피해자에 대한 실질적인 구제를 위하여 국가의 적극적인 관여가 필요하다. 우리나라에서는 1988년 7월 1일 발효된 범죄피해자 구조법에 의하여 이를 실시하고 있다.

살인 · 강도 등 강력범죄 피해자를 위한 지원 절차는 다음과 같다.

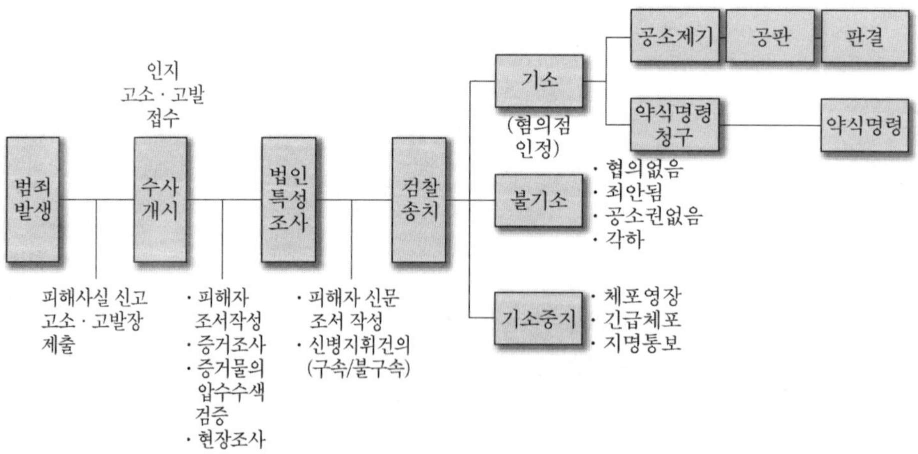

* 출처 : http://www.police.go.kr 2010.

(2) 민간차원의 범죄 대책

민간 차원의 범죄문제에 대한 대책은 소극적인 대책과 적극적인 대책으로 나눌 수 있다. 우선 소극적인 대책으로는 사회구성원들이 스스로 범죄 피해자가 되지 않기 위하여 조심하도록 하는 것을 들 수 있다. 보다 적극적인 대책으로는 자발적인 방범조직을 결성하여 범죄에 대항하는 것이다.

(3) 사회복지서비스 및 프로그램

① 자아형성을 지원하는 체험교육

사회복지 현장에는 상담, 대화 등 언어를 중심한 치료법과는 다른 체험교육 또는 활동을 중심한 프로그램이 개발 및 실시되고 있다. 그리고 비행청소년을 위한 지도 대안으로 소년원의 수용 외에 보호관찰을 통한 개입기법으로 체험교육 프로그램들이 검토되고 있다.

체험교육 프로그램이 비행청소년 지도에 있어서 언어를 중심한 접근요법보다 더욱 효과적이다. 즉, 언어 중심의 상담 및 대화프로그램으로는 참석자의 공격성을 해소시키기가 어렵다. 그 이유는 단지 참석자가 "상상하는 것"을 추상적인 면에서 "행동하도록" 요청하기 때문이다. 서로 이야기하는 것으로 그칠게 아니라 공격성을 경감시키는 교육내용으로 구성되어야 하며, 클라이언트가 관심을 갖는 흥미 있는 "말 대신에 체험"을 소개하는 프로그램이 요청되고 있다. 예를 들면 상대방을 이기기보다 자신을 이기는 것을 목적으로 하는 태권도 등이 적합하다고 볼 수 있다.

② 정신감호시설에서의 스포츠 치료 프로그램

다양한 스포츠 치료 프로그램을 실시하는 이유는 다음과 같다.

· 스포츠는 신체적인 능력을 증진시키고 자신감을 가져다준다.
· 대인관계의 능력을 증진시킨다.
· 경기에의 참여는 성취감을 가져다준다.

· 팀스포츠는 사회적은 행동을 훈련시킨다.
· 공격성은 스포츠를 통해 유도시키고 감소시킬 수 있다.
· 스포츠는 교도소를 출감한 우에도 의의 있는 여가선용을 할 수 있도록 계기를 마련할 수 있다.

이외 등반 프로그램, 범선여행, 직업교육그룹활동, 요리그룹지도 등 다양한 프로그램을 기획 및 실시하고 있다.

(4) 교정관련 기관

① 중앙기구 : 법무부 교정국

1948년 7월 17일, 정부조직법이 제정된 후 현재 교정행정 중앙기구인 법무부 교정국은 1심의관 6개과로 개편되어 교정행정을 총괄하고 있다.

교정행정을 총괄하는 중앙기구로는 법무부장관과 차관 밑에 교정국장이 있고, 교정국장을 보좌하는 교정심의관과 6개 과를 두고 있다. 각 과의 업무분장은 다음과 같다.

· 교정과 : 교정행정 종합기획, 인사, 교육훈련, 복무감독, 법령정비, 홍보, 국제관계 업무
· 보안제1과 : 수용자 수용관리 전반, 교도소 참관, 교도소 등의 경비, 가석방 업무
· 보안제2과 : 공안(관련)사범의 수용관리, 경비교도대 운영 관리
· 작업지도과 : 교도(감호)작업의 생산·판매 등 운영관리 및 회계
· 교화과 : 수용자의 교육 및 교화, 직업훈련, 외부 교정참여인사 관리
· 관리과 : 예산 편성, 시설관리, 급식·급양, 의류 등 지급, 영치금 관리, 수용자 의료

또한, 법무부에는 수용자 처우와 관련하여 교정국과 관련된 가석방 심사위원회와 중앙급식관리위원회가 있다.

② 교정기관

현재 전국에는 4개 지방교정청, 30개의 교도소, 10개의 구치소, 개방교도소, 소년교도소, 직업훈련교도소, 보호감호소, 4개의 지소 등 총 50개 교정기관에서 수용관리 및 교정업무를 담당하고 있다.

● 지방교정청

교정행정의 중앙기구인 법무부 교정국에서 전국에 산재되어 있는 일선 교정기관을 직접 관리 및 감독하는 것은 조직의 능률 및 효율면에서 바람직하지 못하다는 판단 아래 1991년 11월 1일 지방교정청을 신설, 개청하였다.

지방교정청은 서울(중부지방), 대구(영남지방), 대전(충청지방), 광주(호남지방) 등 4개 지역에 설치되어 관할구역 내 일선 교정기관을 직접 감독하는 중간감독 기능을 수행하고 있다. 지방교정청의 기구는 지방교정청장 밑에 총무과, 보안과, 작업과, 의료분류과 및 교무과를 두고 있다.

● 일선 교정기관

정부수립 후 1950년 3월 18일 형무소직제 제정 당시에는 총 20개의 형무소와 1개의 지소가 있었으나, 그동안 범죄의 증가 및 교정처우 개선에 따른 시설의 증가로 2003년 6월 30일 현재, 전국의 교정기관은 교도소, 10개 구치소, 개방교도소, 소년교도소, 직업훈련교도소, 보호감호소, 지소 등 총 46개 교정기관에서 수용관리 및 교정업무를 담당하고 있다.

교도소는 형이 확정된 수형자를 수용하고 이들의 사회복귀 촉진을 목표로 교화개선 및 사회적응 능력 배양을 위해 각종 교정교육 및 교화프로그램, 교도작업, 직업훈련 등을 실시하고 있다.

구치소는 재판 중에 있는 미결수용자의 구금확보를 목적으로 설치·운영되는 시설로서, 1967년 7월에 서울구치소가 처음으로 구치소의 기능을 전담한 이래 2003년 6월 현재 전국에 10개의 구치소 및 4개의 구치지소가 설치되었다.

특히 도시환경 미관 및 법원·검찰청과의 거리 등을 고려하여 1996년에 수원구치소를 고층빌딩(9층)으로 신축한 이래, 인천구치소와 울산구치소, 대구구치소도 고층으로 건축되었다.

보호감호소 및 직업훈련교도소는 사회보호법에 따라 피보호감호자를 수용하여 이들의 재사회화를 목표로 교육·교화, 감호작업 및 직업훈련 등을 실시하는 기관으로서 청송보호감호소와 청송직업훈련교도소가 있다.

③ 교정기관 조직

각 교정기관에서는 서무과, 보안과, 분류심사과, 작업과, 용도과, 교무과, 의무과 등을 두고 전문적이고 효율적인 교정업무를 수행하고 있다.

(5) 현행 프로그램의 효과성과 문제점

범죄 대책은 범죄를 예방하고, 범죄를 줄이기 위한 목적을 갖는 것이다. 그러나 지금까지의 범죄대책은 포괄적인 이론적 전망과 체계적인 정책 프로그램의 제시를 위한 노력이 거의 결여되어 왔으며, 처벌 위주여서 현행 프로그램은 실효를 거두지 못하고 있어 범죄는 점점 증가하는 경향을 보이고 있으며, 흉포화, 저연령화, 조직화, 지능화하는 경향이 있다.

현행 정책은 거시적 차원에서 범죄의 원인인 절대빈곤의 감소와 사회적 불평등의 감소에 별로 기여하지 못하고 또한 범죄 피해자에 대한 서비스가 거의 전무한 실정이므로 이를 위한 보완대책이 절실하다.

4) 범죄문제에 대한 해결책 및 대안

(1) 거시적 차원의 대안

① 절대 빈곤의 해결과 사회적 불평등 감소

거시적 차원의 대안으로는 무엇보다도 사회적 불평등을 감소시키는 노력을 들 수 있다. 많은 경우 빈곤이 범죄문제와 직접적 또는 간접적으로 관련이 된다고 볼 때 빈곤문제의 해결 또한 범죄문제에 대한 거시적 대책의 일환으로 국민들에게 최저한의 생활을 보장해 주기 위한 사회 정책이 뒷받침되어야 하며, 적극적인 소득재분배 프로그램, 사회보장제도의 확충 등이 선행되어야 할 것이다.

② 행형제도의 개선

제도적인 개선책으로 행형제도가 인간 중심의 교정방향으로 개선이 요망된다. 현행의 처벌과 격리위주의 행형제도는 완전한 범죄대책이 될 수 없으며 재범을 방지하는 데에도 그다지 효과적이지 않다. 가능한 한 교정시설에 격리 수용하지 않고 범죄자들도 지역사회의 일원으로서 살아갈 수 있도록 하는 발상의 전환이 요망된다.

③ 형사법체계의 개선

권위주의 체제를 유지 강화시키는 데 기여해 왔던 각종 악법의 청산작업이 필요하다. 공권력의 신뢰회복 없이 원활한 범죄대책을 수립하기란 애당초 불가능하므로 권위주의적 법제와 법적 관행을 청산하는 작업이 이루어져야 할 것이다. 그리고 특별형법 규정의 지나친 확대와 남용현상을 막아야 한다. 또한 우리나라의 형법은 중형주의적 입장을 취하고 있는데 그에 대한 근본적인 재검토가 요구된다. 이러한 과정을 통하여 범죄로 취급되어 왔던 많은 행위들을 합법화하거나 비범죄화할 필요가 있다.

(2) 미시적 차원의 대안

① 범죄예방교육

잠재적인 범죄 피해자인 일반 사회구성원들을 대상으로 학교나 사회에서 범죄예방 교육을 확대하여야 할 것이다.

② 범죄 피해자에 대한 서비스

범죄 피해자는 신체적, 물질적으로 피해를 입을 뿐만 아니라 정신적으로도 장기간 지속되는 피해를 입을 뿐만 아니라, 경우에 따라서는 사회전체가 피해자를 비난하는 등 가해자로서의 역할을 하기도 한다. 따라서 피해보상, 법률구조, 사회사업 서비스 등 피해자에 대한 보호가 적극적으로 검토되어야 한다.

③ 사회사업가의 개입

범죄자들은 어떠한 형태로든지 사회에 제대로 적응을 하지 못하는 사람이란 점에서 어느 누구 못지않게 전문 사회사업가의 서비스를 필요로 하고 있는 사람들이므로 보호관찰제도, 가석방제도 등에 사회사업가들을 적극적으로 활용해야 할 것이다. 뿐만 아니라 교정 시설에 수감되어 있는 재소자들을 위해서도 사회사업가의 전문적 개입은 필요하다. 이러한 프로그램의 목표는 각 범죄자들의 구체적 문제를 확인하고, 욕구를 충족시키기 위한 구체적인 프로그램을 개발하기 위한 것이다.

④ 교정시설에서의 교육과 직업훈련의 강화

범죄예방과 재범방지를 염두에 둔다면 범죄자들에게 정상적인 직장을 통하여 생계를 꾸려갈 수 있는 기회가 충분히 마련되어야 할 필요가 있다. 이를 위하여 직업교육을 적극적으로 실시하여야 하며, 재소자들에게 학교교육에 준하는 교육을 제공하고 재사회화하는 교육을 제공하여야 한다.

5) 범죄문제 해결을 위한 사회복지적 차원에서의 전략

(1) 교정사회복지의 제도화

교정사회복지란 사회적응에 실패한 범죄자 및 비행청소년들의 갱생을 위해 도와주는 사회복지방법이다. 교정사회복지는 사회복지의 한 부분이기도 하지만 범죄인 처우에 관한 국가의 형사법제도의 한 부분이다. 우리는 재소자분만 아니라 그 가족도 포함한다. 그리고 교정이나 범죄예방뿐만 아니라 인간존엄성 및 기본권 확보에 초점을 두고 있다. 그러므로 우리나라에서도 선진국과 같이 교정과 관련된 현장에서 사회복지사가 참여하여 활동을 하도록 교정사회복지를 제도화하고 교정사회복지사를 배치하는 것이 필요하다.

(2) 출소자를 위한 사회적 지원 확대 및 가족을 위한 지원 수립

교정시설 내에서 사회복귀를 준비하는 다양한 프로그램들이 지원되어야 하고 중간의 집 형태에 거주하며 사회적응을 적극적으로 도모하고 지원하는 체계가 필요하다. 또한 2차 범죄를 예방하기 위한 방안으로 범죄자가 교정시설 등에 수용되어 있는 기간 동안 그 가족들의 경제적 및 정신적 어려움에 대해서도 관심을 가지고 지원하는 것이 필요하다. 이러한 것을 교정시설 근교 지역복지 관련 기관에서 관심을 가지는 것부터 출발되어야 한다.

(3) 지역사회교정의 활성화

지역사회교정은 범죄자의 사회 내 처우를 통해 기존의 사회적 유대관계를 지속시키고 나아가 보다 긍정적인 사회관계를 개발하도록 하는 것이다. 그러므로 사회복지 관련 기관에서는 지역사회서비스센터, 중간의 집, 출소 관련 프로그램 등 지역사회 자원을 동원하여 지역사회교정을 활성화시키는 것이 필요하다.

(4) 교정프로그램의 전문화

범죄자들이 재범을 초래하지 않도록 하기 위해서는 다양한 지원들이 필요한 실정이다. 그 중 교정프로그램을 실질적이고 전문적으로 구성하여 제공함으로써 교정의 효과와 아울러 사회에 적응하도록 하는 것이 필요하다. 이를 위해 기본적으로는 교정 관련 기관에 전문가가 배치되어야 한다. 그리고 다양한 전문가들이 공동연구를 통해 매뉴얼을 개발하고 표준화하여 교정 관련 기관에 배포 및 실시하는 것이 필요하다.

이상의 이러한 사회복지적 지원 및 대책들보다 범죄자에 대한 인권을 존중하는 분위기 조성이 먼저 이루어져야 할 것이다. 사회복지는 모든 국민의 보다 나은 삶을 도모하는 것이다. 그러므로 우리는 범죄자의 최소한의 인간다운 삶을 유지할 수 있도록 권리를 보호하고 존중해 주는 것이 필요하다.

제 10 장

약물남용문제

1) 약물남용의 정의와 현황

(1) 약물남용의 정의

약물이란 생체에 영향을 미치는 물질을 뜻하는 것으로 넓게는 의약품뿐만 아니라 실질적으로 정신(중추신경)에 영향을 미치는 환각제 등까지를 포함하는 광범위한 개념이다. WHO는 약물에 대해 한번 사용하기 시작하면 자꾸 사용하고 싶은 충동을 느끼는 의존성과 사용할 때마다 양을 늘리지 않으면 효과가 없는 내성이 있으며, 사용을 중지하면 온몸에 견디기 힘든 이상이 나타나는 금단증상이 있다. 아울러 개인에게 한정되지 않고 사회에도 해를 미치는 물질로 사회적 파급성이 있는 것으로 정의하고 있다. 약물문제와 관련된 용어로는 약물사용, 약물오용, 약물남용, 물질남용 등이 있다.

약물남용이란 무엇인가? 약물남용은 한 개인이 어떤 약물을 계속해서 약물의 원래 의도된 목적과는 다른 용도로 사용하거나 혹은 그 개인이 약물사용에 대해서 통제할 수 없을 때, 예를 들면 그 사람의 생활양식이 특정 약물의 획득이나 사용욕구에 의해 지배받을 때 혹은 약물

복용이 개인의 가족, 직업 및 기타 사회적 기능수행에 장애를 가져올 때를 말한다.

약물남용되는 약물들은 어떠한 것이 있는가? 남용되는 약물들은 크게 세 가지로 분류할 수 있다.

첫 번째는 중추신경억제제로 알코올, 아편, 헤로인, 모르핀, 날부핀, 본드나 부탄가스 등의 유해화학물질, 신경안정제 등이다. 중추신경억제제는 중추신경인 뇌를 억제하여 통증을 감소시키고, 이성적으로 잘 억제해 오던 기능들을 마비시켜 억제를 못하게 만드는 작용을 하게 되어 평소에 억눌렸던 감정이나 생각들이 거침없이 밖으로 표출되도록 하며 나중에는 호흡중추와 심장박동중추까지 억제하여 사망에 이르게 할 수도 있다. 중추신경억제제내의 억제물질은 내성이 있고 신체적인 금단증상을 일으켜 약물을 중단할 경우 심각한 금단증상을 발생시키기 때문에 점점 더 약물에 깊게 의존하게 되는 특징을 가지고 있다.

두 번째는 중추신경흥분제로 필로폰(메스암페타민, 속칭 히로뽕), 코카인, 담배, 엑스타시 등 이다. 중추신경흥분제는 중추신경인 뇌를 흥분시켜 일시적인 쾌감이나 들뜬 기분을 만드는 작용을 한다. 뇌를 흥분시킨다는 것은 다시 말해 일시적으로 과량의 신경전달물질을 분비케 하여 정신병적 증상을 발생시키는 것이다. 흥분제는 잠을 쫓고, 피로감을 없애고, 식욕을 감퇴시키는 작용을 하지만 중추신경억제제와 마찬가지로 내성이 있어 같은 효과를 보기 위해서는 점차 양을 늘려가야만 한다. 또한 정신적인 의존이 심하여 약물을 계속 갈망을 하게 되고 결국에는 참지를 못하고 또다시 약물을 하게 되는 악순환이 되풀이되게 된다. 약물을 중단할 경우에는 우울증에 빠져 의욕이 없어지고, 잠이 많아지고, 피로감이 심해지며, 식욕이 증가하는 증상을 보인다.

세 번째는 환각을 유발하는 물질인 환각제로 대마나 LSD, PCP(펜사이클리딘) 등이 있다. 환각제는 뇌를 흥분시키거나 억제시켜 환각을 유발시키는데 뇌조직의 일상적인 활동을 방해함으로써 일시적인 청각, 시각, 촉각, 후각, 미각 등의 오감에 이상을 일으켜 비현실적인 감각을 야기한다. 이로 인해 판단력의 마비가 생기며 여러 가지 문제를 야기하게 된다.

이렇듯 약물을 남용하게 되면 약물에 대한 내성이 생겨 점차 약물의 양을 늘려가게 되고 나중에는 이를 끊지 못하고 지속적으로 사용하게 되는 약물의존 상태에 빠지게 된다. 그러나 대개의 약물남용자들은 자신이 약물에 의존되어 있거나 중독되어 있다는 사실을 알지 못한다. 특히 자기중심적인 생활을 하기 때문에 객관적인 입장에서 자신을 바라다 볼 수 있는 능력이 없어지고 약물을 구입하는데 재산을 탕진하는 등의 경제적인 문제뿐 아니라 사회생활도 약물중심이 되어 이전의 건전한 친구들은 멀어지고 오직 약물과 관련된 사람만 만나게 된다. 이와 더불어 약물이 신체 내에 과도하게 존재하여 여러 가지 부작용을 나타내는 중독 상태를 경험하게 된다. 중독 상태의 증상으로는 가벼운 오심이나 구토, 두통, 복통에서부터 들뜬 기분, 혼동, 착각, 환각 등의 정신병적 상태를 나타내거나 혼수상태와 사망에까지 이를 수도 있다.

(2) 약물남용의 현황

우리나라에서도 구한말 아편으로 시작된 약물남용은 현재 흡입 환각물에 이르기까지 종류도 매우 다양해지고, 청소년에서부터 성인에 이르기까지 연령층도 다양해지고 있다. 또한 전 세계적으로 연령의 하향화 현상과 함께 증가추세에 있다.

특히 청소년기는 경험이 빠르게 이루어지므로 급격히 중독되며, 복합적 약물 사용으로 신체적, 정신적 피해가 크며, 자제력이 부족하여 범죄를 저지르기 쉬워 청소년의 약물남용은 최근 전 세계적으로 심각한 사회문제로 대두되고 있다. 게다가 청소년기에 약물남용을 시작한 사람의 대부분이 성인이 되어서 폐인이 된다는 점이다. 이처럼 약물남용이 우리 사회에 미치는 파급효과가 매우 크기 때문에 약물남용이 중요한 문제가 되는 것이다.

한국마약퇴치운동본부가 2008년 시행한 "마약류 위험성에 대한 국민

인식도 조사"자료를 보면, 일반국민 10명 중 6명(61.5%)이 '마약류 및 약물남용의 위험성을 사회구성원들이 인식'하고 있다고 대답하였으며, 실생활에서 마약류 및 남용약물의 사용경험을 살펴보면, '피로회복제'(12.2%)가 가장 높으며, '살빼는 약'(10.7%), '술 깨는 약'(9.4%), '머리가 맑아지는 약/근육을 키우는 약'(7.6%)순으로 나타났다. 이처럼 우리 사회는 불법 마약류 뿐만 아니라, 오용 및 남용될 수 있는 수많은 약물에 노출되어 있으며, 사용계층 또한 다양화되고 있다.

우리나라 청소년의 약물 오·남용 경험률은 2000년대 이후 감소하고 있으며, 다른 나라와 비교할 때 음주율은 높은 편이었으며, 예상 밖으로 흡연율은 낮은 편이었다. 2002년 청소년보호위원회의 약물사용에 대한 실태조사에 따르면, 일반 청소년의 70.5%가 음주 경험이 있으며, 29.2%는 흡연 경험이 있는 것으로 나타났다.

그러나 2008년 보건복지가족부, 질병관리본부, 교육과학기술부가 전국 학교 청소년을 대상으로 공동으로 진행한 청소년 건강행태 온라인 조사에 따르면 청소년의 58.6%가 음주 경험이 있으며, 27.9%가 흡연 경험률을 보였다. 지난 5년간 음주 경험률은 10% 이상 감소한 반면, 흡연률의 감소폭은 매우 미미하다.

또한 대검찰청 마약부 자료에 따르면 1998년 이후 2001년까지 전체 청소년 마약류 사범이 꾸준히 감소하다가 2002년도에 급격히 증가하여 2001년 0.2%에서 2002년 0.7%로 큰 폭 증가하였다. 그러나 2008년 대검찰청 마약류 사범 자료에 따르면 청소년의 비율은 다시 0.2%로 감소하였다. 구체적으로 청소년의 약물별 사용 실태를 살펴보면 다음과 같다(한국마약퇴치운동본부, 2009).

① 담배

우리나라 청소년은 평균 12.9세에 최초 흡연을 경험했으며, 27.9%의 흡연경험률을 보인다. 이 가운데 현재 13.3%는 흡연 중이고, 5.9%는 매일 흡연을 하고 있는 것으로 보고되었다. 현재 흡연자 가운데 금연 의지가 있는 학생은 38.2%이며, 연간흡연예방 교육 경험률은 58.8%이다.

② 술

학교 청소년의 17.3%가 중학교 입학 전 음주를 경험했으며, 평균 음주 경험률은 58.6%이다. 현재 음주를 계속하고 있는 청소년은 전체의 27.8%이며, 음주 경험 시작 연령은 13.2세였다. 연간 음주예방 교육 경험률은 31.7%였다.

③ 흡입제

학교 청소년의 2.5%가 본드, 가스를 비롯한 흡입제를 경험한 것으로 알려졌고, 전체의 1.0%가 현재 흡입제를 사용한다고 보고했다. 흡입제 사용 시작연령은 10.6세로 흡연 시작 연령인 12.9세, 음주 시작 연령인 13.2세보다도 1, 2년 이상 빠르다는 점에서 충격적이다.

④ 기타 약물

학교 청소년의 3.9%가 살 빼는 약을 복용한 적 있다고 보고했으며, 전체의 1.5%는 현재에도 이 약을 복용하는 것으로 알려졌다. 잠 안 오는 약을 복용했다는 청소년은 전체의 3.2%였으며, 전체의 1.1%가 현재, 잠 안 오는 약을 복용하고 있다고 보고하였다. 수면제 복용 경험률은 2.3%였으며, 수면제의 현재 복용률은 1.2%로 알려졌다. 기타 마약 종류를 통칭한 마약류 복용 경험률은 1.3%였으며, 특히 마약은 남자 청소년에서 2.0%, 여자 청소년에서 0.5%의 경험률을 보여 남녀의 차이가 크게 나타났다.

이상에서 알 수 있듯이 흡연 · 음주문제가 줄어들고 있으나 국민 전체의 건강을 위협하는 심각한 요소로 보고 국가 정책적으로 이미 대책을 마련하고 있다. 그러나 음주와 담배의 경우 국가적으로 여러 가지 대책 시안을 마련하고 있음에도 불구하고 아직까지 사회 구성원들 내에서는 그것을 약물남용의 사회적 문제라고 심각하게 인식하고 있지 못하고 있는 것이 현실이다. 그로 인해 법적으로 사용 권리에 대한 제한을 두었으나 음주, 흡연실태를 보면 그 규정들이 지켜지지 않고 있음을 알 수 있다.

또한 한 가지 약물을 사용하는 것은 다른 약물 사용 및 남용으로 확대되어질 가능성이 높고 약물 중독이 진행적이고 만성적이기 때문에 약물 남용에 대한 치료적 개입이 적극적이고 효과적으로 적용되어져야 하지만, 실질적으로 마련되어 있는 치료시스템이 미비하기 때문에 재발률이 높아 근본적으로 해결되지 못하는 것 또한 사실이다.

2) 약물남용의 원인에 대한 사회과학 이론들의 설명

(1) 생물학적 요인

많은 연구들은 약물남용 중 알코올 중독에 있어 유전적 특성이 있다는 증거들을 제시해 왔다. 몇몇 학자들은 신경전달물질의 결핍으로 인한 뇌의 역기능이나 신진대사의 불균형이 사람을 약물중독으로 이끈다는 주장을 하기도 한다. 가계를 연구한 결과, "알코올중독은 가족병이다"라는 말처럼 알코올중독자의 집안이나 친척들에게 훨씬 많이 발견된다는 보고가 있다. 그리고 쌍생아연구에서 일란성 쌍생아의 유전자 일치율이 100%이고 비슷한 음주 양상을 보여 주었으며 만성알코올중독의 일치율은 일란성 쌍생아일 경우 71.4%로 나타났다.

(2) 가족요인

가족요인으로 부모가 지속적으로 약물을 사용하는 정도, 형제들의 약물 사용 여부 등을 들 수 있으며 가족의 상호작용 스타일과 관련하여 가족경계의 미확립, 부모의 지도감독의 부족, 비일관적인 가족규범, 부정적 대화 패턴, 칭찬의 부재 등이 약물남용의 원인이 되기도 한다.

(3) 심리사회적 요인

심리적 요인은 발달과정상 억압, 배제 등과 같은 특정의 심리적 기제가 작용하여 발생하게 된 성격적 특성을 들 수 있다. 사회적 과정에서의 낮은 자존감 형성, 심리적 스트레스에 의한 정서적 성격장애, 일의 실패에 대한 두려움 등이 주목되는 양상이다.

약물남용의 원인에 대해 심리사회적 요인을 설명하는 이론 중에서 정신역동이론과 인지-행동주의 이론을 중심으로 살펴본다.

① 정신분석 이론으로 본 약물남용의 원인

정신분석 이론에서는 약물중독의 원인에 대해 두 가지로 설명하고 있다. 하나는 개인이 약물사용을 통해 약물의 유쾌감을 경험한다는 것이다. 그리고 다른 하나는 중독의 고통스러운 결과를 피하는 능력이 모자라서 점점 더 약물에 빠진다는 것이다. 약물로부터 쾌감을 경험한 사람은 그 결과가 파괴적이라도 남용을 하게 될 것이다. 알코올의 경우 직접적인 감각적 만족보다는 불안과 갈등으로부터 해방되었다는 쾌감을 느낀다. 또한 약물을 남용하게 되면 능력 상실 등의 부작용을 가져온다. 이런 부작용을 피하는 능력이 개인에게 없을 때에는 중독으로 가게 된다. 이러한 해석은 문제의 원인이 개인의 인성에 있다고 보는 것이다.

정신분석 이론에 따르면 적응적 행동을 하기 위해서는 자아의 세 요소 즉, 원초아, 자아, 초자아가 조화롭게 기능해야 한다. 이 요소들의 기능은 심리성적발달 단계를 거치면서 발전하게 된다. 이 이론에선 약물중독 및 기타 정신병적행동을 이 발달단계의 장애로서 자아의 세 요소가 파괴적인 상호작용을 하는데 있다고 본다.

정신분석 이론에서는 중독에 기여하는 부적응적인 행동의 원인을 감각적 만족의 추구와 자아 요소간의 갈등으로 본다.

가. 감각적 만족의 추구

행동의 주요 동기는 신체적 만족이다. 프로이트의 리비도적 만족은 성적인 면만 아니라 감각적인 면을 가지고 있다. 감각적 만족이 결핍되었을 때 약물이나 기타 다른 대체적 쾌감을 갈망하게 된다. 감각적 만족의 한 가지 형태는 불안으로부터의 해방이다. 신체적 혹은 정서적 불안으로부터 탈피하기 위해 약물을 사용하거나 신체적으로 해로운 다른 행동을 추구하게 된다.

알코올과 같은 중독성 약물은 중앙 신경체계의 기능에 손상을 입혀 그 능력을 감소시킨다. 이때 불안감에 대한 인식도가 떨어지므로 불안감을 감소시키기 위해 약물남용자들은 계속해서 약물을 사용하게 된다.

나. 자아 요소간의 갈등

자아의 요소간의 갈등으로부터 방어 기제가 형성된다. 억압은 원초아나 초자아의 욕망이 거부될 때 생기는 가장 직접적인 방어 기제이다. 억압은 중독자가 약물의 자기 파괴적 결과를 거부하는 것과 같은 현실 거부로 설명될 수 있다. 좀더 복합적 방어기제로는 다른 약물을 남용한다던가, 노름에 빠지는 것과 같은 약물남용의 회피, 전이 등의 반동형성이 있다. 그리고 초자아의 요구를 자아에 합치시키는 현상인 부모와의 동일시와 같은 방어기제도 찾아볼 수 있다. 이런 권위적 인물에 대한 적대감은 약물남용자들의 또 다른 갈등의 원인이 되기도 하는데 이런 경우 동일시는 중독자들의 사회적 관계를 파손시킨다.

② 인지-행동주의 이론으로 본 약물남용의 원인

합리적-정서적 이론은 약물남용위험 내담자들이 자신의 삶에 대한 비합리적이며 자기 파괴적인 생각과 조망을 가졌기 때문에 약물을 계속 사용하고 있다고 본다. 따라서 이를 합리적이며 논리적인 사고에 대한 도전을 통하여 자신을 해하는 약물남용행동과 그 동안 자신들이 가졌던 비합리적, 자기 파괴적 사고를 연결시키고 이를 직면시켜 사고와 행동 전체 패턴을 변화시키는데 그 목적이 있다.

따라서 상담자는 지시적인 선생님의 역할을 맡게 된다. 흔히 약물남용 위험 내담자들이 가질 수 있는 비합리적인 신념의 예로는 다음과 같은 것을 들 수 있다.

"내가 본드를 불지 않으면 우리 클럽의 다른 애들이 나만 따돌리고 사람 취급을 하지 않을 거야"

"이렇게 심심할 때 가스를 불면 지금 느끼는 모든 고민이 잊혀지고 나는 그 곳에서 자유로워질 수 있을 거야"

"술을 마시면 용기가 생겨서 다른 친구들과 쑥스러움을 느끼지 않고 대화할 수 있고 그렇게 되면 난 좋은 친구 관계를 계속 유지할 수 있을 거야"

"감기약을 먹고 몽롱한 상태에서 기타를 치면 훨씬 예술적으로 더 잘 할 수 있을 거야"

이러한 약물남용 학생들의 기대는 당장은 약물을 통하여 충족될지 모르나 그것은 언제까지나 약물의 힘을 빌어서 하는 것이지 자신 스스로에게서 나오는 능력이 아니므로 언젠가는 자신이 느끼는 좌절을 되풀이 할 수밖에 없음을 논박을 통하여 이끌어 내게 된다. 이 방법 역시 보통 이상의 지적 수준을 가지고 대화에 익숙한 사람이라면 사용해 봄직한 방법이다. 단, 내담자들이 가진 비합리적 사고에 대해 논박하기 이전에 이들과의 공감적 관계가 잘 형성되어 있어야 한다.

그 외 발달론적 이론에서는 청소년기의 특성상 많은 발달 과제를 수행해야 하므로 약물사용권유에 쉽게 넘어가며 약물을 통해 해방감이나 좋은 기분을 느낄 수 있게 된다고 보는 것 등이 있다.

(4) 사회적 요인

사회적 요인으로는 사회적 역할모델 또는 준거집단의 역할, 사회적 관계에서의 보상과 처벌, 대충매체의 영향 등이 있다.

가. 사회부조화

사회의구조적인 부조화현상 때문에 아무리 노력을 해도 자신의 꿈을 이룰 수 없다고 느껴질 때 약물사용이 늘어난다.

나. 소외현상

산업화, 무신론주의, 대중민주화, 빈곤, 노령화, 도시화, 핵가족화, 긴밀한 인간관계의 소실 및 문화적 결핍을 경험하게 된다. 그로인해 사회적으로 고립감을 느끼고 약물을 추구하게 된다.

다. 친구관계

또래집단의 영향을 많이 받게 되며 또래의 압력으로 약물을 하게 되는 경우가 나타난다.

라. 대중매체의 영향 및 약물 사용 선호도

정신적 어려움이나 신체적 고통을 약물로써 해결할 수 있다고 하는 맹신이 강할수록 약물사용을 하게 된다. 우리나라는 대중매체를 통한 무분별한 약물 광고에 지나치게 노출되어 왔고 자가 처방관행이 일반적이었기 때문에 주변의 권유에 의해 습관중독성 약물을 사용하게 되어 약물 남용에 빠지기가 쉽다.

(5) 약물사용 동기에 따른 약물남용 7가지 유형

대부분 약물사용 동기에 따른 약물남용은 일곱 가지 유형 중 한두 가지 이상의 목적을 가지고 약물을 이용하게 되며 이용횟수가 늘어감에 따라 약물을 끊지 못하고 결국에는 약물의 노예가 된다.

① 모험추구형(adventure seeking type)

평소 과잉보호적인 부모에 의해 정상적인 모험에 대한 경험을 못해본 청소년들은 약물 복용을 통해서 이를 해소하고자 한다.

② **교우관계추구형**(frendship-seeking type)

인생을 살아가기 위해서는 친구가 필요하며 친구를 만드는 데에는 상당한 기술이 필요하다. 대부분 성장 과정동안 습득하게 되지만 그렇지 못할 경우 그들은 외롭고 우울한 인생을 살아가게 된다. 이런 사람들은 친구를 사귈 때 마음의 긴장을 완화하기 위해 약물을 복용하는 경우가 있다.

③ **평화추구형**(peace-seeking type)

짧은 인생기간 동안 많은 갈등을 겪어온 사람들은 평소 마음이 항상 갈등 속에 머물러 있기 때문에 마음의 평화에 대한 열망이 대단하다. 하지만 현실적으로는 이룰 수 없다는 것을 깨닫고 그 대신 약물을 복용함으로써 마음의 평화를 느끼고자 시도하게 된다.

④ **힘추구형**(power-seeking type)

모든 사람들은 인생을 살아나가는 과정에서 상당한 힘을 발휘하고 싶은 욕망들을 가지고 있다. 그러나 정당한 노력을 통해 힘을 얻는 일은 대개 어려운 일이다. 그러나 약물은 어떤 경우 이들에게 강력한 힘을 가진 것 같은 착각을 제공해 주게 된다. 이런 착각을 경험하게 될 경우 이들은 약물을 접하게 되고 결국은 남용자가 되는 것이다.

⑤ **미적감각추구형**(aesthetic-seeking type)

모든 사람들은 미적 감각을 추구하는 경향들이 있다. 이를 느끼기 위해서 가끔 약물을 복용하게 되며 그 결과 약물에 지속적으로 의지하게 되는 경우이다.

⑥ **성적동반자추구형**(sex-companion seeking type)

청소년기는 사춘기의 신체적 변화와 더불어 성적 충동이 증가하고 그로 인해 이성에 대한 관심이 높아지는 시기이며 성적 주체성을 확립해야 하는 시기이다. 그러나 여러 가지 여건으로 인해 많은 제약을 받고 있는 이들은 성적 행위를 할 때 불안을 겪게 된다. 그래서 이들은 약물복용을 함으로써 이러한 불안을 극복하고자하며 그 결과 약물에 지속적으로 의존하게 되는 것이다.

⑦ 초월명상추구형(transcendence-seeking type)

복잡하고 갈등이 많은 인생을 살아나가는 우리 모두에게는 모든 것을 초월한 인생의 느낌을 경험해 보고 싶은 열망이 있다. 그러나 이러한 열망이 현실에서는 도저히 경험할 수 없는 일들이기 때문에 약물을 복용함으로써 경험하려 하고 그 결과 약물에 지속적으로 의존하게 된다.

3) 약물남용문제에 대한 현행 사회정책 및 프로그램

(1) 약물 관련 법조문

우리나라의 약물과 관련된 대표적인 법규로는 형법, 유해화학물질관리법, 국민건강증진법, 청소년보호법, 정신보건법, 특정범죄신고자 등 보호법, 마약류관리에 관한 법률 등이 있다. 이 가운데 특히 청소년 보호법은 청소년을 대상으로 유해약물을 판매, 대여, 배포금지 등 유해약물로부터 청소년을 보호하는 조항이 있으며, 정신보건법 제정으로 알코올·약물중독 등 정신질환에 대한 정신건강연구소의 설립과 보건소의 정신질환관리 사업을 시작하게 되었다. 구체적으로 약물 관련 법조문을 살펴보면 다음과 같다.

① 미성년자보호법 : 미성년자 보호법 제6조

미성년자 (20세 미만)에게 그가 끽용 또는 음용할 것을 알고 술을 판매하거나 공여한 연초 또는 주류 판매자 및 그 고용인에게는 1년 이하의 징역이나 100만원 이하의 벌금, 구료 또는 과태료에 처한다.

② 대마초관리법 : 대마관리법 제20조

보건복지부령이 정한 바에 의한 대마 취급자가 아니면서 대마를 소지한 자는 무기 또는 7년 이상의 징역에 처하며, 영리의 목적 또는 상습으로 소지한 자는 상형, 무기 또는 10년 이상의 징역에 처한다. 대마를 흡연 또는 섭취한 자는 10년 이하의 징역 또는 500만원 이하의 벌금에 처해진다.

③ 마약법 : 마약법 제65조

면허를 받은 마약 취급자가 아니면 마약을 소지할 수 없다. 규정을 위반하며 마약을 소지한 자는 무기 또는 7년 이상의 징역에 처하며, 영립의 목적 또는 상습으로 소지하는 자는 사형, 무기 또는 10년의 징역에 처한다. 마약에 중독되어 자제심을 상실하거나 사회질서를 문란하게 한 자는 2년 이하의 징역 또는 200만원 이하의 벌금에 처한다.

④ 향정신성 의약품 관리법 : 향정신성 의약품 관리법 제20조

대통령령이 정하는 바에 의하여 보건 복지부 장관의 승인을 얻지 않고 향정신성 의약품을 위급한 자는 무기 또는 7년 이상의 징역에 처한다. 14세 미만인자에게는 향정신성 의약품을 판매하여서는 안 된다.

⑤ 유해 화학물질 관리법 : 유해 화학물질관리법 제26조

환각물질 섭취 또는 흡입하거나 이러한 목적으로 소지한 자, 환각물질을 섭취 또는 흡입하고자 하는 자에게 그 사정을 알면서 이를 판매 또는 공여한 자는 3년 이하의 징역 또는 1,000만원 이하의 벌금에 처한다.

(2) 청소년 유해생활환경 개선을 위한 서비스

약물남용문제를 위한 다양한 지원 중 보건복지부(구. 국가청소년위원회)가 청소년을 대상으로 청소년 유해환경 개선을 위한 노력들을 중심으로 살펴보고자 한다.

① 청소년 음주 · 흡연예방 관련 법 · 제도 개선

우리나라에서 시행되고 있는 기존의 청소년 약물예방 대책은 청소년보호법과 국민건강증진법 등에 근거하여 실시하고 있고, 청소년 음주·흡연 환경 규제내용은 각 개별법에 규정되어 있으며, 또한 그 규정된 내용도 상충되는 경우가 있다. 즉, 청소년 흡연규제는 담배사업법과 국민건강증진법에, 음주는 주세법에 각각 규정되어 있다. 특히, 우리나라의 주세법은 주류소매(면허)제도를 시행하는 선진국과 달리 면허 없이도 판매할 수 있도록 되어 있어, 주류가 청소년에게 무방비로 노출되어 있는 상황이다.

보건복지부(구. 국가청소년위원회)에서는 청소년 음주·흡연예방을 위한 이러한 기존 법과 제도의 미비점을 보완하기 위하여 시민·사회단체와 연대하여 2006년부터 청소년 음주예방제도개선 추진 TF팀을 구성하여 전문가 포럼 등을 통해 청소년 음주·흡연예방을 위한 종합적인 법적 장치로서의 청소년 음주·흡연예방관련 법안을 마련하고 있다.

② 청소년 약물예방 시범학교 운영

학교에서 모범 또는 리더역할을 하는 학생들을 또래리더로 조직하여 교사와 함께하는 청소년 약물예방 모범 프로그램을 개발하여 보급하기 위하여 전국 12개 중학교를 시민단체에 위탁하여 2006년부터 2007년까지 2년차 과정으로 지정하여 운영하였다.

③ 청소년 음주예방 대책 추진

우리 사회는 한국 특유의 관대한 음주문화의 영향 등으로 사회전반에서 음주로 인한 수조원대의 사회·경제적 비용 발생과 음주문제의 심각성에 대한 인식이 낮은 채 지속돼 왔고, 청소년들은 기성인들의 잘못된 음주문화로 인해 건강한 성장 발달권을 침해 받고 있는 실정이다. 특히 청소년 음주는 성장과정에서 복합적인 환경요인에 기인하는 점을 감안하여 범정부 차원의 근본적·종합적 대책이 추진되지 않고서는 음주율 증가와 관련 사건·사고를 방지하기 어려우므로 관계부처와 협조하여 청소년 음주예방 대책을 마련하여 추진하고 있다.

④ 청소년 흡연예방 대책추진

한국마약퇴치운동본부(2009)에서 조사한 결과, 우리나라 청소년은 평균 12.9세에 최초 흡연을 경험했으며, 27.9%의 흡연경험률을 보였다. 이 가운데 현재 13.3%는 흡연 중이고, 5.9%는 매일 흡연을 하고 있는 것으로 나타났다. 이러한 청소년 흡연 문제는 신체적인 발달이 완성되지 않은 상태이므로 흡연으로 인한 피해가 더욱 심각할 뿐 아니라 정신적으로 건전해야 할 성장기에 집중력 감퇴 및 음주, 폭력, 절도와 같은 비행의 계기가 된다. 그러므로 보건복지부(구. 국가청소년위원회)에서는 흡연의 유해성에 대한 정확하고 상세한 정보를 제공함으로써 청소년 스스로 이성적인 판단을 통하여 흡연을 자제하고, 의식구조를 변화시키는 한편, 청소년의 흡연율을 감소시키기 위한 청소년 흡연예방 및 감소대책을 마련하여 추진하고 있다.

⑤ 담배 없는 맑은 학교 만들기 사업 시범운영

청소년흡연예방 및 금연치료의 조기화를 위해 초·중·고등학교에서 지역사회 내 민간단체와 연계하여 흡연예방 교육 및 금연프로그램을 전개하여 잠재적 흡연가능 청소년의 흡연접근을 차단하고, 초기 흡연청소년들에 대하여 금연을 통하여 흡연 학생이 없는 학교 문화 창출을 도모하고 있다.

4) 약물남용문제에 대한 해결책 및 대안

약물남용을 해결하기 위한 방안은 공급 측면과 수요 측면으로 나누어 볼 수 있다. 공급 측면은 유해약물 생산 자체를 억제하거나 생산약물이 유통되는 것을 차단하는 방법으로써 생산이나 유통과 관련된 사람들을 처벌하여 약물남용을 억제하는 방법이다. 수요 측면은 청소년을 대상으로 한 예방프로그램과 이미 약물에 노출된 청소년이 만성중독자가 되는 것을 방지하는 상담이나 치료프로그램을 통해 억제하는 방법이다(오정근, 2005). 그러므로 청소년을 대상으로 약물남용 문제를 해결하기 위한 수요측면 중심에서 대안들을 알아보고자 한다.

(1) 약물 오 · 남용 방지를 위한 체제정비 및 전문인력 확충

약물남용의 예방을 위해서는 약물을 남용하는 청소년을 신고하는 신고의무와 약물남용에 관한 특별법 제정의 법적 근거가 강화되어야 한다.

① 약물남용 청소년 신고 의무화

우리나라의 약물관련법규는 약물남용 및 제조 · 유통 · 판매를 통제하는 처벌규정만 있을 뿐 약물남용 청소년이 발견되었을 때 신고하여야 한다는 규정이 없다. 그러므로 신고 의무화에 대한 법령 제정이 이루어져야 하며, 신고자에 대한 신분보장이 법적으로 이루어져야 한다. 반면에 신고할 수 있는 상황에서도 신고하지 않는 자가 발견될 경우 법적 조치를 취하는 방안이 마련되어야 한다.

② 청소년 약물 남용에 관한 특별법 제정

현재 마약법, 향정신성의약품 관리법, 독물 및 극물에 관한 법, 대마관리법 등에는 청소년에 대한 특별 규정이 없어 약물남용 단속의 허점을 보여주고 있다. 따라서 상기 법 규정에 청소년을 포함하는 법 개정이 필요하다.

③ 처벌대신 치료를 받을 수 있도록 하는 법적용

약물남용 청소년에 대한 법적 규제와 처벌은 청소년으로 하여금 약물남용을 자제하도록 하고, 약물남용 사실이 밝혀진 청소년에 대해서는 일정 처벌기간을 통해 약물사용을 중단하도록 하며, 약물남용 청소년을 일반청소년과 격리시킴으로써 약물남용이 확산되는 것을 막는 효과를 가지고 있다. 그러나 다른 한편으로는 약물을 남용하는 청소년이 약물을 중단하고 치료를 받고 싶어도 처벌이 두려워 약물남용 사실을 숨기게 되며, 계속해서 약물중독에 빠질 수 있다. 그리고 처벌받는 수용시설에서 다른 청소년들로부터 오히려 더 다양한 것을 배우는 등 부정적 결과가 나타날 수도 있다. 따라서 약물남용 청소년에 대한 법적 처벌은 그로 인한 부작용을 최대한 줄일 수 있는 방법으로 이루어져야 하고, 약물남용 청소년에게 처벌대신 치료를 받을 수 있도록 하는 법적용이 필요하다(김미진, 2006; 오정근, 2005).

(2) 가족의 역할

약물 남용하는 많은 청소년들의 경우 부모가 음주나 약물을 사용하는 가정인 경우가 많다. 부모가 자녀의 음주나 약물문제에 대해서 책임감과 권위를 가지고 문제처리에 개입하기 위해서는 부모 자신들의 약물사용에 대한 문제인식과 이를 통해 자신들의 약물사용을 반드시 경감시키려는 노력이 있어야 한다. 자녀의 약물사용은 부모 자신의 잘못된 문제들을 상징적, 직접적으로 나타내는 것일 수도 있다.

자녀들의 약물 남용 예방을 위해 부모들의 역할을 살펴보면 다음과 같은 것들이 있다.

① 부모들은 아이들과 자주 대화를 나누고, 자녀의 평소 생각과 행동을 알아두는 자세가 필요하다. 자녀와 친구들이 자주 가는 곳, 많이 하는 놀이에 대해서도 알아두고 부모님의 감정, 살아온 인생에 대해 자녀와 함께 이야기하여 자녀들의 생각을 가족중심으로 바꾸어 나간다면 자녀들의 약물남용은 줄어들 수 있을 것이다.

② 언제든 대화할 수 있는 통로를 열어놓아서 약물남용에 대한 것까지도 개방적으로 얘기할 수 있는 분위기를 형성한다.

③ 아이들의 능력과 성취, 긍정적인 성격에 대해 아낌없이 칭찬하여 자신감 있는 긍정적인 모습으로 성장하도록 한다.

(3) 학교의 역할

① 긍정적인 교사-학생관계 모색, 즉 학교 교사는 학생들로 하여금 존경과 동일시의 대상이 되는 등 원만한 인간관계가 형성될 수 있도록 솔선수범해야 한다. 특히 학교에서 교사가 먼저 금연운동을 해야 교육적 효과가 한다. 학생들에게만 금연을 강요하는 교사의 말은 설득력이 없다.

② 예방에 관련한 공개 토론회, 백일장, 미술대회 등을 실시해 학생들이 자연스럽게 예방의 중요성을 알도록 해야 한다. 그리고 학생들의 여가 활동과 과외 활동을 위한 공간과 시설을 갖추는데 힘써야 한다.

③ 인성교육을 강화해야 한다. 약물남용을 예방하기 위해 무엇보다도 청소년들 스스로가 음주, 흡연, 약물복용의 폐해를 바로 알아 스스로 절제할 수 있도록 이끌어 줄 수 있는 가치관 교육이 강화되어야 할 것이다. 학생들에게 약물의 폐해만을 알려주는 교육만으로는 올바른 지도에 한계가 있을 수밖에 없다. 진정으로 청소년들이 스스로 약물을 멀리하도록 이끌어 주기 위해서는 자기 자신을 존중할 수 있는 인성교육이 함께 병행되어야 할 것이다.

④ 초·중·고등학생을 대상으로 적극적인 약물남용예방프로그램을 실시해야 한다. 청소년들이 또래집단의 영향 또는 또래집단의 인정을 받기 위해 약물을 남용하는 경우가 많으므로 올바른 친구관계를 형성하는 방법에 대한 프로그램을 실시해야 한다. 나아가 또래집단 상호간의 이해를 촉진하고 청소년이 약물남용에 빠지지 않도록 또래가 실질적인 지지자가 될 수 있도록 하는 프로그램 등이 실시되어야한다. 아울러 약물남용 청소년이 발견되면 학교에서는 적절한 진료센터에서 치료를 받을 수 있도록 치료를 의뢰할 기관과의 연계를 해야 한다.

(4) 정부의 역할

현재 청소년 관련 정책 및 지원은 몇 개의 부처에 산재되어 있으므로 이 부처들 간의 효과적인 교류와 협조가 필수적이다. 청소년보호와 관련된 사항은 여성가족부 산하 청소년보호위원회가 주관하고 청소년 정책은 여성가족부 청소년정책관에서 담당하고 있다. 흡입제는 환경부 소관이고, 마약관련은 식약청 마약관리과, 술, 담배는 학교대상인 경우 교육청, 정신보건차원은 보건복지부 정신건강정책과 등으로 여러 부서가 관여하고 있다. 특히 여러 부처가 관련된 사항일수록 문제가 방치될 위험이 있다. 그러므로 정부에서는 각 기관의 역할과 기능을 잘 발휘할 수 있도록 지도 감독해야 할 것이다.

5) 약물남용문제 해결을 위한 사회복지적 차원에서의 전략

약물남용문제를 해결하는 방법 중 가장 효율적이고 효과적으로 해결하기 위한 합리적인 방법은 약물남용 발생을 예방하는 것이다. 청소년의 약물남용을 예방하기 위한 방법들은 약물남용문제에 대한 해결책 및 대안에서 살펴보았다. 그러므로 사회복지적 차원에서 치료 및 재활을 중심으로 전략을 알아보고자 한다.

(1) 관련 치료 및 재활기관

약물을 남용했던 청소년들이 더 이상 약물을 남용하지 않도록 하기 위해서는 체계적이고 전문적인 치료 및 재활대책이 요구된다. 그러므로 사회복지사는 그와 관련된 기관을 알고 각 기관 및 시설의 기능을 활용하는 것이 필요하다.

① 단기치료기관

약물남용으로 비상사태가 일어날 경우 1차적으로 문제를 사정하고 해독시키는 치료기관이다. 이런 기관에서는 정신과의사, 간호사, 사회복지사, 작업치료사, 놀이치료사, 임상심리학자, 교사, 사회체육지도자, 치료보조원이 있어야 한다.

② 입원 및 외래치료기관

정신치료 및 사회복지서비스를 제공하는 기관이다.

③ 위탁보호기관

하루 4시간 이상씩 통원하여 치료, 교육, 오락 및 집단활동 등의 광범위한 통합치료 기관이다.

④ 재활 기관

집에서 떨어져 있을 필요가 있는 청소년이 낮 동안은 병원, 학교, 직장에서 생활하게 하고 저녁에는 이곳에서 식사하고 잠을 자게 하는 재활 기간이다.

⑤ 중간의 집(halfway house)

병원으로부터 퇴원했으나 사회에 복귀하기에는 아직 무리가 따르는 사람들을 위한 중간적인 시설로서 약 10~20명가량의 구성원이 생활하면서 책임을 분담하고 점차 외부의 직업에 고용되도록 하여 자신이 갖는 고립감을 해소하고 사회적응이 가능하도록 돕는 시설이다.

(2) 사회사업적 접근 방법의 모색

사회사업적 차원에서의 치료는 개별상담치료, 집단활동을 통한 치료 및 지역사회의 자원활용을 들 수 있다.

① 개별상담 치료

청소년기는 신체적, 심리적 문제와 갈등, 성장에 따르는 지위와 역할 변화 및 혼돈에 따르는 갈등, 학업성적 부진, 정학, 퇴학, 자퇴 등 위기적 사건으로 인한 갈등, 학교와 가정에서 받는 심리적 압박, 비행 또래집단의 유혹, 비행을 유도하는 사회환경의 유혹, 가족 간이나 또래집단에서 일어나는 긴장과 갈등 등으로 대인관계상의 부적응이 발생되므로 이러한 문제들을 상담과 교육을 통하여 그러한 긴장과 갈등을 해소 할 수 있도록 도움을 제공하는 치료방법이다.

② 집단활동을 통한 치료

집단 치료는 1~2명의 훈련된 지도자가 문제를 토의하기 위하여 모임을 가지는 치료형태이며 1시간 정도 진행된다. 집단 치료는 삶을 진지하게 생각해 보는 상황 속에서 일상생활에서 느끼는 것과 같은 감정을 느끼게 된다. 집단의 상황은 치료적이므로 행동양식을 깨닫도록 지원하며 타인에 의해 용기를 얻게 되면 구성원은 그가 배운 대로 행할 수 있는 자신감을 얻는다.

③ 지역사회의 자원활용

청소년에 대한 보호와 감독이 대부분 가정과 학교에서 이루어지고 있으나 부모나 교사의 힘만으로 처리할 수 없는 문제가 발생했을 경우 지역사회의 자원을 활용하여야 한다. 특히 무직, 미진학 청소년의 경우는 더욱 지역사회의 자원과 서비스가 요청될 수 있다. 이러한 지역사회의 인적 자원으로는 의사, 심리학자, 약물남용의 경험이 있는 친구 등이 있다. 그리고 약물과 관련된 기관 등도 자원으로 연계하는 할 수 있도록 활용하는 것이 필요하다.

특히 지역사회에 산재해 있는 약국의 경우, 약사는 약의 전문가로서 위험 약물에 대한 정확한 정보를 지역 주민에게 홍보하거나, 마약성 또는 환각성 약물을 구입하려는 청소년들에게 주의를 기울이고 판매하지 않는 역할을 할 수 있다. 그리고 지역사회 내에서 도움을 필요로 하는 약물 남용자, 사용가능 위험자, 가족이나 주변인에 대한 1차 상담자의 역할을 하고, 그들을 전문상담기관이나 치료기관으로 안내하는 중요한 역할을 할 수 있도록 관계망을 조성하는 것이 필요하다.

(3) 약물남용을 위한 프로그램

① 알코올 치료를 위한 프로그램

치유의 샘터(대구카톨릭알코올상담센터 운영)는 문제성 음주자나 알코올의존자들이 낮동안 프로그램에 참여하면서 음주를 촉발하는 고위험상황으로부터 보호받고, 의존으로부터 회복력과 사회적응력을 키움으로써 건강한 사회구성원으로 재활할 수 있도록 도움을 제공하는 주간 재활프로그램이다.

프로그램 일정표

<table>
<tr><th>일정</th><th>월</th><th>화</th><th>수</th><th>목</th><th>금</th></tr>
<tr><td>10:00~10:30</td><td colspan="5">매일의 명상</td></tr>
<tr><td>10:30~11:00</td><td colspan="3">아침모임(morning meeting)</td><td colspan="2"></td></tr>
<tr><td>11:00~12:30</td><td colspan="2">부서모임 / 직무수행</td><td>1~3주 : 원예치료
4주 : 자원봉사활동
5주 : 자기개발 및 체험활동</td><td colspan="2">부서모임 / 직무수행</td></tr>
<tr><td>12:30~14:00</td><td colspan="5">밥상공동체 / 역할수행</td></tr>
<tr><td>14:00~15:00</td><td>주간목표 다루기</td><td>세미나Ⅰ</td><td>부서모임 / 직무수행</td><td>세미나Ⅱ</td><td>명상이완 요법</td></tr>
<tr><td>15:00~16:00</td><td>사회기술 훈련</td><td>재발예방 교육</td><td>건강관리 프로그램</td><td>인지행동 치료</td><td>자기성장 프로그램</td></tr>
<tr><td>16:00~16:30</td><td colspan="5">마침모임 / 자기평가</td></tr>
<tr><td>16:30~17:30</td><td colspan="5">개별상담(One to One Counseling)</td></tr>
<tr><td colspan="6">* 프로그램 내용 및 일정은 상황에 따라 조정될 수 있습니다!</td></tr>
</table>

* 출처 : 대구가톨릭알코올상담센터 http://alcoholcenter.or.kr, 2010.

(4) 재활센터 프로그램

마약류 의존자를 위한 사회복귀시설인 송천재활센터의 프로그램을 알아보면 다음과 같다.

- 프로그램 일정 -

	월	화	수	목	금	
6:30	기상					
06:30 - 08:00	식사, 세면					
8:30 - 9:20	아침모임					
9:30 - 11:30	요가 및 명상	미술치료	대상관계 치료	운동 (생활 지도사)		
11:30 - 12:00	식사준비					
12:00 - 13:20	점심식사					
13:30 - 14:30	스피치훈련 (양재규)	운동 (생활 지도사)	무용치료 (이정현)	자존감향상 (정광은)	야외활동 (등산, 봉사활동, 전시관람 등)	
14:40 - 15:30						
16:00 - 17:00	역할수행					
18:00 - 19:00	식사 준비 및 식사					
19:00 - 20:00	저녁 미팅 *** 매주 화요일 7시-8시 NA 모임***					
20:00 - 22:00	직업재활학습교육 및 개인작업(검정고시, 독서, 운동 및 기타)					
22:00 -	취침					

:: 가족교육

월 한번씩 오후 2시 - 4시 30분 회원들의 가족들을 위한 교육 및 프로그램을 운영한다. 프로그램의 목표는

1. 중독이 가족에게 어떤 영향을 주었는지에 대하여 가족을 통해 회원자신이 알 게 한다.
2. 중독으로 인한 가족의 고통이나 불안을 서로 나눔으로써, 회원이나 가족들에게 도움을 주고, 어려움을 잘 극복할 수 있도록 용기와 격려를 북돋아 준다.
3. 비디오, 강의, 집단치료를 통하여 중독에 대한 정확한 이해와 가족들간의 친목들을 다진다.

– 외래교육 –

본 기관에서는 각 보호관찰소, 검찰청으로 의뢰받은 대상자를 송천재활센터 입소자와 함께 치료·재활 프로그램 교육을 실시하고 있습니다.

Ⅰ. 보호관찰소

<table>
<tr><td colspan="5">외래교육</td><td></td></tr>
<tr><td>의뢰기관</td><td>보호관찰소</td><td>대상자</td><td colspan="2">수강명령</td><td></td></tr>
<tr><td colspan="4">외래교육 세부일정</td><td>비고</td><td></td></tr>
<tr><td>교육시간</td><td colspan="3">교육내용</td><td></td><td></td></tr>
<tr><td>08:30 ~ 09:30</td><td colspan="3">아침모임 / 오리엔테이션</td><td></td><td></td></tr>
<tr><td>09:30 ~ 12:00</td><td colspan="3">역할수행 / 시청각 교육</td><td></td><td></td></tr>
<tr><td>12:00 ~ 13:00</td><td colspan="3">점심식사</td><td></td><td></td></tr>
<tr><td rowspan="2">13:00 ~ 16:30</td><td colspan="3">교육프로그램 Ⅰ</td><td></td><td></td></tr>
<tr><td colspan="3">교육프로그램 Ⅱ</td><td></td><td></td></tr>
<tr><td>19:00 ~ 20:00</td><td colspan="3">NA모임 (매주 화요일)</td><td></td><td></td></tr>
</table>

Ⅱ. 지방검찰청

<table>
<tr><td colspan="5">외래교육</td><td></td></tr>
<tr><td>의뢰기관</td><td>지방검찰청</td><td>대상자</td><td colspan="2">기소유예</td><td></td></tr>
<tr><td colspan="4">외래교육 세부일정</td><td>비고</td><td></td></tr>
<tr><td>교육시간</td><td colspan="3">교육내용</td><td></td><td></td></tr>
<tr><td>08:30 ~ 09:30</td><td colspan="3">아침모임 / 오리엔테이션</td><td></td><td></td></tr>
<tr><td>09:30 ~ 12:00</td><td colspan="3">역할수행 / 시청각 교육</td><td></td><td></td></tr>
<tr><td>12:00 ~ 13:00</td><td colspan="3">점심식사</td><td></td><td></td></tr>
<tr><td rowspan="2">13:00 ~ 16:30</td><td colspan="3">교육프로그램 Ⅰ</td><td></td><td></td></tr>
<tr><td colspan="3">교육프로그램 Ⅱ</td><td></td><td></td></tr>
<tr><td>19:00 ~ 20:00</td><td colspan="3">NA모임 (매주 화요일)</td><td></td><td></td></tr>
</table>

:: 기타 제공되는 서비스 및 활동

1. 개인의 요구, 목표, 기호, 그리고 기능성에 관한 평가
2. 개인 및 집단상담, 가족상담

3. 교육훈련
4. 타 중독자 집단과의 집단오락활동, 특정기술 획득에 관련된 훈련, 종교활동
5. 직업훈련 및 감독
6. 위기상황에 대한 조치 및 치료

* 출처 : 한국마약퇴치운동본부 http://www.drugfree.or.kr, 2010.

제 11 장

성폭력 문제

1) 성폭력의 정의와 현황

성폭력의 문제에 있어서 정의와 현황은 나동석 등(2010)의 연구에서 정리하였으며, 성폭력의 원인에 대한 이론들의 설명, 성폭력문제에 대한 현행 사회정책 및 프로그램, 성폭력문제에 대한 해결책 및 대안, 성폭력 문제 해결을 위한 사회복지차원에서의 전략에 대해 살펴보고자 한다.

(1) 성폭력의 정의

우리 사회에서 성폭력에 대한 정의가 이루어지기 시작한 것은 1980년대이다. 이전에는 '정조에 관한 죄'로 강간이라는 개념이 여성 정조를 침해한 범죄로 인식되었다. 정조의 침해는 여성 개인에게 가해진 범죄가 아니라, 여성이 속한 남성 가족의 명예를 더럽힌 범죄라는 의미이다. 성폭력을 사회 문제화한 여성 운동 단체에서는 성폭력을 성별 권력관계의 문제이고, 근절해야 할 폭력으로 설명하기 시작했다. 성폭력은 여자로서 부끄러운 일, 여자들의 팔자, 정조의 문제가 아니라 개인 여성의 성적자기결정권의 침해로 이슈화된 것이다.

따라서 성폭력의 개념은 성희롱 등 성을 매개로 상대방의 동의 없이 가해지는 모든 신체적, 언어적, 정신적 폭력을 포괄하는 광범위한 행위를 말한다.

일반적으로 성폭력이라고 규정할 수 있는 근거 몇 가지를 살펴보면 다음과 같다.

첫째, 성적인 행동이 본인의 의사와는 상관없이 발생했다면 성폭력이다.

둘째, 만일 성행위에 동의했거나 정확한 의사표현이 없었다고 할지라도 그 상황이 정상적인 판단을 하기 어려운 상태였다면 성폭력이다.

셋째, 성인이 법적으로 미성년자와 성행위를 했다면 성폭력이다.

한편, 법의 성폭력 개념에서 현행법이 성폭력을 어떻게 규정하고 있는지를 범죄의 유형별로 살펴보면 다음과 같다.

① 강간, 강제추행죄

법조문	범죄의 구성요건	행위자	대상	형	비고
형법 제297조	상대방의 반항을 불능, 현저히 곤란하게 할 수 있는 폭행, 협박으로 부녀를 간음	남	여	3년 이상의 유기징역	친고죄·강간치상 등은 비친고죄
형법 제297조	폭행, 협박으로 사람을 추행	남, 여	남, 여	10년 이하의 징역, 1,500만원 이하의 벌금	친고죄

- 폭행, 협박, 저항여부에서 성적자기결정권의 침해여부로 판단한다.
- 강간죄의 대상과 행위가 확대되어야 한다. 강간죄는 남성의 성기가 여성의 성기에 삽입되었을 때에만 성립하며, 그 이외의 어떠한 성적 접촉도 모두 강제 추행으로 해석하고 있다.
- 아내강간을 성폭력으로 보는 명시적인 법적규제가 필요하다.

② 성희롱

법조문	범죄의 구성요건	행위자	대상	형	비고
국가인권위원회법 제2조5	업무, 고용 그 밖의 관계에서 업무 등과 관련하여 성적 언동 등으로 성적굴욕감 또는 혐오감을 느끼게 하거나 성적 언동 그 밖의 요구 등에 대한 불응을 이유로 고용상의 불이익을 주는 언행	종사자 사용자 근로자	남, 여	사내징계	·민사소송 ·형사소송 (육체적 성희롱)

③ 현행법에서 보장되고 있는 피해생존자의 권리를 제대로 보장될 수 있도록 담당자들의 특별한 노력이 요구된다. 또한 청소년성보호법에 의해 지역사회안전망 구축을 위한 청소년대상 성범죄자의 시낭공개제도나 취업제한 제도들이 새로이 장만되었다. 이처럼 법에서는 피해생존자의 권리를 보장하는 제도적 장치들이 빠르게 변하는 추세이다.

(2) 성폭력의 현황

성폭력 상담 통계 현황을 살펴보고자 한다. 〈표 11-1〉은 한국성폭력상담소 1991년 4월 개소 이래 2009년 12월 31일까지 본 상담소에 접수된 상담은 총 42,829건(64,641회)이며, 이중 성폭력 상담은 총 35,166건(82.1%)으로 2009년에는 총 1,481건(2,305회)의 상담이 접수되었고, 상담 방법별로는 전화상담 1,649회(78.7%), 메일상담 72회(3.4%), 면접 375회(17.9%)였다. 전년 대비 상담건수가 줄어든 반면 상담횟수가 늘어난 것은 지속상담이 증가한 것으로 질적인 상담·사건지원에의 요구가 반영된 결과다. 한국성폭력상담소(2010, http://www.sisters.or.kr)의 내용을 살펴보면 아래와 같다.

〈표 11-1〉 2009년 상담 통계 현황

〈단위: 건, (%)〉

연도	상담회수	상담건수(A)	성폭력상담건수(B)	성폭력상담비율(B/A)
1991.92	2,834	2,028	1,349	66.5
1993	1,765	1,182	841	71.1
1994	2,553	1,723	1,356	78.7
1995	2,050	1,238	1,021	82.5
1996	3,459	2,138	1,779	83.2
1997	3,424	2,295	1,647	71.8
1998	4,285	2,948	2,085	70.7
1999	5,397	3,692	2,564	69.4
2000	4,164	2,873	2,309	80.4
2001	4,995	3,593	2,869	79.8
2002	4,877	3,533	2,961	83.8
2003	4,871	3,135	2,839	90.6
2004	3,870	2,505	2,362	94.3
2005	3,979	2,348	2,151	91.6
2006	4,246	2,468	2,317	93.8
2007	3,330	2,101	1948	92.7
2008	2,237	1,548	1,430	92.4
2009	2,305	1,481	1,338	90.3
총	64,641	42,829	35,166	82.1

* 출처 : 한국성폭력상담소(2010).

가. 피해유형별 피해자 현황

〈표 11-2〉의 피해 유형별 상담현황을 살펴보면 강간이 521건(39.0%)로 가장 많은 분포를 보이고, 그 다음으로 성추행이 493건(36.9%), 성희롱 139건(10.4%), 스토킹 68건(5.1%), 강간미수 57건(4.4%) 순으로 나타났다.

〈표 11-2〉 2009년 피해유형별 피해자 현황

〈단위: 건(%)〉

유형 / 계	강 간 521(39.0)				강간미수	성추행	성희롱	통신매체이용음란(음란전화)	카메라이용촬영	스토킹	음화등의제조유포	기타	미상
	단순강간	특수강간	준강간	강간치상									
1338 (100.0)	373 (27.9)	48 (3.6)	71 (5.3)	29 (2.2)	57 (4.4)	493 (36.9)	139 (10.4)	29 (2.2)	20 (1.5)	68 (5.1)	2 (0.1)	0 (0.0)	9 (0.4)

* 출처 : 한국성폭력상담소(2010).

나. 피해자의 요구

〈표 11-3〉을 살펴보면 법적지원에 못지않게 대응방안지원에 대한 요구가 높은 비율로 나타나고 있다. 대응방법에는 법적으로 해결할 수 없는 경우 노동부나 인권위원회에 진정하는 제도적 해결 방법 뿐 아니라 소속공간 내 집단적 해결방법이나 가해자에게 직접 사과를 요구하는 개인적 해결 등이 포함된다. 성폭력 사건의 경우 사안에 따라 사법제도가 수용하지 못하는 많은 부분이 존재하고 있고, 제도화된 해결이 어려운 피해자들이 사건을 해결할 수 있는 다양한 방안을 찾으려는 요구가 높다는 것을 알 수 있다.

〈표 11-3〉 피해자 요구

〈중복표기 단위: 건(%)〉

분류	법적지원	의료지원	심리정서지원	대응방안	피해보상 합의	성폭력 외 사건해결	기타
2009	1,042(45.2)	75(3.3)	1,261(54.7)	701(30.4)	113(4.9)	40(1.7)	86(3.7)

* 출처 : 한국성폭력상담소(2010).

다. 친족관계 성폭력범죄 통계

〈표 11-4〉를 살펴보면 친족관계 성폭력 범죄발생률이 2009년에 686명(3.65%)에 가장 높음을 알 수 있다. 또한 〈표 11-6〉에서와 같이 성폭력피해상담소 상담 중 친족성폭력 상담률이 많아지고 있다.

〈표 11-4〉 친족관계 성폭력범죄 발생률

연도별	전체 가해자수	친족관계		
		계	동거친족	기타친족
총계	68,986명	1,750명(2.54%)	1,196명	554명
2006년	15,851명	331명 (2.09%)	240명	91명
2007년	16,500명	360명 (2.19%)	255명	105명
2008년	17,825명	373명 (2.10%)	276명	97명
2009년	18,810명	686명 (3.65%)	425명	261명

* 출처 : 경찰청 내부자료(2010).

〈표 11-5〉 각국의 아동 · 청소년 대상 친족성폭력 발생률

		한국	미국	독일	일본
피해자 가해자 관계	친 족	11.9%	20.9%	19.3%	2.0%
	아는 사람	27.5%	49.0%	41.4%	18.6%
	모르는 사람	60.6%	25.9%	32.3%	79.4%
	기 타	-	4.1	7.0	-
	계	100.0%	100.0%	100.0%	100.0%

* 출처 : 국내외 아동성범죄 특성분석 및 아동보호시스템 연구(2010년).

〈표 11-6〉 전국 성폭력피해상담소 상담 중 친족성폭력 상담률

연도별	전체 성폭력상담	가해자가 친족 · 친인척 · 배우자	%
2006년	27,978명	4,515명	16.1%
2007년	26,537명	3,874명	14.6%
2008년	28,524명	5,589명	19.6%
2009년	34,289명	5,460명	15.9%

* 출처 : 여성가족부 내부자료(2010).

라. 친족관계 성폭력피해자 보호 · 지원

가해자 처벌 강화는 성폭력범죄처벌특례법 제정('10. 4. 15)으로 친족성폭력범죄 처벌을 강화하였다. 강간(5년 → 7년), 강제추행(3년 → 5년), 일반 대상 : 강간(3년 이상), 강제추행(1년이하, 1,500만원이하 벌금), 13세미만 : 강간(10년 이상), 유사강간(7년 이상), 강제추행(5년

이상, 3천만원 이상 5천만원 이하의 벌금)

친족의 범위 확대는 4촌 이내의 혈족 및 2촌 이내 인척 → 4촌 이내의 혈족 및 인척으로 강화하였다.

피해자 보호·지원 강화는 검사의 친권상실 청구 의무화하였다. 피해 반복 방지를 위해 가해자가 피해아동·청소년의 친권자나 후견인인 경우 법원에 친권상실선고(민법 제924조) 또는 후견인 변경(민법 제940조) 결정 청구를 할 수 있다. 아동·청소년 친족 성폭력 발생장소는 공동거주지 74.6%로 나타났고, 친권상실선고는 '09. 9월 이후 친권상실선고 8건, 계류 6건으로 나타났다.

초기지원으로는 해바라기아동센터, 원스톱지원센터 등을 통해 피해자 및 그 가족에 대한 심리상담, 의료, 수사·법률지원 등 종합적 지원을 하며, 해바라기아동센터 9개소, 원스톱지원센터 17개소, 해바라기 여성·아동지원센터(통합센터) 1개소, 상담소 199개소가 있다.

주거지원으로는 아동·청소년 전용쉼터(2개소, 총 30명)에서 피해아동을 성년이 될 때까지 학업을 계속하면서 보호하고, 성폭력피해자 보호시설(20개소)의 경우 미성년 친족성폭력피해의 경우 만 18세까지 보호 가능하다. 폭력피해여성 주거지원시설(그룹홈, 53호)에서 피해자와 그 가족이 2년간 입주 가능(2년 연장 가능)하다. 또한 아동보호전문기관이 운영하는 그룹홈(32개소)과 연계·지원하고 있다.

학업 지원으로는 피해자 또는 그 가족이 성폭력피해로 전학 등이 필요할 경우, 학교장 등이 전학 등 취학지원을 하도록 의무화하고 있다. 「성폭력방지 및 피해자 보호 등에 관한 법률」 제정('10. 4. 15)하였고, 아동·청소년 전용쉼터에 공부방과 생활지도교사를 두어 피해아동·청소년 학업 지도하고 있다. 전용쉼터 내에 상담실, 특별교실, 공부방, 프로그램실 등 운영하고 있다.

가족 지원으로는 「가족보듬사업」과 연계하여 성폭력피해 가족의 충격을 완화하기 위한 심리평가, 아이돌봄 등 도우미파견 및 자조모임 등 지원하고 있다. 전국 10개 건강가정지원센터가 지원하고 있다.

2) 성폭력의 원인에 대한 이론들의 설명

한국여성개발원(1997)의 연구에서는 성폭력에 대한 이론적 접근에 대해 전통주의적 시각, 정신병리적 시각, 폭력하위문화 관점, 페미니스트적 관점으로 살펴본 것에 대해 아래와 같이 정리하여 설명하고자 한다. 미시적 차원에서 중간단계를 거쳐서 점차 거시적 차원으로 발전하여 왔다(이경자 등, 1992). 연대기적으로 보아 미시적 차원의 접근은 1960년대에 이르기까지 주도적으로 나타난 접근방법으로서 가해자에 초점을 맞춘 임상적인 연구를 중심으로 전개되었으며, 1960년대에는 중시적 시각을 가진 사회학적 접근이 시도되었다. 그 후 1970년대 초부터는 여성학적 시각을 가진 거시적 접근이 활발하게 전개되면서 많은 부분 감추어져 오던 성폭력이 적극적으로 드러남과 동시에 심각한 사회문제의 하나로 관심을 끌게 되었다.

(1) 전통주의적 시각

전통적인 남/녀 성관에서 볼 때 성폭력은 그리 흔하게 일어나는 사건이 아닐 뿐만 아니라, 심각한 사회문제라고도 볼 수도 없다. 남성은 모든 여성을 성폭력의 대상으로 삼는 것이 아니라 그래도 좋을 만한 여성들만을 대상으로 성폭력을 행사하기 때문이다. 보편적으로 여성은 정숙한 아내와 매매업이나 서비스업에 종사하는 정숙하지 못한 여성의 두 부류로 나뉘어지는데 정숙한 여성들의 순결이 보호되는 한 정숙하지 못한 이들을 상대로 한 성폭력은 특별히 비난받을 일이 아니며 더욱이 사회문제로 인식할 필요가 없다고 보는 시각이다(이영자, 1989).

이들이 이렇게 주장하는 이유는 모든 여성에게는 어느 정도 폭력적으로 표현되는 남성의 애정과 관심이 필수적으로 요구되고 있는 것이라고 믿기 때문이다

(2) 정신병리적 시각

대부분의 임상적 연구는 가해자의 인성적 자질 중의 부적응적 요소와 성심리 발달상의 문제를 중심으로 성폭력의 원인을 설명한다. 그로스(Groth, 1977)는 자신의 임상적 경험을 통하여 성폭력을 성과 직접적 관련이 없는 요구나 감정을 표현하기 위한 공격적 행동이라고 규정하였다. 즉 자신의 '힘'과 '분노'를 성적으로 표현하는 것이며 이때 진정한 동기는 보복이나 보상이라는 것이다. 성폭력의 형태나 가해자의 동기는 매우 다양하나 어느 경우에나 내포되어 있는 기본적인 문제는 분노(anger), 힘(power), 성성(sexuality)의 요소이다.

사회병리론에서는 강간범의 인성적 특성에 따라 분노형, 권력형, 가학형으로 분류하고 있다(Bagley & King, 1990).

먼저 분노의 표출로써의 강간은 피해자의 온몸을 때리고 심한 욕을 퍼부으며 굴욕적인 성행위를 하게 하는 등 강간 자체를 위해서 필요한 폭력 이상의 폭력을 사용한다. 이러한 공격을 통하여 그가 표출하고자 하는 감정은 심한 분노, 증오, 모욕감, 좌절감 등인데 이러한 긴장은 어머니, 아내, 여자친구 등 그의 생애에 있어서 의미 있고 쉽게 접근할 수 있는 여성들에게 향하게 되기 쉬우며 사전에 계획된다기보다는 우발적, 폭발적으로 일어나게 된다.

성적, 비성적 영역에 있어서 자신이 불충분하다고 느끼고 있으며 인간관계 기술도 충분히 발달해 있지 못한 가해자는 자신의 힘을 과시하기 위하여 성폭력을 행사한다. 그는 피해여성을 위압하고 통제할 수 있을 만큼의 폭력만을 사용하며 강간을 통하여 안정감을 느끼고 자신이 지배력과 통제력을 가지고 있다고 느끼게 된다. 즉 자신의 부족함, 취약함 등에 대한 보상을 찾고 있는 것이다. 이러한 유형의 성폭력은 일종의 자신의 능력에 대한 시험이므로 치밀한 계획아래 일어나는 경향이 있다.

가학적인 성폭력에 있어서는 공격 그 자체가 성애화된다. 가해자는 성폭력을 행사함으로써 만족을 느끼는 것이다. 즉 피해여성을 고문하고, 괴롭히고, 고통을 줌으로써 쾌락을 느끼는 것인데 심한 경우 살인을 하게 되기도 하며, 사전에 미리 치밀하게 계획되고 계산된 공격행동이라고 볼 수 있다.

임상적 접근을 통하여 연구를 수행하는 연구자들의 일차적 관심은 전체로서의 사회에 있다기보다는 자신의 남성다움을 사회적으로 받아들여질만한 방법으로 표현하는 것을 배우지 못한 개인들의 일탈적인 행위에 있기 때문에 성폭력의 가해자를 정서적 문제를 가진 자, 혹은 일탈자로 규정하게 된다. 그러나 '성폭력의 가해자' 혹은 '강간범'들이 어떠한 인성상의 특징을 공유하고 있다고 하여도 그것이 바로 '정신분열증', '히스테리'와 같은 차원의 정신분석학적 분류의 하나가 될 수 있는가에는 임상의들도 많은 의문을 제기하고 있으며 사실상 실증적 연구조사를 통하여 강간을 범한 남성과 강간을 하지 않은 남성 사이의 뚜렷한 인성상의 차이도 아직 발견하지 못하고 있다(마가렛 앤더슨, 1983). 뿐만 아니라 강간범죄자들의 특성을 연구하기 위하여는 이미 드러난 범죄자 즉 구류를 살고 있거나 투옥되어 있는 자를 상대로 할 수 밖에 없을 터인데 성폭력의 경우는 감추어진 범죄가 더욱 많다는 사실을 고려하면 가해자의 임상적 유형화에는 상당한 편견이 내재되어 있으리라는 예측을 할 수 있다.

(3) 폭력하위문화 시각

정신병리적인 시각이 가해자의 정신적, 심리적인 측면에 초점을 맞추고 있다면 폭력하위문화의 관점은 가해자가 속해 있는 지역사회의 경제적, 사회적, 문화적 측면에 초점을 맞추어 이러한 환경적 요소들이 내재화된 결과 성폭력을 낳게 되는 것이라고 보는 시각이다. 성폭력에 관한 많은 조사연구들이 소득수준이 낮고 교육정도가 낮은 계층의 남성 집단 또는 흑인 지역사회의 남성들이 그렇지 않은 남성들보다 성폭력에 개입되는 경우가 많다는 결론을 내리고 있는 것을 볼 수 있는데 이러한 조사연구들은 모두 중시적인 사회학적 접근방법을 채택하여 특정 하위문화가 성폭력을 유발하고 있다는 결론을 내리는 공통점이 있다.

폭력하위문화론도 정신병리론에서와 마찬가지로 전통적 남서의 관점을 반영한 것이라고 할 수 있다. 또한 중상류층에서 자행하는 성폭력은 대체로 숨겨지는 경향이 있다는 사실에 주목할 때, 이러한 사회학적 이론들은 성폭력 문제를 설명하는데 명확한 한계를 지니고 있다고 볼 수 있다(최일섭 등, 1997).

(4) 페미니스트적 시각

페미니즘에는 자유주의적 페미니즘, 급진주의적 페미니즘, 사회주의적 페미니즘 등 다양한 하위이론이 있는 만큼 성폭력에 대한 페미니스트의 논리도 단일한 것은 아니다. 그러나 성폭력을 보는데 있어서 이제까지 논의한 시각과 페미니스트적 관점이 근본적으로 다른 점은 가해자보다는 피해자에게 관심과 초점을 맞추고 있으며 성폭력을 가부장제 사회에서 구조화된 여성에 대한 남성의 통제를 유지하기 위한 방편의 하나로 본다는 점이다.

즉, 페미니스트적 관점은 가해자의 인구학적, 사회학적 혹은 정신적이고 심리적인 측면에 관심을 갖기보다는 성폭력을 실제로 겪고 있는 피해자들의 경험을 더욱 중요시한다는 점이다. 현재 성폭력의 피해자는 대부분 여성이라는 점을 전제하고 본다면 피해자 즉 피해여성에 관심의 초점을 맞추되 어떤 유형의 여성이 어떤 상황 아래에서 성폭력을 당하게 될 가능성이 높은가보다는 일단 피해를 당한 여성들은 어떠한 육체적, 정신적, 사회적 문제를 겪게 되며 이러한 문제로부터의 위협을 어떻게 해결해 나아갈 것인가에 더욱 큰 비중을 둔다는 의미이다. 성폭력은 특정 유형의 여성들만이 고립적으로 겪는 문제가 아니라 모든 여성공동의 문제이며 이의 해결도 개인적인 노력으로는 성취할 수 없는 사회구조적인 문제이기 때문이다.

3) 성폭력문제에 대한 현행 사회정책 및 프로그램

(1) 성폭력 발생의 개인적/문화적 맥락

우리에게 성폭력은 매우 비일상적이고 예외적인 사건으로 여겨진다. 물론 한 개인에게 있어서 성폭력의 피해는 그와 같은 경험으로 인식될 수 있다. 하지만 동시에 여성 집단에게 일상적으로 일어나는 사회적 문제이기도 하다. 성차별적 성별 이중 규범과 우리 사회의 성문화와 밀접한 관련을 맺고 있기 때문이다.

(2) 성차별적 성별 이중 규범

우리는 태어나면서부터 사회로부터 남성과 여성이라는 성을 부여받고 생물학적 성에 맞게 기대되는 성역할을 수행하게 된다. 즉, 여성은 여성성을, 남성은 남성성을 획득하는 것이 '정상적'이라는 교육을 받게 된다. 여기에서 성(sex, gender, sexuality)은 남성과 여성의 이분법 구도 안에서만 존재하며 이러한 규범은 다양한 개인들의 성적 정체성과 지향, 행동 양식 등을 규제한다. 그런데 여기에서 이런 의문을 가질 수도 있을 것이다. 여성은 여성으로 남성은 남성으로 길러진다는 것은 '자연스러운' 과정이 아닌가 하고 말이다. 하지만 자연스럽고 수평적인 관계를 맺는 것처럼 보이는 여성/남성, 여성성/남성성은 사실상 사회적으로 학습된 결과 일뿐 아니라, 차별적 요소들을 포함하고 있다. 우리가 흔히 말하는 '남자답다', '여성스럽다'는 내용을 살펴보면 남성은 역동적, 공격적, 지배적인 성향으로, 여성은 수동적, 종속적인 성향으로 매우 상반된 내용을 나타내고 있음을 알 수 있다.

저돌적이고 공격적인 남성(성)과 대응할 수 없도록 길들여진 여성(성)의 관계는 폭력적인 일방의 침해를 가능하게 한다. 이것은 자연스러운 것이나 생물학적인 차이에 기인한다기보다는 사회적인 성별 규범 체계의 학습에 의해 자연스러운 것인양 기능한다. 그리고 이러한 두 가지 성행에 대해 사회적 가치는 다르게 매겨지며 남성과 다르게 훈육되어온 여성의 몸과 생각, 행동은 남성이 여성을 보호/통제하는 기반이 된다. 이와 같이 상회비대칭적인 성별 관계의 모순이 바로 '성폭력'이 발생하는 지점이다.

(3) 강간 문화(신화)

이와 같은 차별적인 요소는 성에 관한 가치관이나 성적 실천에서도 그대로 적용된다. 남성에게 '성'은 당연히 향유할 권리가 있는 것으로 남성은 너무나 쉽게 성적 주체가 되지만, 여성에게 성은 부끄럽고 위험한 것으로 학습되기 때문에 여성이 성적 주체성을 실천하기란 매우 어렵다. 성적 주체자인 남성에게는 성적 실천을 위한 다양한 가능성이 열려 있을 뿐 아니라 성적 실천이 곧 남성성을 획득하고 강화하는 핵심이 된다. 즉, 성적 농담과 포르노, 성매매 등 남성들이 향유하는 성문화는 남성들의 유희와 쾌락인 동시에 남성이 되기 위한 관문의 역할을 하기도 한다. 이렇듯 여성을 도구화하고 지배하는 성적 실천은 남성 집단의 공모와 연대로 계속 유지된다.

여성을 성적으로 대상화는 남성중심 성문화는 성폭력에 대한 공포의 확산, 여성의 활동영역을 제한하고 옷차림과 행동을 규제하는 방식으로 나타난다. 남성들의 성적 실천 방식을 문제 삼는 대신 성폭력의 책임을 여성에게 전가하고 몸의 위험과 취약함을 수용하도록 하는 것이다. 또한 이러한 사회 규범은 여성은 성에서 수동적이고 무지해야 하며 남성은 여성을 리드해야 한다고 규정한다. 남성들의 일방적이고 강압적인 방식이 남성다움이나 낭만으로 포장되고 여성들의 거부가 내숭이나 '여성스러움'의 표현으로 여겨지는 문화에서 성폭력의 문제는 은폐되기 쉽다. 실제로 남성들은 친밀한 관계에서 성폭력이 발생할 수 있다는 사실을 이해하지 못하며, 성폭력은 단지 성관계를 맺는 하나의 방식일 뿐이라고 믿는 사회에서 '강간'은 언제든지 '화간'으로 둔갑하게 된다.

(4) 위계적인 권력 관계

성폭력이 대부분 남성에 의한 여성 폭력으로 나타나기 때문에 성차별적 세슈얼리티와 연결되어 있는 한편 다른 사회적 권력 관계와도 긴밀한 연관을 맺고 있다. 실제 일어나는 많은 성폭력이 가해자와 피해자의 권력관계와 무관하지 않음을 확인할 수 있다. 이는 권력자가 자신의 권력을 확인하고 사회적 약자를 차별하는 수단으로 성폭력을 이용하기 때문이다. 남성-여성, 연장자-연소자, 상사-부하직원, 비장애인-장애인, 내국인-이주노동자등의 관계에서 '누가 누구에게 성폭력을 행하는가'를 살펴보면 권력의 작동 방향과 성폭력의 상관관계를 이해할 수 있다. 남성 간 성폭력 역시 위계를 동반하여 일어난다는 점을 상기할 때, 권력관계는 매우 중요한 요소임을 알 수 있다. 특히 우리는 수직적인 상하관계와 위계가 강한 문화에 살고 있다. 가족, 직장, 군대 등에서 개인의 관계는 서열화되고 조직 내에서 지배와 순종을 내면화하도록 교육받는다. 이러한 위치에 있는 개인들은 자유로운 의사표현과 수평적 관계를 맺기 어려우며 성폭력이 발생하였을 때 피해자가 문제를 제기하기 어려운 성폭력이 바로 이러한 위계 관계 안에 놓여 있기 때문이다. 성폭력은 일부 사람들만의 문제가 아니며 일탈적인 행동으로만 바라볼 수도 없다. 성문화를 돌아보고 자신을 성찰함에 있어 그 누구도 예외일 수 없는 것은, 성폭력이 우리의 일상과 맞닿아 있기 때문이다. 성차별적 성별 구조와 성문화, 그리고 위계적인 권력 관계로 이루어진 사회와 개인이 맺고 있는 관계를 직시할 때, 우리에게 새로운 실천 전략이 생길 거라 기대해 본다.

(5) 성교육의 부재

학교에서의 교과과정에 체계적인 성교육은 전혀 반영되지 않고 남녀의 신체구조나 생리현상 등 생물학적인 성에 대한 지식전달 차원에 머물러 있어 인간적인 성과 함께 누리는 바람직한 성이 무엇인지에 대해 사고하고 판단하는 기회를 막아 버리게 된다.

4) 성폭력문제에 대한 해결책 및 대안

첫째, 왜곡된 성의식의 변화이다. 성욕에 관한 차별적 편견과 성역할에 관한 차별적 편견, 성윤리에 관한 차별적 편견을 위해서는 가정, 학교, 매스컴, 지역사회, 국가 등 왜곡된 성의식을 개선하기 위해 노력해야 할 것이다. 둘째, 퇴폐적 향락산업에 대한 규제이다. 성을 매개로 한 퇴폐적인 향락문화의 증가는 성성을 더욱 남성의 쾌락의 대상으로 간주하게 하고 폭력문화와 결합되어 다양한 형태의 성폭력을 야기시키는 요인으로 작용하고 있다. 이러한 문제를 해결하기 위해 여성의 성적 정체성을 왜곡하고 있는 향락산업에 대한 규제가 절실히 요구되어진다. 셋째, 성폭력 예방을 위한 성교육이 필요하다. 학교성교육 뿐만 아니라 가정에서 성교육 등 목표가 양성평등 의식을 기초한 성역할, 성윤리, 성지식, 정신건강 등 즉, 인간에 대해 이해할 수 있는 전반적인 교육이 필요하다. 따라서 성폭력 피해를 당했을 때에도 대처할 수 있는 능력과 방안이 포함되어야 한다(최성재 등, 1997).

"성폭력은 살인"

2010년 4월 9일 오후 제주시 산지천 분수대에서 제2회 여성장애인 폭력추방 캠페인이 열린 가운데, 이날 캠페인에 참석한 한 여자어린이가 '성폭력은 살인이다'라는 글이 적힌 구호를 들고 있다.

* 출처 : 2010년 4월 9일, '한국언론 뉴스허브', 뉴시스통신사.

■ 성폭력 사건해결

성폭력 사건해결은 다음 〈그림 11-1〉과 같이 진행되고 있다(한국성폭력상담소, 2010).

〈그림 11-1〉 성폭력 사건해결 진행과정

사건정황파악	피해일시, 장소, 내용, 피해자와 가해자의 관계, 현재 직면한 위험 등을 정리해 봅니다.
⇩	
피해자인 내가 원하는 것이 무엇인지 정리	피해로부터의 차단, 가해자처벌, 손해배상, 주변인들과의 관계 해결 등 원하는 바를 생각해 봅니다.
⇩	
다양한 사건해결 방법의 장점과 어려움 검토	내가 원하는 각각의 것들이 어떤 방법을 통해 이루어질 수 있는지 살펴보고, 나의 여건에 맞는 방법은 어떤 것이 있는지 생각해 봅니다.
⇩	
사건해결 방법 선택	다양한 사건해결방법 중 취할 수 있는 방법을 선택하고, 우선순위를 정해 봅니다.
⇩	
피해자의 요구안 정리 검토	가해자에게 요구할 것, 소속집단 또는 주변인에게 요구할 것 등을 나누어 되도록 자세하게 정리해 봅니다.
⇩	
가해자가 받아들이지 않을 경우 취할 수 있는 대응 방법 예상	다양한 사건해결방법 중 취할 수 있는 방법을 선택하고, 우선순위를 정해 봅니다.
⇩	
선택한 사건해결 방법 진행	선택한 사건해결방법의 절차 및 주의할 점, 준비해야 할 점을 알아본 뒤 대응을 시작합니다.

5) 성폭력문제 해결을 위한 사회복지적 차원에서의 전략

(1) 성폭력 문제에 대한 정책적 접근

최근 잇따르고 있는 아동대상 성폭력범죄에 대응하고 지역사회 차원의 아동보호 안전망 구축을 위한 '지역사회 아동안전 관계 기관 공동 협약식'을 하였다. 그동안 정부는 9개 부처 합동 「아동·여성보호대책 추진점검단」 회의와 '당정회의', '국가정책조정회의'를 거쳐 범정부 차원의 '아동안전 보완대책'을 마련하는 등 아동·청소년 대상 성폭력범죄에 적극 대응해 왔다. 그러나 여전히 부모나 어른의 보호 없이 홀로 남아 성폭력 범죄 피해에 노출된 아동·청소년들이 있다. 이를 위해 여성가족부를 비롯해, 교육과학기술부, 행정안전부, 보건복지부, 경찰청 등 5

개 중앙부처와 전국 244개 아동·여성보호 지역 연대 중 시범 운영지역으로 선정된 16개 시·군·구에서 상호협조를 통해 아동·청소년을 보호하는데 모든 정책적 노력을 하고 있다. 공동협력 협약을 통해 여성이 안전하고, 아동·청소년이 밝고 건강하게 자랄 수 있는 환경을 만들어 나가야겠다(여성가족부, 2010). 이외에도 관심을 가져야 할 내용들을 아래와 같이 제시하였다.

첫째, 성폭력 상담소와 보호시설의 확충 및 재정적 지원이 필요하다. 둘째, 사회사업가 등에 의한 아동성폭력 신고제가 도입되고 있으나 잘 이루어지지 않고 있으므로 강화할 필요가 있다. 셋째, 피해아동을 위한 특수 위탁시설이 필요하다. 넷째, 성폭력 서비스 관련 전문가를 위한 다양한 훈련프로그램이 필요하다. 다섯째, 의료, 사법, 사회복지서비스 간의 연계 및 조정이 one-stop으로 이루어지고 있으나, 아직 피해자의 인권을 보호할 수 있는 서비스로서의 인식이 충분하지 않으므로 체계가 확립되어야 한다.

(2) 성폭력 문제에 대한 임상적 접근

① 생존자 지원 체계

성폭력 문제 해결을 위한 사회복지적 차원에서의 전략은 매우 중요하다. 우선, 생존자 지원체계를 한국성폭력상담소에서 실시하는 내용을 살펴보면 다음과 같다〈그림 11-2〉.

또한 여성가족부에서 아동·청소년 전용쉼터를 설치하였다. 목적은 미성년 성폭력피해자(특히, 친족성폭력 피해아동 등)들의 경우 2차 피해방지를 위해서는 성년이 되어 자립 시까지 집을 떠나 생활할 수 있는 환경이 절실하다. 피해 아동·청소년이 가정처럼 학교에 다니면서 생활할 수 있는 별도 주거공간이 필요하다. 따라서 추진주체 및 방법으로 여성가족부(지자체), 민간위탁으로 나누어 운영한다. 설치형태 및 규모는 생활시설 2개소이며 경북(2010년 8월 24일 개소), 경남(2010년 9월 1일 개소)에 각 시설별 입소정원 15명으로 종사자 6명 이상 근무하고 있다. 지원프로그램으로는 상담, 치료, 진학·취업 교육프로그램, 문화 활동 등이다. 설치·운영기관으로 사회복지법인 또는 비영리법인으로 구분하며 운영방식은 입소연령 및 대상이 19세 미만, 성폭력 피해 아동·청소년(친족성폭력)으로 보호기간은 입소한 아동청소년이 만 19세까지 가능하다. 운영인력은 소장, 행정·관리, 상담원 3명(의료, 법률, 상담 등), 방과 후 교사 등이 필요하다(여성가족부, 2010).

〈그림 11-2〉 생존자 지원 체계

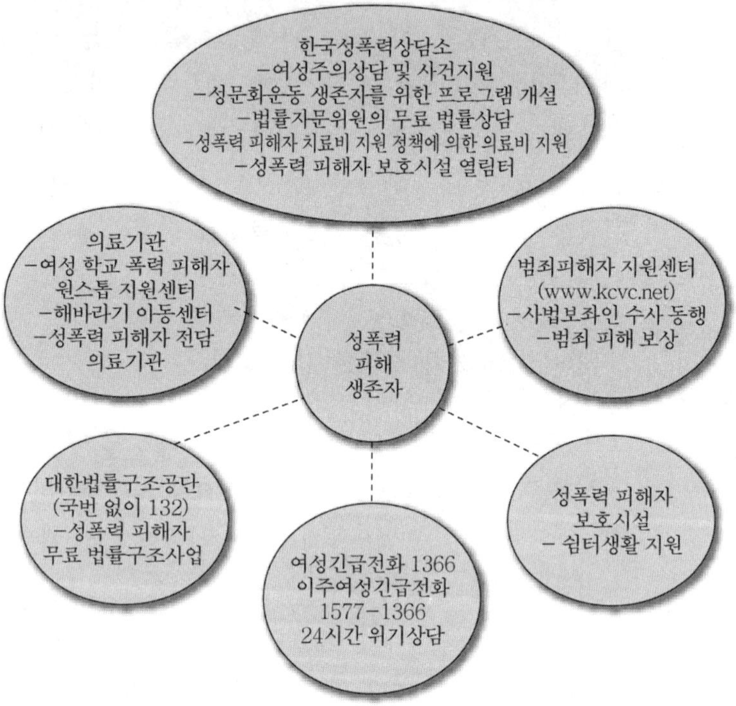

* 출처 : 한국성폭력상담소(2010).

② 가해자 지원체계

최근 성폭력 가해자들의 피해자 연령이 점점 낮아지는 현상을 매스컴을 통해 알 수 있다. 이에 재범을 방지하고 정상적인 사회생활을 할 수 있게 하기 위해서 가해자에 치료적 접근의 필요하다. 여성부에서 2006년부터 성폭력 가해자 교정·치료프로그램을 만들어 2008년 전국

24개 관련기관에서 프로그램을 운영하고 있다(서영학, 2008). 보건복지가족부에서도 인지행동적 치료프로그램인 40시간짜리 '새날 프로그램'을 한국청소년상담원에서 공동으로 개발하여 보호관찰, 교도소 중심으로 실시하고 있다. 그러나 법무부가 아동대상 성폭력범죄자의 성폭력 발생 심리적 요인을 치료하기 위해서는 좀더 긴 교정·치료기간이 필요함을 인식하고 재범방지교육 시간을 늘리면서, 교정시설 내 아동·청소년대상 성범죄자를 위한 90시간짜리 프로그램을 개발할 필요성이 대두되게 되어 '솔트프로그램'이 개발되었으나 효과검증이 제대로 되지 못한 상태이다(신강숙, 2010).

③ 성폭력 가해자와 피해자의 지침

■ 가해자와 주변인을 위한 지침

가. 가해자 기준으로 성폭력을 판단하지 않는다. 가해자가 문제를 직면할 수 있도록 돕는 일이야말로 가장 필요한 일이다.

나. 가해자의 잘못을 최소화시키면서 '실수였다', '그럴 의도는 아니었다', '운이 나빴다', '사소한 혹은 별일 아니다' 등으로 문제를 회피하는 것은 결코 도움이 되지 않음을 안다.

다. 피해자를 비난하지 않습니다. 자신이 한 행위를 혹은 가해자를 옹호하느라 '피해자에게 문제가 있었다', '잘못 걸렸다' 등으로 가해를 합리화하거나 피해자의 탓으로 돌리지 않습니다.

라. 가해자가 한 행동을 피해자의 입장에서 생각해 본다.

마. 진정한 사과와 반성을 할 수 있도록 노력합니다. 성폭력은 피해자뿐만 아니라, 가해자 스스로에게 진정 잘못을 저지른 행위이다.

바. 우리 사회에서 가해를 하지 않고 타인과의 소통을 원활히 하려면 어떻게 해야 할지 열심히 성찰한다.

사. 우리문화가 가해자를 만든다며, 문화 탓만 하지 않습니다. 그렇다고 모두 가해를 하지는 않습니다. 가해는 당시 가해자가 선택한 의지의 행동이었음을 잊지 않는다.

아. 또한 가부장적인 성문화 안에서 우리가 어떻게 우리의 일방적인

행동들을 낭만화하고 심지어 아무렇지 않게 가해를 해왔는지 성찰하는 기회로 삼습니다.

자. "사람은 변합니다. 나는 어쩔 수 없는 놈이야"라는 말로 문제를 외면하지 않습니다. 변할 수 있는 자기 자신을 믿고 노력하는 것이 가장 최선임을 기억한다.

■ 피해자와 주변인을 위한 지침

가. 피해자의 이야기를 경청합니다. 그리고 피해자가 느끼는 감정에 공감하고 필요시에는 위로 혹은 격려한다.

나. 피해자의 대응이 '내 입장에선' 충분하지 않았다고 하더라도, 피해자로서는 그 상황에서 최선을 다한 것입니다. 이미 지나간 일이다. "나라면 ~ 했을 것이다"라는 말은 비현실적이고 무의미할 수 있다.

다. 가해자를 "이해해야 한다", "용서해라"라는 식의 말을 피해자에게 하지 않는, 그보다는 우선 피해자의 마음을 살핀다.

라. 피해자가 분노나 고통, 공포를 느낄 때, 그럴 수 있다는 것을 인정하고 그러한 감정을 밖으로 표출할 수 있도록 용기를 줍니다. 그러나 이러한 감정은 또한 현실에서 도피하고픈 욕망과도 맞닿게 됩니다. 후유증 안에서 너무 괴로워할 때, 피해자가 두려움의 실체를 다시 돌아볼 수 있도록 격려한다.

마. 성폭력 피해가 피해자의 주변인인 나에게 부끄러움으로 느껴진다면, 내 안의 편견과 마주하고 성찰하는 것이 진정 필요한 시기입니다. 피해를 입은 것은 부끄러운 일이 아니다.

바. '성폭력 피해' 절대 있을 수 없는 일은 아닙니다. 살면서 겪을 수도 있는 일입니다. 이후의 인생이 이로 인해 지속적으로 힘들어지는 것만큼 억울한 일은 없다.

13세 미만 아동 성폭력 '위험수준'

최근 '제2의 조두순 사건'인 '김수철 사건'으로 아동 성폭력에 대한 사회적 심각성이 제기되고 있는 가운데, 최근 3년간 13세 미만 아동 성폭행 피해 건수가 연간 1천106건에 이르고 있으며, 수도권에 집중되고 있는 것으로 나타났다.

16일 국회예산결산특별위원회 안형환 의원(한나라, 서울·금천)이 경찰청의 '최근 3년간 13세 미만 아동 성폭행 피해현황' 자료를 분석한 결과, 우리나라 13세 미만 아동성폭행 피해는 2007년 1천81건, 2008년 1천220건, 2009년 1천17건으로 평균 1천106건에 이르고, 이 가운데 약 80%가 성매매특별법으로 처벌받는 것으로 드러났다. 형법은 18%, 청소년보호법은 2%로 그 뒤를 이었다.

2009년 기준으로 지역별 13세 미만 아동 성폭행 발생 건수는 경기도가 204건으로 가장 많았으며 이어 서울 139건, 부산·대구가 85건, 인천이 75건으로 상위 5순위 안에 수도권이 모두 포함되어 있는 것으로 조사됐다.

특히 경기도는 2007년 250건, 2008년 270건으로 매년 아동 성폭행 피해가 가장 많았고, 서울도 2007년 135건, 2008년 142건으로 그 뒤를 이었다. 부산, 대구, 울산 등 지방 대도시의 경우는 아동 성폭행 피해가 해마다 증가하고 있는 것으로 집계됐다. 부산의 경우 2007년 51건, 2008년 64건, 2009년 85건으로 매년 꾸준히 증가하고 있으며, 대구는 2008년 47건에서 2009년 85건으로 일 년 사이 약 두 배 정도의 증가세를 보였다.

안형환 의원은 "조두순·김길태 사건에 이어 최근 '제2의 조두순 사건'으로 불리는 김수철 사건이 발생해 국민에게 충격을 주었지만, 사실 우리나라에는 매년 1천106건의 조두순 사건이 발생하고 있다"며 "전국적으로 벌어지고 있는 모든 아동성범죄를 발본색원하기 위해 국가와 지방자치단체가 근본적인 대책을 마련해 강력한 조치를 취해야 한다"고 강조했다.

* 출처 : 2010년 6월 18일, 한나라당 안형환 의원 분석결과.

제 12 장

정신건강문제

최근 과학화, 기계화, 산업화 등으로 물질문명이 발전하고 인간의 의식구조도 변화함에 따라 인간의 건강을 위협하는 여러 요인들이 신체적 정신적 건강에 심각한 문제를 주고 있다. 신체적 질환은 의학의 발달로 치료의학이나 예방 의학까지 발전해 왔다. 그러나 정신적 질병은 높은 유병률과 진료체계의 미비로 만성 환자의 누적현상 등 많은 사회문제를 일으키고 있다(김규수, 2007).

세계적으로 살펴보면 세계인구 중 4억 5천만 명이 정신장애 또는 행동장애로 고통받고 있으며, 건강상실년수(Years Lived with Disability, YLD)의 33%가 정신신경장애로 인한 것이다(WHO, 2001; Brundtland GH, 2000).

우리나라의 경우 역시 2006년 한 해 동안 한 가지 이상의 정신질환을 경험한 적이 있는 인구의 비율(일년유병률)은 17.1%로 성인 6명중 1명이 정신건강 문제를 경험하였고, 또한, 평생 동안 한 가지 이상의 정신질환을 경험하는 인구의 비율(평생유병률)은 30%로 성인 3명중 1명이 정신건강 문제를 경험한다는 것이다(보건복지부, 2008).

세계보건기구(WHO)에 의하면 정신 건강문제가 사회 전체에 미치는 손실 비용을 정신 질환의 간접비용과 비교할 경우 직접적인 치료비의 6~7배에 달한다고 지적했다. 결국 정신 건강 개선을 위해 빠르고 적절한 대처가 미흡할 경우, 그 사회의 지속적인 성장이나 생산성 제고는 상당히 어려울 수 있다(황인경, 2010).

이번 장에서는 현대사회에 살고 있는 인간의 생활 전반에 영향을 미치는 건강의 개념과 정신건강문제에 대한 정의와 현황, 정신건강문제에 대한 이론, 현행 사회정책 및 프로그램들을 살펴보고자 하며 정신건강문제에 대한 해결책과 대안을 사회복지적 차원에서 모색해 보고자 한다.

1) 정신건강의 정의와 현황

(1) 정신건강의 개념

건강이란 정신적 건강이나 신체적 건강을 함께 고려해야만 하며 신체적, 정신적, 그리고 사회적으로 건강해야 하는 전인적 건강을 의미한다. 이에 대해 건강에 대한 가장 기본적인 개념정의로는 1948년에 세계보건기구(WHO)에서 제시한 '완전한 신체적, 정신적, 그리고 사회적 안녕이며 단지 질병이나 쇠약함이 없음을 의미하지는 않는다.'를 들 수 있다. 또한 건강증진을 위한 오타와(Ottawa)현장에서는 '건강이란 일상생활을 위한 자원, 개인의 자원과 신체적 능력뿐만 아니라 사회의 자원을 강조하는 개념'으로 그 범위를 넓혔다. 즉, '건강하다'는 것이 단순하게 질병이 없는 상태가 아니라 사회적 자원까지 포함하는 매우 포괄적인 개념으로 정의되고 있다.

에버솔과 헤스(Ebersole & Hess, 1994)는 그림과 같이 연속체로 건강의 정도를 설명하였다. 즉, 기능의 소멸은 연속체의 끝에 있으며 가장 높은 단계의 기능은 반대쪽 끝에 있으며 정신건강 전문가들도 정신건강개념도 이와 동일한 '연속체'로 인식하고 있다.

〈그림 12-1〉 연속체로서의 건강(A Health Continuum)

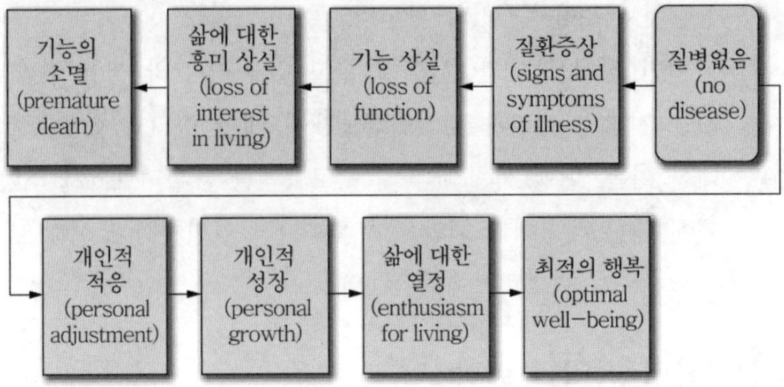

* 출처 : Ebersole, P., & Hess, P. (1994). *Mental health and cognition, in Toward healthy aging: Human needs and nursing response* (4th ed.). Toronto : C.V. Mosby.

정신건강이란 미국 정신위생위원회의 보고서에 의하면 '단지 정신적인 질병에 걸리지 않은 상태만이 아니라 만족스러운 인간관계와 그것을 유지해 나갈 수 있는 능력을 의미한다.' 이것은 모든 종류의 개인적·사회적 적응을 포함하며 어떠한 환경에서도 대처해 나갈 수 있는 건전하고(wholesome), 균형 있고(balanced), 통일된(integrated), 성격(personality)의 발달을 의미한다고 할 수 있겠다(이영호, 2008).

흔히 Mental Health는 사회복지를 포함하여 매우 다양한 분야에서 다양한 개념으로 활용되고 있으며 한국에서는 '정신보건'과 '정신건강'의 두 가지 용어로 번역되어 매우 다르게 활용되고 있다. 먼저 '정신보건'은 정신보건법을 제시하여 공적인 제도 등에서 가장 많이 활용되고 있으며 그 의미로는 정신질환자에 대한 치료 및 재활 등을 주요개념으로 한다. 정신보건의 주요 사업대상은 정신질환자와 그 가족 그리고 일반인을 포함한다.

관련 학문분야로는 정신의학, 보건학, 교육학, 사회복지학, 사회학, 인류학, 간호학, 심리학 등이 있다. 정신위생과 비교할 때 보건의료영역을 넘어서 사회과학 및 인문과학 등에서 매우 넓게 활용되고 있지만 여전히 정신질환자들을 기본대상으로 하고 있다.

'정신건강'으로 사용되는 경우는 정책시행의 실천적인 의미에서보다는 정책이 목표로 하는 선언적이고 이상적인 개념으로 사용되고 있다. 또한 최근 정신질환에 대한 스티그마(stigma)를 주지 않기 위해 정신병리를 대신하는 대중적인 용어로 활용되고 있다.

세계보건기구(WHO, 2001)에 의하면 'Mental Health'는 여러 문화권의 학자들에 의해 다양하게 정의되어 왔으며 정신건강의 개념은 주관적 안녕감, 자기효능감, 자발성, 유능감, 세대상호간 의존과 타인과의 관계 속에서 개인의 인지적, 정서적 잠재능력에 대한 자기실현을 포함한다.

또한 정신건강을 '개인이 자신의 능력을 자각하고 삶에서 일어나는 보통의 스트레스에 적응하며 생산적으로 일할 수 있음으로써 지역사회에 기여할 수 있는 안녕(well-being)상태'라고 정의하고 있다. 이러한 정의는 전통적으로 정신질환의 유무로 정의하는 부정적인 정신건강의 정의와 대비된다. 정신건강에 대한 긍정적인 정의는 정신건강을 보다 넓게 해석하는 것이다. 그리하여 정신건강은 단순히 정신질환이 없는 상태가 아니라 개인의 안녕과 개인이 지역사회에서 효과적으로 기능하기 위한 기초라고 할 수 있다.

즉, 정신건강은 정신보건서비스의 대상과 내용을 병리적인 환자들을 치료하거나 또는 환자가 되지 않도록 예방하는 등 '정신질환'에 초점을 두는 것이 아니라 행복하고 건강한 삶을 위해 반드시 필요한 '정신적으로 건강한 상태'를 유지하기 위해 제공되는 서비스가 추구하는 개념으로 이해할 수 있다.

(2) 정신건강문제의 현황

최근 미국의 버락 오바마 대통령은 "정신 질환은 심각한 사회적 문제"라며 신체적인 건강에 대한 관리 못지않게 정신적인 건강에 대한 국가 차원의 관리를 보다 강화해 나가겠다고 밝힌 바 있다(황인경, 2010).

여기서는 정신건강문제가 정신질환을 앓고 있는 특별한 개인의 문제가 아닌 누구에게나 일반적으로 나타날 수 있으며 전체 사회가 해결해야할 과제로 인식되고 있는 자살과 중독, 폭력의 문제에 대해 살펴보고 정신건강을 의학적으로 분류하는 정신장애에 대해 살펴보고자 한다.

① 자살(Suicide)

최근 들어 사회적 지명도가 높은 주요 인사나 연예인들의 자살문제가 갑작스럽게 나타나고 있으며 이를 모방한 베르테르신드롬까지도 나타나고 있다. 한 사회의 정신 건강의 현 주소를 나타내는 가장 대표적인 지표로 간주되는 자살률을 보면, 불명예스럽게도 우리나라는 OECD 국가 중 1위를 차지하고 있다. 2003년 1위를 차지한 이후 현재까지 5년 이상 그 자리를 유지하고 있다. 더구나 자살 증가율 역시 다른 국가들은 줄거나 소폭 상승한 것에 비해 우리나라는 상대적으로 큰 폭 상승했다.

〈그림 12-2〉 OECD 주요 국가자살률과 우리나라 연령별 자살률

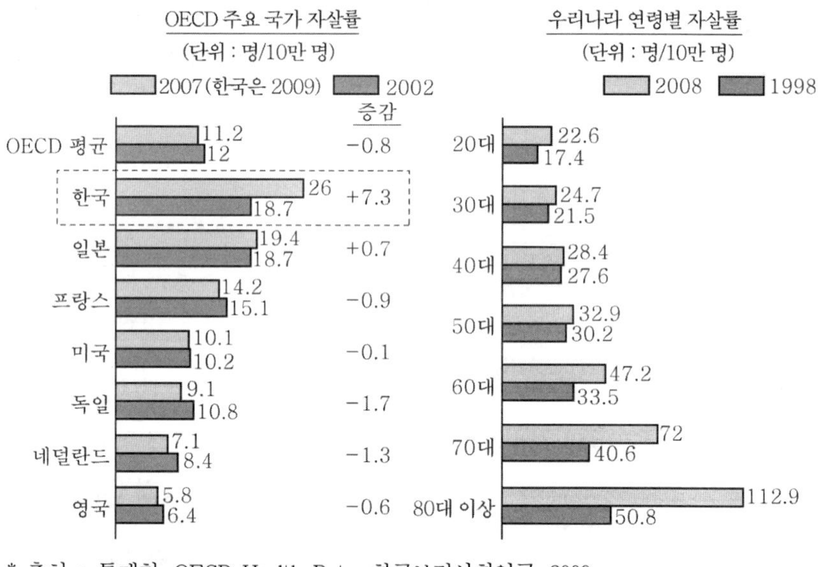

* 출처 : 통계청, OECD Health Data, 한국보건사회연구, 2009.

2007년도 사망원인통계에서 인구 10만 명당 약 25명으로 나타났고,

우리나라 사망원인 4위를 차지하고 있으며, 20대와 30대에서는 사망원인 1위를 차지하고 있으며 연령별로 보면, 나이가 많을수록 자살률이 높게 나타난다. 10년 전과 비교해 보면 전반적으로 자살률이 높아진 가운데, 고령일수록 자살률이 더욱 많이 증가했다. 2008년 기준으로 보면 인구 10만 명당 무려 112.9명이 자살을 선택했다. 이는 우리나라가 나이가 들수록 사회적으로든 경제적으로든 잘 살아가기가 쉽지 않다는 것을 보여 준다. 특히 노인들의 자살은 젊은 사람들에게 '나 역시 저렇게 되는 것 아닐까, 열심히 살아도 별로 희망이 없는 것 아닐까' 하는 불안감이나 우울감을 더욱 크게 안겨줄 수 있어 문제가 더 크다고 할 수 있다.

② 폭력(Violence)

마음의 병을 앓고 있는 사회에서 찾아볼 수 있는 또 하나의 대표적인 현상은 약자에 대한 폭력이다. 자신이 당하는 정신적 고통을 '폭력'이라는 형태로, 자신보다 약한 다른 사람에게 전가하는 것이다.

〈그림 12-3〉 아동학대 발생 건수 및 연령별 피해 아동

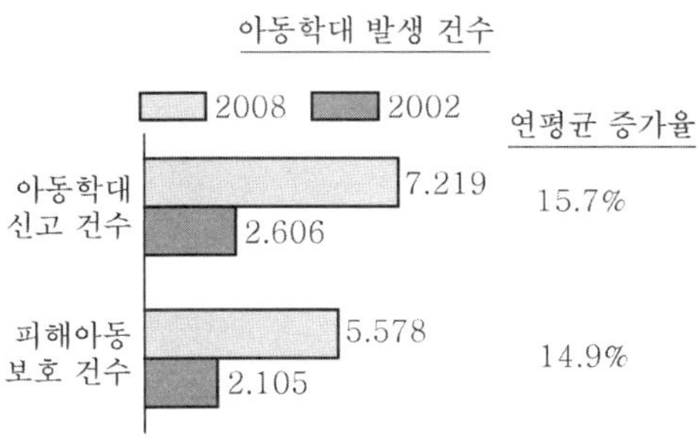

연령별 피해 아동

연령	피해 아동 수(명)	비중(%)
12세 이하	4,075	73
13~15세	1,098	19.7
16~18세	405	7.3

* 출처 : 보건복지가족부, 전국 아동 학대 현황 보고서, 2008.

보건복지부의 '2008년 전국 아동 학대 현황 보고서' 자료에 따르면, 아동 학대 상담 신고 건수가 2001년 2,606건에서 2008년 7,219건으로 무려 3배 가까이 급증했다. 이 중 명백한 아동 학대 사례로 판정된 건수는 2001년 2,105건에서 2008년 5,578건으로 역시 약 3배 정도 늘어났

다. 대부분 부모에 의한 학대이며 연령별로 살펴보면 피해 아동의 73%가 12세 이하의 아이들이다. 이를 초과하는 연령에서는 나이가 들수록 피해 건수가 줄고 있다. 폭력에 대해 저항하기 어려운 초등학생 이하의 아이들에게 학대가 중점적으로 가해지고 있는 것이다.

이러한 폭력이 문제가 되는 주요 이유는 피해자가 정신적인 질환을 겪게 될 확률이 높을 뿐 아니라, 또 다른 폭력의 가해자로 변하는 경우가 많기 때문이다.

③ 중독(Abuse/Addiction)

정신적인 고통이 심해질 때 사람들이 선택하는 방법 중 하나가 바로 '중독'이며 자신이 처한 현재의 상태를 잊기 위해 무언가 다른 대상에 몰입하는 것으로 이때 생산적인 활동보다는 학교나 직장, 가정의 문제를 쉽게 잊을 수 있는 자극적인 대상에 빠지게 된다. 대표적인 것들이 도박, 인터넷 게임, 알코올, 약물 등이다. 최근 사행산업통합감독위원회에서 발표한 '2008년 사행산업 현황'에 따르면 카지노, 경마 등 사행산업의 매출액과 이용객 수는 2000년 이후 크게 성장했다.

〈그림 12-4〉 사행산업 주요 현황

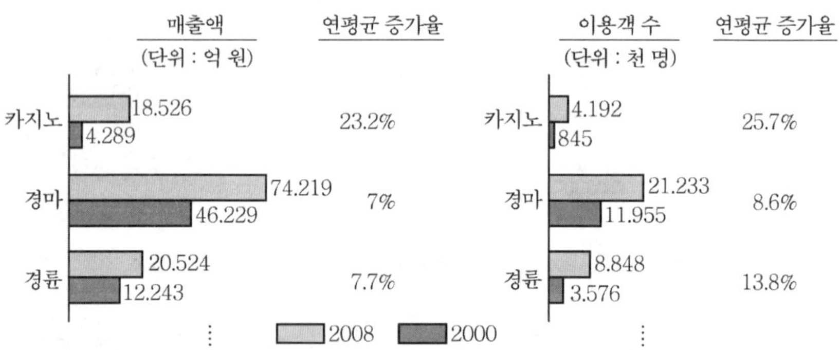

* 출처 : 사행산업통합감독위원회, 2008.

카지노의 경우 매출액은 2000년 4,289억 원에서 2008년 1조 8,526억 원으로 4.3배 증가했다. GDP 대비 사행산업 전체의 순매출 비율은

0.67%로 주요 OECD 국가 평균(0.58%)을 넘어섰고, 미국(0.69%)과 유사한 수준이다. 가계 가처분 소득 대비 비중을 따지면 오히려 미국보다도 높다(사행산업통합감독위원회, 2008).

아동·청소년들의 인터넷 게임 중독 현상도 심각한 사회 문제로 떠오르고 있다. 한 조사에 따르면 우리나라 초등학생의 14%, 중학생의 45%, 고등학생의 36%가 하루 평균 2시간 이상 게임을 한다고 한다(황인경, 2010).

④ 정신장애의 현황

앞에서 밝힌 바와 같이 보건복지부의 조사에 따르면 우리나라 국민 3명 가운데 1명가량이 일생동안 한차례 이상 알코올이나 니코틴 중독, 우울증 등의 정신건강문제로 고통받는 것으로 조사됐다(보건복지부, 2006).

〈그림 12-5〉 21대 질병 분류별 요양 급여 실적(십억 원)

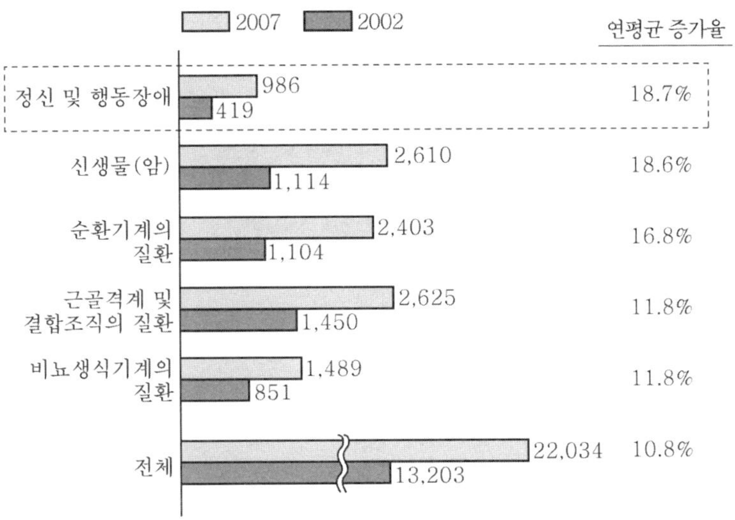

* 출처 : 연도별 요양급여실적, 건강보험심사평가원 2008.

정신장애로 분류될 정도의 니코틴 중독은 10명에 1명, 알코올 중독은 6명 중 1명꼴로 나타났다. 한국인은 일생을 통해 정신질환에 걸릴 확률(정신질환 평생 유병률)이 31.4%이고, 성별로는 남성이 38.7%로 여성의 23.9%에 비해 1.6배가 높았다. 정신장애 유형별로는 알코올 의존 또는 남용의 평생 유병률이 16.3%(남 25.8%, 여 6.6%)로 가장 높고, 니코틴 의존·금단이 10.2%(남 18.5%, 여 1.6%)를 기록했다. 또 알코올·니코틴 중독 평생 유병률은 남성이 압도적으로 높은 반면, 알코올·니코틴 중독을 제외한 정신질환 평생 유병률에서는 여성이 19.4%로 남성의 7.1%에 비해 2.7배나 높은 것으로 조사됐다. 평생유병률이 9.1%로 세 번째로 높은 '불안 장애'의 경우 여성은 13.5%로 매우 높은데 반해 남성은 4.8%에 그쳤다. 유병률이 4.8%인 우울증 등의 기분 장애도 남성의 2.3%에 비해 여성은 7.5%로 높았다(보건복지부, 2008).

또한 건강보험심사평가원의 총 진료비 자료(2002년~2007년)에 따르면 국내 21대 질병군 중 '암'과 근소한 차이이기는 하나, '정신 및 행동 장애'가 가장 크게 증가(연평균 18.7%)한 것으로 나타났다.

미국정신의학협회에 따른 주요정신장애를 살펴보면 현대인의 정신건강문제의 다양성과 심각성이 매우 높은 수준으로 나타나고 있어 과거의 분류기준에서는 발견되지 않았던 다양한 문제들이 정신장애에 포함되었다.

미국정신의학협회에 따른 주요 정신장애

• 보통 유아기, 아동기 또는 청소년기에 처음으로 진단되는 장애

-정신지체, 학습장애, 의사소통장애(말더듬), 자폐증, 주의력결핍 과잉행동장애 그리고 분리 불안장애와 같은 것이 포함하나, 이것으로 제한하지는 않는다.

• 섬망, 치매, 그리고 기억상실장애 및 기타 인지 장애

-알코올이나 약물중독으로 인해 기인된 것도 포함된다. 알츠하이머병이나 파킨슨으로 기인된 치매, 두부외상으로 인한 치매, 기억상실장애도 포함된다.

• 물질과 관련된 장애

-알코올, 카페인, 암페타민, 코카인, 환각제, 니코틴 남용으로 인한 정신병 그리고 다른 정신에 변화를 가져오는 물질이 포함된다.

• 정신분열병 그리고 다른 정신증적 장애

-망상장애와 정신분열병의 모든 유형(편집형, 해체형, 긴장형 등)이 포함된다.

• 기분장애

-우울증 그리고 조울증과 같은 정서적 장애가 포함된다.

• 불안장애

-공포증, 외상후 스트레스 장애 그리고 불안장애들이 포함된다.

• 신체형장애

-신체적 증상(예를 들면 건강염려증)이 그들 스스로에게는 명백한 정신적 문제를 포함한다.

• 해리성 장애

-해리된 성격 부분의 문제를 포함한다. (예를 들면 옛날엔 다중 인격장애로 불리어진 해리성 주체감 장애)

• 섭식장애

-신경성 식욕부진증(거식증)과 신경성 폭식증, 강박적 섭식이 포함된다.

• 성적장애 및 성 정체감 장애

-성적 기능장애(성욕감퇴장애, 조루증, 남성발기 장애, 남성 그리고 여성 절정감 장애 그리고 질경련증)를 포함한다. 노출증, 물품 음란증, 소아 기호증, 성적 피학증, 성적 가학증, 관음증, 성정체감 장애(교차 성정체감)

• 수면장애

-불면증과 기타 수면과 관련된 문제들(악몽장애와 수면 중 보행장애 등)을 포함한다.

• 충동조절 장애

-원하지 않는 충동을 조절할 수 없는 능력을 포함한다.(예를 들면 병적 도벽, 병적 방화, 병적 도박 등)

• 적응장애

-실직이나 이혼 같은 일반적인 사건에 의해 발생된 스트레스 적응에 어려워하는 것을 포함한다.

• 성격장애

-개인이 문화적 기대로부터 심하게 벗어난 지속적인 내적 경험과 행동양식을 보이는 것으로서, 광범위하고, 굳어 있고, 청소년기 또는 성인기 초기에 시작하며, 시간이 지나도 변하지 않고, 이로 인하여 고통과 장애를 초래한다.

-편집성 성격장애, 반사회적 성격장애, 강박성 성격장애들이 포함된다.

• 기타 상태

-임상적 관심의 초점이 될 수 있는 다양한 "기타"장애들을 포함한다.

-부모-자녀관계 문제, 동기간 관계의 문제; 소아 희생자의 육체적, 성적학대 그리고 방임; 성인 희생자의 신체적·성적 학대; 꾀병; 사별반응; 학업문제; 직업적 문제; 정체감 문제; 종교적 또는 영적 문제 등을 포함한다.

* 출처 : *The Diagnostic and Statistical Manual of Mental Disorders*(DSM-Ⅳ), 4th ed, Washington, DC: American Pshychiatric Association, 1994(Charles Zastrow, 2000, 재인용).

2) 정신건강문제의 원인에 대한 사회과학이론들의 설명

우리는 흔히 비정상적인 행동이나 우울한 감정을 표현하는 사람에 대해 비판적인 표현을 하곤 한다. 돌았다, 불운한, 정신병, 신경증, 신경적 손상을 가진, 제정신이 아닌, 아픈, 초조한, 멍한, 미친 등의 단어를 사용할 때도 용어의 의미를 그냥 쉽게 지나친다(Zastrow, 2000).

우리가 생각하는 정신건강문제의 원인은 생물학적, 심리적, 사회적, 통합적인 원인 등으로 다양하게 설명될 수 있으나 대체적으로 의료모델, 심리학적 원인 그리고 사회학적 원인으로 구분된다.

(1) 의료모형

의료모형에서는 신체의 질병에 생리적 원인이 있듯이, 정신장애 역시 생물학적 원인이 있는 질병이므로 의료적 '치료'에 의해서 회복될 수 있다고 주장한다. 치료는 주로 정신과의사를 중심으로 이루어지며 치료방법은 약물요법, 전기충격요법, 심리정신치료, 뇌수술 등을 주로 사용한다. 이러한 의료모형에서 정신질환자에게 긍정효과를 가져온 것은 약물치료이다. 약물치료는 1950년 말부터 사용되기 시작했으며, 수용 중심의 치료에서 지역사회 중심의 치료에 커다란 영향을 미쳤다. 그러나 의료모형은 지나치게 의료중심적 치료에 치중함으로써 심리적 요인이나 사회 환경의 영향을 전혀 고려하지 않았다는 점에서 비판 받는다(Zastrow, 2000).

(2) 심리학적 원인론

① 정신분석이론

프로이트에 의하면, 이드와 자아, 초자아로 구성된 인간의 성격체계는 역동적으로 작용한다. 이드는 현실적 조건을 고려하지 않고 본능적 충동을 즉각적으로 만족시키려 하는 반면, 자아는 이드의 충동을 현실의 원리에 따라 억압하고, 이드는 본능과 현실 세계를 중재하는 역할을 한다. 따라서 이드가 억압된 충동을 분출하려 할 때 신경증적 불안을 느끼며, 자아가 현실에 대처할 수 있는 능력을 상실하면 정신병적증상이 나타난다. 초자아는 현실보다는 이상과 완전을 추구하므로 초자아가 지나치게 강할 때 사람은 도덕적 불안을 호소하게 된다. 이 이론에 의하면 정신건강문제는 다음의 네 가지 중 하나로 표출된다고 한다. 먼저, 갈등을 외부세계로 대치시키는 성격장애를 일으킨다. 둘째, 과다한 방어기제를 작동시켜 신경증적이 된다. 셋째, 신체 내에 긴장을 경험하여 결국은 유기체적 병리학을 생성하는 정신 신체적 장애를 일으킨다. 넷째, 자아가 현실에 대처할 수 있는 능력을 상실해 정신병적으로 된다(김근홍 등, 2005).

② 사회학습론

이 이론에서는 인간의 모든 행동은 학습되며, 정신장애인의 이상행동 역시 학습된 것이라고 설명한다. 예를 들어, 알코올남용은 술을 마신 후에 고통이 감소되는 효과에 의한 학습된 반응이며, 공포증의 경우도 마찬가지이다. 공포를 유발하는 비중성자극이 중성자극과 동시에 반복적으로 발생하면, 나중에는 중성자극을 회피하려는 반응(반응적 조건형성)이 생긴다. 이렇게 자극을 회피함으로써 공포가 감소되면 피하는 행동이 강화된다. 이것이 바로 학습(조작적 조건형성)이라는 것이다. 따라서 치료는 체계적 둔감법(systematic desensitization)이나 혐오치료(aversion therapy)처럼 역조건을 형성하거나 강화에 의한 조작적 조건형성, 모델링을 통한 대리적 조건형성을 활용한다.

(3) 사회학적 원인론

① 갈등이론

갈등이론가들은 정신장애가 결핍이나 불평등, 적절한 치료에 대한 기회불평등과 관련 있다는 데 관심을 기울인다. 사회에서 재산과 권력 혹은 다른 사회적 가치를 적게 가진 저소득층 또는 여성은 스트레스와 일부 정신장애에 더 노출되기 쉽다고 주장한다.

정신장애와 사회계층과의 관계는 사회학자 홀링스헤드와 레들리히 (hollingshead & Redlich, 1958)에 의해 일찍이 보고된 바 있다. 정신분열증은 가장 낮은 사회경제적 계층의 발생률이 두 번째로 낮은 사회경제적 계층의 발생률보다 두 배나 높은 것으로 나타났다. 그러나 사회계층과 정신분열증의 상관관계는 어느 정도 인정하지만, 그 인과관계를 해석하는 데는 상이한 의견들이 있다.

일부 학자들은 낮은 사회계층에 속하는 사람이 다른 계층의 사람보다 낮은 교육을 받으며, 보상과 기회를 적게 제공받기 때문에 정신분열증을 유발, 발전시키는 사회적 스트레스를 경험하게 된다는 사회 원인 가설을 주장한다. 반면에 사회 이동이론을 주장하는 학자들은 정신분열 환자가 병의 진행 중에 생계유지 능력에 손상을 입을 뿐 아니라, 사회관계를 회피하기 위하여 저소득층 지역으로 이동한다고 보았다. 즉, 사회경제적 지위가 정신질환의 발병에 선행하는 것이 아니라, 오히려 정신질환의 발병으로 인해 낮은 사회경제적 계층의 지역으로 이동한다는 것이다(최일섭 등, 1995).

② 상호작용이론

상호작용주의자들은 정신건강의 문제는 사회적으로 구성된다고 주장한다(Kornblum & Julian, 1992). 정상행동과 이상행동에 대한 정의는 과학적 분석보다는 사회문화적 가치를 반영하여, 정신장애의 원인, 결과, 치료가능성에 대해 사회가 어떻게 생각하느냐에 따라 정신장애의 분류와 정신장애인에 대한 대우가 결정된다는 것이다. 또한 정신건강문제는 사회에서 정신장애인을 일탈자로 취급하기 때문에 더욱 악화되며, 정신장애인으로 사회에서 낙인찍힌 사람 역시 자신을 그것에 일치하는 방식으로 행동하게 된다고 설명한다.

상호작용이론에 의하면, 개인이 정신질환자로 낙인찍히는 과정은 다음과 같이 세 단계를 거친다. 우선 다소 이상한 일탈행동을 하기 시작한다. 두 번째, 그의 그런 행동에 대해 가족이나 지역사회가 이상하게 생각한다. 그 결과 그는 정신과 전문가에게 보내진다. 세 번째, 정신과 전문가, 보통 정신과의사는 메디컬모델을 믿고, 그에 따라 그를 정신질환자라고 낙인찍는다. 상호작용 모델을 믿는 사람들은 인간이 정서적 문제를 갖고 있는 것은 사실이지만, 그것이 이해할 수 없는 정신질환은 아니라고 주장한다. 말하자면, 억압·불안·환청·강박관념 등의 정서적 문제를 갖고 있기는 하지만, 그러한 증후로 정신병 여부를 판별하지는 못한다는 것이다(원석조, 2005). 1972년의 로젠한 연구가 상호작용 이론을 설명하는 좋은 예라 할 수 있겠다.

제 정신으로 정신병원 들어가기

미국의 데이비드 로젠한(David Rosenhan)은 1972년 재미있는 실험을 실행했다.

그는 그 시절 작은 대학에서 영웅적 이타심에 관한 연구를 하고 있었는데, 어느 날 충동적으로 여덟 명의 친구들을 불러보아 한 달간의 준비 과정을 거쳐 가짜로 정신병원에 들어가 어떤 일이 벌어지는지를 실험하였다. 친구들은 대학원생, 소아과 의사, 화가, 주부, 그리고 심리학자가 세 명이었으며 모두 정상인이었다. 로젠한과 여덟 명의 친구들은 약속한 날짜에 각 지역으로 흩어져 다양한 정신병원 응급실로 찾아갔다.

"목소리가 들립니다. 무슨 소리가 들리는데....

공허하고 둔탁하고 텅빈...
그래요! 쿵 소리가 들여요!"
"쿵이라고요?"
"네! 쿵이요!"

실험 참가한 가짜 환자들은 정밀 검사를 받게 되면 자신의 이름과 직업을 뺀 나머지 질문에 솔직히 답변하여야 했다. 한 달 동안의 면밀한 준비에는 진정제 등의 약을 혀 밑에 감추고 몰래 뱉어내는 방법까지 포함되어 있었다. 실험이 끝나고 그들이 한자리에 모였을 때 한 명을 빼놓고는 모두 정신분열증 진단을 받았고. 다른 한명은 정신분열증만큼 심각한 조울증 진단을 받았다. 그들이 병원에 체류한 기간은 길게는 52일, 짧게는 7일로 평균 19일이었다.

그는 자신의 논문 〈정신병원에서 제정신으로 지내기 On Being Sane in Insane Places〉를 과학잡지 〈사이언스〉지에 발표하였다.

"인간의 정신진단은 내면이 아닌 맥락 속에서 내려지며 그런 진단이 엄청난 실수를 초래할 수 있다."

물론 이 논문발표는 엄청난 파장을 불러일으켰고 그는 과학으로 정신의학을 모독하여 미국의 수많은 정신과 의사들을 자극하였고 미국의 한 병원에서 로젠한의 실험에 도전장을 내었다."우리가 진단을 제대로 못한다고요? 그렇다면 한번 해봅시다. 앞으로 석 달 동안 가짜 환자들을 우리 응급실로 보내보시오. 우리가 그들을 찾아낼 테니까요. 결투를 위한 장갑이 내던져진 것이었다. 당연히 로젠한은 결투를 받아들였고 이번실험은 지난번과는 다르게 누가 미친것이 아닌 누가 제정신인가를 밝혀내는 실험이었다. 마지막 석 달이 되자 병원 측은 로젠한이 보낸 가짜 환자를 마흔 한명 찾아냈다며 확신에 차서 보고했다. 하지만 로젠한은 단 한명의 환자도 보내지 않았다.

그 후 정신건강진단분류체계는 훨씬 정교해졌다. (로렌 슬레이터의 '스키너의 심리상자 열기'중에서 요약)

"어쩌면 우리는 정상과 비정상의 경계를 분명하게 그을 수 있다고 지나치게 확신하고 있는지도 모른다. 정작 우리에게는 그러한 확신을 증명할 증거가 없다."

-데이비드 로젠한 David Rosenhan(미국 스탠퍼드 대학 법학·심리학 명예교수)-

3) 정신건강문제에 대한 현행 사회정책 및 프로그램

정신건강 정책이란 주민의 정신건강을 증진시키고, 정신질환으로 인한 부담을 줄이기 위한 가치와 원칙, 목표의 집합체이다. 이는 미래를 위한 비전을 정의하고, 활동을 위한 모델을 만들어가는 데 도움이 된다. 또한 다른 건강정책이나 복지정책과 비교하여 정부가 정신건강에 어느 정도의 우선순위를 두고 있는지를 보여주는 것이다.

정신건강은 다양한 정책 영역들로 구성되어 있다. 구성요소들은 관계 법령 정비, 인권증진, 재정, 서비스의 조직화, 서비스 제공을 위한 예산 집행계획, 정신건강 옹호, 질 향상, 사업장 정신건강 증진 프로그램, 정신과 약물치료에 대한 접근성 제고, 정보시스템, 인력개발 및 훈련, 아동 및 청소년 정신건강, 연구 및 평가로 이루어진다. 각 영역의 우선순위는 국가나 지역의 상황에 따라 다를 수 있다. 그러나 정신건강정책은 정책과 계획, 프로그램을 세우는 공통적이며 가장 핵심적인 요소이다.

정신건강정책과 계획은 정신건강과 관련된 모든 서비스들과 활동들에 조화를 이루기 위해 필수적이며 정신건강문제에 대해 보건복지부의 사회복지정책 방향과 프로그램에 대해 살펴보고자 한다.

(1) 정신보건사업의 비전 및 기본방향

2010년 정신보건사업의 비전 및 기본방향은 '건강한 정신, 함께 웃는 행복한 사회'를 구현하기 위하여 정신질환에 대한 편견을 해소하고 인식을 개선하며 지역사회정신보건 체계 및 기반확충, 정신질환자 치료여건 개선 및 권익증진을 구체적인 목표로 정하고 있다.

〈그림 12-6〉 2010 보건복지부 정신보건사업의 비전 및 기본 방향

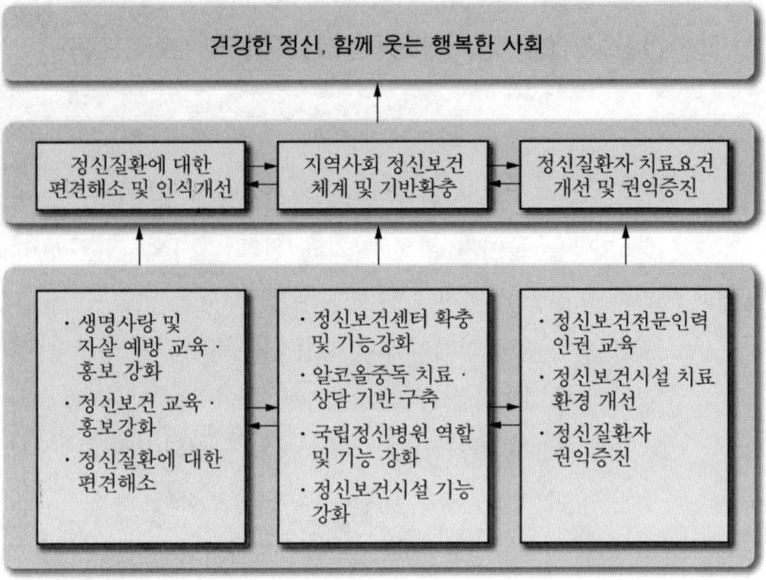

* 출처 : 보건복지부, 정신보건사업지침, 2010.

(2) 정신보건사업의 전달체계

우리나라 정신보건사업의 전달체계는 다음의 그림과 같이 공공기관인 보건복지부를 중심으로 시 · 도와 시 · 군 · 구, 보건소를 중심으로 민간기관인 사회복귀시설, 정신의료기관 정신요양시설 알코올상담센터, 정신보건센터가 정신질환자, 가족, 지역주민을 위해 협력하고 있다.

〈그림 12-7〉 정신보건서비스 전달체계

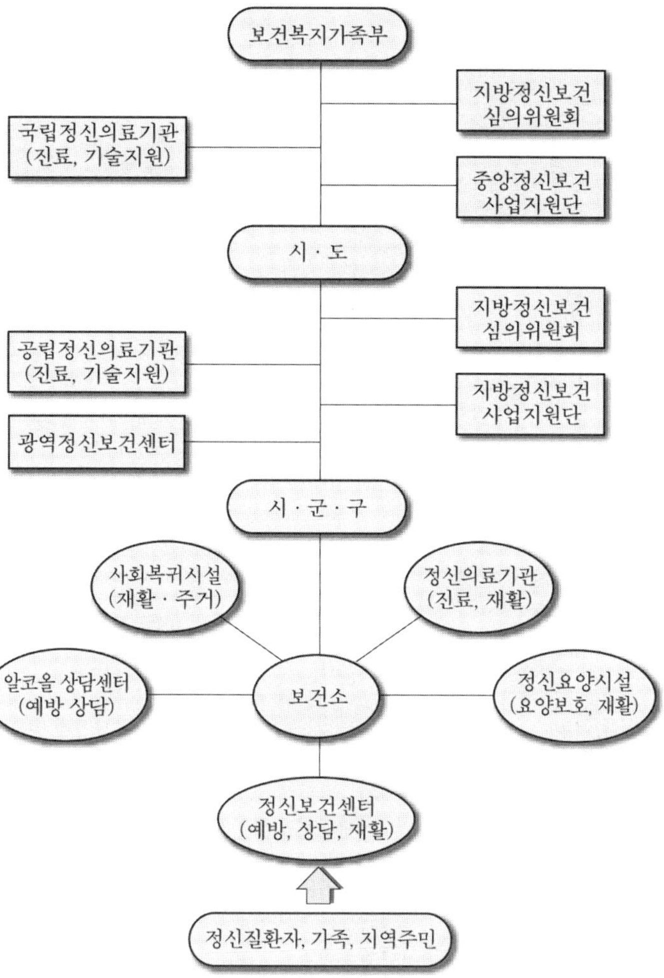

* 출처 : 보건복지부, 정신보건사업지침, 2010.

(3) 정신보건사업의 추진정책

2010년 정신보건사업의 추진 목표는 첫째, 정신질환에 대한 인식개선 및 정신질환자 권익증진, 둘째, 지역사회 중심의 통합적인 정신보건서비스 제공, 셋째, 아동 · 청소년 정신건강 조기검진 및 조기중재, 넷째, 정신보건시설의 요양 및 치료 환경 대폭 개선, 마지막으로 정신보건사업 기반 구축이 있으며 이에 따른 추진방향과 구체적인 내용은 아래의 표와 같다.

2010년 정신보건사업 추진방향		
정신질환에 대한 인식개선 및 정신질환자 권익증진	정신보건시설의 정신질환자 인권보호 대책	- 시·도 및 시·군·구 정신보건심의위원회의 기능 활성화 - 계속입원치료 표준심사지침 준수 및 퇴원율 증가 - 보호의무자에 의한 입원 시 동의 의무자(2인) 확대 - 정신의료기관 기록 보존 의무 신설 및 환자의 알권리 강화
	정신질환자 인권침해 방지 및 권익보호	- 정신보건시설 설치·운영자, 종사자 대상 인권교육 실시(연 4시간 이상) - 포괄적 행동제한의 금지 및 제한사유의 기록 의무 - 입원환자에 대한 격리를 제한하고, 그 시행방법 및 기록 의무 준수 - 작업요법의 시간·장소 제한, 환자동의, 기록보존, 수입 지급 규정 철저 준수 - 정신질환의 인식개선 및 홍보를 위한 학회 및 민간단체 지원
지역사회 중심의 통합적인 정신보건서비스 제공	정신보건센터 확충 및 운영 지원	- 지역사회 내에서 정신질환자 예방 및 조기발견, 상담, 치료, 재활 및 사회복귀를 촉진할 수 있는 정신질환자 통합지원 관리체계 구축 - 표준형 및 광역형 정신보건센터 설치를 통해 지역사회 정신보건사업을 확대하고 질적 향상을 위한 기반 마련
	자살예방대책 수립·시행	- 정신건강전화(1577-0199) 및 희망의 전화(국번없이 129번) 운영을 통한 정신건강증진 및 위기관리 도모 - 제2차 자살예방종합대책('09~'13)에 따른 세부추진계획 수립·시행
	사회복귀시설 확충 및 운영 지원	- 정신질환자를 정신의료기관 또는 정신요양시설에 입원(소)시키지 아니하고 사회적응훈련, 직업훈련 등을 실시하여 조기에 사회에 복귀할 수 있도록 지원 - 사회복귀시설 재활, 사회적응 기능 강화 - 실태조사, 표준 모델 개발 등을 통해 운영의 내실화 도모
	알코올중독자에 대한 치료·재활체계 강화	- 알코올의존자, 가족 및 지역주민에게 알코올중독 예방, 상담, 재활훈련 등의 서비스를 제공하여 사회에 복귀할 수 있도록 지원 - 알코올상담센터 확대(41개소) 및 상담·사례관리 서비스 강화
	마약중독자에 대한 치료·보호지원 체계 강화	- 마약류중독자 치료보호지정기관 운영, 치료보호 서비스 제공 - 마약류중독자 자의입원 확대를 위한 홍보 강화
아동청소년 정신건강 조기검진 및 조기중재	- 아동·청소년들의 주요 정신건강문제를 조기에 발견하여 사례별로 맞춤형 사후관리서비스를 제공함으로써 청소년 정신건강증진 및 건강한 성장 도모 - 아동·청소년 우울증, 인터넷 중독 등 선별검사 및 사례관리 확대 - 학교, 보건소, 정신보건센터, 의료기관 등 상호연계 및 의뢰체계 구축 - 고위험군 아동·청소년에 대한 낙인에 주의하여 지속적이고 포괄적인 서비스 제공	
정신보건	정신요양시설	- 정신질환자의 요양·보호수준 및 질 향상을 위해 각종 정신보건

시설의 요양 및 치료 환경 대폭 개선	운영 내실화 및 여건 개선	서비스 제공 내실화(일상생활, 건강진단, 진료 및 투약, 의료기관 이용, 정신재활 및 사회복귀훈련 등) - 간호사와 생활지도원 2교대 실시 - 노후시설 등 기능보강 예산지원으로 정신질환자들의 쾌적한 생활보장 - 정신요양시설의 서비스 평가 및 환류
정신보건 사업 기반 구축	정신보건서비스 전달 및 연계 체계 강화	- 정신보건센터, 사회복귀시설, 알코올상담센터, 정신의료기관, 정신요양시설 상호간에 연계체계 구축 보건소는 지역사회 내 포괄적인 정신보건서비스 제공을 위한 기획·조정역할 담당
	정신보건전문요원 양성사업	- 5개 국립정신병원(서울, 나주, 부곡, 춘천, 공주)에서 해당 권역별 정신보건전문요원 수련기관에 대해 상시지도·점검체계 마련 - 신규 및 기존 운영기관에 대한 실사 등 수련기관의 질 향상 유도
	중앙 및 지방 정신보건사업지원단 기능 활성화 및 연계체계 강화	- 중앙정신보건사업지원단 ·지역사회정신보건사업의 기획 및 조정에 대한 지원 ·지역사회정신보건사업에 대한 평가 ·정신보건관련기관·시설의 운영 및 연계체계 구축을 위한 지원 ·정신보건사업관련 조사 및 통계생산 기타 보건복지가족부장관이 필요하다고 인정하는 사항
		- 지방정신보건사업지원단 ·지방정신보건사업지원단 활성화 방안 마련(지자체 예산 확보 등) ·자치단체 지역사회정신보건사업에 대한 업무개발 및 기술지원 ·지방자치단체 지역사회정신보건사업 및 정신보건시설에 대한 평가 ·지방자치단체 정신보건관련기관·단체 또는 정신보건시설간의 연계체계 구축지원 ·지방자치단체 정신보건사업의 현황파악 및 통계 ·기타 지역사회정신보건사업과 관련하여 시·도지사가 지시하는 사항

* 출처 : 보건복지부, 정신보건사업 지침, 2010.

(4) 정신보건시설의 현황

2009년 현재 지역주민들의 정신건강을 위한 정신보건사업을 수행하고 있는 시설 및 기관은 전체 1,696개에 해당한다. 이 중 민간 정신의료기관이 가장 많은 1,218개소가 운영되고 있으며 사회복귀시설이 211개, 정신보건센터가 157개소 운영되고 있다. 이들 가운데 지역사회 정신건강문제를 해결하기 위해 지역주민들을 대상으로 운영되고 있는 대표적인 기관인 정신건강센터, 사회복귀시설, 알코올상담센터 등이 있다.

① 정신보건센터

지역사회 중심의 통합적인 정신질환자 관리체계를 구축함으로써 정신질환의 예방, 정신질환자의 조기발견 · 상담 · 치료 · 재활 및 사회복귀의 도모를 목적으로 정신보건법 제13조(지역사회정신보건사업 등)와 지방자치단체의 자체 조례 및 지침, 기타 관련 근거에 의해 설치 운영되고 있다. 광역형 정신보건센터의 경우 시 · 도지사가 광역시 · 도의 정신보건시스템을 구축 강화하고 24시간 자살예방 및 위기관리서비스를 제공하며 정신건강증진사업 및 교육을 담당하며 정신보건센터의 홍보사업 등을 수행한다. 표준형 정신보건센터의 경우 인구 20만 미만 시 · 군 · 구에 1개소, 인구 20만 이상 시 · 군 · 구에 각 2개소 이상 설치 가능하며, 추가 설치기준은 인구 20만 명당 1개소로 정해져 있다.

주된 사업으로는 첫째, 지역사회중심의 통합적 정신보건서비스 제공을 위한 기반 구축, 둘째, 공적기관으로서 지역사회정신보건사업의 기획 · 조정 및 수행, 셋째, 지역주민의 욕구에 적합한 예방 · 치료 · 재활서비스가 제공될 수 있도록 정신보건 시설 간 연계 및 정신보건서비스 제공체계 마련과 시 · 도 정신보건사업지원단과 연계체계를 구축하는 것이다.

또한 정신건강 위기상담전화를 운영하는 정신보건전문요원 등이 정신건강 상담과 지지, 정신건강정보 제공, 정신의료기관 안내 등을 제공한다.

② 사회복귀시설

사회복귀시설은 장애인의 사회복귀 촉진을 도모하기 위해 지역사회 내에서 훈련을 행하는 시설로, 그 기능별로는 생활훈련시설, 작업훈련시설, 종합훈련시설, 주거시설로 구분되고, 이용형태별로는 이용시설, 입소시설로 분류될 수 있다. 이용시설은 정신장애인들이 집에서 출퇴근하며 낮 시간 동안에 이용할 수 있는 시설이며 입소시설은 다양한 생활훈련과 직업재활 서비스가 제공되며 정신장애인들이 일정 기간 동안 입소하여 입소 기간 동안 다양한 생활훈련과 직업재활 서비스가 제공되는 시설이다.

주거시설은 정신장애인들이 그룹을 이루어 일반 가정과 유사한 물리적 환경 속에서 생활할 수 있는 시설로서, 주로 독립생활을 훈련하기 위한 목적으로 이용하는 시설이다. 낮 시간 동안에는 이용시설 등 다른 기관을 이용하거나 취업활동을 할 수 있는 장점이 있다.

대체로 각 시설에서는 일상생활기술훈련, 인지재활훈련, 여가활동훈련, 사회문제해결교육, 대인관계교육, 약물관리교육, 스트레스관리 등을 통해 정신장애인들의 사회복귀를 위한 활동을 수행하고 있으며 상담, 사례관리, 가족교육, 예술치료, 각종 교육 및 홍보, 기획행사 등 개별 시설마다 특성화된 서비스 프로그램을 운영하고 있는 곳도 있다.

몇 가지 살펴보면 사회복귀시설에서 제공하는 약물/증상관리 교육은 정신장애인들에게 약물에 대한 올바른 지식을 제공함으로써 정신장애인들이 약물복용의 필요성을 깨닫게 하며, 약물부작용에 대한 대처법과 증상에 대한 효과적인 대처법 교육은 재발 방지에 효과가 있다는 연구결과가 있다.

사회기술훈련을 통해 정신장애인들은 언어적/비언어적 행동기술, 대화기술 등이 향상되고, 일상생활기술훈련을 통해 개인의 위생관리, 식생활관리 및 요리, 세탁 및 의복관리 등 스스로 자신의 생활을 유지하는데 기본적인 기능들이 향상되며 치료적 효과로서 감정의 둔화, 언어빈곤, 주의집중 결함 등의 음성증상의 악화를 예방하는 효과를 가지고 있다. 또한 개인의 자아형성을 도와주며, 현실에 입각하여 행동하게 함으로서 현실 검증력을 강화시켜 퇴행을 막아주고 더불어, 사회구성원으로서의 자기정체성을 갖게 되고, 일을 갖게 되면서 생기는 수입은 독립적인 삶과 질 높은 생활을 할 수 있도록 도와준다.

가족 교육 및 가족 상담을 통해 가족들에게 정신질환의 원인과 경과, 치료 및 효과적인 대처방법에 관한 정보를 제공하며, 가족들의 외부지지체계를 형성하여 지지를 받을 수 있도록 도움으로서 가족들의 부담을 줄이고 있다.

③ 알코올상담센터 설치 및 운영

알코올상담센터는 지역사회 중심의 통합적인 알코올질환자 관리체계와 음주폐해예방시스템을 구축함으로써 알코올남용 및 의존자 조기발견·상담·치료·재활 및 사회복귀를 지원하고 안전한 사회환경을 조성하여 국민의 건강 증진을 도모하는 목적으로 인구 20만 이상 지역(시·구)에 설치·운영하고 있다.

알코올상담센터는 지역사회 내 알코올 의존자, 문제 음주자와 그 가족 등 지역주민을 대상으로 하며, 의료기관 또는 시설 등에서 퇴원(소)한 알코올 의존자로서 사회적응훈련을 필요로 하는 알코올 의존 및 남용자, 기타 알코올관련 상담 및 재활훈련서비스가 필요한 자 등도 포함한다. 국민기초생활보장 수급권자 및 차상위계층, 이주여성 및 자녀, 새터민 등 사회취약계층이 우선 이용할 수 있도록 대상자 선정에 주의를 기울이고 있다.

주요사업은 알코올중독자 관리사업과 알코올중독자 가족지원사업, 음주폐해예방 및 교육사업, 고위험군 조기발견 및 개입서비스, 지역사회 사회안전망 조성사업, 지역진단 및 기획사업 등이 있다.

4) 정신건강문제에 대한 해결책 및 대안

건강이라고 하면 흔히 신체적인 건강(Physical Health)을 생각하지만 정신적인 건강(Mental Health)이 좋지 않으면, 신체적 건강도 별 의미가 없기 마련이다. 몸을 움직이는 정신이 병들게 되면, 그 몸이 제 기능을 다하기란 어렵기 때문이다.

사람은 자신의 정신내적 동기나 충동을 최대한 충족시키되 환경이나 타인의 욕구, 기대와 조화를 이루는 자기조절 장치를 가지고 있다. 즉,

건강한 심적 장치를 가지고 있는 개인은 자신의 정신내부적인 순응상태를 유지하는 동시에 자신과 환경 간에도 순응상태를 유지하는 역동적 균형을 유지할 수 있다(권진숙 등, 2009).

정신건강을 정신질환이 없는 상태로 정의하는 의학적 모형에서는 정신질환의 진단과 치료, 질병의 원인의 발견에 중점을 두게 된다. 하지만 이런 접근방법으로는 가장 심각한 질환을 가진 개인에게 초점을 맞추게 되며 현재는 증상이 경미하거나 없지만 상황에 따라서 정신건강문제를 가질 수 있는 다수의 개인들은 배제된다. 또한 정신질환자들과 가족 등의 역량을 강화함으로써 질병을 가지고서도 정상적으로 사회생활을 유지할 수 있도록 하는 데는 한계가 있다.

그러므로 현재 정신건강문제에 대하여 우리가 잘못 인식하고 있는 정상과 비정상, 특정한 개인과 보편적이며 다수인 개인으로 인식을 전환하고 정신건강서비스 체계를 의료중심에서 지역사회중심의 서비스 체계로의 전환이 요구되어진다.

(1) 정신건강에 대한 인식 개선

우리나라 사람들은 정신적인 문제로 치료를 받으러 가는 것을 매우 기피하는 경향이 있다. 그래서 마음의 병이 있음에도 불구하고 많은 사람들이 정신과나 상담 센터를 찾지 않는다. 당사자뿐 아니라 가족들까지도 나서서 만류한다. 주변에서 이상하게 보진 않을까 걱정하기 때문이다. 차라리 점집을 가고 만다. 또 많은 사람들은 정신적인 문제를 '의지의 문제'로 생각하기도 한다. 스트레스를 받고 우울증에 걸리는 것은 모두 다 의지가 부족하기 때문이라는 것이다.

삶의 질을 높이기 위한 정신 건강을 위해서는 먼저 정신건강문제에 대한 상담 및 치료에 대한 국민들의 인식개선이 선행되어야 한다. 즉 정신건강상의 문제도 신체적 문제와 마찬가지로 체계적인 치료와 관리가 필요하다는 인식을 가져야 한다.

이러한 인식의 변화를 위해서는 무엇보다 다양한 홍보 활동들이 필요하다. 미국에서는 각종 홍보 활동과 대대적인 캠페인을 통해 1990년대 10% 수준에 불과하던 정신 건강 관련 의료 서비스 이용률을 2000년대 초반 약 28% 수준까지 끌어올렸다고 한다(황인경, 2010).

인식개선을 위한 효과의 극대화를 위해서는 국가와 민간단체, 지역사회의 다양한 주체들이 함께 힘을 모여 연계 협력하는 것이 무엇보다 필요할 것이다.

(2) 지역사회중심의 정신건강서비스 체계구축

지역사회중심의 정신건강사업의 목적은 정신건강문제를 가진 사람의 전인적 치료, 재활, 사회통합이며 정신과 의료기관에 입원에서부터 지역사회로의 퇴원과 시설에서의 치료, 재활, 사후관리, 지역사회에서의 주거, 치료, 훈련, 교육 및 재활방안 모색하고 전 주민을 대상으로 한 치료적 서비스와 문제를 가진 사람의 사회복귀(통합)에 필요한 사회복지서비스의 제공하는 것이다.

그러나 지역사회중심의 정신건강서비스 강화라는 정신건강정책의 기본 이념과는 다르게 정신병의 지속적인 증가, 불필요한 장기입원현상의 지속, 정신병원 등 의료기관에서의 치료, 재활서비스의 낮은 서비스 질, 정신장애인의 인권문제, 지역사회정신보건기관의 절대적 부족, 정신보건에 대한 낮은 사회적 인식 등의 현상들이 나타나고 있다.

이를 해결하기 위해 지역사회서비스에 대한 접근성을 강화하고, 사회복귀시설을 대폭적으로 확충하며, 정신질환자 가족들을 대상으로 home care system을 도입하는 방안 등이 필요할 것이다. 이와 동시에 장기적인 관점에서 현재 기능이 혼재되어 있는 정신요양시설, 노숙자쉼터, 부랑인 시설 등을 통합하고 기능별, 수준별로 장기주거, 단기주거, 여성주거 등으로 재분류할 필요성이 있다.

또한 지역사회 진단, 자원조정기획, 예방, 홍보, 대상자발견, 의뢰체계구축과 같은 간접서비스는 보건소, 정신보건센터가 담당하고, 주간보호, 직업재활, 주거제공과 같은 직접서비스는 사회복귀시설이 담당하는 등

역할의 구분은 명확히 하되 지역사회특성이나 사례의 긴급성에 따라 탄력적으로 운영되는 것이 바람직할 것으로 보이며 이를 체계적이고 연계 협력할 수 있는 중심기관의 역할 또한 필요할 것이다.

5) 정신건강 문제 해결을 위한 사회복지적 차원에서의 전략

정신건강문제는 단순히 병원에서 몇 번 치료를 받는다고 바로 좋아지는 것이 아니다. 바이러스나 세균 등에 의해 주로 문제가 생기는 신체적인 건강문제와는 달리, 정신건강문제는 개인 내적인 영향보다 사회적인 환경의 영향을 많이 받는다.

보건복지부의 2007년 9월 발표한 자료에 따르면 전국 58개 병원 중 25개 시설을 임의로 뽑아 분석한 결과 5,525명 중 5년 이상 입원하고 있는 환자가 3,315명에 달해 60%에 이르는 것으로 나타나고 있다. 이는 정신건강문제를 가진 클라이언트들의 입퇴원이 반복되는 회전문현상에서 비롯된다고 보는데 사실 회전문 현상은 정신건강문제를 가진 환자들이 퇴원한 뒤 재활요법을 받거나 지역사회에 통합되어야 함에도 불구하고 적절한 시설이 없어 가정에 적응하지 못하고 다시 병원으로 되돌아오는 현상을 말한다. 이러한 문제점을 해결하기 위한 사회복지접근에 대해 살펴보고자 한다.

(1) 지역사회 내 정신건강문제를 가진 클라이언트의 조기 발견에 대한 체계를 확립해야 한다.

지역사회에서 살고 있는 주민들 중 정신건강문제가 발생하였거나 또는 문제가 발생하였음에도 불구하고 이를 인식하지 못하고 방치하여 더 큰 문제로 확대되어 나중에 치료기간이 상당기간 지속되거나 목숨을 잃는 경우도 볼 수 있다. 이러한 문제들을 해결하기 위해서는 건강문제에 대한 인식 개선을 위한 다양한 활동이 선행되어져야 한다. 이를 위해서는 지역사회복지관 등 일선 사회복지서비스 내에서 예방적 차원의 다양한 활동이 전개되어져야 하며, 클라이언트를 초기에 발견할 수 있는 연계망이 형성되어 있어야 할 것이다.

(2) 지역사회복지기관의 기능강화를 통해 통합적인 복지서비스를 제공할 수 있는 기반을 마련해야 할 것이다.

정신건강문제에 노출되어 있는 잠재 클라이언트를 발견하고 진단, 상담, 치료하는 역할을 강화하기 위하여 지역사회 내의 정신보건센터의 기능을 강화하고, 나아가 다양한 기능을 가진 사회복지기관들의 역할이 요구되어지는데 상담과 심리치료로만 문제를 해결할 수 있는 상담관련 기관과 병원에서는 퇴원은 하였으나 정신건강문제를 완전하게 해결하지 못한 클라이언트를 위한 회복시설, 직업훈련시설, 주거 및 중간집, 자립지원센터를 확보하여 지역사회 내에서 정신건강문제를 가진 클라이언트에 대한 통합적 관리 시스템이 가동될 수 있도록 지역사회 내 네트워크간의 연계협력이 필요할 것이다. 또한 그들과 함께 생활하며 어려움을 함께 겪고 있는 가족에게도 포괄적이고 통합적인 서비스를 제공해야 한다.

이를 위해 사회복지사에게는 사례관리자의 역할이 요구되어지는데 사례관리자는 첫째, 질병관리를 목적으로 하는 질병관리 상담, 심리·정서지지 상담, 집단상담, 심리교육, 가족치료, 응급입원과 요양 등의 서비스를 제공하며, 둘째, 기능적 기술재활의 목적을 위한 일상생활 기술훈련, 사회기술훈련, 여가선용훈련, 직업기술훈련과 직업적응훈련, 취업장 개발, 현장접근과 지역개발 등의 서비스를 강조한다. 마지막으로, 정신 장애인들의 삶의 질을 향상시키기 위한 주거 서비스, 생활보호 서비스, 사회교육과 사회옹호 서비스 등을 제공한다.

(3) 지역사회 정신건강 관련 인프라 구축이 요구된다.

관련 지역사회 정신보건센터와 사회복귀시설의 역할을 명확히 재규정하는 부분이 필요하며, 농·어촌 등 서비스 소외지역의 경우 지지망 체계 구축을 통해 지역사회정신보건서비스 인프라를 확대하는 방안이 시급하다. 지역사회정신보건서비스 인프라 구축이 확대되지 못하면 재원 부적절성으로 지역사회 보호가 더 적절한 상당수의 클라이언트에 대한 개입이 지연될 수밖에 없다. 또한 급증하는 자살과 우울 문제, 아노미 현상을 겪는 새터민과 이주여성 및 이주노동자 등 다문화 가족, 학대에 노출되어 있는 노인 및 아동·청소년의 정신건강문제, 도박중독 및 알코올중독 등 다양한 중독문제의 증가 등과 같은 변화하는 환경 속에서 정신건강정책의 개선방향에 대한 심도 있는 논의가 요구되어진다.

그러나 이러한 지역사회정신보건서비스 인프라 확충과 역할에 대한 명확성에 대한 당위성이 제기되고 있음에도 불구하고 2005년 정신요양시설과 사회복귀시설이 지방이양사업으로 진행되면서 지역적으로 운영비 확보에 어려움을 겪고 있는 곳이 많다. 정신보건법 제48조 국가 또는 지방자치단체가 정신질환자의 사회복귀촉진 및 권익옹호를 목적으로 하는 단체 또는 시설을 보호, 육성하고 이에 필요한 비용을 보조할 수 있다는 임의규정이 있으나 사업의 필요성보다는 지자체의 의지가 영향을 끼칠 가능성이 높다. 그러므로 필요한 비용을 전액 보조하는 강제규정으로의 법조항을 수정하고 물가인상분을 반영한 현실적인 운영비의 지급 방안이 마련되어야 할 것이다.

제 13 장

노동문제

1) 노동문제

노동은 인간의 삶과 떼어 놓을 수 없는 삶의 일부분이다. 노동을 통해 인간은 자신의 삶을 유지해 나갈 수 있을 뿐만 아니라 궁극적으로는 자아실현이라는 목적까지 달성할 수 있다.

이와 같은 노동과 관련된 문제를 살펴보면 각 시대의 주요 산업이 무엇이었는가와 밀접하게 연관되어 있다. 다시 말해서 각 시대별 핵심이 되는 산업에 따라 노동의 문제도 그 양상이 다르게 나타난다. 예를 들면 인류의 최초 산업은 농업으로서 이러한 사회를 농경사회라고 한다. 농경사회에서 노동은 매우 집약적이고 노동력에 의존하는 사회이다. 이러한 전통사회 또는 농경사회가 농업을 중심으로 한 1차 산업사회라고 한다면 2차 산업사회는 산업화가 급격하게 진행되면서 자본주의가 확대되고, 이 가운데 다양한 노동문제가 발생한다. 그리고 최근과 같은 서비스산업의 발달과 정보화 사회에서는 과거에 나타났던 문제와는 또 다른 노동문제가 발생한다.

2) 실업

(1) 실업의 정의 및 종류

노동문제에 있어 가장 심각한 문제 중에 하나가 바로 실업이다. 노동이 인간의 자신의 삶을 유지하는 것과 자아실현의 중요한 수단이 될 수 있다면, 노동하지 못하는 실업의 문제는 개인 및 사회적으로 많은 문제를 가져올 수 있다.

실업이 우리 사회에서 주목을 받게 된 결정적인 계기는 2000년대 전후반에 있었던 경제위기 시점이다. 이 시점에는 노동자들의 의사와는 무관하게 대부분의 기업들이 재정 및 경영압박을 이기지 못하고 기업이 도산, 파산하여 많은 노동자들이 실업상태에 놓이게 되었다. 이러한 실업이 단순히 노동자 개인의 문제에 그치지 않는다는 것이 더 큰 문제였다. 구체적으로 설명하면 한 가구의 가구주가 실업자가 된다면 그 가구를 구성하는 가구원 전체의 생계유지가 힘들어져 빈곤으로 전락할 가능성이 높고, 이렇게 될 경우에는 결국 공공부조 프로그램에서 이들을 책임져야 하는 사회적 비용이 발생한다. 그리고 국가적으로는 소득이 발생하지 않는 실업자의 발생은 결국 소득능력이 있는 소비자가 감소한다는 것을 의미하고 그로 인해 내수시장은 침체되고, 그로 인해 기업은 생산을 줄이게 되고, 생산이 줄면 노동자 규모 역시 줄이게 된다. 결국 또 다른 실업자가 발생하는 문제가 발생한다. 국가차원의 문제는 공공부조 프로그램 지원을 통한 사회적 비용이 발생할 뿐만 아니라 그러한 사회적 비용을 거둬들인 납세자가 감소함에 따라 국가의 재정운영 폭도 감소하게 된다.

이처럼 실업은 개별적으로 한 개인 및 가구의 문제로 비춰질 수 있지만, 그것이 대규모의 실업문제로 확대되면 사회 전반에 치명적인 영향을 미치게 된다. 따라서 실업은 국가차원에서 반드시 엄격하게 관리되고 지원되어야 할 과제이다. 이러한 실업에는 그 내용과 성격에 따라 몇 가지로 구분할 수 있다(원석조, 2008).

1) **주기적 실업**은 거시적인 지표에 따라 고용의 규모가 조절되고 그에 따라 실업자의 규모도 주기적으로 달라진다는 것을 의미한다. 다시 말하자면 주기적 실업은 경기변동에 따라 나타나는 거지 경제 지표에 따라 실업이 발생한다는 것이다. 예를 들면, 국가차원에서 정부의 재정 지출 규모, 기업의 투자규모 등과 같은 고용과 민간한 재정규모 및 세계 경제 지표에 따라 실업이 주기적으로 발생하는 것을 의미한다.

2) **기술적 실업**은 기술변화에 따라 실업의 규모가 다르게 나타난다는 것을 의미한다. 노동자들이 소유하고 있는 기술이 그 사회에서 요구되는 기술수준에 따라가지 못할 경우 실업이 발생한다. 예를 들면, 농경사회에 익숙한 노동자가 산업화 시대, 또는 정보화 시대에 요구되는 기술력이 부족할 경우 적절한 일자리를 찾지 못하게 되어 실업이 발생하게 된다.

3) **구조적 실업**은 노동자가 보유하고 있는 자격과 일자리에서 요구되는 자격이 일치되지 않아서 발생하는 실업을 의미한다. 어떤 노동자가 IT 관련 업체에 취업하고자 한다. 그렇다면 이 노동자는 기본적으로 컴퓨터에 대한 정보 및 사용에 익숙해야 함에도 자신의 갖고 있는 인적자본의 수준이 그 수준에 맞지 않을 경우에 발생한다. 최근에는 구인광고에서 성별, 연령, 학력 등과 같은 내용들을 구체적으로 명시하지 않는 경향이 많았지만 얼마 전까지만 해도 대부분의 기업들은 자신들의 기업에 필요한 인재를 구인할 시 다양한 자격조건들을 제시하고 있다. 이러한 구인광고에서 요구하는 자격이 자신이 갖고 있는 자격 요건과 비교했을 때 충족되지 않아 실업상태에 놓이게 된다.

4) **계절적 실업**은 말 그래도 계절에 따라 실업이 매우 유동적으로 발생하는 것을 의미한다. 일반적으로 계절적 실업을 설명할 때 많이 사용되는 예가 건설업이다. 건설업의 경우 겨울이 되면 공사를 거의 하지 않는다. 그렇게 되면 공사장에서 고용되어 있던 대부분의 노동자들은 일거리를 잃게 되어 실업상태에 놓이게 된다.

5) **마찰적 실업**은 노동자 자신이 이직을 할 경우 다른 일자리를 구하는 동안 발생하는 실업을 의미한다. 이는 최근처럼 정규직 일자리는 적고 비정규직 일자리가 많은 상황에서 자신에게 맞는 일자리를 찾아 이직을 한다는 것은 쉽지 않은 상황에서 종종 발생한다.

(2) 실업 현황

지금까지 실업에 대한 개념 및 종류에 대해 살펴보았다. 다음은 실업자를 포함한 전반적인 경제활동현황에 대해 알아보았다. 먼저 2000년도를 시작으로 2009년까지 15세 이상 경제활동인구의 비율이 점차적으로 증가하고 있고, 취업자의 비율이 점차적으로 증가하고 있는 것으로 나타났다. 여기서 주목해서 볼 것은 실업률인데, 실업률이 2000년도에는 4.4%였던 것이 2009년에 3.6%로 낮아졌다. 사실 이러한 수치는 자연실업률이 5%임을 감안한다면, 비교적 낮은 실업률이라고 하겠다. 또한 4.4%였던 실업률이 3.6%로 낮아졌다는 것은 거시 경제지표 측면을 봤을 때는 바람직하다고 할 수 있다. 그러나 실질적으로 비경제활동인구가 많아지고 있다는 점을 고려했을 때는 실업률에 대한 실질적인 의미를 다시 한번 살펴봐야 할 것이다.

실업률에 대해 보다 세부적으로 성별에 따라 살펴본 결과 전체 실업률을 중심으로 해서 볼 때, 남성의 실업률이 매우 높게 나타나고, 여성의 실업률은 상대적으로 낮은 것으로 나타났다. 이러한 결과를 표면적으로 보면, 남성이 여성보다 실업률이 더 높은 것으로 보여질 수 있으나, 사실 그 의미를 보면, 상당수의 여성들이 비경제활동인구범주에 포함되어 실업률을 계산하는 공식에 포함되지 않기 때문이다.

〈표 13-1〉 실업률 및 경제활동지표

(단위: 천명, %)

	15세이상 인구	경제활동 인구	취업자	실업자	비경제활동인구	경제활동 참가율	실업률	고용률
2000	36,186	22,134	21,156	979	14,052	61.2	4.4	58.5
2001	36,579	22,471	21,572	899	14,108	61.4	4.0	59.0
2002	36,963	22,921	22,169	752	14,042	62.0	3.3	60.0
2003	37,340	22,957	22,139	818	14,383	61.5	3.6	59.3
2004	37,717	23,417	22,557	860	14,300	62.1	3.7	59.8
2005	38,300	23,743	22,856	887	14,557	62.0	3.7	59.7
2006	38,762	23,978	23,151	827	14,784	61.9	3.5	59.7
2007	39,170	24,216	23,433	783	14,954	61.8	3.2	59.8
2008	39,598	24,347	23,577	769	15,251	61.5	3.2	59.5
2009	40,092	24,394	23,506	889	15,698	60.8	3.6	58.6

* 출처: 통계청, 「경제활동인구조사」, 2010.

〈그림 13-1〉 성별에 따른 실업률 추이

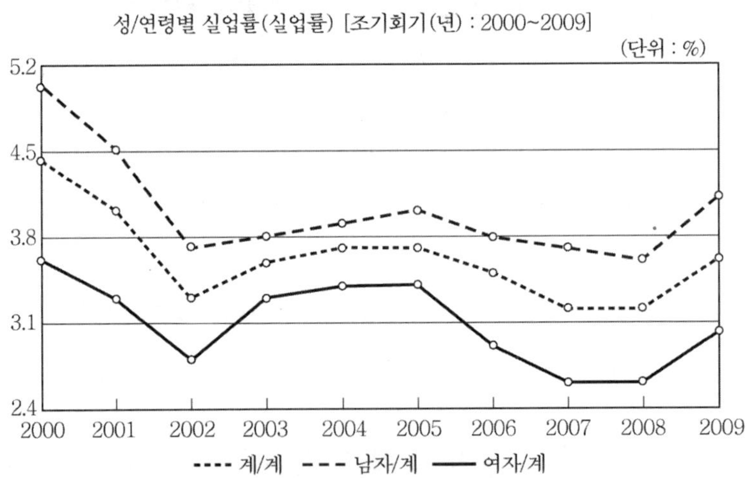

그렇다면, 여성의 경제활동 현황은 어떤가를 살펴보았다. 제시된 표를 살펴보면, 여성의 경제활동참가율은 2005년도 50.1%였던 것이 2010년 50.5%로 나타나 큰 변화를 나타내지 못하고 있다. 실업률은 2005년도 3.4%에서 2010년 2.6%로 매우 낮게 나타났다. 이는 앞서 언급했듯이, 여성의 경제활동참가율이 낮다는 것과 비경제활동인구의 비율이 늘어나는 것으로 설명할 수 있다.

〈표 13-2〉 여성의 경제활동 현황

(단위: %)

	2005	2006	2007	2008	2009	2010. 5
경제활동참가율	50.1	50.3	50.2	50	49.2	50.5
실업률	3.4	2.9	2.6	2.6	3	2.6
고용률	48.4	48.8	48.9	48.7	47.7	49.2

* 출처 : 통계청, 「경제활동인구조사」, 2010.
* '99년도 자료까지는 실업통계 '구직기간 1주기준', '00년부터는 '구직기간 4주기준'으로 적용, '09년자료중 경제활동참가율, 실업률, 고용률은 '09년 기준임.

〈그림 13-2〉 여성 고용동향

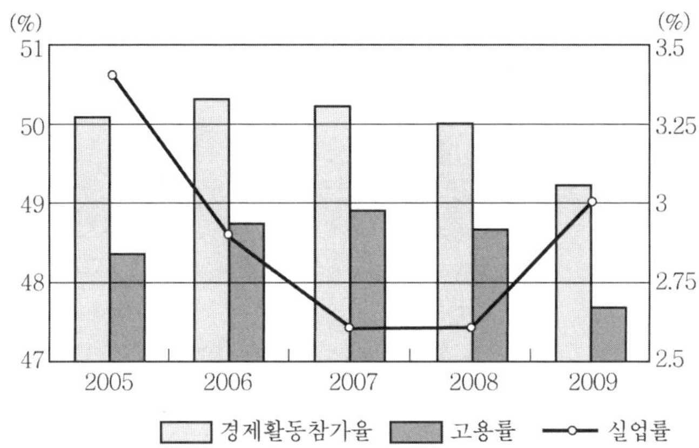

다음으로 고령자 경제활동 동향을 분석한 결과 고령자 생산가능인구 비율은 2005년도 11.1%에서 2010년 12.4%로 증가하였고, 경제활동참가율 역시 매우 높게 증가하여 2010년 64.7%로 나타났다. 또한 고령자의 고용률 역시 증가하여 63%를 나타내고 있다. 이러한 비율은 최근 들어 우리 사회의 다양한 고령자 취업정책들이 시행되어 나타나는 결과로 보여진다. 반면, 실업률은 전체적으로 보면 2%대로서 낮은 수치이지만 2010년 들어 점차적으로 높아지려는 경향이 보이고 있다.

〈표 13-3〉 고령자 경제활동 동향

(단위: %)

	2005	2006	2007	2008	2009	2010. 5
생산가능인구(15세이상)	38,300	38,762	39,170	39,598	40,092	40,533
고령생산가능인구비중	11.1	11.3	11.4	11.6	11.9	12.4
경제활동참가율	60.2	60.7	62	61.8	61.8	64.7
고용률	58.7	59.3	60.6	60.6	60.4	63
실업률	2.5	2.4	2.2	2	2.4	2.7

* 출처 : 통계청, 「경제활동인구조사」, 2010.

〈그림 13-3〉 고령자 경제활동 동향

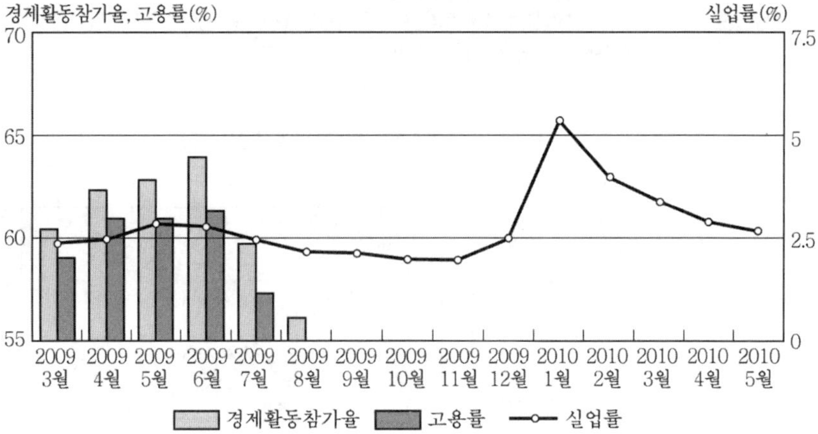

청년층 고용동향을 분석하면, 실업률이 2000년 8.1%에서 2010년 8.5%로 높아졌다. 우리나라 전체 실업률이 5%미만임을 고려할 때, 이러한 비율이 얼마나 높은 수치라는 것을 짐작할 수 있다. 이와 같은 문제를 반영하듯, 최근 우리 사회에서 고령자 취업과 함께 청년 실업 100만명~500만명 등의 수치들이 사용되면서 사회문제로 급부상하고 있다. 취업률은 2010년 91.6%로 높게 나타났으나 고용률은 41.9%로 절반 수준으로 낮아졌다. 이는 단기적인 일자리는 많으나 안정적인 일자리가 청년들에게 충분히 제공되지 않고 있다는 것을 의미한다.

〈표 13-4〉 청년층 고용 동향

(단위: 명, %)

	2000	2001	2002	2003	2004	2005	2006	2007	2008	2009	2010
생산가능인구	11,243	10,953	10,651	10,368	10,141	9,920	9,843	9,855	9,822	9,780	9,707
경제활동인구	5,308	5,227	5,161	5,007	4,990	4,836	4,634	4,530	4,398	4,304	4,448
취업자	4,879	4,815	4,799	4,606	4,578	4,450	4,270	4,202	4,084	3,957	4,072
실업자	430	413	362	401	412	387	364	328	315	347	376
실업률	8.1	7.9	7	8	8.3	8	7.9	7.2	7.2	8.1	8.5
취업률	91.9	92.1	93	92	91.7	92	92.1	92.8	92.9	91.9	91.6
고용률	43.4	44	45.1	44.4	45.1	44.9	43.4	42.6	41.6	40.5	41.9
경제활동 참가율	47.2	47.7	48.5	48.3	49.2	48.8	47.1	46	44.8	44	45.8

* 출처 : 통계청, 「경제활동인구조사」, 2010.
* 청년층 : 15세~29세

〈그림 13-4〉 청년고용동향

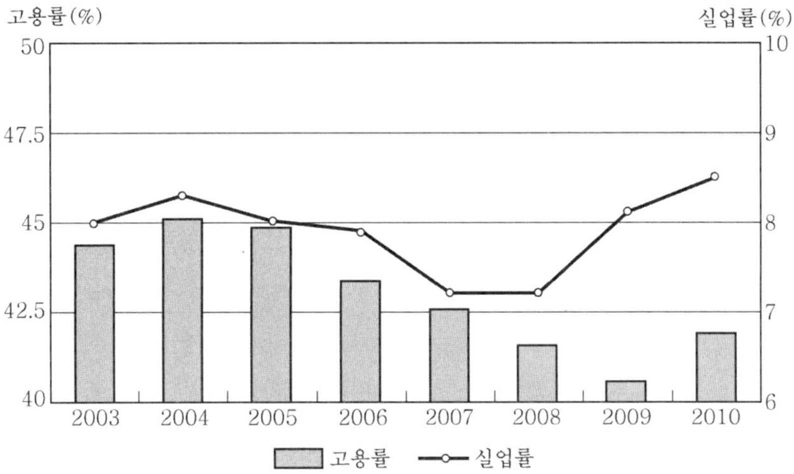

장애인 고용에 대해서는 일반적으로 잘 알려져 있지 않다. 이에 본 저에서는 노동부자료를 활용하여 장애인의 고용현황에 대해 단적으로 살펴보았다. 장애인의 고용률은 정부 및 민간 구분 없이 매우 낮은 수치임을 확인할 수 있었다. 정부기관의 장애인 고용률을 보면, 2000년 1.48%였던 것이, 2008년도 1.76%로 다소 높아졌으나 여전이 낮은 수치를 면치 못하고 있다. 민간기업의 장애인 고용률은 더 낮게 나타났는데, 2000년 0.73%였던 것이 2008년 1.72%로 비교적 높아졌으나 절대적으로 그 수치가 낮다는 것을 알 수 있다. 다만, 동일기간 내 정부의 고용률 상승보다는 민간기업의 고용률 상승이 더 빠르다는 것을 알 수 있다.

〈표 13-5〉 장애인 고용현황

	2000	2001	2002	2003	2004	2005	2006	2007	2008
정부기관 고용률	1.48	1.61	1.66	1.87	2.04	2.25	1.5	1.6	1.76
민간기업 고용률	0.73	0.87	0.99	1.08	1.31	1.49	1.35	1.51	1.72

* 출처 : 노동부, 「정부및민간의장애인고용계획및실시상황보고자료」, 2010.
* 고용률 = (고용인원/적용대상인원)×100

3) 비정규직

비정규직 문제는 노동문제 가운데 해결되지 않은 문제이고, 노사간에 합의를 끌어내기 힘든 부분이다. 그 이유는 사람을 고용하는 것이 인건비와 관련 있고, 기업의 이윤에 지대한 영향을 미치는 요소 중에 하나이기 때문이다. 다음은 우리 사회에서 고용형태를 4대 보험과 연계하여 비정규직 문제의 심각성에 대해 살펴보았다. 정규직 근로자의 4대 보험 가입률은 전체적으로 90%를 넘고 있고, 상여금 및 퇴직금 비율에서도 매우 높게 나타났다. 반면, 비정규직근로자의 4대 보험 가입률은 산재보험을 제외하고 전체적으로 51%를 넘지 못하고 있다. 이는 정규직 근로자가 사회보험의 사각지대에 놓여 있다는 것을 의미하여, 노동여건이 매우 열악하다는 것을 의미한다. 또 심각한 것은 상여금 퇴직금이 보장되지 않아 근로기간 중 또는 퇴직 후 소득보장이 제대로 이루어지지 못하고 있다는 것을 의미한다.

비정규직이 경험하는 또 하나의 문제는 노조 가입률이다. 정규직 근로자의 경우 약 16.8%가 노조에 가입되어 노동권을 보장받을 상황에 있는 반면, 비정규직 근로자 중 노조에 가입한 근로자는 2%에 그치고 있다.

〈표 13-6〉 고용형태에 따른 보험가입 형태(2009)

(단위: %)

고용형태	고용보험	건강보험	국민연금	산재보험	상여금	퇴직금	노조가입
전체근로자 (특수형태제외)	85.9	87.4	87.1	96.2	64.4	76.0	13.2
정규근로자	95.6	96.6	96.4	97.0	77.9	88.0	16.8
비정규근로자 (특수형태제외)	51.9	49.7	46.8	92.3	21.5	38.0	2.0
재택/가내근로자	15.2	18.3	21.0	73.5	13.3	16.9	0.3
파견/용역근로자	90.4	90.3	88.8	95.0	33.9	83.0	3.4
일일근로자	36.8	14.8	12.5	92.3	5.0	8.5	1.2
단시간근로자	27.1	25.4	24.7	82.9	7.8	22.8	0.7
기간제근로자	81.5	84.3	81.2	96.3	47.6	71.5	3.7
한시적근로자	25.1	17.5	17.7	84.2	12.8	12.3	0.6

* 출처 : 통계청, 「경제활동인구조사」, 2010.

4) 최저임금제

(1) 최저임금제의 개념 및 의의

최저임금제란 국가가 노사간의 임금결정과정에 개입하여 임금의 최저수준을 정하고, 사용자에게 이 수준 이상의 임금을 지급하도록 법으로 강제함으로써 저임금 근로자를 보호하는 제도를 의미한다.

우리나라에서는 1953년에 근로기준법을 제정하면서 제34조와 제35조(당시 근로기준법)에 최저임금제의 실시 근거를 두었으나, 당시 우리 경제가 최저임금제를 수용하기 어렵다는 판단에 따라 이 규정을 운용하지 않고 있다가 70년대 중반부터 지나친 저임금을 해소하기 위하여 정부에서 행정지도를 하여 왔으나 저임금이 일소되지는 못하고 있다.

따라서 저임금의 제도적인 해소와 근로자에 대하여 일정한 수준 이상의 안정된 생활을 보장해 주기 위하여 최저임금제의 도입이 불가피해졌고, 또한 우리 경제도 이 제도를 충분히 수용할 수 있는 수준에 도달하였다고 판단하여 1986년 12월 31일에 최저임금법을 제정, 공포하고 1988년 1월 1일부터 실시하게 되었다.

(2) 최저임금제의 목적 및 기대효과

최저임금제는 근로자에 대하여 임금의 최저수준을 보장하여 근로자의 생활안정과 노동력의 질적향상을 기함으로써 국민경제의 건전한 발전에 이바지하게 함을 목적으로 한다(최저임금법 제1조).

최저임금제의 실시로 최저임금액 미만의 임금을 받고 있는 근로자의 임금이 최저임금액 이상 수준으로 인상되면서 다음과 같은 효과를 가져온다.

① 저임금 해소로 임금격차가 완화되고 소득분배 개선에 기여
② 근로자에게 일정한 수준 이상의 생계를 보장해 줌으로써 근로자의 생활을 안정시키고 근로자의 사기를 올려주어 노동생산성이 향상
③ 저임금을 바탕으로 한 경쟁방식을 지양하고 적정한 임금을 지급토록 하여 공정한 경쟁을 촉진하고 경영합리화를 기함.

(3) 최저임금 수준의 국제간 비교

지금까지 최저임금의 개념 및 목적에 대해 살펴보았다. 그렇다면 우리나라의 최저임금이 외국과 비교했을 때 어떠한 차이를 갖는지 살펴보도록 하자. 현재 우리나리의 최저임금은 다음에 제시된 〈표 13-7〉과 같다.

〈표 13-7〉 최저임금현황

	2003	2004	2005	2006	2007	2008	2009	2010
시간급 최저임금	2,275	2,510	2,840	3,100	3,480	3,770	4,000	4,110
전년대비 인상률(%)	8.3	10.3	13.1	9.2	12.3	8.3	6.1	2.75
영향률(%)	6.4	7.6	8.8	10.3	11.9	13.8	13.1	15.9
적용대상 근로자수	13,216	13,631	14,149	14,584	14,968	15,351	15,882	16,103
수혜 근로자 수	849	1,035	1,245	1,503	1,784	2,124	2,085	2,566

* 출처 : 최저임금위원회,「임금실태조사보고서」, 2010.
*영향률=수혜근로자 수 /적용대상 근로자수×100
*'02.9-'03.8 적용 최저임금 심의시부터 한국노동연구원이 경제활동부가조사 결과 등을 이용하여 상용·임시 및 일용근로자를 포함한 전체 근로자를 기준으로 영향률과 수혜근로자수 추정(이전에는 상용근로자임)
*'90~'93년 : 당해년도 1.1~12.31
*'94년 : 당해년도 1.1~8.31(법 개정으로 익년도 적용주기가 변경됨에 따라 적용시기를 달리 설정)
*'95~'05년 : 전년도 9.1~ 당해년도 8.31
*'06년 : 전년도 9.1~당해년도 12.31(법 개정으로 익년도 적용주기가 변경됨에 따라 적용시기를 달리 설정)
*'07년 이후 : 당해년도 1.1~12.31

우리나라의 시간당 최저임금은 2003년도 2,275원이었던 것이 2010년 4,110원으로 약 2배정도 상승하였다. 그러나 이러한 최저임금의 전년도 대비 인상률을 보면, 역대 가장 적은 2.75%에 불과하다. 최근의 급격한 물가상승을 고려했을 때, 이 인상률은 실제 서민 경제 부담을 제대로 반영하지 못하고 있음을 알 수 있다. 이러한 낮은 인상에도 불구하고 최저임금의 영향률은 역대 최고인 15.9%로서 일반 근로자 가계가 경제적으로 매우 큰 부담을 갖게 될 것으로 예상된다. 또한 주목할 것은 영향률이 전체 근로자의 규모에 비해 너무 적다는 것이다. 이는 최저임금제 영향을 받는 수례근로자수가 너무 적다는 것을 의미한다.

이러한 최저임금과 외국의 최저임금수준을 비교해 보면 〈표 13-8〉과 같다. 표를 보면, 한국의 최저임금수준('04)은 임금총액 중위값 대비 40.7%로 다른 나라에 비해 낮지 않은 것으로 보인다. 다만, 한국·일본은 상여금을 산입하지 않으나 프랑스, 영국 등은 상여금을 최저임금에 산입하는 등 나라마다 산입되는 임금에 차이가 있어 직접적인 비교에는 한계가 있다.

〈표 13-8〉 최저임금수준의 국제비교

한국	미국	일본	호주	프랑스	캐나다	그리스	포르투갈
40.7	32.2	33.7	58.8	56.6	39.5	47.9	38

*(04년 기준임금총액 중위값 대비(%))
* 출처 : 최저임금위원회, 「임금실태조사보고서」, 2010.

〈그림 13-5〉 최저임금 인상률 및 영향률 변동 추이

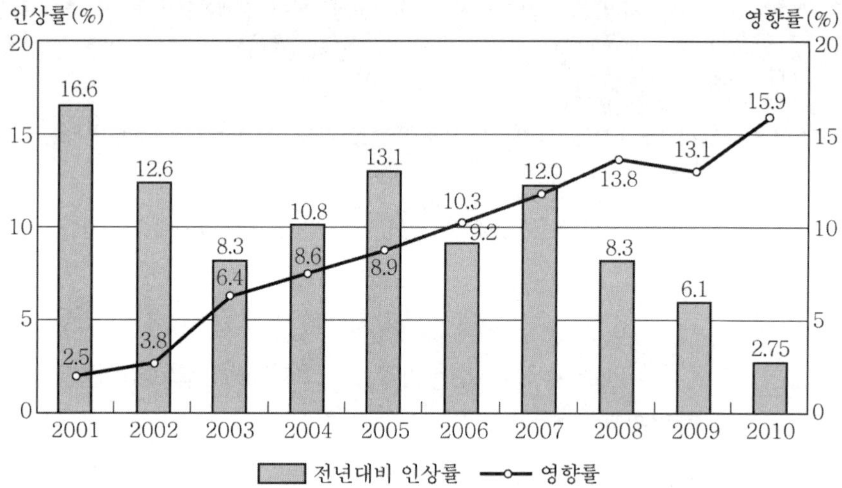

* 출처 : 최저임금위원회, 「임금실태조사보고서」, 2010.

5) 직업훈련

노동과 관련해서 중요한 것 중 하나가 취업한 노동자에 대한 교육과 함께 저소득층을 위한 직업훈련제도이다. 현재 노동부에서는 노동자의 유형 및 소득계층에 따라 적합한 직업능력개발훈련 사업을 실시하고 있다. 제시된 표를 보면, 현재 2005년부터 2009년까지 직업능력개발훈련을 받은 대상은 점차적으로 그 규모가 증가하고 있고 지난 4년 동안

직업능력개발훈련에 참여한 노동자 수가 두 배 증가했음을 알 수 있다.

이를 좀더 세부적으로 보면, 사업주 및 재직 노동자들 대상으로 인한 직업능력개발훈련이 점차적으로 증가하고 있고, 특히 전체 훈련 참여자의 90%이상을 차지하고 있다는 것을 알 수 있다.

또 실업자 및 취약계층을 위한 직업능력개발훈련 참여자도 2005년도 93천명에서 시작했다가 2009에는 133천명으로 확대되었다. 그러나 전체 직업능력개발훈련 참여자의 규모를 고려했을 때는 아직도 매우 부족한 수준임을 알 수 있다. 또한 인력부족분야규모는 2005년 105천명이었던 것이 2009년 60천명으로 그 규모가 매우 감소했음을 확인할 수 있다.

〈표 13-9〉 직업능력개발훈련실시현황

(단위: 천명)

	2005	2006	2007	2008	2009
계	2,654	3,086	4,085	4,464	5,403
사업주 및 재직자 훈련	2,456	2,942	3,930	4,313	5,210
실업자 및 취약계층 훈련	93	84	93	94	133
인력부족분야 훈련	105	60	62	57	60

* 출처 : 통계청, 「고용보험DB」, 2010.

6) 퇴직연금

(1) 퇴직연금 제도 개념

퇴직연금은 기업이 근로자의 노후소득보장과 생활안정을 위해 근로자 재직기간 중 퇴직금 지급재원을 외부의 금융기관에 적립하고, 이를 사용자(기업) 또는 근로자의 지시에 따라 운용하여 근로자 퇴직 시 연금 또는 일시금으로 지급하도록 하는 『기업복지제도』이다.

종전의 퇴직금제도의 경우 기업이 도산하면 근로자는 일자리는 물론, 퇴직금 수급권마저 보호받지 못할 염려가 있었으나, 퇴직연금제도를 도입할 경우 기업이 도산해도 근로자는 금융기관으로부터 적립된 퇴직금을 안전하게 수령가능하게 된다.

근로자에게는 안정된 노후생활보장, 퇴직급여의 수급권 보장, 개인퇴직계좌를 통해 직장 이동시 퇴직급여의 계속성 유지 등의 이점이 있으며, 기업에게는 세제혜택 부여, 장단기 자금흐름 예측, 노사관계 증진, 우수한 인재유치수단으로 활용 가능한 장점이 있는 노사 모두에게 도움이 되는 제도이다. 정부는 고령화 사회를 대비하여 근로자의 안정적이고 예측 가능한 노후설계, 기업의 경영예측을 위하여 2005.12.1부터 퇴직연금제를 도입하고 있다.

〈표 13-10〉 퇴직연금도입 현황 및 유형

	2009	2009	2009	2010	2010	2010	2010	2010	2010
	10월	11월	12월	01월	02월	03월	04월	05월	06월
합 계	64,277	67,705	70,503	71,407	72,714	75,294	77,865	80,236	83,895
확정급여형(DB)	17,296	18,926	20,420	20,849	21,224	22,073	23,165	24,265	25,902
확정기여형(DC)	25,940	27,067	28,027	28,648	29,263	30,317	31,439	32,347	33,508
확정급여, 기여형 (DB&DC)	713	766	864	882	889	916	936	954	1,008
IRA 특례	20,328	20,946	21,192	21,028	21,338	21,988	22,325	22,670	23,477

* 출처 : 노동부(각지방노동관서의퇴직연금규약신고현황보고자료, 매월).
* 매월말 기준 누계자료임

퇴직연금의 운용은 급여와 기여방식에 따라 네 가지로 구분할 수 있다. 예를 들면 확정급여형(DB) 방식은 연금 가입자에게 퇴직 후 어느 정도의 연금을 받을 수 있는지를 명확하게 공지하는 대신에 앞으로 급여를 기여할지에 대해서는 명확하게 공지하지 않는 것을 의미한다. 확정기여형(DC)은 확정급여형과는 달리 현재 보험료를 어느 정도 납입하는지를 명확히 알려주는 대신에 퇴직 후 어느 정도의 연금을 수급하게 되는지에 대해서는 명확히 공지하지 않는 방식을 의미한다. 이 밖에서도 확정급여와 확정기여형을 혼합한 방식으로 IRA특례형은 10인 미만 사업장에 한에서 규약신고 의무를 면제하고 개인퇴직계좌로 퇴직연금을 운용하는 형식이다.

7) 육아휴직

최근 들어 우리 사회의 기업에서 근로자가 출산 및 육아로 인해 휴직하는 것에 대한 논의가 활발하다. 특히, 사회 전반에 저출산과 관련해서 출산을 장려하는 현 상황에서 노동자가 출산으로 인한 근로 휴직 및 육아휴직을 하는 현상은 기업이나 개인적으로 중요한 의미를 갖는다. 먼저 기업의 입장에서 보면, 기업의 잉여 산출에 있어서 각 노동자가 제 역할이 있는데, 이 중 어느 한 부분이 빠진다면 분명 기업의 생산량에 부정적인 영향을 줄 것으로 생각될 수 있다. 개인 및 가구의 입장에서 보면 출산은 분명 축하받을 일이기는 하나 출산으로 인해 회사에서 불이익을 당하지 않을까 하는 우려와 함께 자녀양육에 대한 시간 및 비용에 대한 부담을 가질 수밖에 없다.

〈표 13-11〉 출산 및 육아휴직 현황

(단위:명, 백만원)

		2001	2002	2003	2004	2005	2006	2007	2008	2009
산전후 휴가자 수		2	22,711	32,133	38,541	41,104	48,972	58,368	68,526	70,560
(산전후 휴가 지원금액)		2	22,602	33,522	41,610	46,041	90,886	132,412	166,631	178,477
육아 휴직자 수	계	25	3,763	6,816	9,304	10,700	13,670	21,185	29,145	35,400
	여성근로자	23	3,685	6,712	9,123	10,492	13,440	20,875	28,790	34,898
	남성근로자	2	78	104	181	208	230	310	355	502
(육아휴직 지원금액)	계	5	3,087	10,576	20,803	28,242	34,521	60,989	98,431	139,724
	여성근로자	4	3,033	10,415	20,477	27,755	33,989	60,249	97,449	138,221
	남성근로자	1	54	161	326	487	532	740	982	1,503

* 출처 : 통계청, 「고용보험DB」, 2010.
*산전후휴가자 수는 산전후휴가급여 수급자 수로 '01.11월부터 지급되기 시작
*육아휴직자 수는 육아휴직급여 수급자 수를 의미

이러한 우려를 반영하듯 제시된 표를 보면 2001년도 휴직자의 수가 절대적으로 낮았음을 확인할 수 있다. 그러던 것이 최근에 이르면서 회사 및 개인에게서 출산 및 육아휴직에 대한 부정적인 생각보다는 긍정적인 측면이 강조되면서 점차적으로 이용자수가 증가하면서 육아휴직 지원금액도 증가했음을 알 수 있다.

또 하나 주목할 것은 육아휴직에 대한 인식이 확대되었음에도 불구하고 아직까지 남성근로자의 이용현황은 여성근로자에 비해 절대적으로 낮다는 것을 알 수 있다. 그러나 한편으로 점차적으로 남성근로자 수가 미미하게라도 증가하고 있다는 점은 주목해야 할 사실이기도 한다.

〈그림 13-6〉 출산 및 육아휴직 현황

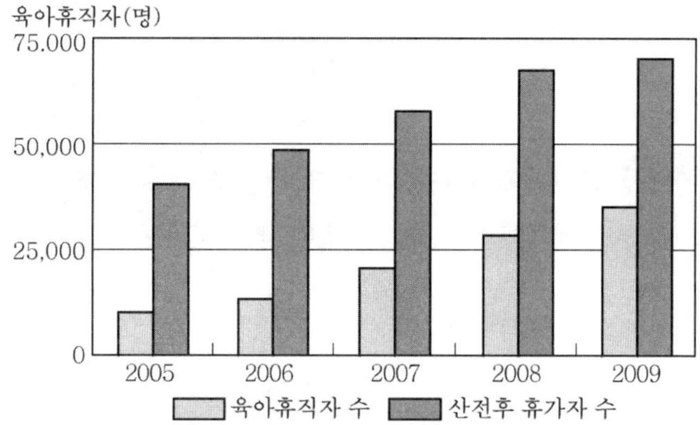

제 14 장

환경문제

인간에 의한 환경 파괴는 아주 오래된 역사를 가지고 있으나 환경문제가 사회문제로 부각된 것은 극히 최근의 일이다. 즉 우리가 환경의 질에 대해 사회문제라고 심각하다고 생각하게 된 것은 불과 20여 년에 불과하다는 것이다. 그러나 환경문제는 날이 갈수록 심각해지고 있으며 거의 대부분의 사회문제와 직·간접으로 관련되어 영향을 주거나 영향을 받고 있다.

실례로 오존층 파괴, 지구 기온 상승, 산림 훼손 및 생물종의 다양성 감소 등 전 지구적 차원의 환경 훼손 및 파괴의 문제가 인류의 생존을 위협하는 가장 큰 요소로 등장하고 있으며, 나아가서 지구상에 살고 있는 모든 생명체의 삶에 영향을 미치는 문제로 대두되고 있다. 따라서 인간의 생존과 필수불가결한 문제로 해결의 필요성이 시급히 요청되는 문제가 바로 환경문제이다.

본 장에서는 환경과 환경문제의 개념을 검토한 후 환경문제의 원인과 현황, 환경문제에 대한 정책 및 프로그램에 대해 알아보고, 환경문제와 사회복지와의 관계, 환경문제의 해결책 및 대안을 알아보고자 한다.

1) 환경문제의 정의와 현황

(1) 환경문제의 정의

환경문제는 인류가 21세기를 인간답게 살아가기 위해 시급히 관심을 기울이고 아울러 행동으로 옮겨야 할 분야이다. 환경문제가 사회문제인 것은 첫째, 환경문제는 어느 한 개인적인 문제가 아니라 사회적 관계 속에서 발생하는 사회구조적 문제이다. 둘째, 환경 문제가 전문가를 비롯하여 여러 사회 주도 세력들이 주요한 사회문제로 규정되고 있다. 학자나, 정치인 등 사회의 여론을 주도하는 이들이 한결같이 환경문제를 중요한 문제로 생각하고 있으며 이의 해결을 위하여 노력하고 있다. 셋째 환경문제를 해결하기 위한 정책들이 정부나 민간차원에 나타나고 있다. 넷째, 환경문제로 인한 피해는 사람들뿐 아니라 동식물에도 그 피해가 미침으로써 생태계 파괴를 수반한다. 또한 오랜 기간 동안에 걸쳐서 발생하기 때문에 원인제공자가 불분명할 때가 많다. 어떠한 사회문제보다 해결비용이 많이 들고 그 피해 또한 헤아리기 쉽지 않다. 만약 이 문제가 극복되지 않는다면 극단적으로 지구의 멸망을 초래할지 모른다(김종일, 2004).

'환경'이란 낱말의 개념을 표준 대 국어사전에서는 "생물에게 직·간접으로 영향을 주는 자연적 조건이나 사회적 상황"이라고 풀이하고 있고, 아울러 '환경문제'의 개념은 "대기와 수질의 오염, 환경 파괴 따위와 같이 자연환경, 생활환경에 나쁜 영향을 주는 갖가지 문제"라 풀이 한다(김근홍, 2005).

일반적으로 환경오염은 대기, 수질, 대지의 물질이 인간의 건강과 생존에 위험을 줄 정도로 축적된 것을 말한다. 이 개념에는 화산과 같이 자연적인 오염을 제외하고 '사회적' 의미에서만 개념을 규정하며, 다른 사회문제와 같이 변화가 요구되는 의미에서 개념을 규정하도록 해야 한다.

즉 환경오염이란 인간의 활동에 의해 발생하는 대기, 수질, 토양, 소음 진동 등으로 자연환경이나 생활환경을 손상시키고 궁극적으로 사람의 생활 및 건강에 유해한 영향을 미치는 현상이라고 할 수 있다.

(2) 환경문제의 현황

현대사회에 있어서 다양한 환경문제 중 인간에 의해 급격하게 변화되어 온 다양한 환경 가운에 특히 오염과 파괴가 심각한 상태에 있다고 논의되고 있는 자연환경오염인 물, 공기, 토양에 대해 살펴보고, 사람들의 목적에 의해 발생되고 있는 인공 환경오염인 폐기물오염과 음식물 쓰레기에 대해 살펴보도록 한다.

① 자연환경오염

● 수질오염

인간을 포함한 모든 생명체에게 꼭 필요한 것이 물이며, 물은 용도에 따라 가정용수, 공업용수, 상업용수, 농업용수, 가축용수, 사무용수 등 다양하다. 그리고 이들을 오염시키는 오염원으로는 대부분 인간에 의해 만들어지는 생활하수, 산업폐수, 오물, 농축산폐수 등이 있다.

우리의 생명을 가장 위협하는 지하수 오염에 대해 살펴보면 산업 활동이나 인간 활동에 의해 지하 환경내로 유입된 오염 물질의 농도가 인간의 건강이나 주변 환경에 피해를 미치는 경우를 뜻하며, 지하수오염물질은 지하수 오염의 원인이 되는 유해물질을 의미한다. 지하수오염 유발시설은 지하수 오염물질을 생산, 저장, 취급, 운반, 가공 및 처리함으로써 지하수를 오염시킬 우려가 있는 시설, 장치, 구조물 및 장소 등 잠재적인 오염원을 뜻한다.

자연 상태에서 지하수는 연간 1~5m 정도로 매우 느리게 이동하기 때문에 지하 저수지 역할을 하는 대수층이 한 번 오염되면 오염물질은 대수층 내에서 반영구적으로 잔존하여 후세에 가장 심각하고 지속적인 환경오염을 물려주게 된다.

지하수가 자연적으로 오염되는 경우는 거의 없다. 사람들의 생활, 공업과 농업 등의 생산 활동, 생산에 수반해서 발생하는 폐기물의 처리, 대기오염과 수질오염 등의 대부분이 지표면 부근에서 이루어지고 있으므로, 지표면 부근의 토양에 직접 작용하는 활동뿐 아니라 지상에서 이루어지는 모든 인위 활동의 귀결이 토양에 부하되게 되며, 토양에 부하된 오염은 또한 지하수에 영향을 미치게 된다.

토양오염과 지하수오염은 상관성이 커서 상호 연계된 관리가 요구되지만 땅속의 오염은 오염원을 규정짓기 어렵고 특히 지하수는 유동성이 있어 인과관계를 규명하기에는 어려움이 있어 오염사실을 확인한 다음에도 구체적인 대책 마련이 곤란하다. 다만, 최근 환경규제의 강화와 하수처리장, 하수관거 등 기초시설 확충으로 시설(점)오염원에 의한 지하수 오염은 낮아지고 있는 추세이나 일부 토양오염이 심화된 공단, 광산, 대도시, 비점오염원이 많은 농촌지역 등의 경우 지하수 오염이 계속 확산되는 것으로 파악된다(정대연, 2006).

공장 굴뚝과 자동차의 배기통에서 방출된 아황산가스와 질소 산화물은 대기 중에서 햇빛, 오존, 수분과 화학변화를 일으키고 산성비를 내리게 하는 주범이다. 공기속의 습기는 이 가스를 산화유황과 산화질소로 변화시키고 이것들이 얼마 후에 지구 지표상 산성비로 내리게 된다. 산성비는 어류와 식물을 파괴하며, 농작물과 수풀림에 해를 입힌다. 이는 인류의 식수에도 치명적인 해를 입힌다(김영모, 2007).

수질오염의 평가는 물의 용도에 따라 다른 기준이 적용되고 있고, 나라에 따라서도 평가기준이 다르게 적용되고 있다. 수질오염을 측정하는 지표로는 수소이온 농도(ph), 용존산소량dissolved oxygen(DO), 생화학적 산소요구량biochemical oxygen demand(BOD), 화학적 산소요구량chemical oxygen demand(COD), 현탁 부유물질suspended solids(SS), 세균수가 있다.

2008년도 지하수 수질 측정망 운영 결과 총 조사자료 4,827개(2,499

개 측정 지점을 연 2회 조사)중 6.9%인 335개가 수질기준을 초과하였다. 항목별로는 일반세균 33.4%, 질산성질소 26.0%, 염소이온 11.6%, 트리클로로에틸렌 9.6% 순으로 수질기준을 초과하였다. 암반지하수에서 나타나는 일반세균의 초과는 지하수 관정의 부실관리로 인한 지표수 또는 천층 지하수의 유입이 주원인이며, 질산성 질소는 생활오수와 폐기물 침출수, 과다 비료사용 등의 지하침투가 주된 기준초과의 원인이다. 2008년도의 초과율(6.9%)이 2007년 초과율(5.4%)보다 높아졌으며 지난 4년간의 증가추세를 보면 강화된 수질관리가 요구되는 것으로 나타났다.

〈표 14-1〉 연도별 수질기준 초과율

연도	2000	2001	2002	2003	2004	2005	2006	2007	2008
조사시료(A)	3,890	3,861	3,882	3,934	3,865	4,760	4,740	4,828	4,827
기준초과(B)	184	189	143	142	212	230	299	260	335
초과율(B/A)	4.7%	4.9%	3.7%	3.6%	5.4%	4.8%	6.3%	5.4%	6.9%

* 출처 : 환경부, 지하수 수질조사결과, 2008.

해양오염사고로 인한 수질오염은 주로 유조선이나 화물선의 해상사고에 의하여 발생하고 있는데 2007년 12월, 충남 태안에서 허베이 스피리트호가 충돌하여 원유 12,547㎘가 유출된 사례가 있다. 이 처럼 대형 기름 유출사고는 해양환경에 미치는 영향과 사회적 파급 효과가 매우 크므로 이에 대한 적절한 대비 · 대응책 마련이 요구된다.

우리나라에서 발생한 해양오염사고는 최근 5년간 연평균 약 319건 발생하였다. 전체 사고건수 중 약 53%가 부주의 및 고의에 의하여 발생되었으며 해난에 의한 사고는 약 31%를 차지하고 있는데, 해양오염사고의 원인별 현황은 아래와 같다.

〈표 14-2〉 해양오염사고 원인별 현황

구분	1999	2000	2001	2002	2003	2004	2005	2006	2007	2008
합계	463	483	455	385	297	343	355	285	345	265
취급 부주의	237	199	204	164	121	161	173	117	146	141
고 의	88	111	67	31	24	31	16	14	23	16
파 손	16	26	23	33	32	37	30	74	45	22
해난사고	101	123	150	149	113	107	121	73	124	62
기 타	21	24	11	8	7	7	15	7	7	24

* 출처 : 해양경찰청, 「해양경찰백서」, 2009.

● 대기오염

도시에서 환경변화에 대한 위험이 가장 높은 분야는 사람의 호흡을 통해 끊임없이 몸속으로 들어오는 공기 중의 유해물질이다. 최근 들어 대도시지역에서 황산화물, 질소산화물 등 각종 유해물질로 인한 호흡기 질환이 증가하고 있다. 대기의 질에 대한 변화상태가 심각한 지역은 서울을 비롯한 수도권이고 지방 대도시 역시 맑은 공기를 느낄 수 있는 날이 얼마 되지 않는다.

대기오염이란 공기 속에 오염물질이 정상적인 농도를 넘어서까지 유입되어 인간이나 동식물, 건물 등에 나쁜 영향이 나타나는 현상을 말한다. 대기오염의 정도는 오염물질의 양, 농도, 지속시간에 의해 좌우된다. 인간을 포함한 동물들은 물과 식품이 며칠 동안 없어도 살 수 있고, 오염된 물과 식품은 섭취하지 않고 깨끗한 것으로 대신할 수도 있지만 공기는 골라서 마실 수 없다는 것이 더 큰 문제이다.

대기오염을 일으키는 오염원은 크게 이동오염원(moving source of pollution)과 고정오염원(stationary source of pollution)으로 나눌 수 있고, 고정오염원은 점오염원(point source of pollution)과 지역오염원(area source of pollution)으로 나누어진다(환경부, 2009).

이동오염원은 자동차, 기차, 비행기, 선박 등과 같이 이동하면서 오염물질을 연속적으로 배출하는 것을 말할 수 있다. 점오염원은 발전소나 대규모 공장과 같이 하나의 시설이 대량의 오염물질을 배출하는 것을 말하며 지역오염원의 경우 주택과 같이 일정 면적 내에 소규모 발생원 다수가 모여 오염물질을 발생함으로써 해당 지역 내에 오염문제를 발생시키는 것이다.

대기를 오염시키는 주된 오염원으로는 첫째, 도심이나 주변 공단의 발전시설, 산업시설, 난방시설이 있는데 여기에서 아황산가스(SO_2), 먼지(TSP), 일산화탄소(CO) 및 매연이 나오고 있다. 둘째, 도시지역의 교통수단으로 매년 그 수가 늘고 있는 승용차와 경유사용버스, 트럭 등 대형 자동차가 있는데 여기서는 벤젠, 톨루엔, 크실렌, 에칠렌 디브로마이드 등 질소산화물, 일산화탄소 등의 배기가스가 나오고, 이외에도 중금속물질인 납 입자크기가 10㎛이하(PM-10)인 미세먼지로 매연이 나온다. 몇 가지 구체적으로 살펴보면 아래와 같다.

• **아황산가스**: 아황산가스는 연료 중 함유된 황성분이 연소과정에서 산소와 결합하여 발생한다. 세계적으로 유명한 대기오염사고였던 런던 스모그의 경우에는 아황산가스의 농도가 1ppm을 넘을 정도로 심각하여 많은 피해를 유발하였다.

• **먼지**: 먼지는 대기 중의 아황산가스와 복합적으로 작용하여 호흡기질환을 유발한다. 우리나라는 1984년부터 주요 도시의 총 먼지(TSP) 오염도를 측정하기 시작했는데, 1995년부터는 인체에 미치는 영향이 큰 미세먼지(PM10)를 측정하였고, 2001년부터 미세먼지 관리체제로 전환하였다.

• **산성비**: 대기오염원으로부터 배출된 황산화물 및 질소산화물이 공기 중의 물방울에 녹아들게 되면 비는 산성화된다. 산성도가 강한 비가 장기간에 걸쳐 내릴 경우 건물·교량·구조물을 부식시키고, 식물의 수분 흡수를 억제하거나 토양의 유기물 분해를 방해하는 등 토양과 수질을 오염시키고, 생태계의 손상을 입힌다.

대기오염은 그 자체로 끝나는 것이 아니라 열섬, 오존층 파괴, 지구

온난화, 산성비, 스모그, 핵겨울을 일으킴으로써 부수적으로 더욱 심각한 또 다른 환경문제를 일으킨다. 인구가 밀집되어 있고 건물이 빽빽하게 들어선 도심지는 대기의 성질과 상층을 덮고 있는 오염층, 그리고 도심의 가옥과 건물 등에서 나오는 인공열 등의 영향으로 다른 지역보다 온도가 높다. 이 지역을 열섬(heat island)이라고 한다. 열섬현상이 장기화되면 열섬은 도시 기후변동의 원인이 되고 도시 생태계에도 영향을 준다.

〈표 14-3〉 대기환경기준('07년 1월 1일 시행)

항 목	기 준	측정방법
아황산가스(SO_2)	· 연간평균치 0.02ppm 이하 · 24시간 평균치 0.05ppm 이하 · 1시간 평균치 0.15ppm 이하	자외선형광법 (Pulse U.V. Fluorescence Method)
일산화탄소(CO)	· 8시간 평균치 9ppm 이하 · 1시간 평균치 25ppm 이하	비분산적외선분석법 (Non-Dispersive Infrared Method)
이산화질소(NO_2)	· 연간평균치 0.03ppm 이하 · 24시간 평균치 0.06ppm 이하 · 1시간 평균치 0.1ppm 이하	화학발광법 (Chemiluminescent Method)
미세먼지(PM_{10})	· 연간평균치 50㎍/m^2 이하 · 24시간 평균치 100㎍/m^2 이하	베타선흡수법 (β-Ray Absorption Method)
오 존(O_3)	· 8시간 평균치 0.06ppm 이하 · 1시간 평균치 0.1ppm 이하	자외선광도법 (U.V. Photometric Method)
납(Pb)	· 연간평균치 0.5㎍/m^2 이하	원자흡광도법 (Atomic Absorption Spectrophotometry)
벤젠	· 연간평균치 5㎍/m^2 이하 (2010년부터 적용)	가스크로마토그래프법 (Gas Chromatography)

주 : 1. 1시간 평균치는 전체 측정수를 1,000개로 환산하여 그 999번째의 수의 값이 그 기준을 초과하여서는 아니되고, 8시간 및 24시간 평균치는 전체 측정수를 100개로 환산하여 그 99번째의 수의 값이 그 기준을 초과하여서는 아니된다.
2. 미세먼지는 입자의 크기가 10㎛ 이하인 먼지를 말한다.

* 출처 : 환경부, 「환경백서」, 2009.

● 토양오염

토양은 인간과 초식동물에게는 먹이를 공급해 주는 바탕이 되고, 식물에게는 뿌리의 바탕이 된다. 토양은 물과 대기에 접해 있으므로 상호

물질교환이 일어나며 이 물질교환의 과정에서 오염물질이 토양에 유입되면 물리·화학·생물학적 작용에 의한 자정능력의 속도가 느려지게 되어 토양에 축적됨으로써 토양오염이 발생한다.

토양오염은 토양 중에 특정 오염 물질의 농도가 한계농도 이상으로 높아져 토양의 성질을 약화시키거나 토양 생물의 생육에 지장을 주고, 더 나아가 먹이연쇄를 통해 생물농축이 일어남으로써 생태계에 변화를 일으키고, 인체에도 유해 작용을 일으킨다.

토양오염의 원인은 크게 두 가지로 나눌 수 있는데 하나는 중금속이며 다른 하나는 영농오염이다. 수은, 카드뮴, 구리 등 비중이 높은 중금속은 토양에서 이동성이 적고 계속 잔류하여 토양을 오염시킨다. 중금속은 채광활동의 결과로 배출되기도 하지만 2차 산업의 활동 과정에서 더욱 많이 배출된다.

영농오염은 농업의 생산성을 높이기 위해 사용하는 농약, 화학비료 등으로 인한 토양오염이다. 장기적으로 볼 때 농약의 사용은 천적의 멸종, 해충의 저항성 증가 등을 가져와 오히려 농업생산의 조건을 파괴시키고, 잔류되어 있는 농약은 식품오염을 일으킨다. 화학비료는 토양을 산성으로 변하게 하여 식물이 산성화되고, 산성화된 농작물의 섭취로 사람 또한 산성체질로 변하면서 잔병치레가 많아진다.

토양오염은 다른 환경오염보다 더욱 눈에 보이지 않는다는 잠재성을 가진다. 따라서 토양오염이 상당히 진전될 때까지는 인식하기가 어렵고 대부분은 피해를 입은 후에야 토양오염사실을 알게 되므로 피해를 줄이기가 쉽지 않다. 또한 토양오염은 주로 토양에 서식하는 생물체와 지하수오염을 통하여 사람에게 피해를 유발하므로 오염행위와 피해 발생 간에 상당한 시차가 발생하고 그 피해는 장기간에 걸쳐 나타나게 된다. 아울러 토양오염은 대부분의 환경오염처럼 한번 오염되면 그 개선이 어렵고 대기나 수질오염에 비해 훨씬 더 많은 시간과 비용을 필요로 한다는 특징을 가지고 있다.

2008년 토양오염 측정결과 전반적인 오염도는 2007년과 비슷한 수준이나, Cr^{6+}, F는 전년도보다 약간 상승하는 것으로 나타났고, 중금속농도는 우리나라 토양의 중금속 배경농도(자연함유량)와 비슷한 수준이나 Cu, As, Pb, Zn은 약간 높은 것으로 조사되었으며, 유기인, PCB, 페놀, BTEX, TCE, PCE는 검출한계 이하이고, ph는 3.8~9.1의 범위이며, ph평균치는 6.5로 나타났다(자연토양은 ph5.7).

〈표 14-4〉 전국 평균 토양오염도 현황

(단위 : mg/kg)

구분	Cd	Cu	As	Hg	Pb	Cr^{6+}	Zn	Ni	F	유기인	PCB	CN	페놀	유류		TCE	PCE
														BTEX	TPH		
'05평균	0.078	3.768	0.167	0.016	6.162	0.000	77.317	9.587	260.665	0.000	0.000	0.012	0.000	0.021	5.153	0.000	0.009
'06평균	0.076	3.587	0.481	0.025	5.395	0.000	82.318	10.222	280.109	0.000	0.000	0.0010	0.000	0.000	16.207	0.000	0.000
'07평균	0.063	3.799	1.064	0.053	5.068	0.000	83.324	11.052	209.941	0.000	0.000	0.003	0.000	0.009	21.557	0.000	0.000
'08평균	0.049	3.521	0.241	0.037	4.042	0.013	82.662	9.150	215.473	0.000	0.000	0.001	0.000	0.000	16.447	0.000	0.000
우려기준(가지역)	1.5	50	6	4	100	5	400	50	400	10	-	2	4	-	500	8	4
자연 함유량	0.040	0.48	0.089	0.085	3.06	0.09	54.27	17.28	-	-	-	-	-	-	-	-	-

※ 출처 : 2008년도 토양측정망 및 토양오염 실태조사결과.

※ 1. 2008년 pH의 범위는 3.8~9.1(평균 6.5)

2. 자연함유량은 국립환경과학원의 토양오염기준 평가 및 확립에 관한 연구(1)(2004년) 결과에서 현행 토양오염공정시험방법에 의한 우리나라 토양(산림지역)의 분석결과임

3. Cd - 카드뮴/Cu - 구리/As - 비소/Hg - 수은/Pb - 납/Cr^{6+} - 6가크롬/Zn - 아연/Ni - 니켈/F - 불소/PCB - 폴리클로리네이티드 비페닐/CN - 시안/BTEX - Benzene Toluene Etlbenzene Xylene/TPH - Total Petroleum Hydrocarbon/TCE - 트리 클로로 에틸린/PCE - 테트라 클로로 에틸렌

② 인공환경오염

인간 삶의 쾌적성, 편리성, 풍요성, 능률성, 안전성 등을 스스로 만들어서 자신의 삶의 외적 여건으로 삼고 있는 물리적 인공환경과 비물리적 인공환경에도 환경문제가 있을 수 있다. 그러나 인공환경의 환경문제는 그 성격이 자연환경의 경우와 매우 다르다. 왜냐하면 인공환경은 자연환경과는 달리 인간이 그것을 만든 의도된 합목적성(fitness)이 있기 때문에 파생되는 환경문제에 대해 더욱 해결하기 어려운 문제들을 안고 있다.

● 폐기물

폐기물은 인간 활동의 필연적인 결과물로서 경제발전 단계와 보는

시각에 따라 달라질 수 있다. 예를 들어, 지금은 골치 아픈 문제로 간주되고 있는 음식물 쓰레기가 1960년대는 가축의 사료나 농업용 퇴비로 유용하게 활용되었고, 반대로 현재는 폐기물로 취급되는 물질이라 할지라도 앞으로 재활용 기술의 발전에 따라서는 소중한 자원으로 이용될 수도 있는 것이다. 현행 폐기물관리법에서는 폐기물을 '사람의 생활이나 사업활동에 필요하지 아니하게 된 물질'로서, '쓰레기, 연소재, 오니, 폐유, 폐산, 폐알칼리, 동물의 사체 등'을 예시하여 정의하고 있으며(폐기물관리법 제2조), 발생원 및 발생량에 따라 '생활폐기물'과 '사업장폐기물'로 크게 구분하고 있다(환경부, 2009).

〈그림 14-1〉 폐기물의 종류

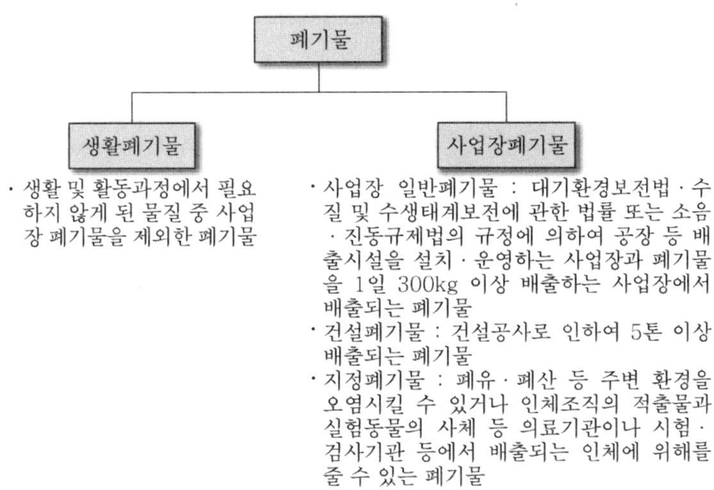

* 출처 : 환경부, 「환경백서」, 2009.

현재 폐기물의 총 발생량은 점진적으로 증가하는 추세에 있으며 1인당 생활폐기물 발생량은 1994년의 1일 1.3㎏에서 2007년에는 1일 1.02㎏으로 감소되었다. 특히, 실제로 매립 또는 소각 처리되는 폐기물의 양은 1995년 종량제 시행 이후 재활용률의 지속적인 증가로 크게 감소하고 있다. 그러나 사업장 일반폐기물과 건설 · 지정폐기물을 포함하는 사업장폐기물 중 건설폐기물의 발생량은 매년 점진적으로 증가추세를 보이고 있다.

〈그림 14-2〉 생활 및 사업장폐기물 발생현황

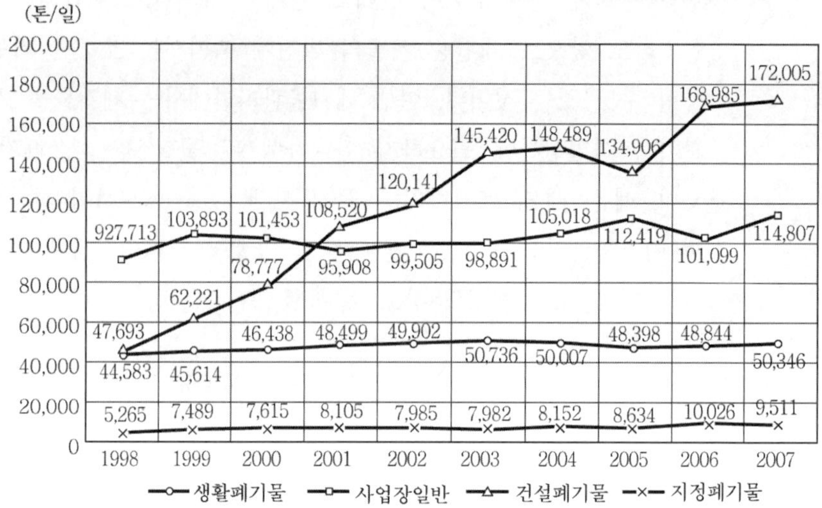

* 출처 : 환경부, 전국(지정) 폐기물 발생 및 처리현황, 2007.

● 음식물 쓰레기

2007년도의 음식물쓰레기 발생량은 1일 14,452톤으로서 전체 생활폐기물발생량(50,346톤/일)의 약 28.7%를 차지함에 따라 음식물 쓰레기가 차지하는 점유비율이 2003년을 기점으로 점차 증가추세를 보이고 있다. 특히, 음식물류폐기물 직매립 금지('05.1.1) 이후 분리 배출되는 음식물류 폐기물이 증가하고, 국민의 생활수준 향상 및 웰빙문화 확산으로 인한 과일·채소류의 소비 증가 등으로 2007년 음식물류 폐기물 발생량이 대폭 증가한 것으로 나타났다.

음식물류 폐기물로 인한 경제적 손실과 환경오염을 줄이기 위해서는 발생량 자체를 원천적으로 줄이는 것이 무엇보다 중요하다. 음식물류 폐기물은 줄이는 만큼 경제적으로 이득이고 또한 처리과정에서 발생하는 환경오염문제도 미연에 방지할 수 있기 때문이다.

따라서 정부는 음식물류 폐기물 관리정책의 기본방향으로 발생량을 줄이는데 정책의 최우선 순위를 두고 추진하고 있으나, 이러한 감량화 노력에도 불구하고 불가피하게 발생하는 음식물류 폐기물은 유기성 자원으로 재활용을 적극 추진하고 있다. 음식물류 폐기물에는 유기물과 영양성분을 많이 포함하고 있어 사료와 퇴비로서의 이용가치가 충분하다는 연구결과가 보고되어 있다. 음식물류 폐기물 자원화는 사료용 양곡 및 원료의 수입 의존도가 95%에 이르는 우리나라 실정을 감안하여 유용한 자원으로 최대한 활용하여 자원을 재순환하는 것이 필요할 것이다(환경부, 2009).

〈표 14-5〉 음식물쓰레기 발생 및 처리현황

(단위 : 톤/일)

구 분	1998	1999	2000	2001	2002	2003	2004	2005	2006	2007
발생량	11,797	11,577	11,434	11,237	11,397	11,398	11,464	12,977	13,372	14,452
[1인당 1일 발생량(kg)]	(0.25)	(0.25)	(0.24)	(0.23)	(0.24)	(0.24)	(0.24)	(0.27)	(0.28)	(0.29)
매 립	8,308	6,803	5,185	3,856	3,345	2,836	1,607	356	261	451
	(70.4%)	(58.8%)	(45.4%)	(34.3%)	(29.3%)	(24.9%)	(14.0%)	(2.7%)	(2.0%)	(3.1%)
소 각	923	846	1,088	1,003	922	844	541	516	508	674
	(7.8%)	(7.3%)	(9.5%)	(8.9%)	(8.1%)	(7.4%)	(4.7%)	(3.9%)	(3.8%)	(4.7%)
재활용	2,566	3,928	5,161	6,378	7,130	7,718	9,316	12,105	12,603	13,327
	(21.8%)	(33.9%)	(45.1%)	(56.8%)	(62.6%)	(67.7%)	(81.3%)	(93.2%)	(94.2%)	(92.2%)

* 출처 : 환경부, 「환경백서」, 2009.

오늘날 환경문제를 단순히 자연환경에만 한정시켜 논의하고 있지만, 이제는 인공환경의 환경문제도 포함시킨 총체적 차원에서 환경문제를 논의해야 할 것이다. 자연환경과 인공환경을 포함한 환경문제 발생의 원초적 원인은 산업화이고, 산업화는 긍정적 영향만 가져온 것이 아니다. 의도하지는 않았지만 산업화는 부정적 영향도 유발시켰다. 자연의 오염·파괴, 과잉도시화, 상대적 빈곤은 산업화의 시작에서 처음부터 겉으로 드러난 부정적 영향이었다. 그러나 산업화의 긍정적 영향인 물질적 및 문화적 풍요성의 증대, 그리고 사회조직의 관료체계화에는 합목적성 결여와 인간소외라는 부정적 영향도 숨어 있었다. 산업화는 겉으로 드러난 긍정적 및 부정적 영향, 숨어 있는 부정적 영향이 서로 결합하여 사회를 양적으로뿐만 아니라 질적으로 발전시킨 결과를 가져왔지만, 환경문제도 발생시켰다(정대연, 2006).

2) 환경문제의 원인에 대한 사회과학이론들의 설명

환경문제의 직접적인 원인은 산업화, 도시화, 과학기술의 발달 등에서 찾을 수 있으나 또한 환경문제는 다양한 간접적인 원인들이 중첩되면서 한층 심각해지기도 한다. 환경문제의 심층적이고 구조적인 원인으로는 인간중심주의적 과학관과 자연관, 자연 파괴적인 기술, 산업화, 자본주의적 생산과 소비주의, 인구의 증가, 대량생산, 대량소비체계 등을 들 수 있다(구도완, 1996).

환경문제의 다양한 원인들을 사회학적 이론들의 관점에서는 기능주의 관점, 갈등주의 관점, 사회주의 관점으로 살펴볼 수 있을 것이다.

(1) 기능주의 관점

기능이론의 주요한 특징은 사회를 상호의존적이고 통합된 많은 부분들로 구성되어 있는 체계로 본다. 이러한 체계는 서로 동일한 관계를 유지하는 부분들간 균형이 존재한다는 것이다. 그래서 기능론자들은 상호 의존성과 안정이 체계의 자연스러운 기능과 생존의 핵심이라고 본다. 인간의 생존은 생태체계에 의존한다. 녹색 식물은 인간과 동물에게 산소를 제공한다. 토양의 생물학적 과정은 식품과 연료를 제공한다. 환경문제는 대부분의 사회문제와 직·간접적으로 관련되어 그 원인도 매우 복잡하다. 기술문명의 발달에 원인을 두기도 하고 인구증가 및 도시집중에 원인을 돌리고, 자본주의의 본질적 속성에 원인을 두기도 한다. 기능주의의 관점에서 환경문제는 인격, 사회, 문화체계가 유기체적 체계의 균형을 위협하는 데에서 비롯된다고 본다. 지나친 산업증가로 생태계의 균형을 위협한다고 보는 것이다. 환경오염의 구체적 원인은 공장이나 가정, 자동차 등의 매연, 폐수, 쓰레기 등이지만 구체적인 원인은 인구증가와 도시화, 경제성장의 문제라고 보는 것이다.

(2) 갈등주의 관점

갈등주의 관점에서는 환경문제의 원인은 유용한 자원을 차지하기 위하여 많은 이익집단들이 갈등을 일으키게 되고 그러한 과정에서 환경문제도 발생할 수 있다고 본다. 환경에 영향을 주는 결정은 국가체계 또는 세계체계의 균형을 유지하려는 기반에서 이루어지는 것이 아니라, 어떤 이익집단이 다른 이익집단들에 자신의 의지를 심어주는 결과이며 또한 유용한 자원을 어떻게 사용하느냐에 대하여서도 갈등이 일어나고 그 결과 사회문제가 발생할 수 있다고 본다. 현재 국가 간의 많은 협약과 조약들이 전 세계적인 균형발전을 위한 것인지, 한 국가의 힘과 우위를 위한 것인지에 대해 생각해 볼 때 갈등주의관점에서는 후자의 손을 들어주고 있다고 할 수 있다(한국산업사회학회, 2009).

(3) 사회주의 관점

사회주의 관점에서는 환경문제도 자본주의의 본질적 속성에서 발생한다고 한다. 더 큰 이윤을 추구하는 과정에서 환경문제가 발생하고 환경문제 자체를 이윤추구의 한 방편으로 사용한다고 본다. 즉 기업이 성장하고 확장하면서 더 큰 이윤을 남기기 위해 노동력을 줄이려하고 노동절약기술을 구입하려 한다. 이 기술은 에너지를 보다 많이 소비하고 오염물질을 더 배출한다. 그러므로 공해를 유발하는 기술은 인간이 아닌 자본주의 경제의 욕구를 충족시키기 위해 개발되는 것으로 본다.

3) 환경문제에 대한 현행 사회정책 및 프로그램

일반적으로 환경정책이라고 하면 환경문제의 해결을 위한 정부의 공공정책을 의미한다. 다시 말하면 환경에 나쁜 영향을 미치는 생산·소비 활동이나, 열악한 환경현상을 대상으로 하는 정부의 공공정책을 말하는 것이다. 이렇게 볼 때 정부가 환경오염행위나 환경파괴행위를 규제하거나, 환경시설의 설치 및 환경보전사업에 투자함으로써 바람직한 환경상태의 달성과 유지를 추구하는 여러 가지 정부정책을 총칭하여 환경정책이라 말한다(김종기, 2004).

환경정책의 범위는 국가마다 다르며 구체적으로는 대기, 토양, 물 등의 오염을 줄이고, 자연생태계를 유지 · 보전하려는 정책을 가리키는 것이 보통이다.

여기서는 국내 환경정책과 국제적인 환경정책으로 나누어 살펴보고자 한다.

(1) 국내 사회정책 및 프로그램

우리나라에서 앞으로 요구되어지는 환경정책은 저탄소 녹색성장의 관점에서 재조명하는 노력이 필요할 것이며 현재 시행하고 있는 환경관련정책을 살펴보면 아래와 같다

먼저 기후변화에 적극 대응하여 저탄소 사회로 이행하여 향후 기후변화에 대한 전략적 대응 여부가 국가경쟁력에 지대한 영향을 미칠 전망이며, 이에 따라 온실가스 의무감축에 따른 국가부담에 대비하고, 기후변화위기를 기후산업 육성 등 녹색성장의 기회로 활용하고자 노력하고 있다.

둘째, 생태적으로 건강하고 쾌적한 도시환경 조성이다. 서울 등 주요 도시의 대기질은 OECD 국가 중 최하위 수준이며, 녹지 · 생태공간도

매우 부족한 실정이다. 따라서 도시민의 삶의 질에 대한 욕구 충족을 위해 생태적으로 건강하고 쾌적한 도시환경 조성을 추진하고 있다.

셋째, 국민건강 보호를 위한 환경보건정책 강화로 아토피, 천식 등 환경성질환과 새집증후군, 석면 등과 같은 화학물질 노출로 인한 건강영향이 사회문제로 대두되고 있다. 이에 따라 환경부는 환경오염과 화학물질 노출에 의한 국민건강 위협요인을 사전 예방함으로써 국민건강을 보호하고 환경위해로부터 안전한 사회를 만들기 위한 노력이 진행되고 있다.

넷째, 자연자원을 보호하고 사전 예방적 국토환경관리이며 최근 들어 지역경제 활성화 등 국토환경에 대한 개발수요가 지속적으로 증가하고 있는 반면, 우수한 자연생태계에 대한 국민들의 향유 욕구도 동시에 커지고 있는 상황이다. 이에 따라 우수한 생태공간을 보전하고 지속가능한 국토이용체계를 구축하여 국토생태계를 효과적으로 보호하고 국민의 삶의 질 향상을 도모한다.

다섯째, 생태적으로 건강하고 지속가능한 물 환경 관리이다. 물 환경 관리의 기본방향을 본류와 점오염원 · BOD 중심에서 지류 · 지천 · 하구와 비점오염원 · COD · 유해물질 중심으로 전환하고, 깨끗하고 안전한 먹는 물 공급, 하수도 서비스 확충, 지하수 오염관리 강화 등을 통해 지속가능한 물 이용체계를 확립하고 있다.

여섯째, 자원순환사회 기반조성으로 자원생산성 제고로 폐기물에 대한 철저한 감량 및 안전처리를 추진하고, 자원으로서 폐기물의 가치를 제고하여 국가 자원관리의 선진화를 도모하고자 한다.

마지막으로 환경 · 경제 · 사회의 통합발전체계 구축 및 국제 환경문제 적극 대응이다. 기후변화 등 환경문제가 국제사회의 쟁점으로 부각되면서 각종 국제협약의 이행 및 새로운 국제 환경협력의 중요성이 부각되고 있다. 이에 따라 환경의 신가치 혁명을 통해 지구적 환경위기를 녹색부국 실현의 기회로 활용한다(환경부, 2009).

『침묵의 봄』 1962년.

미국의 해양 생물학자 레이첼 카슨이 지은 환경 관련 서적

레이첼 카슨은 이 책에서 “살충제가 뿌려지는 곳에선 해충뿐만 아니라, 그 해충을 잡아먹는 새들도 죽는다. 해충은 곧 다시 늘어나지만, 새들은 쉽게 원래의 수를 회복하지 못한다.”는 내용을 통해 DTT같은 화학 농약의 위험성을 경고하였다.

또한 “지구상의 모든 생명은 서로 연결되어 있으며, 하나하나의 개체는 다른 개체들에 나름대로 연결망을 가지고 있으며, 모든 생명은 땅과 관련을 맺고 있다.”고 주장한다.

이 책은 사람들에게 환경보전의 중요성을 인식시키는 선구적 저서가 되었으며 미국 환경 운동의 기폭제가 되었으며, 20세기 후반 인류에게 환경문제의 중요성을 일깨워 준 하나의 기념비적 사건으로 남게 되었다.

또한 이 책의 영향으로, 1963년 케네디 대통령은 환경 문제를 다룰 자문위원회를 구성한다. 1969년 미국 의회는 ‘국가 환경 정책 법안’을 통과시켰으며, 암 연구소는 DDT가 암을 유발할 수 있다는 증거를 발표했고, 각 주들은 DDT의 사용을 금지하기 시작했다. 또한 ‘침묵의 봄’을 읽은 한 상원의원은 케네디 대통령에게 자연보고 전국순례를 건의했으며, 이를 계기로 ‘지구의 날’(1970년 4월 22일)이 제정되었다.

한국 지구의 날(http://www.earthdaykorea.org)에 가면 다양한 환경 활동에 참여할 수 있다.

(2) 국제정책 및 프로그램

세계경제포럼(WEF: World Economic Forum)은 2002년 세계 142개 국가를 대상으로 환경을 파괴하지 않고 경제성장을 할 수 있는 능력을 평가하는 환경지속지수(ESI: Enviromental Sustain-ability Index)를 조사하면서 한국을 136위로 발표하였다.

이 조사 결과는 우리나라의 자연적 환경용량이 얼마나 취약한가를 단적으로 보여준 것이다. 열악한 자연적 환경여건에 더하여 과거 빠른 성장과정에서 환경의 가치가 정당하게 인식되지 못하였고 환경보전 비용은 경제성장의 걸림돌로 간주되어 지구환경을 고려한 지속가능한 정책의 우선순위가 매우 낮았다고 볼 수 있다.

우리나라의 환경문제뿐 아니라 전 지구적인 환경문제 역시 개발위주의 경제성장 및 지속적인 산업화로 자연생태계의 자정능력이 저하되고, 지구환경의 수용능력을 능가하는 각종 환경오염물질 배출량이 증가되어 지구의 온난화, 산성비, 해양오염, 사막화, 오존층 파괴, 생물종의 감소 등 심각한 지구환경 위기가 초래될 가능성이 높을 것으로 예측되고 있으며 어느 정도는 현실에서 나타나고 있다.

21세기 들어 국제환경회의에서 가장 빈번하게 등장하는 용어로는 '지속가능발전(sustainable development)'을 꼽을 수 있을 것이다. 경제와 사회의 발전 및 환경 보전을 3대 축으로 하는 지속가능발전은 1992년 6월 브라질 리우데자네이루에서 열린 유엔환경개발회의(United Nations Conference on Environment and Development, UNCED)에서 "리우선언"과 "의제 21"이 채택한 것을 계기로 지구촌 번영의 중심 개념으로 부상하게 되었다.

그로부터 10년 후인 2002년 8월 26일부터 9월 4일까지 남아프리카공화국 요하네스버그에서 열린 "지속가능발전 세계정상회의(World Summit on Sustainable Development, WSSD)"에서는 날로 심각해져 가는 빈곤과 환경문제에 대한 해결방안 등 지구촌 발전방안을 담은 "WSSD 이행계획(일명 '요하네스버그 이행 계획')"과 이에 대한 정치적 의지를 표명한 "요하네스버그 선언문"을 채택하였다.

이러한 협의문에 제시되고 있는 다양한 원칙 중 '공통의 차별화된 책임'과 '대응능력'이었으며 이들 원칙을 구체적인 지표로 표현하는 데에 합의가 있는 것은 아니나 과거 또는 현재의 온실가스 배출량, 국내총생산(GDP)으로 표현된 경제력 등을 주요 이행 기준으로 잡고 있다.

〈표 14-6〉 우리나라의 온실가스 배출량

(단위 : 백만t CO_2, %)

구 분	1990	1995	2000	2002	2004	2005	연평균 증가율
총배출	297.5 (100.0)	451.8 (100.0)	527.5 (100.0)	568.0 (100.0)	587.3 (100.0)	591.1 (100.0)	4.7
에너지	247.7 (83.3)	372.1 (82.4)	438.5 (83.1)	473.0 (83.3)	489.0 (83.3)	498.6 (84.3)	4.8
산업공정	19.9 (6.4)	47.1 (10.4)	58.3 (11.1)	64.5 (11.4)	68.5 (11.7)	64.8 (11.0)	8.2
농업/축산	13.2 (4.4)	16.6 (3.7)	15.3 (2.9)	14.7 (2.6)	14.9 (2.5)	14.7 (2.5)	0.7
폐기물	16.6 (5.6)	16.1 (3.6)	15.5 (2.9)	15.7 (2.8)	14.9 (2.5)	13.0 (2.2)	-1.6
토지와 산림 (LULUCF)	-23.7	-21.2	-37.2	-33.4	-31.5	-32.9	2.2
순배출	273.7	430.6	490.3	534.5	555.8	558.3	4.9

* 출처 : 환경부, 국립환경과학원, 2009.

우리나라의 경우 2005년 온실가스 배출량(TCO2e)은 5억 9,110만 톤으로 전 세계 배출량의 1.6%를 차지하며 세계 10위권에 속한다. 1인당 배출량은 12.24톤으로 개도국의 3.3톤을 훨씬 상회하며 선진국의 14.1톤에 근접하고 있으며, 1850년부터 2002년까지 우리나라의 역사적 배출량은 전 세계 배출량의 0.8%에 달해 역사적 배출량 문제에 있어서도 우리나라는 자유로운 상황은 아니다.

그러므로 우리나라는 이미 가입한 국제협약을 충실히 이행하고 당사국총회 등 관련 회의 및 부속의정서 제·개정 협상에 능동적으로 참여함으로써 국제사회의 환경논의에 기여하여야 하며 우리나라의 환경문제까지 해결할 수 있는 기회가 될 수 있도록 노력해야 할 것이다.

〈표 14-7〉 국제환경협약 및 우리나라가 가입한 협약현황

구분	계	대기 기후	담수 보호	해양 어업	자연 · 생물 보호	핵안전	우해물질 · 폐기물	기타
채택	221	14	15	86	50	13	13	30
발효	164	10	9	66	40	12	8	19
가입	56	8	-	23	8	7	3	7

* 출처 : 환경부, 환경백서, 2009.

4) 환경문제에 대한 해결책 및 대안

(1) 생명주의적 인식전환 확대

환경문제의 해결책을 찾는다면 우선 환경문제의 원인이 인간제일주의, 성장제일주의, 과학만능주의 결과인 것으로 간주하고 인간제일주의와 반대 입장에 서 있는 생명주의에서 해결책을 찾을 수 있을 것이다. 생명주의란 인간은 언어를 사용하여 역사와 문화를 만들어내는 기술을 가졌으나, 인간은 다른 종들과 마찬가지로 전 지구적인 생태계의 상호의존적으로 관련된 많은 종 중에 하나일 뿐이라는 것이다(이원규, 2002).

인간의 삶은 사회적, 문화적 요인에 의해서뿐만 아니라, 자연의 구조에 의해서 원인, 결과 및 환류의 복잡한 연계에 의해서도 영향을 받는다. 그러므로 목적을 가진 인간의 행위는 많은 의도하지 않은 결과를 낳는다. 생명주의는 지구상에 존재하는 모든 동식물들의 상호의존성을 강조하고 사회문화적 환경과 자연환경과의 연계와 환류를 강조하며 인간행위의 의도하지 않은 결과에 주목함으로써 인간이 자연에 대한 오만을 극복하고 겸손해야 한다는 점을 주장하고 있다. 과거와 같이 환경

을 정복하고 인간을 위하여 자연을 무한정 훼손하고 수탈하는 가치관은 환경 문제를 더욱 악화시킬 것이 분명하다는 인식이다.

최근에는 민간 환경단체들이 강력한 환경 활동을 전개하여 그 영향력이 커지고 있으나 지방자치제 하에서 지역 이기주의적 개발에 따라 환경이 오염되고 있음에도 불구하고 피해를 입는 주변 주민들 역시 그들의 생활과 관련된 환경문제에는 강력하게 제재를 가하기 어려운 실정이다. 이 같은 폐단을 개선하기 위하여서는 중앙정부의 전 국민을 대상으로 하는 환경문제에 대한 생명주의적 인식의 전환과 인식개선활동이 요구되어지며 아울러 생명주의를 바탕으로 한 민간의 힘도 더욱 필요할 것으로 요구된다. 현재 다양한 민간기관에서 환경부와 함께 진행하고 있는 환경문제에 대한 적극적인 노력인 "녹색환경을 위해 넛지하라"는 긍정적인 생명운동의 예라고 할 수 있다.

웅진씽크빅(대표이사 최봉수)이 환경부가 공동주관으로 11월 23일부터 12월 31일까지 '넛지효과 환경 공모전'을 개최, '넛지'를 이용한 국민의 자발적인 환경 참여 활성화를 꾀하기로 했다.

강압적인 규제없이 부드러운 개입으로 바람직한 선택을 유도한다는 뜻의 '넛지'는 올해 4월 국내 출간 이후 현재까지 종합베스트 상위권에 올라있는 화제의 도서 '넛지-똑똑한 선택을 이끄는 힘'(리처드 탈러 지음, 안진환 옮김, 리더스북)의 제목이기도 하다.

공모는 최근 영등포구청 등 지자체에서의 성공적인 시행으로 주목받은 '넛지'를 적용하여 생활과 자연 환경분야에서 성과를 창출한 우수사례 혹은 창의적인 아이디어 등 2개 부문으로 추진된다.

이번 공모전은 실행 가능성과 창의성·성실성 등을 기준으로 총 7명의 시상자를 선정해 대상(1명)에 300만원, 최우수상(1명)에 100만원, 우수상(2명)에 50만원 그리고 장려상(3명)에 30만원의 시상금이 각각 수여된다. 또한 우수상 이상 입상자에 대해서는 환경부 장관 표창을 비롯, 케어스 공기청정기 등 웅진코웨이 친환경 제품이 부상으로 주어져 총 1,000만원 규모로 시상이 진행될 예정이다. 공모전 선정 결과는 2010년 1월 25일 환경부 홈페이지를 통해 발표된다.

공모전 참여는 환경부 홈페이지(www.me.go.kr)를 통해 주제에 맞는 양식서를 다운받아 작성하고 이메일(nudgetime@naver.com)로 접수가 가능하다.

웅진씽크빅 마케팅국 박성인 국장은 "올해 '넛지' 출간 이후 국내 지자체에서 환경분야에 '넛지'를 적용, 성과를 거둔 성공사례에 착안하여 환경부와 공동주관으로 대규모 행사를 기획하게 됐다"며 "강압보다는 부드러운 개입으로 목표한 바를 이룬다는 '넛지'의 뜻처럼 이번 공모전을 통해 국민들이 보다 적극적이고 자발적으로 환경분야에 참여하는 계기가 되길 바란다"고 말했다. 또한 "본 공모전은 '넛지'가 핵심 주제이므로 이에 대한 정확한 개념 이해가 무엇보다 중요하다. 도서 '넛지' 및 관련 자료를 참고하여 '넛지'의 뜻과 적용 사례를 충분히 학습한 후 참여해 달라"고 당부했다. 한편, 행사 세부 사항은 환경부 홈페이지를 통해 확인 가능하다.

* 출처 : 세계일보, 2009.11.30.

(2) 규제

환경문제에 대한 해결의 대안 중 하나는 정부의 직·간접적인 규제를 들 수 있다. 이는 정부가 환경문제를 해결하기 위해 직접적으로 해결하거나 개입하는 것에 의의가 있으며, 환경문제의 유발원에게는 지속적인 인식개선과 함께 통제의 수단으로 활용되어질 수 있다(환경부, 2009).

① 직접규제

직접규제는 각 오염매체별 환경기준, 시설기준 등의 각종 기준과 배출시설 인·허가 및 지도·점검이 있는데, 이를 위반했을 경우 개선 명령, 조업 정지, 사용 중지, 허가 취소, 벌금형 및 징역형 등의 처벌을 부과하고 있다. 배출시설의 관리체계는 인·허가와 지도·점검으로 나눌 수 있다. 그러나 이는 해당기관의 관리 소홀이나 법률적인 내용을 교묘히 어기는 경우 이를 제재할 수 있는 방법상의 어려움이 나타날 수 있는 단점이 있다.

② 간접규제 방법

간접규제란 경제적인 유인책을 통하여 간접적으로 환경기준을 맞추도록 하는 것으로 우리나라는 물론 세계 여러 나라에서도 점차 직접적 규제방식에서 간접 규제방식으로 전환되어 가는 추세이다. 환경오염방지를 위한 간접규제방식에는 배출부과금제도, 제품부과금제도, 과징금제도 등이 있다. 먼저 환경개선부담금은 1991년 12월에 제정된 〈환경개선 비용부담법〉을 근거로 한 환경개선부담금제도로 오염원인자부담원칙에 따라 유통·소비과정의 오염원인자에게 오염물질처리비용을 부담토록 하는 것이다.

배출부과금 제도는 사업자가 배출허용기준치를 초과하여 오염물질을 배출하는지에 대하여 금전적으로 부과하는 일종의 부담금으로 오염물질 배출에 대하여 금전적으로 부과시킴으로써 사업자 스스로 오염물질의 적정처리를 유도하는 간접적인 규제제도이다.

제품 부담금 제도는 환경오염을 유발하는 제품자체에 부과하는 제도로 우리나라의 경우 1970년대 후반에 제정된 합성수지폐기물처리사업법에 근거하여 폐합성수지제품의 제조업자에게 연간 제품생산량을 토대로 부과하는 것이다.

환경마크 제도는 상품에 대한 일종의 품질인증제도로 특정상품이 동일 목적의 다른 제품에 비해 환경에 긍정적인 영향을 줌으로써 환경마크로서 인정 · 표시해 주는 제도이다. 녹색마크(Green mark) 또는 이마크(E-mark) 제도라고도 하고 있으며, 규제보다 자발적 수단에 의한 환경보전을 목적으로 한다. 환경마크를 부여받은 제품은 판매시 환경보호단체 · 소비자단체 등의 지원을 받을 수 있기 때문에 기업체의 저오염기술 개발을 촉진하며 또한 기업체 스스로 저공해제품이라고 주장 · 판매하는 제품에 대한 품질인증을 객관적으로 실시함으로써 소비자의 혼란을 줄일 수 있다.

③ 국가 차원의 지속가능한 환경정책수립

과거 20여 년간 우리나라 환경정책의 성과를 살펴보면 국내 · 외적인 일련의 협약에서 나타나는 해양오염통제의 제도화, 독성산업폐기물의 이동을 다스리기 위한 국제협약, 멸종위기에 처한 일련의 동식물의 이동을 다스리기 위한 국제협약, 멸종위기에 처한 일련의 동식물 보호 장치 개발, 어류자원의 보호 및 상업적 포경업의 통제, 공기오염과 산성비가 국가경계를 넘지 못하도록 하는 통제장치 등이 있다(임창호, 2000).

그러나 많은 규정과 협약들이 국가의 자주권과 지구적인 관리 간의 갈등, 국제조약 실행에 대한 국민국가의 태만함이나 불성실, 의무에 대한 빈곤국가와 부유한 국가 간의 갈등, 우선권과 비용부담, 환경의제와 경제개발을 조화시키는 문제, 불가피하게 줄어드는 예측 가능한 미래의 전망과 현재의 강력한 요구를 조화시켜야 하는 등의 국가차원의 대안들이 더욱 요구되어진다. 그러므로 이들을 하나로 연결되어질 수 있게 만들며 전체적인 관점으로 환경문제를 바라볼 수 있는 전 세계차원의 지구환경보호정책의 지속가능한 기본적인 틀이 마련되어야 할 것이며 우리나라 역시 전 세계적인 환경문제의 해결에 책임을 갖고 움직일 수 있어야 할 것이다.

5) 환경문제 해결을 위한 사회복지적 차원에서의 전략

사회복지(Social Welfare)는 인간의 기본적인 욕구를 충족시키고 사회문제를 해결하여 사회정의를 실현시키고자 노력하는 일체의 사회적 활동체계이다. 사회복지는 개인, 가족, 집단, 조직, 지역사회, 전체 사회를 대상으로 각종 사회복지서비스를 제공하고, 사회복지프로그램을 통해 그들의 문제해결에 노력하는 전문적인 활동으로 이루어진다.

사회복지와 관련된 전문적 활동체계는 크게 치료중심의 활동과 개혁중심의 활동으로 나누어진다. 치료중심의 활동은 개인이나 가족 또는 집단을 대상으로 문제를 갖는 개인에 주안해서 개인을 사회에 적응적인 인간으로 변화시키려는 노력이 중심을 이루고 있다. 반면에 개혁중심의 활동은 개인이나 가족에 주안점을 두기보다는 조직과 지역사회 또는 전체 사회를 대상으로 이들의 모순 또는 역기능현상을 바로 잡으려는 노력이 중심을 이루고 있다(최선화, 2003).

이를 통해 볼 때 환경문제에 대한 사회복지적 차원에서의 개입에서는 치료중심으로만이 아니라 개혁중심의 활동을 통하여 문제해결의 실마리를 찾아야 할 것이다.

우리가 현재 살고 있는 자연환경을 아끼고 보호하여 미래의 후손들에게 물려줘야 하는 것은 바로 우리가 잠깐 후손들의 자연을 빌려 쓰고 있기 때문이다. 그러나 현 세대는 각종 이해관계를 따지면서 환경과 발전에 대해 갈등하며 환경을 우선순위 밖으로 내몰고 있다. 하지만 결국 우리가 만들어낸 환경문제는 바로 우리들에게 다가와 우리의 삶을 위협하며 그 안에서 고통 받는 것은 현시대를 살아가는 인간들이다. 그것을 알고 있는 우리는 실천할 수 있는 일들이 많이 있을 것이다.

환경학자 힐러리 프렌치에 따르면 "우리는 환경 논리의 몇 가지 명제인 인간성 회복, 자연보전, 에너지 문제 등에 대하여 우선순위의 설정 없이 제각각의 논리를 전개하고 있는 경우를 종종 보게 된다. '자연재료로 만들어진 것은 친환경상품이고 화학제품은 친환경적이지 못하다.' 또는 '고층주택은 비인간적이고 전원적 저층주택이 환경 친화적이다.'라는 고정된 관점에서 환경문제에 접근하는 사례를 많이 보아왔다. 인간의 쾌적감 측면에서 자연재료나 저층의 전원주택이 훨씬 감각적으로나 보건적으로 좋은 것은 사실이다. 그러나 지금의 환경문제는 이러한 인간의 거주성 향상이라는 측면보다는 인류 생존의 차원에서 대두된 지구온난화, 자연자원의 고갈문제에 기인하고 있어 친환경성의 판단에는 자원과 에너지 측면의 평가가 필수적으로 요구된다. 따라서 친환경성의 평가는 각 자원의 채취에서부터 폐기 및 재생에 이르는 전 과정에 걸친 지구환경에 대한 평가(Life Cycle Assessment)가 필요하며 이를 통해 최종적인 친환경성의 평가가 이루어져야 할 것이다(힐러리 프렌치, 2001)."

환경문제에 대한 인식과 실천사이에 나타나는 이러한 괴리의 문제를 해결하기 위해서는 선진국 사례에 대한 정확한 정보수집 차원을 넘어 우리 현실에 맞는 정책을 개발해야 하며 이를 위해서는 장기적인 안목으로 인간과 환경이 공존하는 지속가능한 환경정책을 수립하여 실천하는 것이 필요할 것이다.

제 15 장

농어촌문제

인종, 민족, 국적, 피부색, 성별, 성적취향, 연령, 결혼상태, 정치적 신념, 종교, 정신적·신체적 장애 등과 관계없이 사회복지를 실천해야 한다는 것은 지금까지 사회복지가 실천해온 중요한 가치이다. 그렇다면 도시나 농촌, 어촌, 산촌 등의 지역적 특성도 전혀 관계없이 사회복지가 실천되어지고 있는가? 이 장에서 중점적으로 다루고자 하는 농어촌에도 도시에 있는 사회복지시설이 있고 도시에 있는 사회복지사가 있고 그리고 도시에 있는 자원봉사자가 있는가? 전국적으로 수행하고 있다고 알려져 있는 국민기초생활보장제도, 국민연금제도, 건강보험제도 등이 도시민과 농어민 사이에 똑같은 효과를 발생하는가?(권구영 등 2009)

이 물음에 대해 정확하게 '그렇다'고 대답하기는 어려울 것이다.

즉 개발위주의 시기에 농어업과 농어촌은 경제성장 과정에서 값싼 농산물, 값싼 노동력, 값싼 농지와 수자원의 공급자로서의 역할만을 일방적으로 강요당하였다. 세계화 시기에는 성장의 걸림돌로 인식되어 "농업보호는 소탐대실"이라는 주장이 제기되기도 하였다.

가난한 농업국이었던 한국은 1960년대 후반 이후의 고도성장을 통해 2009년 현재 1인당 국민소득은 1만 7,100달러로 2만 달러에 육박하고, 경제규모는 세계 15위를 기록하게 되었다. 일인당 국민소득, 교육수준,

문맹률, 평균수명으로 평가하는 유엔개발계획(UNDP)의 인간개발지수에 따르면 우리나라는 세계 177개국 가운데 26위로 상위권에 속해 있다.

그러나 우리나라는 나라 안에서 생활하고 있는 국민의 행복지수는 순위가 세계 178개국 가운데 102위로 나타났고, 흡연율과 자살 사망률, 그리고 교통사고 사망률은 각각 세계 1위, 양극화(상대적 박탈감)와 이혼 증가율 역시 세계 1위라는 불명예를 안고 있다.

특히 농어촌사회는 인구의 대부분이 60세 이상의 초고령화 사회를 다른 도시지역에 비해 반세기 이상 앞서는 기현상을 초래하고 있으며, 또한 부모와의 동거이주가 아닌 돌봐줄 어른이 없이 노인에게 맡겨지는 아동인구만이 증가하고 있으며, 결혼 적령기를 넘긴 남성들과 결혼한 이주여성이 증가하여 다문화가정이 증가하는 등과 관련된 다양한 사회문제를 야기하기에 이른다. 이에 본 장에서는 농어촌이 안고 있는 다양한 사회문제에 대한 원인과 현황, 해결책, 사회복지 대안 등을 살펴보고자 한다.

1) 농어촌문제의 정의와 현황

(1) 농어촌과 농어촌문제의 개념

미국 인구 통계청과 인구조사를 통해 이루어진 농어촌에 대한 정의와 기술을 살펴보면 2,500명 혹은 그 이상의 인구로 통합되거나 통합되지 않은 지역은 도시로 분류되었고 그 외의 지역은 농어촌으로 분류하였다. 1991년 미국 통계청에서는 이분법적인 도시농어촌의 구분보다는 도시농어촌의 연속체에 기초한 좀더 기능적인 정의를 개발하였다. 대도시권(Metropolitan)과 비대도시권(Nonmetropolitan)이 보다 선호되는 용어이며 대도시권은 인구 50,000명 이상이 그 지역 내에 살고 있는 중심도시를 구성하는 형태이다. 이러한 대도시권은 고도로 도시화된 경제적 복합도시와 함께 인접지역의 행정구역을 포함하며 비대도시권이나 농어촌지역은 모두 이러한 대도시권 지역 외곽에 위치해 있다.

Edwards & Minotti(1989)는 농어촌지역을 인구 50,000명 이하가 살고 있는 지역이며 거주자의 50% 이상이 인구 2,500명 이하의 지역사회에 거주하는 지역이라고 정의하고 있으며 Deaver(1992)는 농어촌을 인구밀도, 인구집중지역과의 거리, 지역적이고 경제적인 변이에 대한 변수를 가지고 도시와 농어촌을 구분하고 있고 Sanders(1992)는 도시와 농어촌을 구분하는 방법으로 도농이분법적 접근, 도 · 농 연속법적 접근, 도 · 농공생적 접근으로 나누어 설명하고 있다. 외국 특히 미국에서의 농어촌에 대한 정의와 우리의 농어촌에 대한 정의에는 여러 가지로 차이가 있음을 알 수 있으나 지리적, 사회적 요소가 작용하고 있기 때문으로 국토의 면적과 산업구조의 차이, 문화적(인종, 종교상황)의 차이가 농어촌의 개념을 상이하게 정의하게 하는 요인으로 작용하고 있다(최재율, 2009).

그러나 이처럼 인구의 많고 적음에 의하여 도시와 농어촌을 구분하는 것은 문제가 없지 않다. 인구의 규모가 도시와 농어촌을 구분하는 1차적 기준으로 유용하기는 하나 우리나라의 행정체계에 있어서 도시가 주변 농어촌까지 포함하는 광역화된 규모로 구분되어져 있어서 도시 안에 농어촌이 포함되어 있는 경우도 있다. 도시화, 산업화의 영향으로 군부의 읍에서는 인구가 3-5만에 이르는 준도시의 성격을 갖고 있는 지역도 있기 때문에 읍, 면의 군부는 농어촌, 시부는 도시로 보는 것은 문제점이 있다. 따라서 행정구역과 인구규모를 일차적인 기준으로 삼되 산업적 특성, 사회문화적인 특성을 고려해야 농어촌의 정확한 개념을 정의할 수 있다.

이와 같은 여러 가지 정의를 종합하여 보면 농어촌은 일정한 규모이하의 사람들이 생활하는 저밀도 인구지역으로 주로 농어업에 기반을 둔 1차 산업을 기반으로 하는 산업적 특성을 가지고 있는 지역이라고 정의할 수 있다.

농어촌문제 · 농업문제 · 농민문제는 대개 같은 뜻으로 사용되기도 하지만, 농업문제는 자본주의 경제 하에서 농업에 관한 경제적 문제로, 농민문제는 농민의 사회적 지위 등 주로 정치적 대상을 전면에 내세운 범사회비판적인 개념으로, 농어촌문제는 농업문제와 농민문제를 대비하는 데서 비롯되는 이른바 농어촌사회학적 안목에서의 개념으로 그 범주를 세분화하기도 한다. 농어촌과 관련된 문제는 지역적인 특성에서만 논의될 수 있는 것도 아니며 지역 주민들만이 그 대상이 될 수 있는 것도 아니다(한국농촌경제연구소, 1990; 감정기, 1992).

따라서 농어촌 문제는 농어촌이라는 특수한 지역사회에서 살고 있는 주민들이 겪고 있는 일반적인 문제를 통칭하는 것이라고 할 수 있다(김대원 등, 2004).

그러므로 농어촌문제는 경제적 여건이 아닌 농민의 생활습관이나 인구동태, 농어촌의 지역적 특수 환경 등이 중심이 되며 농어촌의 보건, 복지, 교육 문화 수준, 빈곤, 인구, 위생문제 등으로 분류할 수 있으며 농어촌의 노인, 여성, 청소년, 청년 문제 등의 농어촌주민들을 대상으로 접근할 수 있을 것이다.

2) 농어촌문제의 원인에 대한 사회과학이론들의 설명

(1) 구조기능론

구조 기능론적 관점에서 농어촌문제의 원인을 살펴보면 농민 개개인의 문제라 하더라도 전체 농어촌사회 및 그것을 구성하는 하위 단위사회, 혹은 더 크게 농어촌사회를 포함하는 전체사회와의 관계 속에서 이해된다. 이러한 시각은 다양한 차원에서 발견되는 농어촌문제를 거시적 맥락에서 파악할 수 있다는 장점이 있다. 농어촌사회는 그것을 구성하는 각 차원의 사회단위들이 상호의존적으로 관계하면서 더 큰 사회체계의 일부로 작용하고 있는 것으로 본다. 농어촌사회 내의 개인이나 집단 및 이들의 활동은 각각 서로 영향을 주며, 이들 각각은 궁극적으로 해당 농어촌사회 전체의 균형유지와 통합을 위해 기능하는 것으로 본다. 하나의 농어촌사회가 외부의 다른 사회와 관계하는 방식도 마찬가지로 파악된다.

사회문제는 이러한 기능의 수행에 차질이 생길 때 비롯되며, 이와 같은 기능수행상의 결함이나 부정적인 결과를 종종 역기능이라 부른다. 이렇게 파악하는 경우, 전체 사회의 균형과 통합에 기여하지 못하거나 이를 저해하는 하위단위 사회의 모든 현상들이 문제가 있는 것으로 이해된다. 사회변동은 농어촌 사회체계의 내외적 요인의 상호작용에 의해 일어나는 조화나 통합 혹은 균형을 위한 적응의 과정인 것으로 본다(한국임상사회사업학회, 2008).

이처럼 농어촌문제가 심각한 것은 한국사회의 산업구조가 농업에서 상공업으로 바뀌고, 공산품의 수출을 위하여 농산물을 개방하는 국가의 정책과 매우 밀접히 관련되어 있다. 상공업을 살리기 위하여 농업을 희생시켰고, 도시민을 살리기 위하여 농어민을 제물로 삼은 것이라 할 수 있다.

우리 사회는 산업화 이후 도시지역과 농어촌지역간의 경제수준과 삶의 질의 격차가 갈수록 심해지고, 향후 더욱 심화될 것으로 진단했다. 세계무역기구(WTO)와 도하개발계획(DDA) 협상과 자유무역협정(FTA) 등의 진전으로 시장개방의 폭이 확대됨으로써 값싼 해외농산물의 수입 공세에 농산물 수요가 위축되고, 결국 소득의 위축 속에서 농가의 부채는 점점 늘어나고 있는 추세이다. 동시에 농어촌인구의 고령화, 교육, 의료, 복지체계의 미흡 등 농어촌주민의 복지수준이 갈수록 낙후되어감에 따라 이농현상도 지속적으로 나타나고 있다.

(2) 갈등주의론

갈등주의이론에 의한 농어업문제의 원인을 살펴보면 사회란 비통합적 요인으로 구성되어서 구조적으로 불안정하며 끊임없이 구조전환을 반복하는 것으로 파악한다. 갈등관계 속에서 자원이나 권력의 소유 정도에 따라 계급의 분화가 발생하게 되고, 이들 계급간의 불평등한 관계는 착취하는 자와 착취당하는 자가 구분되는 현상으로 연결된다고 본다. 자원과 권력은 소수에게 집중되는 경향을 보이며, 이러한 것들을 획득한 자들은 그것을 지속하고 확대시키려는 경향을 갖게 된다고 본다. 다수 농민의 빈곤화를 중심으로 한 농업문제가 장기화되거나 심화되는 현상도 이러한 측면에서 이해될 수 있다. 소수의 지배에 의해 유지되는 사회는 권력의 영속화를 꾀하는 그들의 기도에도 불구하고 축적되는 모순 때문에 변화될 수밖에 없다고 파악한다. 이러한 변화는 구조기능론의 시각과는 달리 때로는 급격한 형태로 이루어질 수 있는 것으로 본다(고영복, 1999).

통상 공식적으로 사회문제를 규정하는 것은 지배계급이다. 농어촌문제의 경우도 직접적으로 고통을 받는 농민에 의해서 일차적으로 그것이 문제로 인식되지만, 지배계급에 의해 주요한 사회문제로 받아들여지지 않을 경우 정책적 관심에서 배제될 수 있는 것이다.

3) 농어촌문제의 현황

농어촌문제는 근본적으로는 도·농 간의 소득과 생활수준, 교육여건의 큰 격차로 인해서 농어촌 인구가 취업과 교육의 기회를 찾아 도시로 이동하는 것에서 기인하고 있다고 본다. 또한 청장년층의 이촌향도로 인한 농어촌인구의 과소, 출생아동수의 감소로 인한 인구구성의 노령화, 가족해체를 야기하고 있다. 결국 농가가 핵가족화되고 농가의 경영주가 노령화될 경우 농가 가구원수는 계속 감소하며 농가의 농업노동력과 경영능력이 모두 쇠퇴하게 된다. 농어촌주민에게 자녀가 있지만 성장한 자녀가 더 이상 농업을 계승하지 않기에 농어촌의 재생산구조는 심각한 위기에 빠진 것이다. 이러한 위기로 말미암아 전통사회에서는 가족 내에서 어린 자녀의 양육, 나이든 어르신의 봉양, 그리고 장애인과 환자를 보호했던 부양시스템이 균열된 것이다. 나이든 부모는 농어촌에 살고 젊은 부부는 도시에서 맞벌이를 하면서 1990년대 이후 도시에서는 영유아보육이 심각한 사회문제가 되었듯이 이제 농어촌에서는 노인보호가 심각한 사회문제가 되었다

(1) 농어촌의 빈곤화 문제

농어촌과 농업은 고도성장의 이익으로부터 소외되고 농어촌주민은 일부 시혜를 받은 반면, 엄청난 희생과 대가를 지불했다. 즉, 대량 이농과 자연환경 파괴로 인해 농어촌사회의 유지 기반 자체가 붕괴되고, 농어촌은 인간의 삶의 공간이 아니라 하루 빨리 떠나야 할 버려진 땅으로 인식되어 이농의 악순환 현상이 나타났다(이용교 등, 2010).

한국복지패널의 분석결과에 의하면 2006년 기준 농어촌의 빈곤율은 14.8%로 대도시 빈곤율 6.6%와 중소도시 빈곤율 6.8%에 비해 2배 이상 높다. 빈곤 인구율 대비 기초보장제도 수급비율 역시 대도시와 중소도시가 93.5% · 66.3%인데 반해 농어촌지역은 48.6%에 불과하다.

〈표 15-1〉 도농간 소득격차 추이 : 1975-2004

연도	도시근로자가구(A)	농가(B)	B/A(%)
1975	65,540	72,744	111.0
1985	423,788	478,021	112.8
1995	1,911,064	1,816,880	95.1
2005	3,250,837	2,541,918	78.2

* 출처 : 통계청, 도시가계연보(도시근로자), 농가경제통계(농가), 각년도.

이는 빈곤인구 중 국민기초생활보장제도에 의해 보호받는 농어촌 인구비율이 매우 낮다는 현실과 함께 현행 농어촌지역의 기초생활보장제도에 광범위한 사각지대가 존재하고 있음을 그대로 보여주고 있다는 것이 전문가들의 지적이다.

국민기초생활보장제도는 생활이 어려운 자에게 필요한 급여를 통해 최저생활을 보장하는 제도로, 수급대상자가 되기 위해서는 우선적으로 소득인정액이 일정 금액이하여야 한다.

더불어 부양의무자가 없거나 부양의무자가 있어도 부양의무자의 소득인정액이 최저생계비의 130% 이하여야 한다는 조건을 동시에 충족해야 한다. 하지만 문제는 이러한 수급자 선정조건이 농어촌현실과 맞지 않는다는 점이다. 부양의무자가 농어업에 종사하는 경우 정부가 지원하는 농업보조금 및 생계수단이 되는 선박 등을 실제소득에 포함시키고 있어 부양능력이 없음에도 수급권자가 되지 못한 부모를 부양해야 하는 실정이다.

사회복지정책에 있어서 유일하게 가구단위 보호를 지향하는 기초생활보장은 선정과정 문제, 수혜대상의 한계, 급여수준 문제 등으로 농어민의 주관적 객관적 복지욕구를 충족시키기에는 한계가 있다. 농림수산부의 통계에 따르면 2005년 12월 말 기준으로 농어촌지역의 수급자는 283,560가구로 전체의 20%를 차지하고 있다. 광역시나 중소도시보다는 적지만 농가인구 대비 수급비율은 비교적 높은 편이다. 하지만 현실의 농가빈곤 상황을 감안한다면 농가수준은 그다지 높지 않다. 농가가 가지고 있는 소규모 농지를 소유재산으로 평가하고 여기에서 얻어지는 소득을 모두 가구소득으로 산정해 수급자 대상에서 제외하기 때문이다. 실제로 농림자원개발연구소조사에 의하면 재산기준초과에 의해 수급대상이 될 수 없는 경우는 22.9%로 비농가의 8.2%보다 월등히 높다. 소득기준초과 때문인 경우도 8.8%인 반면 비농가는 2.1%에 불과하다. 여기에다 귀농하여 부모를 부양할 가능성이 거의 없는 도시자녀까지 법적 부양자로 평가하기 때문에 수급자로 선정되기 더욱 어렵다(농림수산부, 2008).

(2) 농어촌 인구문제

농어촌인구의 기형적인 과소 문제는 산업화와 관련 있다고 할 수 있다. 즉 산업화로 인해 도시로 나간 젊은이와 농어촌에 남아 있는 노인의 수가 급격히 증가한 것을 보면 알 수 있다. 농가수는 1949년 247만4천 가구에서 1970년을 정점으로 점차 감소하여 2007년에는 절반 수준인 123만1천 가구로 줄어들고 있으며 농가인구는 2007년 327만4천명(총인구대비 6.8%)으로 1949년 1,441만6천명(총인구 대비 71.4%)의 22.7% 수준이며, 농가당 인구는 2.7명으로 1949년 5.8명보다 3.1명이 감소하여 지난 25년의 3분의 1수준으로 줄어들었다.

〈그림 15-1〉 농가 및 농가인구 추이

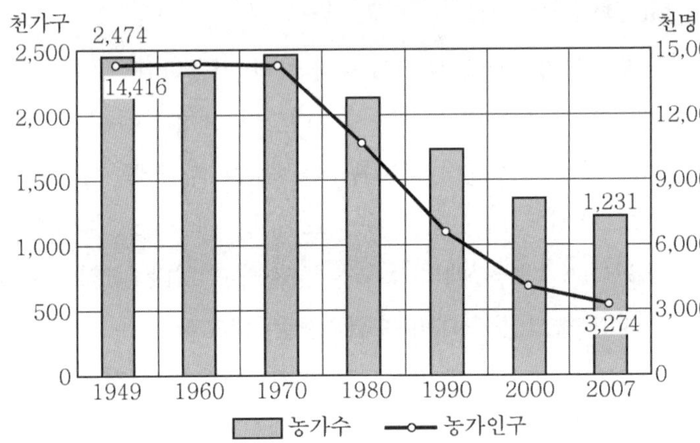

〈표 15-2〉 농가 및 농가인구 구조

연도	농가수 (천가구)	농가인구 (천 명)	총인구대비 (%)	가구당인구 (명)	연령계층별 인구구조(%) 0-14세	15-64세	65세이상
1949	2,474	14,416	71.4	5.8	…	…	…
1960	2,329	14,242	56.9	6.1	…	…	…
1970	2,483	14,422	44.7	5.8	45.2	49.9	4.9
1980	2,155	10,827	28.4	5.0	33.0	60.3	6.7
1990	1,767	6,661	15.5	3.8	20.6	67.9	11.5
2000	1,383	4,031	8.6	2.9	11.4	66.9	21.7
2007	1,231	3,274	6.8	2.7	9.4	58.5	32.1

* 출처 : 통계청, 「농업총조사」, 「농업기본통계조사보고서」, 농림부, 「농림통계연보」, 2008.

농가인구를 연령계층별로 살펴보면 2007년 14세 이하 인구의 비율은 9.4%로 1970년 45.2%의 1/5수준으로 감소하였으나, 65세 이상 인구의 비율은 32.1%로 1970년 4.9%의 비해 6.6배 수준으로 증가하여 농가인구 3명중 1명은 65세 이상 인구인 것으로 나타나며 오는 2020년 우리 농어촌 인구수는 234만 명으로 전체인구 대비 4.7% 수준으로 떨어질 것으로 전망되고 있다. 농가인구 전체는 감소하면서도 농가 노령인구는 계속 증가하고 있어 농어촌사회는 더욱 고령사회로 치닫고 있는 형편이다.

〈표 15-3〉 농가경영주의 연령분포 변화(2002-2005)

구 분	합 계	40세 미만	40-49	50-59	60-69	70세 이상
2002	100.0(1,280천명)	4.1	15.8	23.3	37.4	19.4
2005	100.0(1,273천명)	3.3	14.6	23.8	33.8	24.5

* 출처 : 통계청, 농업총조사, 각 년도, 2007.

특히 농어촌지역의 농어촌노인은 산업사회에서 이농·도시 집중 현상으로 노인을 부양하여야 할 젊은 사람들이 도시로 향하게 됨에 따라 자녀들로부터 멀리 떨어져 홀로 생활하는 독거노인의 수가 날로 증가하고 있다. 이처럼 농가인구는 감소하는 반면에 농어촌 조손가구는 늘어가고 있으며 여성가구의 수도 늘고 있으며 결혼 이민으로 인한 다문화 가족 역시 늘고 있는 추세이다. 2005년 농림어업에 종사하는 남성의 결혼 건수는 총 결혼 8,027건인데 그중 외국인 여성과 결혼한 경우는 2,885견으로 전체의 35.9%를 차지하고 있다(농림수산부, 2008). 이러한 수치는 2004년에 비해 무려 8.5%가 증가한 것으로 이제 이러한 결혼이민자 가족이 농어촌의 새로운 가족구성으로 정착하고 있음을 보여주고 있다(김흥주, 2007).

〈표 15-4〉 농촌지역 국제결혼율 변화추이(2004-2005)

연도	총결혼건수	농림어업자 결혼건수(%)	국제결혼건수(%)
2004	310,944	6,629(2.1)	1,814(27.4)
2005	316,375	8,027(2.5)	2,885(35.9)

* 출처 : 통계청, 2005년 혼인 · 이혼통계결과, 2006.

(3) 사회복지자원의 부족문제

농어촌의 빈곤문제, 인구문제와 더불어 또 하나의 농어촌문제는 농어촌지역만의 특수한 상황에 맞는 보건의료서비스나 민간복지서비스도 열악하다는 것이다.

먼저 2003년 통계청 조사에 의하면 농어촌의 유병률은 36.3%로 도시의 19.6%에 비해 높은 편이지만 의료서비스를 이용할 기회는 훨씬 떨어진다. 의료기관이나 인력이 대부분 도시에 집중되고 있기 때문에 접근성도 떨어진다. 와병 시 의료서비스를 이용할 수 있는 시간이 도시는 30.3%가 10분 이내이지만 농어촌은 14.5%만인 이용할 수 있다. 이 때문에 보건의요서비스에 대한 농가의 만족도는 100점 기준에 만족도 38.33점에 머무르고 있다(농촌자원개발연구소, 2005).

민간차원의 복지서비스 제공에도 문제가 많으며 특히 사회복지시설과 서비스의 도농격차 문제를 지적할 수 있다. 외지인이 주로 활용하는 생활시설은 농어촌지역에 집중되어 있는 반면 지역단위에 다양한 사회복지서비스를 제공할 수 있는 이용시설은 도시에 몰려 있다. 노인이용시설의 경우 가정봉사원파견시설의 80.9%, 주간보호시설의 95.7%, 단기보호시설의 80.6%가 도시에 몰려 있다. 지역주민에게 가족복지사업, 교육, 문화사업, 재가보호 등 보편적 서비스를 제공하는 사회복지관은 95.6%가 도시에 집중되어 있다. 한마디로 농어촌은 도시의 시설보호공간 만 제공할 뿐 사회복지서비스에서 완전히 배제된 사각지대에 놓여 있는 것이다(조흥식, 2008).

(4) 농어촌 문제에 대한 현행 사회정책 및 문제점

① 농어촌문제에 대한 현행 사회정책

사회복지는 협의적 개념과 광의적 개념으로 나누어서 살펴볼 수 있는데 협의적 개념에서 볼 때, '복지란 사회에서 어려움을 겪는 계층이나 집단을 대상으로 국가와 사회단체, 기타 민간부문에서 도움을 주는 시책'을 말한다. 한편 광의적 개념에서 볼 때, '복지'란 사람으로서 행복하고 안락한 삶을 누리는 상태, 안녕한 사회를 이룩하고자 하는 이상과 관련된 개념으로서 삶의 질(quality of life)과 삶의 기회(life chance)를 포괄한다. 삶의 질이란 경제적으로나 심리적으로 풍요하고 건강하게 사는 것을 의미한다. 그리고 삶의 기회란 물질적 풍요나 정신적 만족이 특정 사회집단에 편중되지 않고 골고루 분배되는 것을 의미한다. 이것이 얼마나 골고루 편중되었는가를 알기 위해서는 현재 국가에서 어떠한 정책들이 농어촌인구를 위해 시행되고 있는지 살펴볼 필요가 있다.

● 농림어업인 삶의 질 향상 및 농산어촌 지역개발 촉진에 관한 특별법

2004년 3월 5일에 제정 · 공포된 '농림어업인 삶의 질 향상 및 농산어촌 지역개발 촉진에 관한 특별법'(이하 '농림어업인 삶의 질 향상 특별법'이라 함)은 농림어업인 등의 복지증진, 농산어촌의 교육여건 개선 및 농산어촌의 종합적 · 체계적 개발의 촉진에 필요한 사항을 규정함으로써 농림어업인 등의 삶의 질을 향상시키고 지역 균형발전을 도모함을 목적으로 한다.

'농림어업인 삶의 질 향상 특별법'에 따르면, 정부는 농림어업인 등의 복지증진, 농산어촌의 교육여건 개선 및 지역개발을 촉진하기 위하여 5년마다 '농림어업인 삶의 질 향상 및 농산어촌 지역개발 기본계획'(이하 '농림어업인 삶의 질 향상 기본계획'이라 함)을 수립하여야 한다. 2005년 4월에는 "농림어업인 삶의 질 향상 위원회"의 심의를 거쳐 "제1차 농림어업인 삶의 질 향상 및 농산어촌 지역개발 5개년 기본계획"

(이하 '제1차 농림어업인 삶의 질 향상 기본계획'이라 함)을, 그리고 2005년 6월에는 시행계획을 수립하였다.

● 농어촌주민의 보건복지 증진을 위한 특별법

2004년 1월 29일에 제정·공포된 "농어촌주민의 보건복지 증진을 위한 특별법"(이하 '농어촌보건복지특별법'이라 함)은 세계무역기구(WTO)의 협상 진전과 자유무역협정(FTA)의 확산에 따른 농산물시장의 개방으로 경제·사회적 어려움이 예상되는 농어촌에 대하여 보건의료기반의 조성 및 사회복지 증진에 관한 체계적인 지원책을 마련하여 농어촌주민의 보건복지 증진을 도모한다.

농어촌보건복지특별법은 농어촌주민의 보건복지 증진을 위한 시책을 강화하고 국가 및 지방자치단체의 책임을 명확히 하며 농어촌에 보건의료 및 사회복지시설을 확충함으로써 농어촌주민의 인간다운 삶을 보장함을 목적으로 하고 있으며 보건복지부는 관계부처와 합동으로 '제1차 농어촌보건복지 기본계획'을 수립하여, 제10차 사회문화 정책관계장관회의에서 심의(2005. 6. 16)를 거쳐 최종 확정·발표하였다(농림수산식품부, 2010).

2010년도에는 농어촌 재가노인복지시설 운영 및 신설된 재가노인지원서비스 등, 재가노인복지사업이 점차 확대될 것이다. 최근 들어 자연환경을 그리워하는 사람들이 '살기 좋은 곳'을 찾아 농어촌지역으로 귀농하는 현상이나 현재 초고령화되고 있는 농어촌의 현실을 볼 때, 농어촌인구가 점차 늘어날 것으로 전망된다. 따라서 향후 농어촌형 재가노인복지사업의 가능성은 높을 것으로 예측할 수 있고, 농어촌 신규 사업에 대한 지원기준이 농특예산에서도 지원될 수 있으므로 군 단위 농어촌 지역에 한해서는 시설 설치가 더욱 용이하다고 본다.

② 농어촌문제에 대한 현행 사회정책의 문제점

과거에는 농어촌의 고령사회의 특성을 반영한 복지정책이 크게 부족했으며 도시보다 20년 이상 앞서서 고령화가 진행되고 있는 초 고령 농어촌사회에 적합한 농어촌형 복지정책을 제대로 개발하지 못했다. 정책의 문제점을 살펴보면 다음과 같다.

첫째, 농어촌의 복지정책집행의 효율성 부족 면을 들 수 있다. 농어촌복지 관련 특별법이 이원화되어 「농림어업인 삶의 질 향상 및 농산어촌 지역개발 촉진에 관한 특별법」과 「농어촌주민의 보건복지 증진을 위한 특별법」 있어서 정책 집행의 효율성이 떨어진다. 그리고 농어촌복지 특별법 관련 위원회의 운영도 활성화되지 못하고 있다. 농림수산부, 보건복지부, 노동부, 여성부 등과 같은 중앙부처와 각 지방자치단체의 농어촌복지정책 기능이 아주 취약하고, 농어촌복지 전문 인력이 크게 부족하다. 그리고 농어촌복지 관련 부처 및 기관간의 협조 및 조정체계가 미약하다.

둘째, 사회복지서비스를 농어촌주민들에게 체계적으로 제공할 수 있는 전달체계가 부족하다. 2005년부터 중앙정부의 많은 복지사업들이 지방이양사업으로 지정되어 지방자치단체에 이관되었는데 이들 사업들이 제대로 추진되도록 관리하기가 어렵다. 지방자치단체의 농어촌복지에 대한 인식 부족, 단체장의 의지 미약 등으로 농어촌복지사업이 투자의 우선순위에서 밀리게 되면 도·농간 복지격차는 더욱 커질 것이다. 더구나 지방자치단체장이 단기적인 선거 전략 위주로 사업을 추진할 경우 장기간의 지속적인 투자가 필요한 농어촌복지사업은 추진되기 힘들 것이다. 그리고 읍·면지역의 복지 관련 공무원들의 업무과정도 심각한 실정이다. 기존의 농어촌복지 프로그램은 주어진 예산에 따라 사업을 짜 맞추는 식의 공급자 위주인 것이 대부분이었기 때문에 복지 수요자의 의견을 제대로 반영하지 못했다. 지금까지의 농어촌복지정책은 지역주민이나 지역단체의 적극적 참여를 바탕으로 추진되지 못했다. 즉 지방자치단체, 농협, 시민단체, 종교단체 등을 통한 지역사회의 역할이 미흡했다(농촌복지아카데미, 2004).

셋째, 농어촌지역의 특수성을 고려한 정책의 부족을 들 수 있다.

한국의 농어촌은 초고령사회가 되었음에도 불구하고, 국가와 지방자치단체의 사회복지정책은 획일적으로 실시되어 농어촌의 생활양식과 농어촌문제의 특수성을 반영하지 못하고 있으며 복지 수요자가 광범위한 지역에 산재되어 있는 농어촌 실정에는 잘 맞지 않는 경우가 대부분이다. 사회보험은 보험료의 산정기준에서 임금노동자와 자영인간에 차이가 있지만, 보건의료시설, 사회복지시설 등 복지자원이 별로 없는 농어촌의 특수성이 고려되지 않는다.

국가와 지방자치단체는 국민의 복지욕구를 충족시키기 위해서 새로운 복지제도를 도입하고 있지만, 농어촌지역의 경우 낭비도 심하다. 예컨대, 국민기초생활보장 수급자와 차상위계층의 자활을 위하여 자활후견기관을 설치하고 있다. 복지대상자가 밀집한 대도시에서는 시·군·구 단위에 1~2개소의 자활후견기관을 설치하는 것이 바람직하지만, 농어촌은 지역이 넓고 대중교통수단이 발달되지 않아서 자활후견기관이 제 역할을 하기 어렵다. 농어촌지역에 복지자원이 없는 것이 문제이지만 있는 자원이 비효율적으로 활용되는 것도 큰 문제이다. 면단위 인구는 불과 2~3천여 명에 불과한데도 인구 2만여 명인 대도시의 동사무소보다 많은 공무원들이 면사무소에서 일한다. 공공의료기관의 수는 넘쳐나지만, 주말에 아픈 주민은 간단한 치료조차 받을 수 있는 곳이 없다(이용교, 2004).

4) 농어촌문제에 대한 해결책 및 대안

(1) 농어촌의 경쟁력강화

농어촌을 사람이 살만한 공간으로 발전시키기 위한 종합적 혹은 통합적 정책이 필요하다. 정부와 농민단체는 농업 경쟁력 강화 혹은 농산물 시장 개방 저지는 농어촌을 사람이 살 수 있는 공간으로 만들어가기 위한 하나의 수단이지 그 자체가 목적이 아니라는 인식 전환이 세계화의 흐름 속에서도 필요하다.

과거에는 농업의 주된 역할이 식량의 안정적 공급이었지만, 오늘날 농어업·농어촌의 역할은 다면적 기능으로 전환되고 있다. 농어업·농어촌의 다면적 기능이란 식량의 안정적 공급을 통한 식량안보, 국토 및 환경의 보전, 지역사회의 유지, 전통 및 문화의 보존, 인간교육의 장 등을 제공함을 말한다(박진도, 2006).

이와 더불어 농어촌의 최대장점인 아름다운 자연환경과 어우러진 농어촌체험관광 활성화가 추진되어야 한다. 주5일제 근무의 확산으로 도시민들이 여가활용을 저렴하고 유익한 녹색체험 관광으로 적극 유치해야 많은 사람들이 찾아오는 농어촌이 된다.

농어촌의 활성화를 위해서는 농어촌특성을 살린 개발전략이 필요하다. 농어촌개발을 위해서 농어촌의 경제적 자립을 위해서 농외소득 기회를 확대해야 한다. 그러기 위해서는 역사 속 인물이나 유명 인사, 문화재 등을 이용한 관광개발, 농어촌지역의 풍요로운 자연환경을 이용한 녹색관광산업, 지역의 특산품 등을 이용한 특화상품 개발 장려 등 특화전략을 통한 농외소득의 증가 기회를 제공해야 한다.

농어촌체험관광은 아직 미개척분야이므로 앞으로 농업인들을 체계적으로 교육을 시켜야 하고, 육성해야 한다. 각 지역별 농어촌이 가지고 있는 장점을 발굴하여 상품화하는 전략과 빠르게 변화하는 소비자들의 소비성향을 파악하여 적극적인 마케팅 활동을 해야 한다.

현재 국민적인 농어촌사랑운동과 연계하여, 정부와 농업인 농협이 지혜를 모아 우리농어촌이 많은 사람들이 찾아와 활력이 넘칠 수 있도록 다각적인 노력을 펼쳐야 한다.

(2) 농어촌 주민들의 빈곤문제 해결

우리의 농어촌경제의 피폐성에 비추어볼 때 저소득층을 위한 국민기초생활보장제도에서 자격기준의 문제는 특히 재산액수 규정이 중요하다. 농어촌지역은 그 특수성 때문에 소득이 발생하지 않는 재산이 도시지역에 비하여 많으나 실질적인 경제수준이 낮더라도 재산 때문에 국민기초생활보장제도의 혜택을 못 받는 현상이 많은 것이다. 이 문제를 해결하는 가장 확실한 방법은 첫째, 국민기초생활보장 수급기준을 개선하는 것이다. 현재 소득평가액 기준과 재산기준에 문제가 있다. 즉 실제소득, 기초공제액, 부채 등을 계산할 때 농어촌주민의 특성이 제대로 반영되지 않는 문제가 있다.

둘째, 농어촌지역에 맞는 자활사업이 되도록 해야 한다. 공공근로사업이 근로능력이 있는 조건부 수급자에게 집중되어 있어 노령자가 많은 농어촌 지역의 경우 소득기회가 크게 줄어드는 문제가 있다. 또한 농어촌지역에는 자활사업이 미미하며, 자활사업을 하더라도 지역적으로 거리가 멀어 교통 불편 문제가 있다.

셋째, 농어촌의 준빈곤층, 즉 차상위빈곤층에 대한 교육급여, 의료급여, 주거급여, 자활급여를 확대 적용해야 한다. 빈곤함정의 문제와 사회적 형평성 측면에서 볼 때 차상위계층에 대한 지원이 시급한 실정이다(조흥식, 2008).

5) 농어촌 문제 해결을 위한 사회복지적 차원에서의 전략

국내외적 급격한 환경변화로 인해 농업생산에 기반 한 농어촌사회는 고령화현상과 인구감소라는 사회적 문제에 직면해 있다. 이러한 문제는 농어촌이 가진 내부적인 자산만으로는 해결이 불가능한 상황이므로 도농교류 등 외부적 요인을 활용할 필요성이 어느 때보다 높은 시점이다(이상호, 2006).

한국사회에서 농어촌은 전국 평균치보다 4반세기 먼저 초고령사회를 경험하는 등 농어촌이 직면한 사회문제와 복지욕구가 도시지역과는 상당히 차이가 있기에 농어촌의 상황에 맞는 복지를 개발해야 한다. 농어촌에서 점차 가족을 통한 민간부문 중심 복지공급체계가 붕괴되는 충격에 대비하기 위해서는 농어촌복지정책의 일대 개혁이 요구되어지며 이와 관련된 사회복지적 차원의 과제를 제시하면 다음과 같다.

(1) 농어촌 노인을 대상으로 한 복지정책의 확충

현재 우리나라에는 농어촌노인만을 위한 복지정책은 없고 농어촌노인복지는 일반 노인복지정책의 일환으로 추진되고 있다. 정부의 대책이 성공을 거두기 위해서는 농어촌문제를 바라보는 거시적 안목이 필요하다(이용교 등, 2010).

크게 농어촌의 노인들에게 해당되는 복지정책은 소득보장, 의료보장, 노인복지서비스정책으로 나누어 살펴볼 수 있다.

먼저 소득보장 정책은 농어촌의 노인들에게 해당되는 주요 소득보장 정책인 공적 연금, 공적부조, 경로우대제도, 노인의 특성을 고려한 일자리창출 및 취업증진제도 등의 정부차원에서의 지원전략이 이루어져야 한다.

농어촌 가구를 위한 특별법 제정, 농어민복지 기본계획수립 등 다양한 대응을 해야 하며 특히 농어촌사회 내 노인인구의 급속한 증가를 고려해 볼 때 일할 수 있는 노인인구의 효율적인 일자리창출은 곧 농어촌인구의 소득보장의 구체적인 대책이 될 것으로 생각된다.

기존의 농어촌복지정책들은 주어진 예산에 따라 사업을 짜 맞추는 식의 공급자 위주인 것이 대부분이었기 때문에 복지 수요자의 의견을 제대로 반영하지 못했건 것이 사실이다. 서구의 복지국가의 경험으로 볼 때, 노인들의 노후대책의 가장 강력한 방법은 국민연금이다. 그런데 대부분의 우리의 농어촌주민들은 국민연금을 노후대책으로 생각하고 있지 않고 있다. 이것의 이유는 두 가지로 볼 수 있다. 하나는 국민연금에 대한 인식의 부족이고, 또 다른 하나는 현재 농민들을 위한 국민연금제도의 문제점이다. 전자의 경우에 대해서는 국민연금의 필요성에 대한 홍보를 강화하는 것이 필요하다. 중요한 문제가 되는 것은 후자의 문제다. 농어촌경제의 어려움에 비추어 볼 때 국민연금 국가 보조수준

제고와 지원대상자의 확대가 해결 방안이 된다.

둘째, 의료보장정책으로 대부분 농어촌지역은 의료시설이 부족하고 전문의마저 없을 뿐만 아니라 치료를 받으려면 원거리까지 가야 하는 불편이 있기 때문에 농어촌지역에 의료기관의 증설은 물론 의료 종사자도 확충하여 고령 농민들의 정기검진 등 획기적인 제도 개선과 아울러 정부의 지원책이 강구되어야 할 것이다. 한편, 농어촌의 보건의료시설이 취약함을 감안할 때 질병관리체계를 지역사회단위 중심으로 일원화시켜 국가 및 지역사회와 가정이 그 역할을 서로 협력할 수 있는 노인건강관리 체계가 이루어져야 할 것이다.

또 정부의 고령 농민을 위한 정책들 중 노인들의 욕구에 상응하는 각종 의료보장서비스가 이루어져야 할 것이며 고령 농민을 위해서는 보건관리체계를 질병진단과 치료를 담당하는 의료기관, 간호와 위로를 담당하는 요양시설, 질병예방을 담당하는 보건기관으로 구분하여 상호조화를 이루고 여러 의료시설을 운영하고 의료종사자를 확충할 수 있는 의료보장시책을 추진해 나가야 할 것으로 생각한다.

셋째, 노인복지서비스의 확충으로 고령화와 관련되는 문제해결방안으로 노인이 되면 복잡한 도시를 떠나 공기 좋은 한적한 곳에서 살고 싶은 것이 모든 이들의 소망이다. 하지만 젊은이들은 여러 가지로 불편한 농어촌의 생활을 거부하기에 우리의 노인들은 외로운 노년을 농어촌에서 소농을 하면서 지내게 되는 것이다(조홍식, 2008).

고령화 자체가 해결될 수 있는 문제는 아니지만 조금이라도 고령자의 복지를 위해서는 민간과 정부가 동시에 협력하여 사회로부터 소외되기 쉬운 농어촌노인들을 대상으로 전문적인 재가노인복지사업을 제공하여 건전한 노인여가선용을 위한 농어촌형 지역사회 시니어클럽(community senior club)을 마련하여 바람직한 방향을 제시해 주어야 한다. 또한 전문적인 재가노인복지사업은 구체적으로 가정봉사원 파견사업, 주간보호사업, 단기보호사업, 시설 보호 서비스, 민간중심의 사회적서비스 등을 둘 수 있겠다. 또한 농어촌노인의 여가시설 확충도 중요한 농어촌노인문제의 대책으로 생각된다.

이를 위해서 농어촌주민의 적극적인 참여도 요구되어진다. 농어촌지역에서 사회복지서비스의 일차적인 제공 주체는 공공기관이지만, 부족한 자원을 해결할 수 있는 가장 근본적인 자원은 지역의 주민들로써 이는 공공과 민간 사회복지기관을 이용하는 단순한 수요자의 역할에 한정되어서는 안 된다. 농어촌지역의 복지계획 수립부터 정책결정 및 실행 그리고 평가단계까지 공공과 주민이 스스로 그 책임을 공유하는 역할을 해야 할 것이다(박태영, 2009).

(2) 다양한 대상의 사회복지서비스의 확충

농어촌의 노인, 여성, 영유아 등과 같이 사회에서 소외 받기 쉬운 계층에 대한 사회복지서비스가 크게 부족하였다. 현재 도시지역에서는 이미 실시되고 있는 사회복지서비스 프로그램을 농어촌지역에 확산시키려는 노력이 부족했으며, 농업 및 농어촌의 물리적, 사회·문화적 특성을 살리는 복지 프로그램의 개입이 부족했던 것이 사실이다.

또한 농어촌의 장애인복지를 위해서 각종 장애인복지시설의 양을 늘리고, 만성정신질환자를 포함한 농어촌의 재가 장애인의 복지를 위해서는 현재 형식적으로 운영되고 있는 방문보건사업을 크게 확대하고, 또한 재가복지 봉사활동 프로그램을 다양하게 개발해야 한다.

농어촌지역 영유아복지를 위해 국가가 적극적으로 개입하여 이들을 수용할 전담시설을 지정 또는 설립하고 재정지원을 해야 한다. 농어촌지역 영아전담보육, 방과후전담보육을 국공립시설로 확충하고 방과후보육을 활성화하기 위해 제도를 정비하며, 초등학교, 종교기관 등의 시설을 활용하여 방과후 보육시설을 확충하고 자율적으로 운영해온 민간 공부방 시설을 개보수하도록 예산을 지원해야 한다.

농어촌 여성복지를 위해서는 무엇보다도 농어가도우미제도를 확대해야 하며, 군단위에 여성농민 평생건강관리 시스템을 도입해야 하고, 성폭력, 가정폭력, 성매매 피해 농어촌여성을 위한 여성농어민 쉼터 등을 설치해야 한다.

농어촌노인을 위한 재가노인복지사업을 핵심에 두면서 아동복지, 가족복지, 장애인복지를 구현하고, 기존의 공공부조와 사회보험도 농어촌의 특수성을 반영하여 발전시켜야 한다(이용교, 2010).

(3) 지역의 사회복지자원과 민간자원의 확충 및 연계 협력체계 구축

농어촌지역의 사회복지 자원과 민간자원의 확충이 요구되어지며 기존의 시설간의 긴밀한 유대 관계를 위한 협력체계를 구축하여야 한다. 농어촌지역의 낙후된 문화 및 복지시설은 농어촌 농민의 경제적 불안과 더불어 상대적 소외감을 더욱 가중시키는 요인으로 작용하고 있다. 따라서 농어촌지역의 문화 및 복지시설의 확충은 하나의 시급한 과제라 하겠다. 농어촌지역의 문화·복지시설을 확충하기 위해서는 농어촌 내부의 교육기회와 취업기회의 확대를 위한 산업시설과 교육시설, 의료혜택의 균형을 위한 보건 의료시설, 문화 오락생활의 향유를 위한 스포츠시설 등 현대적인 산업, 교육, 의료, 문화, 스포츠 시설의 확충이 요구된다. 장기적으로는 농어촌을 건강하고 풍요로운 인간 삶의 장으로 종합 개발한다는 관점에서 교육, 문화, 복지, 환경 전반에 걸친 농어촌 기반시설의 강화 및 확충이 절실히 요구된다.

가장 근본적인 해결방안은 주민이 스스로 문제의식을 가지고 상호간에 도울 것을 찾고 이를 해결하고자 하는 방법을 찾아 이를 정책에 반영하여 해결하는 것으로 TOP-DOWN 형태의 정책수혜자의 자세에서 BOTTLE-UP 방식으로의 사고의 전환이 무엇보다 필요할 것이다(박태영, 2008). 그러기 위해서 사회복지전문가들의 농어촌에 대한 관심과 노력이 어느 때보다 요구되며 이를 통해 농어촌 주민이 살기 좋은 또한 살고 싶은 지역으로 발전하는데 밑거름이 될 수 있을 것이다.

참고문헌

420장애인차별철폐대구투쟁연대(2010). 2010 대구광역시 420장애인차별철폐정책요구안.
감정기(1992). "한국 농민복지정책의 발전과제와 농민주체적 역할", 『한국사회복지학』
감정기 외(2001). 『사회복지의 역사』, 나남.
강은정(2007). 『한국 아동 정신건강 현황과 정책과제』, 보건복지포럼.
권구영 외(2009). 『농어촌사회문제론』, 공동체
권명옥(2000). "장애인관 발달사 일고찰연구", 『특수교육학연구』, 35권 3호.
권진숙 외(2009). 『정신보건사회복지론』, 공동체.
김규수(2007). 『정신보건사회복지실천론』, 형설.
김근홍 외(2006). 『사회문제와 사회복지』, 학현사.
김근홍 · 박영란 · 이정규(2005). 『사회문제와 사회복지』, 학지사
김기태 외(2009). 『노인복지론』, 공동체.
김대원 외(2005). 『사회문제와 사회복지』, 학지사.
김대원 · 남미애 · 노병일 · 신건희 · 윤경아(2005). 『사회문제론』.
김동배(2004). "한국인의 정신건강 개념에 관한 연구", 『한국사회복지학』.
김양희(2004). "농촌노인의 재가복지서비스의 인지도와 이용의향", 농촌복지아카데미편, 『농촌복지론』, 광주대학교 출판부.
김영란(2004). "농촌지역 복지환경과 전문인력양성의 한계", 농촌복지아카데미편, 『농촌복지론』, 광주대학교 출판부.
김영모 편(1982). 『현대사회문제론』, 한국복지정책연구소.
김영모(2007). 『현대사회문제론』, 고헌출판부.
김영화 외(2006). 『세계화와 인간복지』, 삼우사.
김영화 · 신원식 · 이옥희 · 임성옥 · 명선영 · 손지아(2003). 『사회문제』, 삼우사.
김완술(2004). "소농의 몰락과 농촌의 빈곤문제", 농촌복지아카데미편, 『농촌복지론』, 광주대학교출판부.
김익균 외(2005). 『사회문제론』, 창지사.
김정남(2010). "또래동조성이 청소년 비행에 미치는 영향 : 보호요인의 완충효과를 중심으로", 대구가톨릭대학교, 석사학위논문.
김종기(2004). "한국의 환경문제와 정책과제", 국토연구.
김종일 · 엄명용 · 최경구(2006). 『사회문제론』, 청목출판사.
김태완 · 양시현 · 최현수 · 김문길 · 우선희 · 박은영(2010). 「2009 빈곤통계 연보」, 한국보건사회연구원.
김태현 · 이문숙(2007). 『여성복지론』, 교문사.

김혜련 외(2007). 『정신건강론』, 학지사.
김흥주(2007). "사회양극화 시대, 농촌의 가족문제와 정책방향". 『가족과 문화 2007년』, 제19집 1호, 한국가족학회.
나동석 · 서혜석(2008). 『사회복지실천론』, 양서원.
나동석 · 서혜석 · 이대식 · 곽의향 · 김미혜(2010). 『정신건강론』, 양서원.
노동부(2009). 정부 및 민간의 장애인 고용 계획 및 실시 상황보고자료.
노동부(2010). 지방 노동관서의 퇴직연금규약신고 현황 보고자료.
노영상(2001). 『기독교와 미래사회』, 대한기독교서회.
농림수산부(2008). 『농림수산사업시행지침서』, 농림수산부
농림수산식품부(2010). 『농림수산사업시행지침서』, 농림수산식품부
농촌복지아카데미 편(2004). 『농촌복지론』, 광주대학교 출판부
농촌자원개발연구소(2005), 농촌생활지표, 농촌진흥청 농업과학기술원 농촌자원개발연구소
대구가톨릭알코올상담센터 http://alcoholcenter.or.kr
레이첼 카슨(2002). 『침묵의 봄』, 에코리브르.
마가렛, L. 앤더슨(이동원 · 김미숙 공역, 1983). 『성의 사회학』, 서울:이화여자대학교 출판부.
박나원(2010). "우리나라 장애인차별금지법의 제정과정과 개선방안에 관한 연구", 서울시립대학교 석사학위논문.
박선영 · 박복순 · 김진(2008). "고용상 차별관련 정책의 효율성 제고방안", 노동부.
박선환(2009). 『정신건강론』, 양서원.
박수미(2004). "차별에 대한 국민의식 및 수용성 연구", 국민통합을 위한 차별해소방안 세미나, 한국여성개발원, 26-29.
박용순 · 문순영 · 임원선 · 임종호(2008). 『사회문제론』. 학지사.
박정호 · 여진주(2010). 『사회문제론-이론과실제-』, 신정.
박진도(2006). "농촌을 사람이 살만한 공간으로 발전시켜야 농업문제 해결 가능"[민족21]
박차상 외(2009). 『한국노인복지론』, 학지사.
박태영(2008). 『사회복지시설운영론』, 학현사.
박태영(2008). 『지역사회복지론』, 학현사.
배충(2004). "농촌문제와 농촌복지", 농촌복지아카데미 편, 『농촌복지론』, 광주대학교 출판부.
백희영(2010). 지역사회 아동안전을 위한 공동협력 협약식, 연설문(8월 3일).
법무연수원(2008). 『범죄백서』.
보건복지부(2007). 『정신질환실태 역학조사』, 보건복지부.
보건복지부(2009). 최저생계비 2010년 고시
보건복지부(2010). 2010년 의료급여법 안내서
보건복지부(2010). 저출산고령사회정책 2010년도 중앙부처 시행계획.
보건복지부(2010). 최저생계비 2011년 고시
보건복지부(2010). 『2010 정신보건사업지침』, 보건복지부.

사행산업통합감독위원회(2008). 사행산업 건전발전 종합계획, 사행산업통합감독위원회.
서성철(2008). 『사회문제와 사회복지』, 공동체.
서영학(2008). 아동성폭력근절을 위한 한국정부의 정책, 아동·청소년 성폭력 관련 2008 한·미 국제심포지움.
서혜석(2010). 성상담의 이론과 실제, 전문상담사 과정 교재. 예수대학교 정신건강상담연구소
서혜석·송유미·이미영(2009). 『인간행동과 사회환경』, 청목출판사.
서혜석·이대식·조장래·정향숙·이영희·곽의향·김미혜·박우진·조상님(2008). 『사례관리』, 양서원.
설진화(2009). 『정신건강론』, 학현사.
손이전(2002). "초등학생이 인식하는 성차별 경험에 관한 여성주의적 분석", 신라대학교 석사학위논문.
송다영(2004). 노인요양보장체계시안에 대한 토론, 노인요양보험제도 시안에 대한 공청회 자료집.
신강숙(2010). "아동·청소년 대상 성폭력 행위자 재범방지 교육프로그램 효과", 경남대학교 박사학위논문.
양옥남 외(2009). 『노인복지론』, 공동체.
여성가족부(2010). 권익기획과 보도자료, 2010년 8월 19일자.
여성가족부(2010). 중앙행정기관-제3차 여성정책기본계획('08-'12) '09년 추진실적 및 '10년도 추진계획.
오혜경(1998). "여성장애인차별실태와 사회참여를 위한 사회복지대책", 『가톨릭대성평등연구』, 제12호.
원석조(2009). 『사회복지정책론』, 공동체.
원석조.(2008). 『사회문제론』, 양서원.
유수상(2004). "농촌의 초고령사회 도래와 복지실천", 농촌복지아카데미편, 농촌복지론, 광주대학교 출판부.
윤명숙(2008). "한국정신건강정책의 실태 및 문제점과 개성방향", 『사회복지정책』.
이경미(1994). "자본주의와 장애인차별", 한양대학교 석사학위논문.
이경자·윤영숙·서명선(1992). "성폭력의 예방과 대책에 관한 연구", 한국여성개발원.
이상균(2005). "가출, 비행청소년을 위한 효과적인 사회복지실천 전략의 모색", 『사회복지리뷰』, 제10권, 가톨릭대학교 사회복지연구소.
이상호(2006). "경북지역 농촌체험마을의 현황 및 활성화 방안", 『동북아관광연구』, 제2권 제1호(통권 2호), 동북아관광학회,
이수애 외(2007). 『농어촌사회문제론』, 공동체.
이순희(2010). "비행청소년 인격개선을 위한 사회복지실천 모델에 관한 연구", 경운대학교, 석사학위논문.
이영자(1989). "성일탈과 여성" 『한국여성학』, 한국여성학회, 제5집, 109.

이영호(2007). 『정신보건사회복지의 이해』, 공동체.

이영호(2008). 『정신건강론』, 공동체.

이용교 외(2010). 『농어촌복지론』, 광주대학교 출판부.

이용교(2004). 초고령사회에서 농촌복지의 체계화를 위한 시론.

이원규(2002). 『한국 사회문제와 교회공동체』, 서울: 대한기독교서회.

이원숙(2004). 『가족복지론』, 학지사.

이은희(2009). 『최신노인복지론』, 학지사.

이익섭(1990). 한국장애자 문제의 이해-현대사회의 장애인복지, 지역지도자교육자료집, 서울시립 남부장애인종합사회복지관.

이정선(2010). "인지행동치료 집단프로그램이 비행청소년의 충동성 및 공감능력에 미치는 효과", 대구가톨릭대학교, 석사학위논문.

이진숙(2003). 가족복지정책의 패러다임 검토. 한국사회복지학회 추계공동학술대회 자료집, 한국가족사회복지학회.

이현경 외(2009). "한국과 미국의 정신건강정책 목표 비교", 한국보건교육.

이호선(2005). 『노인상담』, 학지사.

임은애(2004). "양가적 장애인차별 척도 개발 연구", 경남대학교 석사학위논문.

임창호(2000). "환경오염의 현황과 대책". 산업기술시험원 환경기술센터.

장혜경 외(2002). "외국의 가족정책과 한국의 가족정책 및 전담부서의 체계화 방안연구", 한국여성개발원.

정강자(2010). "현행차별금지법제의 과제", 이화여자대학교 석사학위논문.

정규호(2003). "한국 환경문제의 기원과 전개과정 및 특성", 『계간 사상』.

정대연(2006). 『환경사회학』, 아카넷.

조순경(2002). "차이의 신화와 차별의 현실", 제주인권학술회의, 한국인권재단, 185-217.

조흥식(2008). "농촌복지의 현실과 과제: 사회보장정책을 중심으로", 『월간복지동향』.

조흥식 · 김인숙 · 김혜란 · 김혜련 · 신은주(2008). 『가족복지학』, 학지사.

최선화 외(2003). 『사회문제와 사회복지』, 양서원.

최일섭 · 최성재 공편(1997). 『사회문제와 사회복지』, 나남.

최재율(2009). 『농촌사회학』, 유풍출판사.

최저임금위원회(2010). 임금실태조사보고서

통계개발원(2008). 푸른 들, 숲, 바다 그리고 삶, -농림어업총조사 종합분석보고서.

통계청(2005) 농업총조사보고서, 통계청

통계청(2007), 가계조사연보, 통계청

통계청(2008) 농가경제통계, 통계청

통계청(2008). 통계로 본 대한민국 60년의 경제·사회상 변화'.

통계청(2009). 인구동태통계연보 : 혼인 · 이혼편, 2008.

통계청(2010). 경제활동인구조사, 통계청

표갑수(1986). 『청소년비행원인이론』, 한국복지정책연구소 출판부.

표갑수(2006). 『사회문제와 사회복지』, 나남출판.
한국노동연구원(2010). The Low Pay Commission.
한국농어촌사회연구소 지역사회(1990). 지배구조와 농민, 한국농어촌사회연구소
한국농촌경제연구원 편집부 엮음(2000). 농촌경제 제23권 3호, 한국농촌경제연구원.
한국마약퇴치운동본부 http://www.drugfree.or.kr
한국마약퇴치운동본부(2009). 약물 오·남용 예방교육 총론, 한국마약퇴치운동본부.
한국산업사회학회(2009). 『사회학』, 한울아카데미.
한국여성개발원 편(1997). 『성폭력상담의 실제』, 한국여성개발원.
한국여성개발원(2001). 여성 한부모가족을 위한 사회적 지원방안.
한국여성개발원(2004). 2003 전국가족조사.
한국임상사회사업학회(2008). 『사회문제론』, 파란마음.
해양경찰청(2008). 해양사고 통계연보, 해양경찰청
홍봉선·남미애(2009). 『청소년복지론』, 공동체.
환경부(2008). "전국 폐기물 발생 및 처리현황", 환경부
환경부(2008). "토양측정망 및 토양오염 실태조사결과". 환경부
환경부(2009). 『환경백서』, 환경부.
황인경(2010). 『정신건강, 이제 사회적 관심 높일 때』, LG Business insight.
힐러리 프렌치(2001). 『세계화는 어떻게 지구환경을 파괴하는가』, 도요새.

http://www.mogef.go.kr
http://www.kwdi.re.kr
www.daum.net 위키백과.
http://www.mogef.go.kr
http://www.parksimon.com
http://www.edu.humanrights.go.kr
http://www.kostat.go.kr
http://www.krei.re.kr

Bagley. C. & King. K.(1990). *Child Sexual Abuse : the Search for Healing*, (London : RKP). 185-186.

Charles Zastrow.(2000). *Social Problems issue and solution*. Wadsworth.

Ebersole, P., &Hess, P. (1994). *Mental health and cognition, in Toward healthy aging: Human needs and nursing response* (4th ed.). Toronto: C.V. Mosby.

Edwards, R. L. and T. Minotti (1989). Mandated case recording: Rural and urban perspectives. Journal of Applied Social Sciences

Eitzen, D. S. & Zinn, M. B.(1992). *Social Problems*. 5th Ed. Boston : Allyn and Bacon.

Etzioni, A.(1976). *Social Problems.* Englewood Cliffs, N. J. : Prentice-Hall.

Groth A. N. Burgess & Holmstrom L L.(1977). Rape : power, anger and sexuality, AMJ Psychiatry, 134 : 1239-43, Groth AN(1979). "the rapist's view." Growth AN. Burgess & AW. Holmstrom L L(eds.) Rape : crisis and recovery, Maryland : 23-28에서 재인용.

Henlsin, J. M.(1990). *Social Problems.* 2nd Ed. Englewood Cliffs. N.J. : Prentice-Hall.

Horton, P. B., Leslie, G. R. & Larson, R. F.(1991). *The Social of Social Problems*, 10th Ed. Englewood-Cliffs, N.J. : Prentice-Hall.

John Wiley & Sons.(1980). *Divergent Perspectives.* New York.

Kornblum, W. & Julian, J.(1992). *Social Problems*, 7th Ed. Englewood-Cliffs, N.J. : Prentice-Hall.

Lauer, R. H.(1992). *Social Problems and the Quality of Life.* 5th Ed. Dubuque, IA : Wm. C. Brown Publishers.

Lauren Slater(2005). 『스키너의 심리상자 바로열기』. 에코의 서재.

Merton, R. K & Nisbet, R.((Ed.).(1971). *Contemporary Social Problems*. 3rd Ed. New York: Harcourt Brace Jovanovich, Inc.

Perry, J. & Perry, E.(1976). *Face to Face : The Individual and Social Problems.* Boston : Educational Associates.

Propper, K. R.(1968). *The Logic of Scientific Discovery.* New York: Harper torchbooks..

Reynolds, P.D.A.(1971). *Primer in Theory Construction.* Indianapolis : Bobbs Merrill Educational Publishing.

Rubington, E. & Weinberg, M. S.(Ed.).(1981). *The Study of Social Problems : Five Perspectives.* 3rd Ed. New York: Oxford University Press.

Rubington, E. & Weinberg, M. S.(1985). 이장현 · 김영이 공역. 『사회문제의 연구』. 서울 : 경문사.

Schneider, L., Stephan, C. W., Zurcher, L., & Ekland-Olson, S. R.(1981). *Human Response to Social Problems*. Homewood, Illinois. : The Dorsey Press.

Shepard, J. M. & Voss, H. L. (1978). *Social Problems*. New York: Macmillan.

Sullivan, T. J. & Thompson, K. S.(1994). *Introduction to Social Problems.* New York : Macmillan.

Sullivan, T., Thompson, K., Wright, R., Gross, G. & Spady, D.(1988), *Social Problems: Divergent Perspectives*, New York, NY.

Turner, J. H.(1991). *The Structure of Sociological Theory.* Belmont, California : Wadsworth Publishing Company.

Williams. J. E & Holmes, K. A.(1981). *The Second Assault-Rape and Public Attitudes*, Greenwood Press, 5-6.

찾아보기

〈기타〉

저자 소개

■ 서혜석

청주대학교, 동대학원 사회복지학과 석사, 대구대학교 대학원 사회복지학과 박사 졸업(철학박사)
정신건강상담연구소 소장, 한밭종합사회복지관 가족치료전문가
수련감독 전문상담사(기독교상담), 1급 전문상담사(진로상담, 가족상담, 교정상담, 한국상담학회)
현, 예수대학교 정신건강상담연구소 소장, 예수대학교 사회복지학부 교수

〈저서 및 논문〉 사회복지실천기술론(2010, 양서원, 공저), 정신건강론(2010, 양서원, 공저), 인간행동과 사회환경(2009, 청목, 공저), 의사소통(2009, 청목, 공저), 사회복지실천론(2008, 학현사, 공저), 사례관리(2008, 양서원, 공저), 군사회복지이론과 실천(2008, 양서원, 공저), 다문화상담의 이론과 실제(2008, 태영출판사, 공역), 가족치료 및 상담 치료계획서(2006, 신정, 공역), 인지행동집단상담 프로그램이 신세대 병사의 자살생각에 미치는 효과(2010), Satir 경험적 성장모델을 적용한 집단프로그램이 성폭력 가해자의 자아존중감 및 의사소통 변화에 미치는 효과(2010, 공저)

■ 이미영

대구대학교, 동대학원 사회복지학과 석사, 동대학원 사회복지학과 박사 졸업(철학박사)
남구종합사회복지관 전문상담원, 대구대학교 가족치료연구소 연구원
현, 영남사이버대학교 평생교육원 원장, 영남사이버대학교 사회복지학과 교수

〈저서 및 논문〉 다문화가족 영양 및 건강지도프로그램(2010, 여성가족부, 공저), 인간행동과 사회환경(2009, 청목, 공저), 아동양육지도사 교육 매뉴얼(2009, 보건복지가족부, 공저), 자원봉사론(2007, 공동체, 공저), 가족치료 및 상담 치료계획서(2006, 신정, 공역), 조손가정 조부모의 양육스트레스에 대한 사회적 관계망의 매개효과(2008), 전화상담에 나타난 부부갈등문제와 대응행동(1995, 공저) 등 다수

■ 김경휘

군산대학교 사회복지학과, 숭실대학교 사회복지학과 석사, 동대학원 박사 졸업(사회복지학 박사)
숭실대학교 숭실사회보장연구센터 선임연구원
현, 예수대학교 사회복지학부 교수

〈저서 및 논문〉 창업공동체의 지속과 성장 경험에 관한 연구 : 한국마이크로크레디트 신나는 조합 지원 공동체를 중심으로(2010), 근로빈곤가구의 주거 상향이동에 영향을 미치는 요인에 관한 연구(2009), 자활사업 참여자의 자활사업 중도이탈에 영향을 미치는 요인에 관한 연구 -서울 · 경기지역을 중심으로-(2007) 등 다수

■ 김정은

강남대학교 사회사업학과, 대구대학교 사회복지학과 석사, 동대학원 사회복지학과 박사과정 수료
등촌4종합사회복지관, 대구대학교 지역사회복지연구소 연구원
현, 포항미래상담소 소장, 포항시지역복지협의체 분과위원, 대구대학교 사회복지학과 강사

〈저서 및 논문〉 병사의 무망감, 스트레스 우울과의 관계(2010, 공저), 장애학관점에서 본 지역사회 정신보건 이념에 대한 고찰(2010), 육해군병사의 진로발달이 군 생활적응에 미치는 영향에 관한 연구(2009, 공저), 등 다수

사회문제론

2011년 3월 2일 초판인쇄
2011년 3월 7일 초판발행

저 자 서혜석 · 이미영 · 김경휘 · 김정은
발행인 유 성 렬
발행처 **청목출판사**
서울특별시 영등포구 신길동 233-96
전화 (02) 849-6157(代) · 2820
FAX (02) 849-0817
등록 제318-1994-000090호

파본은 바꾸어 드립니다. 값 19,000원

http : //www.chongmok.co.kr

ISBN 978-89-5565-378-6

※저자와의 협의하에 인지는 생략합니다.